韓國史研究叢書 18

朝鮮後期 地方財政研究

張 東 杓

國學資料院

책을 내면서

　이 책은 필자의 박사학위 논문에다 그 동안 지방재정과 관련하여 발표한 논문 몇 편을 일부 수정 보완하여 엮은 것이다. 먼저 제1부의 학위논문에서는 전근대 사회 해체기 지방재정의 특성을 잘 보여 주는 것이라 생각되는 이서와 민간에 의한 포흠의 전개와 이액의 증가현상 및 잡역세 운영의 민고재정 등에 대한 실태 파악을 통하여 조선후기 지방재정운영의 성격을 전망해 보았다. 변혁기 사회를 좀더 구조적으로 이해하기 위해서였다. 제2부에서는 앞의 연구결과를 바탕으로 재정운영의 지역적 사례와 국가의 지방지배를 위한 재정정책 변화의 흐름을 중심으로 고찰하였다.
　조선후기 특히 농민항쟁이 광범위하게 일어났던 19세기는 새로운 시대로 나아가는 역사적 전환기였으며, 사회경제 변동이 빠르게 진전되어 감에 따라 지주와 전호, 국가와 납세 농민들 사이의 상호 모순이 더욱 심화되어 가던 시기였다. 필자는 이러한 시대 상황이 지방 단위의 재정운영 속에서 구체적으로 어떻게 전개되어 간 것인가를 보고자 하였다. 또한 향촌사회사 변동의 흐름을 재정사 연구에 일정하게 반영하고자 하였다. 지방 단위의 부세운영 주체들이 바로 향촌사회를 움직여 나가는 실질적 주역이었기 때문이다. 지방재정 연구는 단순한 재정사 연구 그 자체에 한정될 수 없는 것이었다. 재정사 자료를 사회사적 시각에서 바라보면서 결국은 재정사 그 자체 보다 이를 운영하는 주체로서 인간들의 삶이 구체적으로 투영된 역사로서의 연구가 되어야 한다는 생각이었던 것이다.
　앞으로의 지방재정 연구는 국가의 대민 지배와 함께 지방 사회의 갈등 구조가 도대체 무엇을 매개로 하여 형성되고 변화하여 왔는가의 문제 인식을 바탕

(2) 朝鮮後期 地方財政研究

으로 이루어져야 한다고 본다. 향촌사회를 생활의 기본 단위로 한 인간들의 생생한 삶의 흔적들은 지방재정운영 가운데 객관적으로 잘 반영되어 있었다. 동시에 국가의 지방지배와 관련한 수령권의 실체, 향권 장악을 둘러싼 신구 세력의 대립 과정 등도 잘 드러나고 있었다. 지방재정 연구를 사회사적 연구 방법론과 관련지어 고찰해야 하는 이유는 바로 여기에 있는 것이다. 이러한 의미에서 필자는 지방사 연구의 중심 과제이자 사회사 분야와 밀접하게 결부되어 있는 지방재정 운영의 실체를 좀더 깊이 천착함과 동시에 이를 바탕으로 한 향촌사회사의 구체적인 모습들을 사례 등의 연구 형식으로 계속 살펴보려 한다.

　책의 제목에 걸 맞는 연구서로서의 체계성에는 아무래도 아직 한계가 많음을 자인하지 않을 수 없다. 지방재정의 제도사적 측면과 이의 복잡 다단한 운영구조를 사회사적 측면을 고려하여 좀더 깊이 천착했어야 함에도 불구하고 이렇게 미비한 모습으로 세상에 나오게 되어 부끄럽다. 그러나 지방 단위의 재정운영에서 중간수탈이 어떠한 구조 속에서 전개되고 있었는지에 대해서는 나름대로 밝혀 보았다는 생각이 든다. 또한 현실 세계의 과학적 인식과 올바른 삶을 영위하기 위한 것에 사학 연구의 진정한 목적을 두어야 한다는 사실도 아주 조금이나마 깨달을 수 있었다

　이 책은 여러모로 많이 부족하다. 그래도 이나마의 모습이라도 갖추고 출간될 수 있었던 것은 부족한 필자를 지도하여 주고 격려하여 주신 많은 분들의 도움이 있었기 때문이었다.

　먼저 불편하신 건강에도 불구하고 노심초사로 필자의 학위논문을 지도하여 주셨던 박용숙 선생님, 항상 격려와 애정으로 필자를 이끌어 주셨던 김석희 선생님, 부족한 글을 바로잡아 주신 정용숙, 윤용출, 지두환 선생님께 감사드린다. 석사과정 시절 연구자의 길을 올바르게 들어설 수 있도록 이끌어 주셨던 이태진 선생님의 학은은 언제나 잊을 수 없을 것이다. 정징원 선생님과 채상식 선생님의 평소 따뜻한 격려와 지도는 어려운 강사 시절 공부하는 데 큰 힘이 되었다. 산천경개 수려한 밀양에서 학문의 길을 함께 걷고 있는 이수훈 학형의 조언 또한 많은 도움이 되었다.

민인혁명론의 고 산수 이종률 선생님은 사학도와 인간의 길이 어떠해야 하는지를 필자에게 진정으로 깨우쳐 주신 분이었다. 그리고 부산경남역사연구소, 한국역사연구회, 조선시기사회사 연구모임의 선배·동학 여러분들께 언제나 처음과 같은 마음으로 원칙에 어긋남 없이 살아 갈 것을 다짐한다. 80년대 이래 오늘에 이르기까지 분단의 이 땅에서 어떻게 살아가는 것이 역사학도의 올바른 자세인지를 더불어 고민하면서 공부할 수 있었다는 것만으로도 정말 행복한 일이 아닐 수 없다.

이제 어려운 세월을 살아 오시면서도 불초 자식을 모자람 없이 의연하게 살아갈 수 있도록 키워주신 부모님께 삼가 이 책을 바치고 싶다. 십년 전 작고하신 아버님의 평소 엄한 가르침은 세월이 흐를수록 더욱 진한 사랑과 그리움으로 다가오는 것 같다. 언젠가는 진정한 인간사의 시대가 올 것이라 믿는 남편의 고집스런 삶에 보이지 않게 늘 양보해 온 아내 이승덕은 필자의 따뜻한 동반자였음을 새삼 느낀다. 항상 밝고 건강하게 자라준 우리 아이들의 미래를 열어 가는데 이 책이 조금이라도 기여할 수 있다면 그만한 다행이 없을 것이다.

마지막으로 필자의 글이 한국학연구총서의 한 권으로 간행될 수 있도록 주선하여 주신 김동철 선생님께 감사드리며, 많은 자료와 도서의 간행으로 한국학 발전에 이바지해 온 국학자료원 정찬용 사장님의 뜻에 이 책의 출판이 다소나마 보탬이 되면 좋겠다는 마음을 전해 드린다.

1998년 10월
인간 정사의 세계를 꿈꾸며
장 동 표

朝鮮後期 地方財政研究

목 차

책을 내면서

제 1 부

I. 서 론 9
  1. 연구의 목적과 방법 9
  2. 자료에 대하여 18

II. 地方財政運營의 구조 21
  1. 관청 조직과 재정기구의 분화 21
  2. 재정의 수입과 지출 26
    1) 재정 수입 26
    2) 재정 지출 33

III. 吏胥逋欠의 전개와 지방재정 43
  1. 지방재정의 위기와 포흠 43
    1) 지방재정의 위기 44
    2) 逋欠의 의미 52
  2. 吏逋 발생의 배경 56
  3. 吏逋의 실제와 관여 계층 67
    1) 吏胥層 67
    2) 京主人・營主人 75
    3) 船主人・倉主人 80

Ⅳ. 民間逋欠의 전개와 지방재정 88
  1. 民逋 발생의 배경 88
  2. 民逋 전개의 실제 97
  3. 民逋의 성격과 吏逋 104

Ⅴ. 吏額의 증가와 지방재정운영 112
  1. 吏額 문제에 대한 논의 112
    1) 정부의 관심 112
    2) 실학자들의 견해 118
  2. 吏額 증가의 원인 124
    1) 경제적 利權의 확대 124
    2) 여러 아문에의 冒屬과 投託 131
  3. 吏額 증가의 실태와 성격 136
    1) 중앙 各司의 경우 138
    2) 지방 관아의 경우 143

Ⅵ. 民庫運營의 성격과 재정운영권의 동향 153
  1. 民庫財政의 성립 153
  2. 民庫財政의 운영과 성격 164
    1) 재정 수입 164
    2) 재정 지출 169
  3. 民庫財政 운영권의 동향 175
    1) 재정운영상의 이권 175
    2) 재정운영권의 동향 182
  <별표> 189

Ⅶ. 결 론 196

제 2 부

I. 18,19세기 국가의 지방지배와 부세정책의 변동 ········ 209
   1. 머리말 ··· 209
   2. 국가의 지방지배의 강화 ······································ 211
   3. 18세기 부세정책의 전개 ······································ 216
   4. 19세기 전반 부세정책의 변동 ····························· 224
      1) 부세운영의 방향 ·· 224
      2) 부세운영의 변화 ·· 227
   5. 맺음말 ··· 236

II. 조선후기 지방재정운영 자료의 분류와 성격 ············· 240
   1. 머리말 ··· 240
   2. 호적·양안 자료와 성격 ······································· 242
   3. 삼정운영 자료와 성격 ·· 249
   4. 민고·잡역세 운영 자료와 성격 ·························· 258
   5. 사례(책) 자료와 성격 ·· 262
   6. 맺음말 ··· 265

III. 19세기 말 咸安地方의 재정운영과 逋欠 전개 ············· 269
   1. 머리말 ··· 269
   2. 재정운영의 실태와 성격 ···································· 272
      1) 삼정운영 ·· 272
      2) 잡세운영과 민고 ·· 284
   3. '吏民逋'의 전개 주체와 해결 과정 ····················· 290
      1) 배경과 전개 주체 ·· 291
      2) 해결 과정과 의미 ·· 298
   4. 맺음말 ··· 310

Ⅳ. 19세기 말 咸安 鄕會의 성격과 재정운영 ······················ 316
  1. 머리말 ·· 316
  2. 향회의 기능과 부세운영 ·· 318
  3. 향회운영의 구성원 ·· 324
  4. 향회운영의 성격 ·· 330
  5. 맺음말 ·· 334

□ 참고문헌 ·· 337
□ 색 인 ·· 349

제 1 부

I. 서 론

1. 연구의 목적과 방법

　財政運營은 지배 계급에게 주어진 고유의 權力 행사 과정이다. 이같은 관점에 의한 조선후기 지방재정사 연구는 제도사의 측면에 주로 한정시킨 종래 연구의 한계를 한 차원 극복할 수 있다는 점에서 의의를 가진다. 여기에 한 걸음 나아가 봉건권력 체제의 위기를 말해주는 재정운영 모순의 실상을 鄕權의 변동과 일부 관련지어 파악함으로써,[1] 전근대 사회가 점차 해체되어가던 조선후기 鄕村社會의 모순 구조를 보다 심층적으로 밝힐 수 있게 한다.
　社會史 연구 차원의 地方財政史 연구는 이제 겨우 시작하는 단계라

---

[1] 이러한 관점에 입각한 최근의 논고를 몇 가지 들면 다음과 같다.
　金仁杰,『조선후기 鄕村社會 변동에 관한 연구』, 서울대 박사학위논문, 1991.
　高錫珪,『19세기 鄕村支配勢力의 변동과 農民抗爭의 양상』, 서울대 박사학위논문, 1991.
　고동환,「19세기 부세운영의 변화와 그 성격」,『1894년 농민전쟁연구 1』, 역사비평사, 1991.
　정진영,『조선시대 향촌사회사』,「19세기 향촌사회 지배구조와 대립관계」, 한길사, 1998.

할 수 있다. 이는 기왕의 향촌사회사에 대한 연구로서 지방사회의 구체적인 사정을 인식하는 데는 아직도 일정한 한계를 지니고 있다는 말이다. 즉, 특정 지방의 향촌사회 인간 집단의 생활이 賦稅의 수취를 기본 내용으로 하는 지방관청의 재정운영과 항상 밀접한 관계를 가질 수밖에 없었음에도 불구하고, 여전히 이러한 지방재정운영의 구조적 변화와 전적으로 관련된 사회사 연구 성과의 축적이 제대로 이루어지지 않고 있는 것이다. 그리고 財政史 그 자체의 입장에서 향촌사회 변화와 관련한 측면의 연구는 거의 전무한 실정인 것이다.

향촌사회사에 관한 지금까지의 연구가 일차적으로 地方史로서의 의미를 갖는 점은 인정되지만, 이 보다 지방사 연구의 기초인 재정운영의 과정을 비롯한 사회경제의 실상에 대한 충분한 사례 연구들이 우선적으로 전제되어야 한다. 본 연구의 목적과도 일정하게 관련이 있는 19세기 농민항쟁의 배경문제도 사실 재정사와 향촌사회사 연구를 긴밀하게 관련지어 파악되어야 할 필요가 있는 것이다.[2] 본 연구의 전개를 위한 몇 가지 기본 시각을 다음과 같이 해두고자 한다.

첫째, 鄕村社會 구조의 변동과 賦稅運營의 내용을 함께 대상으로 한 지방재정의 실태에 관한 고찰은 무엇보다 생생한 향촌사회 변동의 사정을 파악할 수 있다는 점에 그 의의가 있다. 이같은 측면의 재정사 연구는 조선후기 봉건제 해체의 한 단면을 보여 주었던 향권의 변동 과정과 국가의 향촌사회 정책방향의 본질이 어디에 있는지를 밝히는 데도 도움이 된다. 국가의 지방지배의 본질을 규명하는 데는 우선적으로 지방재정운영 속에 나타나는 실태를 파악해야 하는 것이다.

둘째, 財政史 연구에서 재정이 어떤 원리 속에서 운영되는가의 의미에 대해서이다. 봉건제 아래의 재정은 일종의 경제이면서도 봉건국

---

[2] 이같은 관점에 비교적 접근한 최근의 성과로서 한국역사연구회 지음, 『1894년 농민전쟁연구1 －농민전쟁의 사회경제적 배경－』, 역사비평사, 1991; 『1894년 농민전쟁연구2 －18·19세기의 농민항쟁－』, 역사비평사, 1992가 주목된다.

가 권력의 경제행위로 표현되기 때문에 본질적으로 사회의 '상부구조'의 일에 속한다. 이러한 측면의 지방재정운영이라 함은 향촌사회 지배집단에 의한 경제 활동의 결과가 일정하게 반영된 것으로 볼 수 있다. 재정운영은 사회경제의 토대에 의하여 규정 혹은 제약되며, 지배계급의 경제적 요구가 총괄 반영된 형태인 것이다. 따라서 재정운영은 토대의 사회경제 구조에 영향을 미치는 일정의 '反作用'의 독자적 기능과 역할도 가지고 있는 것이다. 이는 곧 지배층의 권력 행사인 직접생산자에 대한 봉건 수탈의 과정이 바로 그것이다. 결국 재정사 연구의 진정한 의미는 지배계급의 수탈적 재정운영이 당시 사회모순을 어떤 양상으로 심화시키게 되는가의 반작용 과정과 그 역할을 규명하는 것으로 집약될 수 있다.

셋째, 地方財政의 범주로서는 다음의 두 가지 측면으로 우선 나누어 볼 수 있다. 먼저 넓은 의미의 재정으로서는 三政의 운영과 각 지방의 고유한 사정에 따라 발생한 雜役稅 운영을 포괄한 것으로이다. 그런데 이 경우 엄밀히 말해 삼정운영의 내용에는 지방재정 고유의 것이라 볼 수 없는 부분이 상당히 내포되어 있는 점을 유의해야 한다. 다음으로 비록 삼정의 운영과 불가분의 관계에 놓여 있으면서, 향촌사회 구조의 변화 및 부세운영 주도 세력의 이권 문제와 긴밀하게 관련되어 있는 각종 잡역세 운영을 중심으로 한 지방재정운영이다. 중앙권력의 제지를 받지 않는 守令權의 보다 '독자적'인 행사는 사실 여기서 가능한 것이었다. 본고에서는 주로 후자의 입장에서 상품화폐경제의 변동과 관련한 이권의 발생 문제라든지, 파행적 지방재정의 실태로서 여러 가지 폐단 등을 전근대 해체기의 사회경제적 특성과 연관하여 접근할 것이다.

본 연구의 목적은 封建社會 해체기 地方財政의 특성을 잘 보여 주는 것이라 생각되는 吏逋와 民逋의 전개와 吏額의 증가 및 民庫的 재정운영 등 몇 가지 지방재정의 실태 파악을 통하여 19세기 지방재정 운영의 성격을 전망해 보는 데 있다. 나아가 가능하다면 19세기 지방재정 자체의 위기와 함께 봉건권력에 의한 民의 조세 부담 가중과 관련한 농민항쟁의 발생 배경[3]도 조망해 보기로 한다. 그런데 이를 좀더 구체적 전망하기 위해서는 정부의 재정정책 변화와 지방재정사 그 자체에 대한 실증적 천착이 우선적으로 이루어져야 하나, 본 연구에서는 아직 총체적 접근은 하지 못하였다.

각 장에서 구체적으로 검토할 내용과 논의 방향 및 그 연구사적 의의를 좀더 자세히 제시해 보면 다음과 같다.

제 Ⅱ장에서는 일반적으로 지방자치단체 재정을 의미하는 것으로써의 지방재정운영의 틀을 官廳組織과 財政機構의 분화 및 이의 재정수입과 지출 구조의 제도사적 측면에 대하여 살피고자 한다.[4] 사실 이 시기 지방재정은 농업부문에서의 농업생산력 발전과 상품화폐경제의 진전에 따라 사회적인 잉여생산물이 출현하여 공식·비공식 부세운영 규모가 크게 확대됨로써, 지방단위의 독자적 재정규모가 확대된 것을 바탕으로 이루어지고 있었다.

그런데 조선시기의 행정조직 구조는 지방의 관청을 중앙의 행정과 독립된 자치단체로 인정하지 않았기 때문에 엄밀한 의미에서 지방재

---

[3] 농민항쟁이 지속적으로 발생한 19세기 사회의 모순 관계를 파악함에 있어, 地主-佃戶 관계를 기본적 생산관계로 하면서 國家-農民의 관계는 부차적이라 본 관점(한국역사연구회, 앞의 책 「총론」 참조, 1991)은 다소 일률적인 파악 방식이 아닌가 생각된다. 필자는 후자의 관계를 직접적으로 반영하는 부세문제에 대한 비중과 역사적 의미를 다시 생각해볼 필요가 있다고 본다. 적어도 19세기 前半과 後半의 농민항쟁은 각각 구분하여 볼 필요가 있다는 점에서도 그러하다.

[4] 지방재정운영의 전반에 대한 본격적 연구는 아직 제대로 이루어지지 않고 있다. 다만 제도사 중심의 연구이지만 다음의 논저 정도를 들 수 있다. 본 장의 연구에 많은 참고가 되었다.

麻生武龜,『朝鮮地方財政史』朝鮮總督府中樞院, 1926.

金玉根,『朝鮮王朝財政史硏究』Ⅰ, 1984;『朝鮮王朝財政史硏究』Ⅳ, 一潮閣, 1992.

정이라는 말은 성립되기 힘들다. 그래서 본 장에서는 우선 각급 지방 단위의 관청을 운영하는데 필요한 경비의 수입과 지출을 지방재정의 기본으로 전제하면서, 중앙으로의 부세 상납에 따른 수지 관계를 부차적인 것으로 하여 지방재정운영 구조의 한 단면을 개관하려 한다.

이같은 입장의 개관은 조선후기 지방재정의 실태를 파악하기 위한 기초 작업의 하나이다. 특히 이를 통하여 19세기 지방재정운영상의 몇 가지 주요 특징들인 逋欠의 광범위한 발생, 재정운영상의 이권발생에 따른 吏額의 증대구조, 민고적 재정운영을 통한 각종 雜役稅 운영의 문제점 등이 어떠한 부세운영의 구조 속에서 전개되고 있는가를 보기 위한 것이다. 이를 위해 본 장의 전개는 우선 재정운영을 주관하는 지방관청 조직을 간략히 개관한 다음 세입과 세출의 구조를 제도사적 측면에 주로 초점을 맞추어 고찰해 보기로 한다.

제 Ⅲ장에서는 지방단위의 재정운영이 吏胥層 중심의 중간 逋欠과 관련하여 어떻게 변질되어 가는가에 대해 살피기로 한다. 여기서는 전반적인 재정사정의 변화를 봉건 위기의 표현인 19세기 地方財政危機와 관련시켜 보았다. 한편 반봉건 농민항쟁 발생의 객관적 요인의 하나로 되는 포흠은 民과 바로 관계되는 것이 아니라 지방재정의 운영을 매개로 주로 전개되었고, 그 주체는 이서층 중심의 집단이다. 이들 집단에 의한 극심한 포흠의 전개는 봉건 체제가 붕괴의 위기에 이르는 한 과정이었다.

조선후기 특히 19세기는 전근대사회의 해체기로서 사회가 전반적으로 급변해 가던 때였다. 이 시기 사회경제의 커다란 변화가 바로 그 객관적 배경이었다. 그런데 이러한 변화를 배경으로 일어난 사실 중에 우선 주목해야 할 것은 앞서 언급한 중간 逋欠 현상이다. 포흠이란 주지하다시피 특히 지방재정 부문에서 주목되는 것이지만, 이는 파행적 재정운영의 복잡한 구조를 이용한 조세의 포탈로써 中間收奪 범주에 놓고자 한다. 다시 말해 조선후기 사회경제 구조의 변화가 봉건 권력의 붕괴위기로 연결되는 가운데, 포흠은 이러한 권력에 의한 파행적 부세운영을 매개로 전개된 현상이었다. 이러한 점에서 포흠은 당시 사회경제 변동의 주요 요인이었으며, 농민 수탈의 방향으로 운영된 지방재정의 실제를 밝히는 데 있어 우선적으로 고려해야할 사항이자 특성이었다.5)

포흠 행위의 주된 계층은 이서층이었다. 이서층은 중세 신분적 예속성의 약화와 함께 사회경제적 성장을 통하여 그 계급적 성격이 점차 변화하고 있었다. 중간수탈로서의 포흠은 이서층이 중심이 되면서 앞 시기에 비하여 한층 조직적인 구조로 전개되고, 또한 이는 당시 사회가 보여주는 특징의 하나이기도 하였다. 그러므로 중간포흠의 행위는 단순하게 간과될 수 없는 중간수탈의 기본 내용으로 제기된다.

제 Ⅳ장에서는 앞 장의 吏逋와 연관하여 民逋 전개의 배경과 실제 및 그 성격을 지방재정운영의 구조 속에서 규명하고자 한다.6) 즉, 지방재정의 파행적 운영과 관련하여 民間에 의한 逋欠을 이서 중심의 포흠과 대비시켜 당시의 향촌민과 지방재정운영상의 대립 구조가 어떤 방향에 있었던가를 보기로 한다. 전형적 의미의 民逋는 당시 지주제의 변동과 농민층분화의 결과로 발생한 다수 貧農層이 조세부담 등

---

5) 중간수탈의 하나로써 포흠에 대하여 부분적으로나마 언급된 최근의 연구 성과로는 주로 還穀 운영상의 폐단과 관련지은 다음의 논문을 들 수 있다.
  梁晉錫, 「18,19세기 還穀에 관한 硏究」, 『韓國史論』 21, 1989.
  高錫珪, 앞의 학위논문(1991).
  한상권, 「1811년 황해도 곡산지방의 농민항쟁」, 『역사와 현실』 5, 1991.
  宋讚燮, 『19세기 還穀制 改革의 推移』, 서울대 박사학위논문, 1992.
6) 민간에 의해 발생한 포흠 문제를 전적으로 다룬 논문은 거의 전무하다. 다만 다음 논문에 부분적으로 언급되어 있어 일부 참조된다.
  梁晉錫, 앞의 논문(1989).
  金東哲, 「19세기말 咸安 지방의 鄕戰」, 『韓國文化硏究』 2, 부산대학교 한국문화연구소, 1989.
  宋讚燮, 앞의 학위논문(1992).

의 경제적 부담으로 인한 流亡과 指徵無處로 나타난 것이었다.

그리고 본 장에서 우선 주목하고자 하는 것은 민간에 의한 포흠의 성격은 이포와 전혀 반대적인 측면을 가지고 있음을 밝히고자 하는 것이다. 이에 대한 규명은 당시 지방재정운영의 구조적 특질과 나아가 1862년 농민항쟁 발생 배경의 한 단면을 이해하는 데에도 일정한 도움이 될 것이다.

사실 19세기 농민항쟁의 시기에 이르면서 과세자인 國家와 납세자인 民 사이의 모순은 더욱 심화된다. 이러한 점에서 민포의 의미를 보다 적극적으로 해석하여 민의 다양한 반봉건 운동 가운데 항세운동이 될 수 있음을 아울러 밝히고자 한다. 이를 통하여 향촌사회의 모순이 어떠한 대립 구조로 나아가고 있었는지에 대한 단서를 얻을 수 있다. 한편 기록상의 민포가 사실상의 이포로 보아야 하는 측면도 있음을 밝히고자 하였다. 이는 본서 제 2부의 함안 지역의 재정운영과 포흠에 관한 부분과 관련하여 자세하게 언급하였다.

제 Ⅴ장에서는 지방재정운영과 관련한 吏額 증가의 실제적 양상에 대해서 살펴본다.[7] 물론 앞 장에서 살펴 본 것처럼 吏逋가 당시 재정운영의 모순을 더욱 심화시킨 현상적 요인의 하나였다는 관점에서 이액증가 문제를 파악해 보려 한다.

18·19세기의 이서층은 지방재정운영의 행정실무자이면서 중간 포흠뿐 아니라 중간수탈의 중심 계층으로 등장하기 때문에 단순하게 보아 넘길 존재가 아니었다. 특히 국가재정이나 지방의 재정위기와 더불어 나타난 일반 民의 피폐는 이들 계층에 의한 포흠과 그에 수반된 재정운영상의 부세수탈에 큰 원인이 있었던 때이기도 하였다. 이액 문

---

[7] 이서 액수의 증가 문제를 지방재정운영의 성격과 관련시켜 파악한 연구 성과는 없지만, 다음 논문에 부분적으로 언급되어 있을 뿐이다.
　金弼東,「朝鮮後期 地方吏胥集團의 組織構造」,『韓國學報』28·29, 1982.
　金東洙,「茶山의 鄕吏論」,『龍鳳論叢』13, 全南大學校 人文科學研究所, 1983.

제는 이러한 사정과 밀접한 관계를 가지고 있었다.

종래 이서 집단에 대한 이해는 대체로 身分制의 측면에서 이서층을 단순한 중간층의 존재 정도로만 인식하여 왔다. 이러한 방식으로는 당시 사회의 중요한 수탈계층으로 등장하는 이서층의 성격을 보다 폭넓게 이해할 수 없다. 그러므로 이서 집단에 대한 신분제 변동의 본질적 이해는 포흠과 중간수탈 행위, 즉 經濟的 행위의 중심계층으로 성장하던 사정과 함께 살펴보는 데서 시작되어야 한다. 이액증가의 추세는 바로 이같은 사정의 현상적인 반영이었다. 이액의 구성 범주는 중세 신분제의 붕괴 과정과 사회경제 구조 변화의 사정을 충분히 고려해야 하는 것이다.

이 장에서는 먼저 이액문제가 政府의 입장과 實學者들 중심의 지식인의 입장에서 점차 중요한 사회문제로 인식되는 과정을 본다. 그 다음으로 이액증가의 배경과 중앙각사와 지방관아를 대상으로 한 이액증가의 실태를 살펴 볼 것이다.

제 Ⅵ장에서는 위에서 논의된 것을 바탕으로 당시 지방재정 운영의 특성을 가장 잘 보여 주는 民庫運營의 性格과 그 運營權의 動向에 대하여 알아보기로 한다.[8] 특히 당시 지방재정운영의 가장 구체적인 특징을 보여주고 있던 雜役稅 운영의 民庫的 財政運營의 양상과 성격 및 그 운영권의 방향을 살펴봄으로써, 조선후기 지방재정 운영의 성격을 집약적으로 파악할 수 있을 것이다.

19세기 농민항쟁은 농업생산력의 발전과 이로 인한 광범한 농민층

---

[8] 민고에 대한 최초의 본격적인 연구로서는 金容燮,「朝鮮後期 民庫와 民庫田」,『東方學志』23·24, 1980을 들 수 있으며, 최근에 全羅道 綾州牧의 事例를 중심으로 한 金德珍,「朝鮮後期 地方官廳의 民庫 設立과 運營」,『歷史學報』133, 1992의 연구가 주목된다. 그런데 앞의 연구는 향촌사회에 새롭게 등장하는 세력들의 이해 관계가 민고와 같은 재정기구의 운영 가운데 많이 관련되어 있었음을 제대로 주목하지 않았으며, 동시에 이들 새로운 세력의 동향에 대해서도 본격적으로 밝히지 않았다.

분화 등의 생산관계 변동에서 비롯되기 시작한 봉건사회 말기의 여러 모순의 심화과정과 직접 관련되어 있었다. 그 모습은 향촌사회 단위에서 보다 구체적으로 파악할 수 있다. 그런데 이러한 관계는 무엇보다 농민들에 대한 봉건수탈을 오히려 강화시키는 수취체제의 전반적 변화와 밀접한 관계를 갖는 지방재정의 운영 가운데에 잘 드러난다. 중앙과 군현의 중간 지배 단계인 감영 단위에서 관할 下邑에 대한 무절제한 과외의 雜稅 징수와 같은 양상이 대표적인 것이었다. 이러한 배경 아래의 지방재정 운영의 성격은 특히 민고적 재정운영의 성립과 그 운영의 폐단에서 잘 나타나고 있었다.

여기에서 중점적으로 다루어 보려고 하려는 것은 18세기 말엽부터 19세기 전시기에 걸친 민고적 재정운영의 성립과 그 성격 및 이를 둘러싸고 전개된 향촌사회의 여러 세력 사이의 運營權 장악의 한 단면에 대해서 이다. 민고는 조선후기 삼정의 극심한 문란과 함께 지방사회에서 주요한 문제로 부각된 잡세와 잡역 등의 재정과 가장 밀접한 관련을 갖고 있었던 것이다. 특히 지역마다 다른 형태로 나타나는 잡역세가 해당 지방사회의 특질을 반영하는 것으로 보고, 이의 구체적인 형태로서 민고가 지방재정의 중심 기능을 담당하는 재정기구라는 관점에서 그 실제 운영구조의 한 단면을 살펴보려 한다. 이에 대한 고찰은 중세사회 해체기의 봉건 지배계급에 의한 농민수탈, 즉 수령을 비롯한 이서층과 향임층들에 의한 수탈구조의 성격을 규명하는 데에도 일정한 도움이 될 것이다.

또한 민고운영의 성격을 통하여 적어도 19세기의 전 시기를 지나면서 새로운 형태의 수탈구조가 형성되는 것에서 보이는 것처럼, 이 시기 지방재정운영 자체가 사실상 납세민을 수탈하는 구조로 전화되어 가는 특질을 밝힐 수도 있을 것이다. 그러나 지역 사례와 같은 보다 구체적인 천착은 앞으로의 과제로 남기고, 여기서는 다만 이 시기 지방재정운영의 대체적 성격 변화를 이해하는 정도에서 그치고자 한다.

2. 자료에 대하여

　賦稅制度를 내용으로 하는 地方財政史 연구의 일차적 의의는 향촌사회의 경제 사정을 보다 생생하게 파악할 수 있다는 데 있다. 지방재정운영의 과정 속에 특정 지방의 향촌사회를 움직여 나가는 여러 세력과 이의 지배를 받는 民의 경제생활이 상당 부분 반영되어 있다는 점에서이다. 이같은 문제 의식에 바탕한 연구는 무엇보다 자료에 대한 접근 방식을 좀더 새롭게 할 필요가 있다. 예를 든다면 戶籍大帳과 量案 등에 기초한 효과적인 조세정책의 시행을 위해 반포된 많은 節目 자료 및 邑事例 등을 심층적으로 이용한 연구가 그것이다.

　재정사 연구의 한계로 지적되던 정태적 파악 방식, 즉 제도사 중심의 재정사연구 방식은 당연히 재고되어야 한다. 기존의 이해 방식을 극복하는 방법의 하나로, 지방재정운영의 내용을 중앙정부에 상납해야 하는 조세수취와 관련된 것과 지방사회에서의 독자적 사정을 반영하는 것 등의 두 가지로 우선 크게 나누는 데서 출발해야 한다. 전자의 경우는 그 자료의 성격이 후자에 비하여 다소 형식적 기록에 그치는 경향이 있으나, 후자는 이보다는 훨씬 구체적이라 할 수 있다. 그래서 여기서는 후자의 경우에 초점을 맞추어 三政運營 자료와 民庫와 지방재정운영의 전반적 사정이 반영된 邑事例冊 관계 자료와 함께 年代記 및 文牒類 등을 주요 자료로 활용하였다.[9]

---

[9] 이외에 戶籍大帳과 量案 및 이와 관련된 각종 節目과 事目類도 앞으로 지방재정사 연구에 충분히 활용되어야 한다. 이는 기본적으로 戶籍大帳이 정부의 良役賦課를 위한 기초자료이며, 量案도 그 성격상 국가의 收取大帳이라 할 수 있는 한 측면도 가지고 있기 때문이다.

사실 재정운영에 관련된 자료는 다른 자료에 비하여 상대적으로 많이 작성되어 남아있는 편이다. 그것은 중앙정부나 지방관청의 행정업무가 사실상 부세정책의 시행을 위한 재정운영이 중심이고, 재정운영 행위야말로 봉건지배계급이 갖는 권력행사의 주요한 표현이기 때문이다. 자료 분포의 범위도 상당히 넓다. 그러나 이는 향촌사회 전체구조를 기본 시야에 넣고 파악함으로써 자료 이용의 유기적 관련성을 높여야 한다.

본 논문에서 주로 이용된 자료는 『備邊司謄錄』와 『日省錄』 등을 비롯한 年代記類와 지방사회의 전반적인 상황을 감영이나 중앙의 상급 관청에 보고한 내용을 기록한 각종의 文牒類가 기본을 이루며, 그 외에 법전류와 고문서 및 읍사례와 각종의 절목류 등의 보조 자료를 활용하였다.

한편 조선후기의 재정사연구에 있어 『備邊司謄錄』과 『日省錄』은 王朝實錄보다 오히려 더 중요하게 이용되어야 할 연대기 자료라 생각된다. 특히 19세기 전반의 비변사는 경제뿐 아니라 정치와 행정의 두 측면까지 모두 국가의 최고 관부로 자리 잡고 있었다.10) 한편 이러한 연대기의 내용 가운데서도 지방 통치의 실상에 대하여 조사 보고한 暗行御史의 別單11)을 주요 자료로 활용하였다.

수령의 재임 기간 중 수발된 각종 문서들을 집성한 문첩류도 크게 활용하였다. 文牒類는 지방관에 의한 조사 보고로서 향촌사회의 실상을 보다 생생하게 전달하는 자료로 평가된다.12)

---

10) 평상시 備邊司가 관장하는 중심 업무는 財政에 있으면서 국가 경제운영을 사실상 장악할 수 있는 기관이었고(한국역사연구회 19세기정치사연구반, 『조선시대 정치사(1801-1864)』하, 제10장, 1990 참조), 19세기 전반에 이르면서 국가의 최고 권력기관으로서 부상하고 있었다(위의 책, 제11장 참조).
11) 암행어사 관련 자료의 사료적 가치에 대한 분석은 한상권, 「역사연구의 심화와 사료 이용의 확대 -암행어사 관련자료의 종류와 사료적 가치-」, 『역사와 현실』 6호, 1991을 참조할 수 있다.

다음으로 지방관청이 관장하는 읍 재정 전반에 걸쳐 각종 규정 및 구체적인 운영내역의 범례를 기록한 각 읍의 事例冊을 들 수 있다. 각 읍사례에서는 일반적 의미의 재정운영의 전반에 대한 자료와 민고를 비롯한 잡역세에 관한 자료를 다양하게 찾을 수 있다. 사례에는 해당 지방의 제반 통계자료, 가령 전총·호총·군총·부세·관속의 액수 등이 소상하게 기록되어 있어서 정책수립에 필수적인 자료가 되었던 것이고, 이를 근거로 합리적인 재정체계를 마련하고자 했다. 비록 향권을 장악한 집단에 의하여 주로 기록되어 있음으로서 기록의 신빙성에는 다소 의문의 여지가 없지 않으나, 지방사회에서의 부세문제 전반에 대한 일반적인 제도는 충분히 반영되어 있다고 할 수 있다.

---

12) 文牒類는 상급 기관에 보낸 牒呈·牒報와 동급 기관 사이에 왕래한 移文 및 하급 기관에 내려 보낸 傳令·曉諭文·節目·甘結, 그리고 完文 등으로 분류되는 각종 공문서를 집성한 것이다.

Ⅱ. 地方財政運營의 구조

1. 관청 조직과 재정기구의 분화

지방재정운영을 개관하기 위해서 우선 지방행정구역의 단위를 먼저 개략적으로 파악해 볼 필요가 있다. 중앙에서 지방관이 파견되는 대상은 8道 아래 5부・5대도호부・20목・75도호부・77군・148현 등이다.[1] 이하는 面里制로써 수령을 통한 간접지배 방식에 의하여 통제되고 있다.[2]

군현 단위 이하의 경우에는 지역의 크기, 인구의 과다, 취락의 대소, 호구와 전결수의 차이 등 각 행정구역의 특수성을 지니고 있었기 때문에 각 지방재정운영은 지역적 특수성에 따라 차이가 클 수밖에 없는 형편이었다. 그러나 대체로 조선후기 지방재정운영의 대강과 보편적 특성은 파악할 수 있을 것이다.

지방의 행정 체제를 군현 단위에 한정시켜 보자. 수령은 '守令七

---

1) 『大典會通』卷1, 吏典, 外官職.
2) 이에 대해서는 다음의 논고를 참고할 수 있다.
　金俊亨,「朝鮮後期 面里制의 性格」, 서울대 석사학위논문, 1982.

事'3)의 업무를 수행하는 책임자로서 중앙에서 파견된다. 그 임기는 점차 짧아지는 경향을 보이고 있다.4) 수령의 예하 조직은 중앙의 관제를 그대로 본 따 설치되어 있는 六房의 이서조직이 중심이다.5) 지방행정업무 중 특히 재정운영의 실무는 이들을 중심으로 이루어지고 있다. 이들은 읍의 규모에 따른 법정 액수가 무시된 채 점차 증대하고 있는 형편이었다.6) 이서 조직 내부는 다양한 계층으로 분화되어 있다. 경찰 속료로서 군교·사령과 천역의 하료로서 皁隷, 日守, 羅將, 軍奴로 칭해지는 부류가 있다. 중앙에서 파견된 감사-수령의 산하 조직은 대체로 吏廳 조직과 將廳 조직 및 鄕廳 조직7) 등으로 구성되어 있다.

吏廳은 아전들이 모여 집무를 보는 곳이다. '人吏廳'·'作廳'·'掾房' 등으로도 불렸다.8) 육방을 중심으로 편제되어 있는 행정조직은 조선 전기에는 公兄 체제가 유지되었으나, 후기에는 신분제의 동요와 사회경제의 변동에 따라 특히 19세기 이후에는 戶房을 중심으로 한 吏房·刑房의 三公兄 체제로 변화하였다.

---

3) 수령의 七事는 農桑盛, 戶口增, 學校興, 軍政修, 賦役均, 詞訟簡, 奸猾息이다(『朝鮮民政資料』先覺, 七事提要, pp.249~254). 그리고 茶山硏究會, 『譯註牧民心書』 赴任六條, pp.38~40에서 수령칠사에 대한 내력이 간단하게 서술되어 있다.
4) 李源均, 「朝鮮時代의 守令職 交遞實態」, 『釜大史學』 3, 1979.
　金錫禧, 「朝鮮中·後期 地方官僚의 任期에 關한 硏究」, 『論文集(人文科學)』 31, 釜山大學校, 1981.
5) 『大典會通』 卷1, 吏典; 卷4 兵典.
6) 본서 제1부 Ⅴ장 참조.
7) 鄕廳組織이 守令의 예하로 들어가게 되는 것은 조선후기에 이르러 士族支配體制가 점차 해체되고, 賦稅運營의 구조에 본격적으로 참여하게 되는 과정과 대체로 맥락을 같이 한다. 아래 논문을 참조할 수 있다.
　韓相權, 「16·17세기 鄕約의 機構와 性格」, 『震檀學報』 58, 1984.
　李羲權, 「조선후기 지방통치제도 연구 -향청의 기능을 중심으로-」, 『國史館論叢』 22, 1991.
　　　　, 「朝鮮後期 邑吏의 地方統治 行政機能」, 『全北史學』 15, 1992.
8) 朴焞, 「朝鮮後期 作廳의 一形態 -同福縣 『掾房謄錄』의 事例硏究-」, 『又仁金龍德博士停年紀念史學論叢』, 1989.

다음으로 지방행정의 보좌기구이자, 19세기에 이르면서 지방재정운영의 주요한 집행기관이었던 鄕廳의 조직이 있었다. 전기의 留鄕所의 후신으로서 향청의 직무 권한은 점차 부세운영이 그 중심을 차지해 나가는 추세였다. 향청의 주요 구성원인 座首나 別監이 지방의 주요 부세운영기구들을 장악해 나가고 있었다.9) 향청의 좌수·별감은 한편 재정운영의 하부조직 책임자인 面任과 里任을 추천할 수 있었고, 나아가 수령과 이서층의 중간 포흠의 구조에 함께 참여하여 포흠의 주체로 변하여 갔다.

향청은 원래 사족들에 의한 鄕會를 가지고 있었으나, 그 운영의 주도권이 신향으로 점차 넘어가게 되면서 재정운영에 더욱 적극적으로 참여하게 된다. 향청의 원래 기능이 향리의 악폐를 막고 수령의 자문에 응하고 풍기를 단속하는 것이었지만, 후기에 이르러 향청의 지위가 수령의 예하로 직속되어 가면서 향회는 지방행정 특히 재정수입과 지출의 자문기관으로 변화하여 갔다. 다산의 민고에 대한 평가에서 이같은 사정을 쉽게 엿볼 수 있다.10)

將廳 조직의 구성원은 주로 장교 계층이다. 이들은 본래 향리층에 포함되어 있는 존재이다. 그러나 후기에 이르러 별도의 官案이 작성되고 있다. 향청이 갖고 있었던 지방관아의 군무를 점차 분리하여 담당하였던 것으로 보인다.

재정운영의 실무자이면서 앞에서 언급한 몇 조직의 실무자이기도 한 이서층은 17·18세기 이전에는 대체로 부세운영의 단순한 실무자 기능만 가졌을 뿐이었다. 부세의 배정을 둘러싼 실질적 권한은 사실 수령과 재지사족에 있었다. 그러나 후기에 이르러 특히 이서층과 향임층은 향촌사회 권력구조의 변동 결과로 점차 부세운영 실권자 위치로

---

9) 이에 대해서는 高錫珪, 앞의 학위논문(1991)과 본서 제1부 Ⅵ장 참조.
10) 『譯註 牧民心書』戶典六條, 平賦.

변화하였다. 또한 面里任도 이서와 향임의 추천을 거쳐 임명되므로써 民과 대립하는 관계로의 성격 변화를 보인다.11) 면리임의 임면권은 향임층에 주어지고 있다.12)

지방의 관청조직은 크게 위와 같이 수령, 육방체계, 향청 등으로 나뉘어지지만, 이는 조선후기에 이르면서 업무의 분화에 따라 매우 다양하게 분화되어 간다. 후기에 간행된 몇 邑事例를 중심으로 관청기구를 살펴본다.

尙州 읍지인 『商山邑例』13)(1854年)에 의하면 34개의 재정기구로 세분화된다. 1894년에는 37개로 늘어난다.14) 이는 조선후기 화폐경제의 발달에 따라 중앙의 재정과 지방 단위의 재정지출 규모의 급속한 증대에 기인된 것으로 보인다. 수령을 비롯한 지방의 행정 실무자들은 소관 업무의 확대를 빙자하는 등 어떤 형태로든지 재정 수입을 늘리려 한 결과이다.

한편 지방관청은 각종 지방세와 잡세 명목들이 수령권 강화의 추세와 동시에 지속적으로 증설됨에 따라,15) 각종의 재정기구가 늘어나기도 하였다. 이 시기 상품화폐경제의 발전에 따른 유통경제의 성장이 이를 가속화한 것으로 보아도 된다. 각 지방의 재정기구들은 지방마다 일률적이지 않고 지역사정에 따라 다양한 편차를 보이고 있는데, 보통 재정기구가 점차 다양하게 분화되어 나가는 추세였다.

조선후기 이래 무역의 중심지였던 江界府와 東萊府의 경우, 대체로 대외무역과 관련된 재정기구가 많은 점이 그것이다.16) 그리고 전체적

---

11) 『譯註 牧民心書』 奉公六條, 貢納.
12) 『譯註 牧民心書』 吏典六條, 用人.
13) 『商山邑例』(奎章閣圖書 No. 古 4790-32, 이하 '奎章閣圖書 No.'를 '奎No.'로 표기함).
14) 『尙州附事例』(『邑誌』 二 慶尙道編②, 亞細亞文化社 간행).
15) 吳永敎, 「朝鮮後期 地方官廳財政과 殖利活動」, 『學林』 8, 1986.
16) 1860년대 東萊府의 경우는 전부 38개의 기구로 나뉘어져 재정운영을 하고 있

으로 세입의 주요 항목에 따른 업무를 맡기 위한 관청의 명칭은 다소 차이가 있으나, 맡은 업무의 성격은 대체로 대동소이한 편이다.

앞에서 언급된 尙州府와 東萊府 및 江界府 등 몇 읍사례에서 보이듯이 재정기구는 '廳'·'色'·'庫' 등의 이름으로 정리되어 있다. 여기에는 각기 책임자들을 두고 있다. 이들 책임자들은 吏額의 범주에 넣을 수 있는 존재였다. 또한 이들 사이에는 각기 계층적 상하관계가 일정하게 형성되어 있기도 하였으나 재정운영과 관련한 사회경제적 의미에서 볼 때, 크게 중요한 문제는 아니었다. 직임이 보장해 주는 경제적 이해가 중요하기 때문이다. 실제 吏房이나 戶房 및 座首가 맡고 있는 직임의 종류를 보아도 알 수 있다.17) 色吏職은 동일한 지역의 邑事例와 같은 사료의 간행 시기에 따라 신설 혹은 소멸되면서 다양하게 나타나고 있다.18)

조선후기 지방관청 재정기구분화의 특징 중의 하나는 잡역의 조세화에 따라 잡역을 전문적으로 담당하는 기구의 등장이다. 이는 지방관청 조직상의 새로운 양상으로서 관청 식리의 기능을 주로 담당하기도 한 民庫라는 재정기구의 등장이 대표적이다. 민고는 경우에 따라 지방의 잡역세를 총괄하는 기구로서의 성격을 가지고 있으며, 이러한 민고재정이 지방재정 전체의 규모에서 차지하는 비중은 매우 높았다.19)

요컨대, 지방관청의 조직은 재정운영과 관련하여 우선 법전상의 吏廳·鄕廳·將廳 등으로 구성되어 있었으며, 이러한 것 아래 面里任 조직과 五家作統 조직 등을 들 수 있다. 그러나 조선후기 지방관청조직

으며(『東萊府事例』; 驪江出版社 간행, 『韓國地方史資料叢書』9에 所收), 江界府의 경우도 역시 많은 수로 나뉘어져 있다(『江界府事例釐整記』奎No. 5457, 1856년).

17) 『尙州附事例』에 의하면 주요 재정기구의 色吏들을 戶房과 吏房 등의 색리들에게 겸임시키고 있음을 볼 수 있다.
18) 朴焞, 앞의 논문(1988), p.293 참고.
19) 金德珍, 앞의 논문(1992)과 본서 제1부 Ⅵ장 참조.

의 실질적인 변화는 이같은 제도상의 측면에서 찾기보다 중세사회 해체기 부세운영의 변화와 함께 매우 다양하고 복잡하게 분화되어간 재정기구의 계속된 신설 양상을 통하여 나타나고 있었다. 부세운영의 모순은 이 시기 재정기구의 변화와 긴밀한 관계를 가지면서 심화되는 것이었다.

2. 재정의 수입과 지출

1) 재정 수입

조선후기 세입구조는 전기의 것에 비하여 형식상으로 큰 차이는 없으나, 18, 19세기의 사회경제적 변화에 따라 그 구조의 성격이 많이 달라지게 된다.[20] 그렇지만 우선 여기서는 지방 재정운영의 범주에 해당되는 것으로써, 전 군현에 보편적으로 나타나는 것으로 생각되는 세입의 종목과 세입의 방법에 대하여 살펴보기로 한다.[21] 지방재정 부문에만 한정된 세입의 종목을 대강 나누어 보면 중앙으로부터 분급받은 토지에서의 수입, 대동미 가운데 저치미로써 국고에서 분급되는 것, 지방관청이 국가의 인정을 받아 과세하는 것으로 예를 들어 조세를 이급받는 경우, 지방관청에서 중앙과 무관하게 독자적으로 재정수입을 위한 노력으로서 환곡 이자수입과 관청고리대를 통한 재정수입, 요역과 신역의 수입으로써 대동법 실시 이후의 전결세화된 데 따른 수입, 잡세의 수입 등으로 대별된 세입원을 갖는다.

이같은 세입종목은 시기와 조건 및 지역에 따라 계속적인 변화를

---

20) 조선후기 財政收入과 支出 구조의 변화를 시기별·지역별로 자세히 밝힐 필요가 있지만, 여기서는 우선 제도사적 측면에 촛점을 맞추어 고찰하기로 한다.
21) 이에 대해서는 金玉根, 앞의 책(1984)에 크게 의존하였다.

가지게 된다. 예를 들어 대동법 실시, 균역법 실시, 비총제의 실시 따위에 의한 세입구조의 변천 및 상품화폐경제 발전의 지역적 차이에 따른 변화 등 여러 가지 요인들에 의하여 다양하게 변화하고 있다. 환곡 移貿의 성행은 지방재정의 주요 수입원의 하나가 되고 있었던 것으로, 이 시기 상품화폐경제의 발전과 밀접한 관련을 가진다.[22] 또한 각종 잡세의 수입 내용도 매우 다양하다.

그런데 위에서 일별한 바와 같이 크게 5~6가지 범주로 나눌 수 있는 조선후기 지방재정의 세입구조는 한말 단계에 이르러 지방제도의 개혁과 함께 지방의 재정운영을 중앙에서 전면적으로 장악하려는 시도가 이루어지면서 크게 바뀌게 된다. 이는 지방 재정운영의 제도를 보다 일원화하기 위한 '近代的' 조세제도 운영의 방향에 맞추려는 제도개혁 노력의 결과였다.[23]

국가에 납입하는 조세를 포함한 지방의 재정은 원래 租庸調의 체계에 입각한 방식이었으나, 앞서 말한 바와 같이 조선후기에 이르면 점차 토지를 중심으로 부과하는 田結稅化 경향으로 나아가고 있었다. 이같은 경향은 지방재정의 운영에도 매우 다양한 형태로 점차 영향을 미치는 추세였다. 또한 세입구성의 일반적 원칙의 다양성뿐 아니라, 각 재정기구 사이에도 많은 차이가 있다. 현물 수입인가 아니면 식리활동을 통한 재정 수입인가의 차이가 그것이다. 이하에서는 결역, 호역, 신역 및 잡세, 환곡 및 고리대 수입의 내용을 살펴본다.

첫째, 結役과 관련된 것으로 토지수입을 통한 지방의 재정 수입이다. 조선전기의 토지 수입에는 官屯田과 같은 直營地 경작수입과 衙祿

---

22) 장명희, 「18세기 후반~19세기 중반 還穀 운영의 변화 -移貿立本과 耗條 金納化의 성립 배경을 중심으로-」, 부산대 석사학위논문, 1997.
23) 金泰雄, 「1894~1910년 地方稅制의 시행과 日帝의 租稅收奪」, 『韓國史論』 26, 1991.
유정현, 「1894~1904년 地方財政制度의 改革과 吏胥層의 動向」, 『震檀學報』 73, 1992.

田・公須田・火田과 같은 민전의 전호 경영지에 대한 전세 수입이 있었다. 후기에는 관둔전의 경영방식이 지주제로 전환됨에 따라 군현의 직영지 수입이 없어지게 되고, 아록전과 공수전의 전세 및 대동미의 유치미와 화전세의 이양 등에 의한 결역 수입만 있게 되었다.

각 官의 직영지 수입이 없어지게 된 요인은 조선후기에 지주제 경영이 일반화되고, 또한 각영・아문의 둔전과 궁방전이 지주제로 경영되는 추세에 따라 관둔전의 경영 방식도 전기적 직영제를 지양하고 지주제 경영으로 발전한 데 있었다. 그리하여 관둔전에는 수확량의 약 1/2을 지대 즉 둔세로 수취하는 지주제 경영의 방식이 중심을 이루게 되었다.

이같은 관둔전에는 아록전과 공수전의 경우 1結에 4斗 또는 6斗의 전세만 면제하고 대동세는 부과하였다. '免稅出賦'라든지 '免賦出稅' 등의 표현이[24] 그것이다.

이 결과 조선후기의 각관의 결역 수입은 아록・공수전의 田稅, 관둔전의 都租・錢, 화전세, 민전에 부과하는 과외 잡세 및 전결세화 되어간 대동미로부터의 획급 등으로 요약할 수 있다. 上納米와 留置米로 나누어지는 대동미는 전자의 경우는 국가 재정수입의 범주에 속하는 것이지만, 후자의 경우는 지방의 結役 수입으로 볼 수 있다.

유치미는 지방 관부의 경비, 대동미의 운송비 등에 사용되고 있었다. 다시 말해 대동미는 지방의 각관 경비지출을 보조하기[25] 위하여 일부를 할애하여 준 것으로, 이는 지방관에 의한 科外雜稅의 수탈을 방지하려는 데 원래 목적이 있었다. 대동세의 유치미에 의존하던 각관의 재정수입 출처는 19세기 단계에 이르러서는 여러 곳에서 마련되면

---

24) 『貢稅要略』(奎No. 12696).
25) 대동미 중의 유치미에 의존하여 지출되는 용도를 보면 원칙적으로 官需米, 公事紙物費, 使客支供米, 衙祿米, 刷馬費, 各官月課軍器費, 祭祀費 등에 사용되고 있다(『東萊府事例』, 『商山邑例』 등의 '大同色'조 참조).

서 분화되어 나가고 있었다. 예를 들어 동래부에서는 刷馬價의 경우 이를 전담하기 위한 雇馬色과 같은 기구를 설치하여 독자적 재정 수입을 꾀하고 있다.26) 물론 이러한 것은 지방의 관청고리대에 의한 수입이 보편화되면서 더욱 확대되고 있었다. 조선후기 각종 잡역세의 민고적 운영이 이러한 추세를 보여주는 대표적 사례이다. 민고는 大同庫의 다른 표현이기도 하였다.27)

둘째, 民戶를 대상으로 하여 부과하는 봉건적 성격의 稅役으로서 戶役 수입을 들 수 있다. 호역 수입은 중앙재정은 물론이고 지방재정에도 주요 수입원이었다. 대동법 실시 이후 지방관부의 수요를 충당하기 위하여 과징하는 雉鷄·柴炭·氷丁 등의 정규 지방세인 지방공물과 과외 잡세로 나누어지고 있다.28) 이들 호역은 화폐 또는 현물로 과징되고 있으며, 地方貢物 즉 鄕貢이 없는 경우 이를 結役으로 부과하고 있다.29) 또한 호역에서 파생된 科外雜稅의 운영 방식은 세목과 수세물 용도 및 규모에 있어서 지역에 따라 편차가 크다. 그러면서 공물과 잡세의 수입은 계방촌 운영과 같은 방식에 의존하기도 하였는데,30) 그 방식은 지역 사정에 따라 많은 차이가 있었다.

戶役의 종목과 수는 군현에 따라 다를 뿐 아니라, 그 절대 액수에 있어서도 다과의 격차가 크다. 錢穀으로 환산한 몇 군현의 예를 들어 보면 호역 수입의 규모가 다양하게 나타난다.31) 이는 역시 군현의 크

---

26) 『東萊府事例』 雇馬色.
27) 『平安道內各邑民庫定例節目』(奎No. 17207), 1788년.
28) 『賦役實摠』(驪江出版社 影印, 1984).
29) 그런데 『賦役實摠』에 의하면 조선후기의 地方貢物은 조세의 田結稅化 추세에 따라 結役으로 토지에 부과하는 군현이 많았으며, 또한 대동미의 留置米에서 계급하는 경우도 많았다. 그리고 대동법 실시 이후 이와 관련된 지방재정 운영의 변화에 대해서는 金玉根, 『朝鮮王朝財政史研究』(Ⅲ), 一潮閣, 1988을 참조할 수 있다.
30) 金炯基, 「朝鮮後期 契房의 運營과 賦稅收取」, 『韓國史研究』 82, 1993.
契房村의 운영 방식은 民庫 운영과 밀접한 관계를 가지고 있다.

기와 중간수탈의 정도와 긴밀한 상관관계에 있는 것으로 생각된다.

이같은 호역에 의한 수입 방식의 변화와 그 수입의 규모에서 보듯이, 다산의 언급에서처럼[32] 향촌사회 유력자의 개입에 의한 구조적 중간수탈의 가능성이 점차 높아질 수밖에 없는 것이었다.

세째, 身役 및 雜稅 수입을 들 수 있다. 우선 각 官의 신역 수입은 良役에 속하는 軍保 또는 保人의 身役價와 노비를 비롯한 직역부담자의 身貢으로 되어 있고, 수세의 단위는 錢貨로 되어 있다. 지방재정에서 신역의 의미는 재정수입의 주요 항목으로 변화하였다. 役制의 변화에 따라 조선후기에는 지방 공공기관의 정역과 군역에 큰 변화가 일어나 중앙 관부와 같이 신역(직역·군역)부담자로부터 노역을 직접 제공받는 대신에 布 또는 錢穀으로 신역가를 징세하여, 이를 募立된 公役 종사자에 대한 급료로 지급하거나 공공 경비에 사용하였다.[33]

다시 말해 身役價는 군역의 정역을 지는 役丁들의 급료 지급을 위해 일반 良人을 대상으로 放役(軍)收布(錢穀)하는 給保 방식을 통하여 징수하므로써 점차 지방의 주요 재정 수입원이 되고 있었다.[34] 정부로부터 군현이 배정 받은 役丁의 수는 보통 수백명에서 1천 명이 넘는 경우도 있었다. 이들에게 1인 당 징수액은 지역에 따라 차이가 있었다. 保의 명칭은 역종이나 역가의 용도에 따라 다양하게 설치되고 있다.[35]

먼저 19세기 말 咸安郡의 예를[36] 든다면, 중앙의 上納元軍·訓練都

---

31) 金玉根, 앞의 책, 1984, pp.77~79에서 『賦役實摠』을 이용하여 정리된 몇 郡縣의 戶役 수입 규모를 보면, 天安郡 194석, 舒川郡 153석, 禮山郡 104석, 晉州牧 8,280석, 蔚山府 403석, 泰川縣 550석 등이다.
32) 『譯註 牧民心書』 戶典六條, 平賦.
33) 윤용출, 『조선후기의 요역제와 고용노동』 제Ⅰ·Ⅲ장, 서울대학교 출판부, 1998 참조.
34) 車文燮, 「壬亂以後의 良役과 均役法의 成立」, 『史學研究』 10, 1960.
35) 이에 대해서는 18세기에 간행된 『良役實摠』에 각 지방별 正役의 명목에 따라 배정된 액수가 자세히 기록되어 있으며, 각 지방별 邑誌에도 상세히 기록되어 있다.

Ⅱ. 地方財政運營의 구조 31

監부터 지방의 束伍軍 등 각군에 따라 資保·官納保·降作保 등의 소속 保人이 두어지며, 그외 재정 수입을 위한 工匠保·人吏保 등이 다양하게 설치되어 있다. 이들에게는 처음에는 米로 받기도 하였으나 차츰 錢으로 바뀌어 나갔으며, 대체로 1인 당 1냥 씩 거두어 들였다.

江界府의 경우[37] 15세 이상 69세(?) 이하의 장정을 대상으로 丁錢을 거두어 들이고 있었는데 총액수는 36,468냥이나 된다. 대체로 강계부 재정의 전체 규모에서 차지하는 비중은 매우 높은 편이라 할 수 있다.[38] 그리고 뒤의 <표 1>에서처럼 동래부 工房의 재정수입의 내역으로서 冶匠의 身役이 그 하나를 차지하고 있음을 볼 수 있다.

지방관아의 재정수입에는 잡세의 수입도 들 수 있다. 그런데 잡세의 수입은 모든 군현마다 일률적으로 같은 것이 아니었다. 잡세 수입은 전액을 지방재원으로 획급한 것도 아니었다. 잡세는 부역실총에 나타난 몇 지역의 사례를 보면 店稅·場稅·匠稅·巫稅·寺稅·海稅錢什一條 등이다.[39] 잡세는 특히 조선후기의 상품화폐경제의 진전과 일정한 관계를 가지고 있다. 場稅의 경우 시장의 발달과 관련이 있는 것으로, 店稅는 조선후기의 정기장시의 裸負商이나 廛商人에게 부과하는 것이며, 匠稅는 冶匠·砂器匠 등 각종 수공업에 종사하는 장인을 상대로 부과하고 있었다.

대동미를 부과할때 국세에 해당하는 잡세의 종목으로 상납시의 浮費·加升·斛上條를 별도로 거두기도 하였다.[40] 咸安의 경우 관아의

---

36) 『咸安郡事例冊』(亞細亞文化社 刊行, 『邑誌』 二, 慶尙道 ③ 에 所收).
37) 『江界府事例釐整記』(奎No. 5457), 戶丁摠丁錢區處.
38) 『江界府事例釐整記』 補丁錢作穀. 이에 의하면 身役價인 정규 丁錢 수입 이외, 虛伍의 捄弊 등에 補用하기 위하여 1851년에 別備錢 860냥을 補丁錢으로 마련하여 이를 각 面里에 빌려주고 取殖 수입을 꾀하였다.
39) 『賦役實摠』 각 읍 事例 참조.
40) 『東萊府事例』 賦稅. 1868년.
"大凡大同船浮價 出自元穀 田稅役價 作紙元人情 等 上納時浮費 及加升斛上條 別爲收捧 而本邑無上納 故只捧元穀而已"

수리비를 각 면을 단위로 하는 공동납의 방식으로 마련하였다. 각 面主人은 路貰를 상민과 양반으로 나누어 거두어 들이기도 하였다.[41]

네째, 還穀 운영과 官廳殖利를 통한 재정수입이다. 지금까지의 재정수입은 상급관청에서 허락한 경우이거나 최소한 법전의 규정에 의거한 경우이다. 그러나 조선후기에는 각 지방에서는 재정수입의 보완을 위해 여러 가지 정책을 자의적으로 전개하고 있었다. 그것의 가장 대표적인 방법은 이자 수입을 통한 방식이었다. 지방민을 대상으로 한 환곡의 강제적 분급을 통한 취모보용 및 각 기구의 개별적인 관청식리 활동 및 민고운영을 통한 재정수입과 같은 것들이 그것이다.

먼저 환곡의 이자 수입을 통한 지방재정 수입의 모습을 보자.[42] 환곡은 제도적인 범주로서는 국세에 해당한다. 그러나 환곡은 지방 각급의 관부에서는 중앙의 예에 따라 재원확보를 위하여 감영의 허락하에 자체 환곡을 설치하고 또는 京司穀의 대출과 회수 업무를 대행하면서 耗穀의 일부를 분급받았다.[43] 또한 군현에서는 자체에서 환곡의 원곡을 확보하여 이를 운영함으로써 이자수입을 꾀하기도 하였다.

환곡은 원래 賑貸 및 軍餉을 改色하기 위하여 설치된 것이었을 뿐, 당초 지방재정원이 아니었다. 그러나 이러한 것은 18·19세기 단계에 부족한 재정수입을 메우기 위한 재정확보를 위하여 중앙과 지방의 각 사는 환곡을 독자적으로 운영하기 시작하였으며, 이러한 틀은 정조 말 순조 초 연간에 대체로 골격이 갖추어진다. 1808년의 『萬機要覽』간행이 조선후기 환곡 운영의 틀이 마련되었음을 말해주고 있다. 환곡은

---

41) 『咸安郡事例冊』
42) 조선후기 還穀 운영의 일반에 대해서는 다음의 논문이 참조된다.
  宋贊植, 「李朝時代의 還上取耗補用考」, 『歷史學報』 27, 1965.
  金容燮, 「還穀制의 釐正과 社倉法」, 『東方學志』 34, 1982.
  梁晉錫, 앞의 논문(1989).
  宋讚燮, 앞의 학위논문(1992).
43) 『萬機要覽』財用篇 6, 還摠.

조선후기 三政 속에 들어가면서부터 계속 부세화의 방향으로 나아갔으며, 최종적인 귀결점은 19세기 말엽에 성립된 結稅 제도에 따라 결전 속으로 편입되어 갔다.

조선후기 지방재정 수입의 주된 특성의 하나로 지적되는 것은 관청 고리대 행위를 통한 수입이다.[44] 이는 주로 이자를 놓기 위한 재원을 마련하는 형태인데 예를 든다면 관둔전의 경우 이를 매매하여 이자수입으로 재정 지출을 충당하는 형태이다. 즉 '立本取殖'의 형태였다. 환곡의 이자수입과 식리활동을 통한 민고운영도 이와 같은 맥락에서 파악할 수 있다. 18세기 후반 이래 각급 지방관청의 식리는 각 공전의 자금을 立本錢으로 하여 支放 및 각종 捄弊條 명목으로 하였다. 그러나 지출의 용도와 이율은 지역에 따라 차이가 있었다. 19세기에 들어오면 운영 방법이 한층 다양하게 전개된다.

2) 재정 지출

세출의 기본은 量入爲出의 원칙에서 출발한다. 중앙 재정의 경우는 이 원칙이 지속적으로 비교적 지켜질 수 있었으나, 지방의 재정운영에서는 사실상 제대로 지켜지지 않았다. 이는 이 시기 지방재정운영의 구조적 특성으로 나타난 지방재정 경비지출의 무원칙적인 증대와 그 운영의 복잡한 전개 양상 및 중간수탈층의 등장에서 기인된 것이라 할 수 있다. 우선 재정 지출의 내용을 보자.

그런데 보통의 경우 지방관청의 세출 비목은 19세기에 간행된 각종 邑誌와 邑事例[45]의 지출조에 나타난 것을 종합하여 보면 다음과 같이 파악된다. 즉, 지방관의 봉록·군병의 朔料 및 京·營主人의 役價와 기타 노무비 등의 인건비, 관아수축비, 紙筆墨 등의 사무용품 및 官用

---

44) 吳永敎, 앞의 논문(1986) 참조.
45) 『韓國地方史資料叢書』(驪江出版社 刊行) 事例篇 참조.

米·鹽·醬·油·淸·蜜·雉·鷄·柴·藁草·氷丁·藥材·기타 등 지방관청 운영에 사용되는 물건 조달비, 鄕校 춘추제향과 산천제 및 기타 지방관청에서 거행하는 각종의 제사비, 新·舊 수령의 영송과 공무자를 위한 雇馬價 등의 운수교통비, 官船의 건조와 수리비, 군기·병선·군량 등의 군사비, 內醫院 약재가를 비롯한 의료비 및 교육비, 진상물의 조달상납비, 賻儀金 및 기타 잡비 등이다. 그렇지만 위의 지출항목은 전 군현에 걸쳐 시기가 내려갈수록 늘어나게 된다. 물론 이러한 것은 특정 지역 사례의 비교를 통하여 결론을 내려야 하겠지만, 여러 가지 지역적 사정의 차이에 따라 내용이 달라진다.

각 관청 산하 경비의 지출은 기구별로 독자적 회계원리에 의하여 이루어지고 있었으나 점차 재정의 상호 이동관계를 형성하면서 운영되고 있다. 당초의 전근대적인 재정운영이 갖는 틀을 깨면서, 한편 이 시기의 수령과 이서 및 향임층을 중심으로 하는 재정운영권 장악을 둘러싼 향촌사회의 권력구조의 변동과 궤를 같이 하고 있는 것이다. 이러한 재정지출의 구조적 변화 모습을 19세기 중엽 東萊府의 사례를 통하여 몇 가지 정리해 보기로 하자.

먼저 조선후기의 세출구조는 세입의 구조와 일치되지 않는 점을 들 수 있다. 다시 말해 세입의 비목에 따른 재정지출의 원칙이 무시된 채로 전개되고 있었다. 예를 들어 布와 錢穀으로 징수된 身役價는 원칙적으로 반드시 公役 수행의 보수에만 사용되어야 함에도 불구하고, 실제 쓰임의 용도는 수입명분과 무관하게 매우 다양한 費目으로 지출되고 있는 것이다.[46] 또한 지방재정의 인건비 지출의 한 사례로서 경주인 역가의 마련도 역시 한가지 수입 명목에 의존하여 마련되는 것이 아니라, 그 비용 마련이 여러 가지 명목의 수입물로 충당되고 있다.[47]

---

46) 金玉根, 앞의 책(1984), 제1장 참조.
47) 앞의 『東萊府事例』와 『江界府事例釐整記』 참조.
　물론 이는 이 시기 商品貨幣經濟의 발전과 관련한 主人權의 성장에 따른 京

한편 유치미에서 지출되도록 되어 있던48) 많은 명목의 경비가 민고재정의 지출 내용과 상당수 일치되고 있었다.49)

전반적으로 지출의 구조는 수입의 구조에 비하여 더욱 복잡한 형태로 바뀌는 경향이다. 그렇지만 재정수입구조의 경우는 전기의 租庸調체계로부터 후기의 전결세화 및 금납화의 현상으로 질적 변화를 보이고 있으면서, 대체로 단일화된 형태로 바뀌는 것이었다. 여기서 조선후기 지출구조에 나타난 특성의 몇 가지를 검토해 보자.

먼저 재정기구의 분화 추세와 관련하여 각 관청에서 '廳·房·色·庫'로 칭해지던 각 재정기구별의 재원이 상호 이동하면서 지출되는 것을 들 수 있다. 사실 이같은 지출의 특성은 향권의 장악을 통하여 새로운 지배세력으로 부상하던 이서층과 향임층을 중심으로 한 부세운영권자들에게 재정운영을 자의적으로 할 수 있는 여지를 제공하는 것이었다.

한편 각 재정기구가 형식적으로 다양하게 분화되기도 하였지만, 사실 재원의 이동에 따라 주요 재정기구에 통합된 형태로 운영되기도 하였다. 이는 19세기 중엽 강계부 재정이 잡역세의 수입과 지출을 담당하던 기왕의 독립된 재정 기구들을 모두 민고를 중심으로 편성시켜 운영하였던 사실로 우선 짐작할 수 있다.50) 이는 독립 재정기구들이 모두 중앙의 재정운영과 직접적 관련을 갖지 않고 지방에서 독자적으로 운영될 수 있음으로서 가능한 것으로 볼 수 있다.

主人의 성격 변화와도 무관하지 않다(본서 제1부 Ⅲ장 참조). 경주인 역가는 시기가 내려 올수록 큰 폭으로 증대하고 있었다(金東哲, 「18·19세기 京主人權의 집중화 경향과 도고활동」, 『釜大史學』 13, 1989 참조).

48) '會所'는 法典 상에 인정된 범위에서 거두어진 地方稅를 관리하는 곳으로 보이는데, 각 군현의 중심 재정 기구의 하나로 볼 수 있을 것 같다.
49) 본서 제1부 Ⅵ장 참조.
50) 당초의 명칭은 補役廳이었으나, 18세기 후반에 防役廳이라는 명칭으로 바뀌어 운영되고 있다(『東萊府事例』防役廳). 그러나 동래부의 경우는 잡역세의 전부를 총괄하는 기능은 보이지 않고, 雜役稅 별로 분산된 형태로 운영되고 있다.

여기서 일단 지출구조 변화의 양상을 크게 두 가지로 분류할 수 있다. 하나는 법전상으로 공식 설정된 재정 수입을 가지고 이를 일괄 관리하는 기구를 설정하여 여기서 지출하는 것과, 또 다른 하나는 법제상의 기구가 아닌 편의적 기구로 설치된 민고와 같은 민고적 재정 기구를 통한 지방의 일반 경비로 지출하는 구조이다.

각 지방의 각 관청은 소관 업무에 따라 독자적인 재정수입으로서 재정지출을 해결하는 경우도 있지만, 재정의 대부분은 해당 지방의 주요 재정기구로부터 교부받은 것으로 지출에 충당하고 있다. 주요 재정기구는 지방에 따라 다소 차이가 있으나, 대체로 동래부[51]와 광양현[52] 및 강계부[53]의 경우 전결수입을 담당하는 '都書員'・'官廳'・'府司' 등의 기구와 잡역세 수입을 총괄하여 담당하는 '民庫'를 들 수 있다.

그 밖의 특정 업무에 따라 분화된 일반 재정기구는 光陽縣의 '戶籍色' 경우처럼 戶籍의 작성을 수행하는 과정에 요구되는 별도 경비의 마련과 관련된 재정 수입과 지출의 방식으로 운영되고 있었다. 간혹 재정의 수입과 지출을 담당하는 업무의 성격에 따라 위의 주요 재정기구에 위탁하여 시행하는 경우가 있다. 예를 들어 강계부의 경우 잡역세 문제에 해당하는 사항은 모두 민고에 의뢰하는 방식의 재정운용을 하고 있다. 이 경우 대개 관청고리대에 의한 이자 수입을 요구하였다.

구체적으로 19세기 중엽 동래부 '工房'의 예를 살펴보자. 먼저 재정수입은 다음의 <표 1>에서처럼 공방에서 독자적으로 거두어 들이는

---

51) 앞 절 '재정수입' 참조.
52) 『光陽縣各所事例冊』禮房色.
53) 1797년에 간행된 『穀摠便攷』 권4에 의하면, 평안도 義州府의 경우 환곡 운영을 통한 지출의 명목은 大同庫穀・府軍器庫穀・安民庫穀・察眉庫穀・常平庫穀・戊寅請得淸穀遺在條・社倉穀・東倉穀・吏奴庫穀・運餉庫穀・補餉庫穀・社倉別置穀・養武庫穀・簿價庫穀・南北齊穀 등으로 나타나고 있다. 그리고 각 도 별 감영 단위의 환곡 운영을 통한 재정지출의 내용은 『萬機要覽』 財用篇 6, 還摠(各道)에 자세하게 정리되어 있다.

것은 없고, 타 재정 기관에서 분급받는 것이 일반적이다. 각 재정기구 간의 재정 이동의 실례는 아래 <표 1>의 동래부 工房의 경우 수입 명목에 따라 移來하여온 곳을 보면 알 수 있다. 예를 들어 공방에서 지출되는 正鐵 670근 6전의 경비는 貿易廳에서 조달되고 있는 것이다. 타 재정 기구에서 재정이 이급되는 원칙은 위의 지출 기구의 이원적인 분화 과정과 맥락을 같이 하고 있다.

<표 1> 東萊府 工房의 財政收入(19세기 중엽)[54]

수입 내역	액 수		수 입 처	비 고
鐵	1703兩 8戔 4分		會所	12개월 분할 수입
正木	5同 33疋 25尺 6寸		〃	〃
木 代錢	250兩		〃	〃
正鐵	670斤 6戔	(1斤=1戔)	貿易廳	〃
馬鐵	48部	(1部=2戔)	冶匠 身役	〃
別油紙	9束	(1張=5分)	;紙 → 紙筒	〃
平油紙	18束	(1張=4分)	油 → 官廳	〃
雜物 代錢	162兩 3戔 6分		會所	〃
	→ 12개월 분할 지출			
	┌ 折草 25斤	(1斤=2戔)		
	├ 黃筆 13柄	(1柄=7分)		
	├ 眞墨 10丁	(1丁=8分)		
	├ 黃蠟 5斤	(1斤=1兩)		
	├ 草席 10立	(1立=8分)		
	├ 麻大繩 100把	(1分=2把)		
	├ 麻細繩 200把	(〃=5把)		
	├ 海毛大繩 200把	(〃=25把)		
	└ 海毛細繩 200把	(〃=50把)		
	→合; 13兩 5戔 3分(1개월분)			
牛皮	36零	(1零=5戔)	庖所	逐朔來納

공방의 여러 가지 업무를 수행하는데 드는 경비는 <표 1>에서처럼

---

[54] 『東萊府事例』工房.

공방의 자체 수입으로 조달하는 경우도 전혀 없는 것은 아니었다. 그러면서도 이같은 경비는 각 군현의 주요 재정기구로 볼 수 있는 會所[55]나 民庫의 성격과 같은 것이면서, 법제상으로 규정이 없는 지방 고유의 잡세수입을 관리하는 재정기구로 볼 수 있는 防役庫[56]의 직접적인 지출에 마련되기도 하였다. 그러나 어떤 경우에는 會所의 지출에 전적으로 의존하기도 하였는데, 공방의 지출경비 마련이 대표적인 것으로 전부 會所로부터 이급되고 있다.

공방의 재정지출은 매월별 수입된 것을 일정량씩 지출하였다. 지출처는 中軍三鄕所, 執事軍官廳, 會所, 汁油所 등의 곳 혹은 啓板引鉅貰, 內廳五員 등의 명목으로 지출되었다.

다음으로 '吏房'의 경우를 보자. 이방의 지출구조도 공방의 지출구조 특성과 비슷하다. 아래의 <표 2>에서 보듯이 업무의 성격에 따라 會所나 防役庫에서 동시에 재정지원을 받아 지출되고 있음을 알 수 있다.

<표 2> 東萊府 吏房의 財政支出[57]

재정경비 명목	액 수	경비지출처
副詞의 實仕 및 年終七事 磨勘債	0-5-0 米	會所
堂參債	75-0-0 錢	〃
到任債	6-5-0 〃	〃
馬牌上送債	2-5-0 〃	〃
每朔 朝報疏債	7-5-0 〃	〃
書吏朔錢	5-0-0 〃	〃
刷馬價	29-7-0 〃	〃
新延 問安 雜物價	7-2-0 〃	防役庫
舊陪刷馬 10匹價	120-0-0 〃	會所
府先生內外喪賻儀	25-0-0 〃	〃
馱價	7-0-0 〃	防役庫

  * 吏房에서 관장하는 업무의 일부를 들어 작성함.
  * 米의 경우 '石-斗', 錢의 경우 '兩-戔-分'의 단위로 함.

---

55) 『江界府事例釐整記』(奎No. 5457), 1856년.
56) 『東萊府事例』 防役庫.
57) 『東萊府事例』 吏房.

결국 중앙정부 차원의 수입과 지출의 원칙 즉 양입위출 원칙은 대체로 지켜지는 방향에서 시행되고 있었다. 그러나 지방단위는 이 원칙이 사실상 무시된 채로 이거나, 지켜진다 하더라도 상당히 변칙적일 정도로 지출이 수입의 명분과 긴밀한 관련성 없이 이루어지고 있었다.

지출 용도에 따른 설치 목적과 다른 방향으로 전용된 경우의 대표적 사례로서는 환곡과 대동미의 유치미 및 身役價 등으로 징수된 것들이다. 그런데 이들의 경우 본래의 설치 목적과 다르게 지출되고 있음을 조선후기에 간행된 수많은 事例冊에서 산견된다.

還穀의 지출은 그 명목에 따라서 다양하게 분화되어 갔다. 분화의 내용은 각 읍별로 필요한 명목에 따라 지출의 명목이 만들어지고 있었다.58) 예를 들어 瞻學庫 운영에 소요되는 경비 지출은 '瞻學庫米·穀'의 명목으로 지출하는 것과 민고운영과 같은 이자 수입을 통한 재원의 마련을 위해 각 읍 재정기구의 元穀으로 지출하는 데 주로 사용되고 있다.59) 다시 말해 환곡 지출의 특색은 중앙이나 감영에서 소관하는 환곡을 각 지방의 경비 지출을 위하여 각 읍의 특정 재정기구에 盡分하고, 이를 민간에 강제로 분급한 후 그 이자 수입으로 지출의 특성에 따라 설치된 각 읍 재정기구의 지출에 충당하는 형식이었다.

각 관청 산하 여러 기관은 실제로 독립된 회계 단위의 재정운용은 하지 않았다. 이는 하나의 원칙일뿐 실제는 각 기관끼리 상호 긴밀한 관계를 맺고 재정운용이 이루어지고 있다. 이러한 사례는 동래부 몇 기관의 재정수입과 지출의 방식에서 대체로 확인하였다. 특히 지출의 구조에서 이를 잘 볼 수 있었는데, 그 운용의 과정이 매우 복잡하여

---

58) 『萬機要覽』 財用篇 6, 還摠.
59) 『江州節目摠錄』(奎No. 상백고 951.2-G155) 贍用庫節目.
　"一. 各廳分定之例 自今爲始 永爲革罷 以新設贍用庫 屬之民庫 使該庫監色 主管擧行 而應入應下 文書――告官成貼 俾無分錢 虧欠濫下之弊爲齊"

포흠 발생의 소지가 사실상 원천적으로 마련되어 있었다.

 이제 지출구조의 특성은 동래부 공방과 이방의 재정 지출과 수입과정을 통하여 대체로 다음과 같이 파악될 수 있을 것 같다. 조선후기 재정지출은 재정 수입의 특성과도 관련된 측면이 있다. 이러한 것들은 법전상의 원칙을 벗어난 것으로써, 이는 이미 제대로 지켜지지 않고 있던 봉건제적 수취체제의 해체과정에서 나타난 불법적 재정운영 혹은 지방 수령의 자의적인 부세운영의 양상과 구조적으로 관련되어 있었다. 그 특성은 다음과 같다. 첫째 민고운영에서 잘 볼 수 있듯이 貿用이나 고리대 등의 방식을 통한 수입과 지출, 둘째 일괄 수납하여 會所에서 나누어 주는 경우 혹은 민고에서 각 재정기구에 지출하는 방식들, 세째 법전에 명시되지 않은 재정지출은 대체로 잡역세 수입으로 충당하는 경우로써, 예를 들어 신역가 수입을 전용하는 것도 이 범주에 해당한다.

 재정지출의 구조적 특성은 위의 측면과 관련지어 이해함이 옳다. 다음의 <표 3>에서와 같은 방식은 어디까지나 원칙일 뿐이다.

<표 3> 조선후기 地方官廳의 財政 收入과 支出의 원칙

	徵收 種目	지출처와 용도	비 고
土地/收入 (結役)	官屯田收入	공공건물 수리 / 사객지공 / 병기 / 집기 / 민간미비공물	直營地 수입 免稅出賦
	衙祿田 → 公須田 →	外官의 녹봉 재원조달 사객지공미 / 공공경비조달	結稅 免稅出賦
	火田·蘆田稅		結稅 稅物는 다양함 稅率은 편차 큼
	大同稅 留置米	<費目別 용도> 官需米 : 官用의 食糧·鹽·醬·油·淸 외에 官需 잡물 구입 衙祿米 : 수령의 봉록 使客支供米 : 공무 여행자의 숙식비 公事紙價米 : 사무용 紙物 구입비 刷馬價 : 수령 교체와 관리 출장시의 馬費와 馬夫의 給與 등 各官月課軍器費 : 官의 군기비 祭祀費 : 祭物費, 幣帛, 紙筆墨價 기타 : 官船改造와 修理費, 군사연습시의 군량, 분양마 제도에 따른 馬裝費와 故失費, 관아 및 객사 보수비, 호적 개록 경비, 解由債 등	* 지방의 경비조달, 대동미의 운반비, 외공의 조달에서 각 도와 지역에 따라 지급액수는 차이가 있음.
	復戶結		
	鄕吏田	鄕吏들에 대한 보수 지급	

戶役	地方 貢物	雉·鷄·柴·炭·氷丁의 대가 지급	* 大同法 시행이후 지역별 차이 큼
	科外 雜稅	부의금/傳關租(京·營主人役價)/하인 및 公役 담당자의 역가/式年成籍時의 紙筆墨價와 잡비 및 제반 사무비	* 법전에는 잡세의 징수규정이 없음
身役	身役價(布·錢·穀으로 징수)	進上物資 조달과 그 상납비/군기 구입 및 수리비/향교 제사비/雇馬費/羅卒·旗手軍·使令·京邸吏 및 하인 등 公役 종사자에 대한 雇價/公廨 수리비/軍案·奴婢案改錄費	* 지출 용도는 군현에 따라 차이가 큼 * 雇立된 公役 수행의 보수만 지급되는 것이 원칙이나, 모든 비목에 무제한 사용
還穀利子	利子 收入	* 지방재정 전분야 걸쳐 지출됨 * 상급관청에서 분급된 元穀의 이자 수입으로 지출	

* 위의 표는 《萬機要覽》 財用篇6, 《邑誌》 二·三 (慶尙道編), 《東萊府事例》, 《光陽縣各所事例冊》, 《江界府事例釐整記》 등의 자료 및 法典類와 金玉根, 앞의 책(1984)을 참조하여 작성함.

 요컨대, 재정 지출은 기구별로 독자적 회계원리에 의하여 이루어지고 있으나 점차 재정의 상호 이동 관계를 형성하면서 운영되고 있었다. 이는 수령과 이서 및 향임층을 중심으로 하는 재정운영권 장악을 둘러싼 향촌사회의 권력구조의 변동과 궤를 같이 하고 있는 것이기도 하였다. 또한 조선후기 지방재정 지출의 특성은 사실상 법전상의 원칙을 이미 벗어난 것으로써, 이미 제대로 지켜지지 않고 있던 봉건제적 수취체제의 해체과정에서 나타난 불법적 재정운영 혹은 지방 수령의 자의적인 부세운영의 양상들과 구조적으로 관련되어 있었던 것이다.

Ⅲ. 吏胥逋欠의 전개와 지방재정

1. 지방재정의 위기와 포흠

　조선후기의 지방재정사정은 18세기 후반 19세기 초반 이래 운영의 혼란과 재정의 결손 등으로 점차 악화되고 있었다. 지방재정의 위기는 기본적으로 전근대 사회 해체기 단계에서는 국가 존립의 물질적 기반의 약화로 이어지게 된다. 이같은 변화의 가장 구체적인 모습은 바로 지방의 향촌사회 권력구조의 변동에서 찾을 수 있다. 향권 변동의 움직임은 무엇보다 부세의 수취와 관련한 지방재정 운영의 구조 위에서 잘 나타난다.
　지방재정 위기는 특히 이서층의 중간 逋欠에 직접적 관련이 많았다. 지방재정 위기의 내용은 재정수입의 감소와 지출의 증대 및 중간 수탈층의 포흠으로 인한 재정결손, 그리고 이와 함께 잡역세 운영의 급격한 팽창으로 인한 재정운영의 혼란 등을 들 수 있다. 따라서 재정을 권력 행사의 물질적 기초로 하는 官의 입장에서, 지방재정 사정의 악화는 이들 지배계층의 존립문제와 관련된 문제로 이어졌다. 또한 지방재정위기는 民에 대한 조세부담이 가중될 수밖에 없었던 구조적 이유가 되기도 하였다.

본 절에서는 이러한 측면을 관련하여 중앙의 재정문제와 함께 이 시기 지방재정위기가 어느 정도에 이르고 있었는지를 파악하고, 포흠을 어떻게 이해할 것인지에 대해서 접근하기로 한다.

1) 지방재정의 위기

19세기 초반의 재정난은 18세기 말엽의 재정상태보다 심각한 사정으로 변하고 있었다. 세입은 줄고 세출은 늘어나는 추세였고, 賦稅를 면제받는 災結의 액수는 늘어나고 있었다. 이는 다음과 같이 작성된 <표 4>에서 잘 드러난다.

<표 4> 18세기 말~19세기 초 戶曹의 세입·세출 상황[1] (단위 : 兩)

	세입	세출	세입 - 세출	재결 획하
① 1776~1797	14,402,375	18,971,604	-4,469,229	259,594
② 1800~1821	13,839,140	20,259,522	-6,420,382	398,977
증감(②-①)	-563,235	+1,287,918	-1,851,153	139,383

위의 <표 4>는 국가재정을 담당하고 있는 戶曹의 세입과 세출상황을 정리한 것이다. 여기서 우선 18세기 말엽에서 19세기로 넘어 오면서 세입의 감소폭보다 세출의 증가폭이 훨씬 높다는 사실이 확인된다. 이는 이 시기 재정 지출이 계속 증대하고 있다는 사실과 재정운용의 대원칙인 '量入爲出'의 불균형과 함께 재정난이 심각한 상황에 이르고 있음을 말해 준다.[2] 이같은 사정에 대하여 헌종 22년에 호조판서

---

1) 『純祖實錄』 25, 純祖 22년 10월 16일, 48책 p.210.
2) 이러한 형편은 박석윤·박석인, 「朝鮮後期 財政의 變化時點에 관한 考察 -1779

沈象奎는 2년간의 세입을 합쳐도 한해의 지출을 감당할 수 없는 정도라 하였다.3) 호조에서 올린 '經費不足 排用無路 諸劃折錢二十萬兩矣 …目前支調 無路塗抹'이라는 내용의 빈번한 재정보고는4) 재정 문제가 심각한 상황에 이르고 있었음을 반영한다. 그래서 정부는 우선 이의 타개를 위한 재용의 절약을 주장하기도5) 하였으나 무용한 일이었다. 철종 4년 영의정 金左根의 보고처럼,6) 19세기에도 여전히 경비 사용이 무절제하게 이루어지고 있었다

그리고 호조의 보고처럼 지방의 재정위기와 직접 관련된 것이 아니라도 다른 중앙 財賦 아문도 만성적인 재정난을 겪고 있었던 것으로 보인다. 순조 14년 영의정 金載瓚은 중앙 각사의 재정운영 실무자들이 관청의 공금을 개인의 사유물처럼 여겨 사사로이 사용함으로써 결국 재정난에 이르게 된다고 하였다.7) 지방의 재정 사정도 이와 마찬가지

년(정조 3년)에서 1881년(고종 18년)까지-」,『東方學志』60, 1988의 통계학적 분석에서도 확인된다.
3) 『純祖實錄』 25, 憲宗 22년 10월 丙辰, 48책 p.210.
  "自古理財之論 不過曰量入爲出 惜費存贏 以爲可繼之限節 今乃鉤稽度支錢穀支會之數 二年之入 幾不當一年之出 輒費區劃 僅以塗抹 前猶或然 今尤爲甚"
4) 『備邊司謄錄』 233, 憲宗 12년 9월 27일, 23책 p.739.
  『備邊司謄錄』 237, 哲宗 원년 7월 4일, 24책 p.40.
  『備邊司謄錄』 238, 哲宗 2년 3월 4일, 24책 p.252.
  『備邊司謄錄』 246, 哲宗 10년 8월 28일, 25책 p.24.
  『備邊司謄錄』 249, 哲宗 13년 6월 20일, 25책 p.871.
  『備邊司謄錄』 250, 哲宗 14년 2월 26일, 26책 p.834.
  『承發隨錄』(奎No. 古 5120-152), 1847년 11월 17일 및 12월 10일.
5) 이러한 현상은 18세기 후반의 正祖年間에도 늘 지적되던 문제였다(『正祖丙午所懷謄錄』 참조).
6) 『備邊司謄錄』 240, 哲宗 4년 4월 5일, 24책 p.544.
  "領議政金左根所啓 挽近經費則太無限節 積儲則遂之空竭 中外皆然 救藥無術 臣於前歲 以節財用三字 猥陳愚昧之見者 誠以財不天降地涌"
7) 『備邊司謄錄』 204, 純祖 14년 8월 20일, 20책 p.834.
  "各衙門所在公貨 雖有多少之不同 盖其各儲公貨 爲公下爲公家經費之重則一也 近間十數年來 凡有遺在衙門 幷歸枵然 無一見存 以致該司支保不得之境"

였다. 철종 원년 영의정 趙斗淳은 지방 읍의 '空倉虛簿'한 상황이 매우 심각한 사정에 이르고 있으며 이는 사치 등으로 인한 과다한 재정지출이 원인이라 지적하였다.8) 이러한 사정은 상품화폐경제의 발전에 따라 재정지출의 정도가 갈수록 높아진 결과였다. 다시 말해 지방관아의 운영에 필요한 모든 물건을 관청에서 직접 구입하여 조달하는 과정에서 재정지출이 증대될 수밖에 없었던 것이다. 상품화폐경제 발전은 이를 더욱 가속화 시켰다.

한편 지방재정의 위기는 조세의 원활한 상납을 부진하게 하면서 정부의 재정난으로 바로 이어지고 있었다. 조세 상납의 부진은 民으로부터 조세의 未捧에서도 연유하였겠지만,9) 그 주된 사정은 '奸吏輩'로 지칭되는 재정운영의 실무 담당자들이 중간에서 조세를 '乾沒成逋'한 것에 더 큰 이유가 있었다.10) 지방과 중앙을 막론한 재정사정의 위기는 일차적으로 중간수탈층에 의한 포흠과 아울러 비합리적인 재정운영에 기인한 것이었다.

다음으로 大同米의 상납과 유치 상태의 변화에 따른 지방재정의 위기 상황의 한 단면을 보자.

봉건 정부는 재정난에 따라 지방관아의 경비로 사용되어 왔던 儲置米의 비중을 일방적으로 줄이고 이를 정부의 재정으로 보전하였다. 그러나 당시 지방관청의 각종 公用은 매년 증가하는 추세였으며, 지방관의 사치와 재정의 전용 등으로 재정지출은 계속 증가하게 되어 지방

---

8) 『備邊司謄錄』 237, 哲宗 원년 11월 3일, 24책 p.218.
 "以此外邑事情言之 空倉虛簿 皆十之七八也 苟究其由 專出於侈風之自上達下"
9) 『備邊司謄錄』 229, 憲宗 7년 11월 19일, 23책 p.362.
 "江原監司趙秉憲狀啓 … 吏奴所犯 倍徒於民未捧 而多逋諸漢 任其逃躱 致使當律之尙逭者"
10) 『備邊司謄錄』 243, 哲宗 7년 3월 5일, 24책 p.872.
 『憲宗實錄』 4, 憲宗 3년 5월 戊子, 48책 p.451.
 "右議政朴宗薰所啓曰 … 民間之眞箇逋欠者 本自絶少 所謂民逋 擧皆吏逋之舞弄文簿 畢竟歸之民名 假使民未捧三分 則其二分必是吏輩之奸也云云"

재정의 위기는 더욱 심화되어 가게 된다.[11] 이 때문에 각 지방에서는 저치미를 추가로 지출할 수 있도록 정부에 거의 항상적으로 요청하고 있었다.[12]

대동미 중의 上納米나 儲置米는 여전히 중간수탈의 방법과 형태로 포흠되고 있었다.[13] 그것은 防納의 폐단과 같은 방식에서 비롯되고 있었다. 당초 대동법의 실시는 방납의 폐단을 해결하는 데 그 목적의 하나가 있었지만, 그 폐단은 이후 형태를 달리하면서 새롭게 나타나 지방재정을 악화시켰다. 헌종 9년 충청감사 金鼎均이 대동미의 중요성을 여타의 것과 비교할 수 없는 정도로 중요하다 하고 운영상의 문제점을 지적한 것에서 그 분위기를 짐작할 수 있다.[14] 미곡은 중앙으로의 상납시에 중간 단계에서 포흠된 경우가 많았는데 대개 방납 등의 방식이 이용되었다.

사실 대동법의 시행을 비롯한 일련의 수취제도 개혁은 民에 대한 조세 부담의 경감에 본질적 의도가 있었다기보다, 본질적으로 봉건정부의 안정적인 재정수입의 확보에 일차적인 목적을 둔 것이었다. 그러나 이도 시행 초반 단계에 얼마간 효과를 보았을 뿐, 18세기 후반 이래 19세기의 새로운 사회경제적 변화를 맞이하면서 사태는 매우 달라지고 있었다. 무엇보다 이러한 사정은 삼정의 문란으로 나타나면서,

---

11) 『備邊司謄錄』 246, 哲宗 10년 2월 20일, 25책 p.338.
    19세기 단계의 지방관청의 재정지출에 대해서는 이 시기에 간행된 많은 邑誌의 事例篇을 시계열적으로 대비해 보면 쉽게 드러날 뿐아니라, 18세기 말엽 당시 暗行御史 파견시의 다음과 같은 염찰 지침을 통해서도 알 수 있다.
    "儲置米法意尤重 而近來守令 全不畏法不用 用舊蓄新之法 而多致腐傷或爲反弄 殖利之計 而徒擁虛簿爲白乎旀"(『八道御史齋去事目』(奎No. 1127)).
12) 『備邊司謄錄』 199, 純祖 9년 3월 1일, 20책 p.34.
    『備邊司謄錄』 235, 憲宗 14년 10월 10일, 23책 p.947.
    『備邊司謄錄』 240, 哲宗 4년 1월 6일, 24책 p.513.
    『備邊司謄錄』 246, 哲宗 10년 10월 29일, 25책 p.429.
13) 『秋官志』 pp.705~706, 東洋文化社, 1982.
14) 『備邊司謄錄』 230, 憲宗 9년 6월 7일, 23책 p.410.

그것으로 인하여 오히려 농민에 대한 더욱 과중한 조세부담은 물론 안정적인 재정수입마저도 꾀할 수 없게 되었다.15)

상납미가 중간에 포흠되는 것과 함께 이 시기 지방의 저치미는 계속 부족한 상태로 계속되었다.16) 경기 암행어사 權馥은 저치미의 加下하는 폐단을 지적하면서 공용은 해마다 증가한다고 하였으며,17) 경기도 양주에서는 公役 등이 매우 많아 저치미로 모두 충당할 수 없어 적어도 수 백 석을 추가로 지출하여 큰 폐단이 되고 있다 하였다.18) 호서지방의 경우 재정수입이 갈수록 줄어들어 常賑穀을 전용하기도 하였고,19) 타읍의 곡식을 빌려 取耗補用하는 등 관청고리대의 수단에 의하여 충당하기도 하였다. 그러나 상진곡을 활용하여도 경기도 坡州의 경우 공용의 지출이 부족하여,20) 결국 경기 감영에서는 영남의 移

---

15) 이에 대한 참고 논문으로 다음의 것들이 있다.
　　金鴻植, 『朝鮮時代 封建社會의 基本法則』, 「大同法의 實施와 그 歷史的 條件」, 博英社, 1981.
　　金容燮, 「純祖朝의 量田計劃과 田政釐整문제」, 『金哲埈博士華甲紀念史學論叢』, 1983.
16) 『備邊司謄錄』 199, 純祖 9년 3월 1일, 20책 p.34.
　　『備邊司謄錄』 235, 憲宗 14년 10월 10일, 23책 p.947.
　　『備邊司謄錄』 236, 憲宗 15년 1월 4일, 24책 p.6.
　　『備邊司謄錄』 240, 哲宗 4년 5월 6일, 24책 p.512.
　　『備邊司謄錄』 246, 哲宗 10년 10월 29일, 25책 p.429.
　　安達義博, 「18, 19世紀 前半의 大同米・布・錢의 徵收・支出과 國家財政」, 『朝鮮史研究會論文集』 13, 1976.
17) 『日省錄』 純祖 26년 6월 11일, 京畿暗行御史權馥進書啓別單.
　　"… 儲置米加下弊也 … 見今許多需用 比前倍甚 …"
18) 『備邊司謄錄』 215, 純祖 27년 11월 19일, 21책 p.922.
　　"楊州牧使鄭基一所懷 本州公役 極爲浩繁 每有需用 自本邑先爲進排 以儲置米追後受價 卽例也, 而儲置上下 不能當實入之數 故每年加下 不下四五百石 此爲民邑之大弊也"
19) 『備邊司謄錄』 207, 純祖 18년 4월 5일, 21책 p.97.
　　"宣惠廳堂上李存秀所啓 近來諸道 收租漸縮 儲置米每以還米劃給 湖西則以常賑穀需用 今則常賑穀 亦已告罄 實無需用之道"
20) 『備邊司謄錄』 215, 純祖 27년 11월 19일, 21책 p.922.

III. 吏胥逋欠의 전개와 지방재정 49

貿米로 그 부족분을 보충하기도 하였다.21) 중앙재정의 악화로 상납액수가 증가함에 따라 지방 저치미의 부족분을 상진곡과 같은 다른 곡식으로 보용하였으나 여의치 못하였다.22) 오히려 상진곡의 원곡마저 감축되는 형편이었다.23) 그런데 常賑穀은 비변사에서 관리하던 곡식과 함께 取耗하여 읍재정에 보탬이 되고 있던 곡식이었다.24)

이상과 같이 지방재정이 궁핍할 수밖에 없었던 사정을 중간포흠의 전개와 관련하여 알아보았다. 이하 특히 19세기의 포흠과 관련한 몇 읍의 재정위기 상황을 보자.25) 앞서 살펴보았지만 재정이 줄게 된 가장 큰 원인은 지출의 증대구조를 이용한 逋欠의 전개에 있었다.

황해도 곡산읍의 보고에서 열읍의 창고에 쌓인 錢穀이 모두 탕진된 것은 오로지 鄕長과 吏奴輩들이 형법을 두려워하지 않고 전개한 포흠

"坡州牧使尹禹鉉所懷 … 且常賑穀言之 每以公下不足 轉致加下 挪移他穀 穀旣取用 耗自付焉 …"
『日省錄』純祖 27년 12월 7일, 令坡州軍餉米逋欠區別登聞常賑耗加下趂變通.
21) 『日省錄』純祖 27년 2월 29일, 令畿營常賑穀加下以嶺南移貿米條永劃.
22) 『備邊司謄錄』220, 純祖 32년 9월 16일, 22책 p.314.
"黃海監司金蘭淳狀啓 則以爲尤甚諸邑 當於明春設賑 而道內各邑所在元賑·私賑·自備等穀 歲漸耗縮 實無分排賑資之路"
23) 『備邊司謄錄』202, 純祖 12년 12월 6일, 20책 p.608.
『日省錄』純祖 26년 6월 11일, 京畿暗行御史權馥進書啓別單.
"果川縣雇馬條加下弊也 本縣舊無 … 自己卯以後 常賑元穀 漸就耗縮 仍以他衙門穀 挪移取用 則挪移之本穀 自由會案之加下 而加下之耗條 徒增無中之虛錄 故每欲會減於常賑廳 則該廳以留庫取用 而逐年還削其耗 而該縣旣無半留穀 則留庫取用 可謂皮之不存 還案所付之耗 不可虛留"
24) 『貢稅要略』(奎No. 12969).
"元會常賑及備局句管穀 謂之三司穀 凡有停退 輒於此穀爲之 各司各營取耗 以用之穀 皆不許停退故 三司穀漸竭"
25) 18세기 말엽 지방재정의 사정은 다음의 比安縣에 관한 기록으로도 그 일단을 엿볼 수 있다
"比安縣監兪漢寓上疏曰 本縣各穀 合爲一萬八千餘石 而應留爲一萬五千餘石之中 虛錄爲萬二千二百餘石 吏逋爲七千餘石 民逋爲五千餘石 … 臣謂吏逋民逋之指徵無處者 三千六百石零 云云"(『正祖實錄』38, 正祖 17년 10월 壬申, 46책 p.415).

에 연유한 것이라 하였다.26) 창고의 재고가 비게된 원인은 포흠뿐만 아니라, 反庫(창고조사)의 불철저함에 비롯되는 폐단에도 있었다. 또한 창고 재고량의 반 이상은 허위로 장부에만 기재될 뿐 사실과는 달랐으며, 19세기에 이르러 포흠되지 않은 곳이 없었다 한다.27)

경기도 驪州郡의 경우 還餉의 元穀이 6만 3천 230석, 포흠이 2만 4천 984석이었는데 정부는 民逋에 대해서는 탕감조치를 취하고, 관속들에 의한 포흠은 풍년을 기다려서라도 거두어 들여야 한다는 조치를 내렸다. 이러한 조처를 취한 이유로서 국가의 재정상태가 '國儲則日就枵竭 莫可收拾'할 정도로 심각한 처지에 있었기 때문이라 한다.28)

개성유수 金履載는 중앙에 올린 장계에서 개성부의 債錢이 23만 2천 275냥인데 전후에 걸쳐 거두어들인 것이 겨우 7만 3천 519냥 뿐이며, 실제의 未捧額은 13만 4천 988냥이나 되어 이를 추징할 길이 없다고 하면서 정부의 탕감을 요구하고 있다. 그러나 정부의 조치는 그와 같이 많은 액수는 모두 탕감하기 어려운 일이라는 것이었다.29) 그런데 주지하다시피 이 시기에는 관청의 殖利 행위가 성행하던 상황이었다.

경상도 新寧邑은 비교적 소읍이지만, 吏·奴에 의한 계속된 新·舊逋의 액수가 모두 1만 9천 6백 석이나 되고 있다. 특히 1인 당 포흠 액수가 3천 석까지 될 정도였다.30)

---

26) 『象山隨錄』(奎No. 古 5120-159), 1849년 4월, 徵逋削案論報.
"近來列邑庫儲蕩竭 徒擁虛簿 民生困瘁 擧懷樂土 玆曷故焉 專由於欠逋一事矣 鄕長吏奴之掌錢穀者 不畏刑法 有若弁髦擅用公貨 看作茶飯 一經任窠 無不徵逋 竄配相續"
27) 『備邊司謄錄』 209, 純祖 20년 3월 16일, 21책 p.265.
"近來公貨 無處不逋 列邑會付 半歸虛錄 而今此所犯諸漢 以會所籌摘之吏 都攬各邑勘案 恣意虛張"
28) 『備邊司謄錄』 238, 哲宗 2년 4월 15일, 24책 p.264.
29) 『備邊司謄錄』 212, 純祖 24년 3월 1일, 21책 p.552.
30) 『備邊司謄錄』 200, 純祖 10년 5월 26일, 20책 p.197.

철종연간 황해도 감사는 殷栗縣과 長連縣의 양읍에서 환곡의 포흠이 격심하여 만약 '大更張' 없을 경우 읍으로서의 자격조차 유지하기 힘든다고 하였다.31) 함경도 茂山의 경우에는 해읍의 곡총보다 훨씬 넘는 포흠으로 변통할 길이 없게 되고, 나아가 '無民無邑'의 지경에 이를 것이라 하였다.32)

19세기 중엽 당시 원주의 포흠규모는 1만 7천 136석 정도인데 이 중에서 2천 698석만 받고 1만 4천 436석은 미봉되고 있다.33)

영남 義興縣은 가을에 거두어들이는 환곡 총액이 3만 1천 306석인데, 포흠으로 인하여 실제 민간에 분급된 액수는 6천 23석에 불과하다고 하였다. 그리하여 만약 이를 개선하지 않으면 민은 반드시 지탱하지 못하게 되고 읍은 장차 폐허의 지경에 이를 것이라 하면서, 그 대책의 강구를 요청하게 되는 등 재정사정의 변화에 부심하였다.34)

경기도 抱川縣은 원래 환총이 2만 6천 630석인데, 거두어들인 것은 120여 석에 불과하였다. 각종 재정지출의 과다로 재정사정이 어려워 진데다가 이포와 민포를 합쳐 1만 4천 270석이나 된다고 하였다.35)

위의 몇 가지 사례에서 나타난 포흠은 민간으로부터의 조세를 수취하지 못한 것에 그 이유가 있기도 하였다. 그러나 근본적인 원인의 대부분은 이서층을 중심으로 한 포흠에 기인한 것이었다. 또한 재정위기

---

31) 『備邊司謄錄』237, 哲宗 元年 7월 15일, 24책 p.186.
  "黃海監司徐載淳狀啓則枚擧殷栗縣監趙奎年 長連縣監李元熙牒呈 以爲兩邑 還逋夥多 若無大更張之擧 邑之爲邑 斷無其望"
32) 『備邊司謄錄』248, 哲宗 12년 1월 29일 25책 p.623.
33) 『隨錄』(奎No. 古 5120-163) V.2, 營門逋穀狀啓.
  "云云公穀逋欠何邑無之 而未有若原州之滋蔓 官簿反弄何處無之 而未有若原州之紊亂 揆以事面 惟當準擲 而各期督捧 隨罪而各施當施律而已 不必更用寬假之典 以啓僥倖之望乙仍于 臣於莅任之後 取考文書 不計吏幻民 反隣徵族還以逋爲名者 嚴飭該判官處 使之從遠從近 次第收殺是白乎 則逋欠當捧各穀一萬七千一百三十六石零內 自四月至七月 已捧爲二千六百九十八石零是白遣 … "
34) 『備邊司謄錄』245, 哲宗 9년 8월 16일, 25책 p.267.
35) 『備邊司謄錄』240, 哲宗 4년 2월 13일, 24책 p.530.

의 결과는 邑勢의 변화로 나타나고 있었다. 특히 읍세는 民力과 연관시켜 파악되기도 하는데, 민력의 크기는 대체로 民散의 정도와 반비례하는 관계였다.36) 이렇듯 19세기에 이르러 지방의 재정난은 심각한 상황에 이르고 있음을 알 수 있다. 결국 이러한 것은 봉건제 해체의 단면을 단적으로 보여주는 것이었다. 삼정운영과 잡역세운영의 부세운영 문란과 이서층을 중심으로 전개된 지방재정의 포흠은 지방의 재정수입에 많은 영향을 미치면서 동시에 재정지출을 증대시켜 지방재정을 위기에 이르게 하였다.

2) 逋欠의 의미

포흠은 부세운영의 과정에 직·간접적으로 참여하고 있던 세력과 납세민의 조세 미납에 의한 재정결손 행위이다. 전자의 주체는 크게 보아 중간수탈층이라 할 수 있으며, 일반적 의미의 포흠은 대개 吏逋를 지칭하였다. 吏逋는 '公逋'로 간주하여 족징이나 인징 및 도결 등의 방식으로 해결하려 하였다.37)

逋欠38)은 정부의 입장에서 재정결손의 원인을 주로 이서에 의한 포흠과 민간에 의한 포흠으로 나누어 파악하면서 사용한 용어이다. 그 전개는 후술하는 바와 같이 국가와 민의 모순관계가 반영되어 있는

---

36) 『備邊司謄錄』 210, 純祖 22년 9월 16일, 21책 p.383.
"文化本以海西要邑 近爲道內弊局 糶亂民散 勢將無邑 苟不及時査櫛必見無地救藥 …"
『備邊司謄錄』 215, 純祖 27년 11월 16일, 21책 p.918.
37) 『公文日錄』(奎No. 18149), 1891년 4월 14일.
"… 莫重之公貨公穀 視以茶飯 都歸花消 由是而公納愆滯 京營關促 續續不絶 彌綸沒策 則始翼然揚論曰 吏逋卽公逋也 徵族徵戚 斂民斂結 認若例行件事 此令一出急於星火 …"
38) '逋'의 사전적 의미는 포탈하는 것과 조세를 미납한다는 두가지 의미를 가지고 있다. 전자의 경우 '逋'는 '吏逋'이며, 후자는 조세 미납을 의미한 '民逋'에 해당한다.

III. 吏胥逋欠의 전개와 지방재정

재정운영 과정을 매개로 하였으며, 특히 중앙보다 지방에서 광범위하게 발생하였다. 그러나 각각의 성격은 그 발생 배경과 전개 방식에 따라 차이가 있다.

중간수탈층은 조선후기 사회경제 변동의 계기를 이용하여 등장하는 새로운 계층의 집단으로 볼 수 있는데,[39] 중심 계층은 이서층을 비롯한 지방재정운영의 실무에 종사하는 세력이었다.[40] 이들은 이 시기 상품화폐경제 발전의 구조에 편승하거나 부세운영의 파행적 전개 상황을[41] 이용하여 중간에서 포흠을 전개하여 지방재정의 결손을 초래한 집단이다. 포흠을 전개한 계층의 범주는 경우에 따라 차이가 있으나 매우 폭넓게 설정될 수 있다.

吏逋가 곧 납세민에 대한 중간수탈이라는 직접적인 등식은 성립하지 않는다. 민에 대한 중간수탈로 발전되는 과정은 이로 인한 지방재정의 결손을 보충하기 위한 都結의 실시라든가, '吏逋民徵' 등으로 민에 대한 부세의 과중한 부담으로 발전될 경우였다. 민호의 流亡은 이 같은 상황에서 발생하였다.

이서층을 중심으로 한 포흠에는 봉건제 해체기 사회의 신분제 붕괴와 함께 사회경제적으로 성장하던 세력들의 대부분이 직·간접적으로 참여하였다. 이들 여러 계층이 부세운영에 직·간접으로 참여하면서 포흠 전개의 외연은 크게 확대된다. 예를 든다면 防納도 포흠의 한 과정으로 볼 수 있는 것이다. 吏胥層과 더불어 주목되는 포흠전개의 주된 계층으로는 향촌사회의 새로운 지배세력으로 등장하던 鄕任層과 일부 지방의 수령들이다.[42] 수령에 의한 포흠은 대체로 이서층 중심

---

39) 安秉珆, 『朝鮮近代經濟史硏究』, 「第4章 中間階層の存在形態」, 日本評論社, 1975 참조.
40) 본서 제1부 III장 3절 참조.
41) 商品貨幣經濟의 진전에 따른 利權 발생과 移貿 및 防納의 성행, 三政 운영의 문란, 雜役稅 운영 비중의 팽창, 지방관청 殖利의 광범위한 전개, 복잡화 되어간 收稅 과정 등의 구조는 이 시기 부세운영의 특성이었다.

의 중간수탈층이 성립되어 있는 지역에서 주로 가능하였고, 재정을 임의로 전용하는 '挪移'의 형태로 이루어진 경우가 많았다. 물론 수령이 이향층을 무시하고 독자적으로 전개한 경우도 없는 것은 아니었다.

한편 지방관부 자체의 재정운영의 부실로 인한 포흠으로 보이는 '官逋'[43)]와 面任이 개입된 포흠으로서 '面逋'[44)]가 있다. 官逋나 面逋도 지방재정을 대상으로 한 점과 나아가 民에 대한 조세부담을 가중시킨 결과를 가져왔다는 점 등에서 일반적 의미의 이포와 그 성격이 대체로 비슷하다. 19세기 후반에는 官逋와 吏逋는 같아지고 있다.[45)] 이외 포흠의 주체에 따른 船逋[46)]와 商逋[47)]가 있었다.

18·19세기의 포흠이 앞선 시기의 것과 다른 점은 농업생산력의 발전과 상품화폐경제 발전에 따른 부세제도 변화의 구조를 이용한 가운데 상대적으로 매우 복잡하게 이루어졌다는 것에 있다. 특히 조선후기 일련의 수취제도 변화에 따라 포흠이 보다 구조적 차원으로 전개되었다는 점에서 더욱 다르다. 적어도 이전 시기와 다른 사회경제 발전 단계에 있었다는 것과 세도정치의 전개 및 삼정문란이 특히 배경이 되어 전개되었다는 차원에서 차이가 있는 것이다.

다음으로 民逋는 民의 유망으로 조세징수 자체가 불가능하게 됨에 따라 이포와 마찬가지로 재정결손을 초래한 指徵無處를 관의 입장에서 '民逋'로 기록한 것을 말한다.[48)] 그런데 유망은 소극적 의미의 반

---

42) 『備邊司謄錄』 240, 哲宗 4년 5월 28일, 24책 p.555.
43) 『備邊司謄錄』 249, 哲宗 13년 12월 21일, 25책 p.903.
 "吏逋亦多有官逋之移錄者 此則區別狀聞 以爲徵捧之地是白齋"
 이 기록은 官逋를 吏逋로 移錄한 경우를 지적한 것이지만 官逋도 있었던 것이다.
44) 『備邊司謄錄』 204, 純祖 14년 6월 29일, 20책 p.817.
45) 『備邊司謄錄』 268, 高宗 24년 2월 15일, 28책 p.178.
 "領議政沈舜澤所啓 … 官逋吏逋 均是逋也 而刷逋之擧 犯逋之律"
46) 『備邊司謄錄』 271, 高宗 27년 7월 5일, 28책 p.472.
47) 金玉根, 『朝鮮王朝財政史硏究』 Ⅳ장, 一潮閣, 1992 참조.

봉건항쟁으로도 볼 수 있으므로, 유망과 지징무처와 직결된 경우의 민포를 항세운동의 맥락에서 파악할 수 있다.

그러나 민포는 官에 의하여 일방적으로 기록된 만큼,[49] 이 가운데는 사실상 이포와 같은 성격의 것도 있었다. 예를 들어 이서층이 자신에 의한 재정 결손의 책임을 면하기 위하여 이를 민포에 의하여 발생한 것으로 처리한 경우와 함안의 '吏民逋' 전개[50] 사례가 그것이다. 이포는 '吏逋民徵'처럼 농민의 조세부담을 가중시켰다는 점에서 다음 장에서 중점적으로 살피고자 한 民逋와 그 성격이 전혀 다르다. 이 때문에 포흠의 형태와 성격을 여러 가지 측면으로 파악할 수 있다는 점에서 일률적 개념화는 유보해 두고자 한다. 다만 官의 입장에서 파악한 포흠은 적어도 양면적 성격을 내포한 것이라는 점은 분명하다.

마지막으로 이포와 민포의 차이점과 공통점을 그 발생 동기와 전개 대상의 측면에서 다음과 같이 일단 구분해 놓고자 한다. 먼저 차이점에서 이포의 경우는 포흠 행위의 목적이 그들의 부의 축적을 위한 것에 있었다고 한다면, 民에 의한 경우는 이보다 조세 부담의 능력이 상실된 결과로 본의든 아니든 지방재정을 결손시켜서라도 조세부담을 벗어나려는 목적과 아울러 조세저항의 목적도 함께 지니게 된다는 점에서 다르다. 그리고 양자의 공통점은 포흠의 대상이 지방재정이 되었다는 사실이다.

결국 양면적 성격의 포흠을 함께 살피려는 이유는 지방재정 운영의 위기가 구체적으로 이 시기에 광범위하게 전개된 포흠에서 비롯되었기 때문이다.

---

48) 이에 대해서는 본서 제1부 Ⅳ장에서 구체적으로 논술하였다.
49) 『憲宗實錄』 4, 憲宗 3년 5월 戊子, 48책 p.451.
  "右議政朴宗薰所啓曰 … 民間之眞箇逋欠者 本自絶少 所謂民逋 擧皆吏逋之舞弄文簿 畢竟歸之民名 假使民未捧三分 則其二分必是吏輩之奸也云云"
50) 본서 제2부 Ⅱ장 참조.

2. 吏逋 발생의 배경

포흠의 발생은 근본적으로 당시 사회경제구조의 급격한 변동과 연관하면서 였다.51) 여기서는 이와 같은 사정을 가능하게 한 구조적 배경으로서 상품시장의 발달에 따른 물가 변동, 중앙 각사의 주구와 조세 상납 과정에서의 혼란에 의한 잡부의 증가, 세도정치기의 기강해이, 각종 주인권의 성장, 재정운영의 불합리 등의 몇 가지 측면에 한정시켜 포흠의 발생배경과 원인을 알아보기로 한다.52)

주지하다시피 18·19세기에 이르면서 상품화폐경제가 보다 발전함에 따라 장시가 전국적으로 광범하게 형성되고 있었다. 이에 따라 상품의 유통규모가 확대되었을 뿐 아니라 유통의 범위도 전국적 차원으로 전개되어 갔다. 중간수탈층의 포흠은 바로 이와 같은 사회경제변동의 구조 아래에 편승하여 이루어졌다. 이와 관련된 몇 가지 경우를 이하에서 보자.

먼저 곡물의 실제 가격과 官에서 정하는 詳定價 사이의 차이에서 오는 문제이다. 즉, 상정가는 화폐와 각종의 곡물간의 환산 비율을 중앙 혹은 지방관청에서 제도적으로 정한 것으로 보통 오랫동안 변경되

---

51) 이서층을 비롯한 당시 중간계층에게 '봉록이 없었다'는 단순한 이유로 포흠이 전개되었다는 이해는 잘못된 것이라 본다. 왜냐하면 이들에게는 적은 액수나마 여러가지 형태의 봉급이 실제 지급되고 있었기 때문인데, 이는 조선후기에 수없이 간행된 각종 지방지와 봉건정부의 간행문헌들에 나타나는 '支放' 관계의 기사만 보아도 쉽게 짐작할 수 있다. 예를 든다면 邑誌의 '邑事例' 類와 『萬機要覽』 財用篇 2, 料錄 및 財用編 3, 大同作貢 등을 참조할 수 있다.
52) 포흠의 원인에 대한 접근은 여러 가지 측면에서 이루어질 수 있다. 그렇지만 본 장에서는 재정운영의 특성을 밝힌다는 측면에 한정시켜 그 범위를 좁혀 살펴보기로 한다. 그런데 향촌사회의 권력변동과 관련한 부세운영권의 실제는 민고문제에서 그 운영권의 추이를 다루면서 살펴보았다. 이에 관하여서는 본서 제1부 Ⅵ장을 참고할 것.

지 않는 특성이 있었다.53) 상정가와 시가와의 현저한 차이는 포흠 행위의 주요 계제가 되었다.54)

당시의 穀價는 시기와 지역에 따라 변동이 심하였다.55) 곡가 변동의 기본적 계기는 사회경제변동의 전체 구조속에서 특히 상업발전의 가운데에서 일반적으로 주어지고 있었고, 당해 연도의 농작 상황의 풍흉 여하에 따라 달라지기도 하였다. 풍흉에 따른 곡물가의 심한 변동도 이서층을 중심으로 전개된 포흠 발생의 중요 배경이 되었다. 충청도 암행어사 洪遠謨는 서울과 지방을 비롯한 作錢은 연도와 풍흉에 따라 가격의 높고 낮음이 환롱의 원인이 되어 그 폐해가 백성에게로 돌아가게 된다 하였다. 또한 그는 作錢하고 分排하는 데 있어 곡물이 귀한 곳에는 창고의 재고 정도가 서로 달라 병폐가 되고 있음을 지적하면서 詳定價에 따라 정식하여 시행해야 할 것을 주장하였다.56) 이같은 곡가의 변동과 作錢 과정은 재정운영의 실무자인 이서층에 의한 포흠이 전개될 수 있는 사회경제적 배경이었다.57)

실제 미가는 1석 당 평년의 3냥~5냥에서 흉년의 경우 12냥에서 15냥~16냥에까지 오르고 있는 형편이었다.58) 19세기의 빈번한 흉년

---

53) 『萬機要覽』 財用編 3, 大同作貢. 그런데 詳定은 그 운용의 성격에 따라 元詳定, 小詳定, 別詳定, 小小詳定 등 다양하게 나누어지고 있었다(『日省錄』 哲宗 2년 4월 24일, 「全羅左道暗行御史李承益進書啓別單」 참조).
54) 『日省錄』 純祖 16년 3월 24일, 湖西暗行御史李存秀進書啓別單.
55) 河元鎬, 「開港後의 穀價變動에 대하여(1876~1894)」, 『民族史의 展開와 그 文化(下)』(碧史李佑成敎授定年退職紀念論叢), 1990.
56) 『備邊司謄錄』 218, 純祖 30년 2월 1일, 22책 p.114.
  "京外作錢隨歲豊歉 價有高下 故夤緣幻弄 害歸於民 且作錢分排 每就穀貴處 楞積相懸 沿峽俱病 自今無論豊凶 一從詳定 定式施行事也 耗作之毋得捨詳定而從時直 從前朝飭 不啻申復 他道已行 亦有見效 以此意更爲申飭"
57) 『牧民心書』 戶典六條, 穀簿.
  『顧問備略』 권1, 糶糴.
  『備邊司謄錄』 210, 純祖 22년 11월 1일, 21책 p.413.
58) 『備邊司謄錄』 204, 純祖 14년 10월 15일, 20책 p.865.
  『備邊司謄錄』 241, 哲宗 5년 12월 15일, 24책 p.732.

도59) 미곡시장의 형성과 더불어 유통과정에서 곡가가 심하게 변동할 수밖에 없는 또 하나의 요인이 되었고, 사료에서 나타나는 것처럼 곡가의 계속된 격심한 변화는60) 이서층 중심의 逋欠 행위가 더욱 심하게 전개될 수 있는 계제가 되었다.

 지역간의 가격 차이를 이용하여 각 읍 사이에 전개된 貿遷의 성행도 포흠이 가속화된 주요 배경이 되었다. 이는 당시 상품화폐경제의 발전에 힘입으면서, 흉년 등의 여러 가지 조건으로 인한 穀貴 지역과 그렇지 않는 지역의 구조적인 상황에서 가능하였던 현상이다.61) 京邸吏와 營邸吏가 상정가의 차이를 이용한 貿米로 사익을 도모하는 행위는 이같은 사정을 반영하는 주요한 사례의 하나였다.62) 그런데 이러한 세곡의 이동 규모는 매우 큰 것이었으며, 이는 당시 상품화폐경제의 전체 규모에 있어서 큰 비중을 갖는 것이었다.63)

　『箕牒』(奎No. 古 5120-76) V.5.
59) 19세기 민란의 원인을 자연재해에 초점을 맞춘 논문으로서 다음의 글이 참조된다.
　張泳敏, 「1894年 固城民擾 연구Ⅰ」, 『韓國近代史論叢』(尹炳奭教授華甲紀念論叢), 1990.
60) 『備邊司謄錄』 202, 純祖 12년 1월 14일, 20책 p.438.
　『備邊司謄錄』 210, 純祖 22년 2월 11일, 21책 p.338.
　『備邊司謄錄』 217, 純祖 29년 2월 23일, 22책 p.24.
　『備邊司謄錄』 227, 憲宗 5년 6월 8일, 23책 p.105.
　『備邊司謄錄』 239, 哲宗 3년 4월 4일, 24책 p.404.
　『備邊司謄錄』 247, 哲宗 11년 10월 20일, 25책 p.586.
61) 『黃海監營關牒謄錄』(奎No. 15131).
　"爲相考事 近年以來 米穀之翔貴 無異歉荒者 此必是奸細輩 交通洋舶 恣意行賣故也 病悗之極孰甚"
62) 『日省錄』 哲宗 2년 4월 23일, 全羅左道暗行御史李承益進書啓別單.
　"… 以貿米遷言之 卽是京邸營邸兩吏輩之立本取剩 …"
63) 安秉珆, 앞의 책, 제 3장 「상품화폐경제의 구조와 발전」에 의하면, 그는 조선후기 상품화폐경제 분야의 변동 범주를 국가적 상품화폐경제와 지주적 상품화폐경제 및 소농민적 상품화폐경제 등으로 나누어 고찰하면서 이 가운데 小農民的 商品貨幣經濟 범주가 결국 가장 지배적인 것으로 된다고 하였다.

漕倉에 속하는 읍은 세곡의 작전에 의한 **金納化** 현상이 완만하게나마 서서히 진행됨에 따라 점차 감소하는 추세에 있었다. 그러나 19세기 전반 단계까지만 하여도 상당수의 읍은 여전히 조창을 통한 조세상납을 하고 있었다.64) 아직 조세의 금납화는 지배적 현상은 아니었다. 그런 만큼 세곡의 운송과 같은 조세상납 방식을 어떻게 할 것인가의 문제를 놓고 많은 논란이 벌어졌다. 그것은 운송 과정의 선가와 각종 잡비의 증가가 가져오는 폐단을 어떻게 해결할 것인가의 문제였다.

세납 방식을 둘러싼 논의는 계속되었다. 황해도 平山 부사 閔亨默은 근래에 조창 이용의 어려움과 상납과정의 거리 문제 등 여러 가지 폐단으로 京江船(私運:賃船)을 이용할 수밖에 없게 되었으나 이로 인하여 船價 이외에 給添米를 농민들에게 받게되어 폐해가 되므로 '**代錢上納**'을 허락해 달라는 내용을 비변사에 요청하였다.65) 그러나 2년 후 平山府의 세납 방법에 대한 호조의 논의에서 영남의 경우 '**直納**과 **漕轉**을 불문하고 조창까지 수백리나 되는 읍도 불만없이 세납하고 있으므로, 평산부의 代錢上納 요청을 허락할 수 없다'66)고 하였다. 충청도 延豊縣監 朴濟奎도 평산부와 비슷한 사정을 보고하고 있다.67)

이와 같은 논의 과정에서 알 수 있는 것은, **漕運**의 방법 자체부터가 당시에 있어 문제가 되는 것이기도 하거니와, 원래의 정식 선가 이외에 들어가는 운반 경비의 부담으로 인한 폐단은 조운 실무자들에 의한 중간 逋欠의 발생을 구조적으로 가능하게 하였다는 사실이다. 조창

---

64) 조창과 조세상납의 문제에 대해서는 崔完基, 『朝鮮後期 船運業史硏究』, 一潮閣, 1989를 참고할 수 있다.
65) 『備邊司謄錄』208, 純祖 19년 6월 10일, 21책 p.187.
　"以爲本府稅納 在昔潮項浦行船之時 無弊裝載 其後潮水漸退 移設江倉於金川界 猪灘上 而近來浦港 又復堙塞 稅船僅得止泊於距江三十里地 車載馬輸 運納極難 故各項上納 一委之京江船人 船價外又給添米 害歸窮民 … 許令代錢上納"
66) 『備邊司謄錄』210, 純祖 22년 12월 5일, 21책 p.434.
67) 『備邊司謄錄』208, 純祖 19년 9월 11일, 21책 p.208.

에 소속되지 않는 읍이 각종의 조세를 상납할 경우에는 해당 읍의 地土船을 이용하였고, 지토선이 없으면 京江船으로 京倉에 직납하였다.68) 그런데 경강선을 이용할 경우에는 경강의 '富漢'들이 농간을 부리기도 하였다. 조운을 경강선인들에 의존할 경우의 폐단은 私船의 등장과 함께 이미 발생하고 있었다.69) 나아가 19세기에 이르러서는 사선으로서 경강선이나 官船인 조창선을 막론하고 모두 폐단이 발생하고 있었다. 이러한 형편은 앞서 언급한 평산읍의 예에서 쉽게 짐작할 수 있었다.

조운의 폐단과 중간 乾沒 및 조창에서의 濫捧, 공곡의 偸弄은 또 다른 계기에 의해서도 비롯되었다. 그것은 중앙 각사의 정비 증가 및 선인들에 대한 수탈로 시작되어 연쇄적으로 逋欠으로 이어지는 구조였다. 중앙 정부의 봉건적 권력에 의한 이러한 정비의 증가는 1830년 충청도 암행어사 洪遠謨의 보고에서 잘 드러난다.70) 홍원모는 중앙 각 관청의 情費가 모두 증가하고 있었지만, 특히 軍門의 경우 폐단이 심한 것이라 지적하고, 이의 시정 방법으로 먼저 宣惠廳에서 상납 조세를 일괄 수납한 이후 각급 관서에로 분급해야 한다는 대안을 제시하고 있다. 이같은 대안 제시는 중앙 각사의 선주인에 대한 정비의 차이가 일정하지 않다는 것을 의미하였다.71)

---

68) 『湖南廳事例』(奎No. 15232), 漕轉.
 "諸邑不屬漕倉者以地土船 毋地土船以京江船 直納京倉"
69) 『度支志』第4冊 券7, 漕船節目.
70) 『備邊司謄錄』218, 純祖 30年 2月 1日, 22책 p.115.
 "上納情費之漸多增加 各司皆然 而軍門尤爲甚焉 實爲外邑難支之弊 自今以後依宮房免稅例 三軍門移割大同 初勿分割於收租案中 竝與應例情費 而都納惠廳 自惠廳分送事也 衙門各有分掌 都納勢所難便 而至於冗費各色之并爲省減 一依惠廳規式施行 已有年前節目 申命遵行之意 嚴飭京外"
71) 『漕弊釐整事目』(奎No. 17206).
 "各司情費不可不齊 一停當籌 貰站船錢情與雜物 亦以純米磨鍊 亦元情費每石以十石恒定"

실제 軍門의 몫으로 이획하였던 대동미를 수납할 때의 정비는 선혜청에서 정한 규식의 3배나 되기도 하였다.72) 정비의 이러한 증가와 각사의 선주인에 대한 '誅求' 행위는 이전부터 이미 관행화 되었던 것으로, 1862년 농민항쟁까지는 물론73) 그 이후에도 청산되지 않고 계속 폐단으로 남아 있었다.

중앙 아문의 영향에 의하여 잡비 등의 명색이 증가하는 계기는 1822년 전라우도 암행어사 權敦仁이 비변사에 보고한 별단에서 잘 나타나고 있다. 즉, 그는 중앙 아문에 의한 잡비 명색의 증가는 조졸에 의한 부정을 유발하게 되는 것으로 보고, 나아가 이는 지방의 이서들과 연결되면서 포흠으로 이어지는 것으로 파악하고 있었다.74) 그에 의하여 파악된 잡비의 정도는 元納 1석 당 元費에 加升된 漕費와 邑費 및 斛加 등으로 인하여 많으면 10여 두 적어도 7~8두 이상 부가되어, 元例 이외의 濫費가 3배 이상이나 되었다. 1820년 전라도의 경우 원납 16만 3천 364석에 잡비가 '恒有定式'으로는 2만 4천 409석인데 비하여 실제의 잡비 총액은 무려 7만 2천 523석이 되고 있었다.

결국 당시 상납 잡비의 거의 무한정적인 증가의 결과에 따라75) 각종 잡부의 규모는 元納額과 대등할 정도로 크게 되었던 만큼,76) 중간

---

72) 『備邊司謄錄』210, 純祖 22년 11월 3일, 21책 p.418.
"公淸右道暗行御史李彦淳別單 … 其一 軍門移劃大同米捧上時 情費比惠廳殆過三倍 自今依宮房免稅例 使各邑都納于惠廳 自惠廳分送各該軍門事也"

73) 『備邊司謄錄』249, 哲宗 13년 6월 27일, 25책 p.822.

74) 『日省錄』純祖 22년 7월 9일, 全羅右道暗行御史權敦仁進書啓別單.
"一 漕轉卽國之大政 … 情費則捧稅 衙門之雜費名色 年增而歲加 漕卒船人之憑藉 奸弊愈出 而愈巧京外吏胥 互相糾結 或以元納之欠縮而加徵 或以雜費之不足而加徵 歲以爲課 民不可支 …"

75) 『黃海道內列邑各項上納時京司人情雜費』(奎No. 16465), 1838년 8월.
"備邊司爲相考事 … 則近來情費 逐年增濫 殆無限節乙仍于 捧甘各司所謂人情名色 使之一一錄納 另成冊子"

76) 『備邊司謄錄』210, 純祖 22년 11월 1일, 21책 p.407.
그리고 이와 같은 과중한 부담으로 인하여 '自辦'의 능력을 상실한 선주인들

포흠을 전개할 수 있는 일차적 구실이 공공연히 주어질 수 밖에 없었던 것이다. 기강의 해이와 관련하여 각양의 상납정비가 증가하는 것에 대한 정부의 관심은 매우 큰 것이었다.[77]

다음으로 봉건제 해체기의 기강문란에 의한 포흠 발생의 배경을 수취관계 및 제반 規式의 혼란 문제와 관련하여 보자. 19세기 전반기는 세도정치 아래 정치기강이 전반적으로 문란해지는 것과 함께,[78] 부세운영 관련의 법령이 잘 지켜질 수 없는 상황이었다. 정부는 부세제도의 문란에 대하여 항상 재정수입의 감소와 결부시켜 그 폐단을 지적하고 있었다. 그것은 주로 '紀綱解弛'로 표현되고 있었다. '기강이 해이해졌다'는 지적은 중간수탈층에 의하여 나타난 수탈과 포흠의 행위를 직접 지칭하는 말이었다. 이는 일차적으로 중앙 각사에서 발생하고 있음을 볼 수 있다. 사례의 하나로 각종의 법령을 집행하는 捕盜廳에 의한 경우를 들 수 있다.[79] 法司의 형법 집행이 엄하게 지켜지지 못하고 나라의 기강이 해이해짐에 따라,[80] 이서층의 포흠은 보다 용이하게 전개될 수밖에 없었으며 수령권 강화의 추세와 짝하여 공공 경비의 濫用과 같은 재정지출이 증가될 수밖에 없었다.

이러한 기강의 문란은 단순히 법령을 무시하는 선에서만 그치지 않

    은 이서층과 결탁하게 되고 결국 이로써 농민에 대한 가렴으로 이어졌다.
77) 『備邊司謄錄』 249, 哲宗 13년 8월 27일, 25책 p.847.
    "左議政趙斗淳 各樣上納情費之年滋歲增 一言蔽曰 紀綱之蕩然耳 …"
78) 이 시기의 정치사적 전개과 그 특성에 대한 연구로서 다음의 연구서가 참조된다.
    한국역사연구회(19세기 정치사연구반), 『조선정치사 1800~1863』상·하, 청년사, 1990.
79) 『備邊司謄錄』 220, 純祖 32년 9월 6일, 22책 p.313.
80) 『備邊司謄錄』 206, 純祖 17년 11월 11일, 21책 p.67.
    "兵曹判書李肇源所啓 近來紀綱漸弛 法令不行 內而京司 外而州邑 奸猾吏隷輩 偸弄錢穀 無所願忌 此專由刑法不嚴 未有懲一勵百之致故耳 年前本曹使令崔光仁僞造尺文 偸食上納之數 至爲一萬四千餘兩之多 嚴囚督捧 排年分徵 而徵捧無處 至有民邑再徵之擧 使此漢不伏常刑 而疊徵於無辜殘民 …"

았다. 이제는 規式을 임의로 편리한대로 만들고, 부세수납의 중간에서 이러한 임의 규식을 이내 '常規化'하기에 이르렀다. 기강문란이 포흠의 배경이 되는 모습은 순조 16년 함경도에 파견된 암행어사 鄭善基의 별단 중 다음과 같은 일절에서 잘 드러난다. 즉, 규례가 읍마다 다르고 土式과 戶式의 경우도 다과의 차이가 매우 커서[81] 이서와 향임들이 포흠하는 계제가 된다는 것이었다.[82] 그리고 순조 17년 우의정 南公轍의 지적처럼[83] 19세기의 기강문란 현상도 기존의 각종 節目을 피폐하게 하며 백성들이 사방으로 흩어지고 중앙과 지방의 창고가 텅 비게 되는 원인이 되는 것이었다.

당시 각종 주인층의 사회경제적 이권의 성장 분위기도 포흠 발생의 배경이 되었다. 주인층의 경제적 권리로서 주인권의 성장이란 결국 이들의 사회경제적 위치가 상승되어 간 것을 의미한다. 그들의 사회경제적 위치의 변화는 일차적으로 상품화폐경제가 발전함에 따라 중앙과 지방을 막론하고 상품이 유통되는 길목에 앉아 그 유통을 독점적으로 중개 지배함으로써 가능하였다.[84] 물론 이는 이 시기 농업생산력의 증대와 아울러 확장된 유통구조의 발달을 기본 배경으로 하는 것이었다. 특히 이러한 것은 '국가적 상품화폐경제'의 틀과 밀접한 관련을 가지고 있었다. 이는 중앙과 지방에 사이의 상품유통과 조세운송의 실질적 담당자로서 주인층이 필연적으로 존재한다는 점에서였다. 여기서는 부세운영과 상납 분야의 倉主人·船主人의 활동과 중앙과 지방

---

81) 『備邊司謄錄』 205, 純祖 16년 閏6월 16일, 20책 p.942.
   "其一 各邑穀折米之規 邑各不同 土式戶式 多寡懸殊 爲吏鄕舞弄之階 … 戶式土式之不同 而會案邑簿之相左 名實乖戾 奸爲易售"
82) 『備邊司謄錄』 210, 純祖 22년 11월 2일, 21책 p.412.
83) 『備邊司謄錄』 206, 純祖 17년 8월 20일, 21책 p.38.
   "紀綱日壞 昔之畏法者 今不畏法 各節目類 … 百道誅求 蠹食龜刮 使彼無靠之民 顚連四散 京外儲蓄之枵然一空"
84) 김태영, 「조선시대 사회경제사를 보는 시각」, 『한국의 사회경제사』(한길역사강좌 5), 1987.

간의 행정 편의를 도모하기 위해 존재하여 왔던 營主人과 京主人의 성장 등 두 가지 경우를 대표적으로 들 수 있겠다.

　民에 대한 수탈과 관청재정의 포흠에서 향리나 저리들이 그 주도적 위치에 있었고, 상업에서는 客商과 旅閣主人 등이 있었다. 그런데 지방재정의 위기와 직접 관련된 것은 역시 향리를 중심으로 하는 경주인과 영주인 및 창주인과 선주인들이었다. 이들이 당시의 조세와 공물의 수납과정에서 '관곡'을 포흠할 수 있는 여지는 매우 큰 것이었다.[85] 따라서 그들은 이 가운데 종사함으로써 경제적 지위와 富를 보장받게 되고, 이로 인하여 이들 주인층의 권리가 '主人權'이라는 하나의 경제적 권리로 발전하면서 그 자리는 점차 높은 가격으로 매매되는 경향을 보여주었다.[86] 1854년 의성현 吳尙年은 2천 5백 냥을 수령에게 주고 이방의 직임을 차지하고 있었다.[87]

　邸吏가 후술하는 것처럼 18·19세기를 거치면서 점차 본래의 모습과 달리 경제적 이익을 보장하는 직임으로 된다든지, 창주인의 경우 이서배들을 중심으로 하는 지방관아의 실무자들이 점차 그 主人의 직위를 갖게되는 현상[88] 등은 이들 주인권이 꾸준하게 성장하였음을 뜻하는 것이었다. 1862년 농민항쟁의 사회경제적 배경이기도 하였던 移貿의 전개과정에서 수령과 함께 특히 저리가 많이 활약하고 있었다.[89]

---

85) 『繡衣錄』(奎No. 古 4250-102).
　　"… 各樣官穀之逋欠而未充 京外錢布之貿用 …"
86) 경기도 長湍縣 소속 京主人의 권리가 매매 되는 액수를 보면 1762년에 750兩 불과하던 것이 1784년에 1천냥으로, 1800년에는 무려 2천냥까지 증가되는 경향을 보이고 있다(『京主人文記』(奎No. 70952)). 그리고 이방의 직임도 뇌물 수수를 통하여 거래되는 형편이었다. 이에 대해서는 金東哲, 「18·19세기 京主人權의 집중화 경향과 도고활동」, 『釜大史學』 13, 1989이 자세하다.
87) 『日省錄』 哲宗 5년 11월 28일, 慶尙左道暗行御史朴珪壽進書啓別單.
88) 『江界府事例釐整記』(奎No. 5457)에서, 江界府內 각창의 倉主人으로서 將廳公員, 討捕兵房, 別莊, 旗牌官, 兵房別例兼, 把摠, 千摠, 座首, 執事, 軍器監官, 民庫都監, 別中營左兵校, 討捕行首, 防守功營 등의 직책을 가진자들이 임명되고 있다.

이러한 과정이 반복되고 순환되면서 주인권은 점차 당시 사회경제구조 내의 일정한 위치를 가지며 성장하여 나갔다. 주인층은 어떠한 경우이든 당시 상품화폐경제의 발전 및 관청고리대의 성행 속에서 최소한 경제적 이익이 구조적으로 보장받게 되는 위치에 있었다. 이들은 점차 사회신분제에 구애됨이 없이 경제활동을 전개하였다.

결국 중간층의 제권리의 성장은 처음에는 봉건제 해체라는 토대에서 시작되었지만, 점차 부세운영의 모순 속에서 발생하는 각종의 경제적 이익 자체가 이권의 성장을 가속화시키게 되는 것이다. 그리하여 이러한 구조 속에 편입되기 위한 노력이 여러 곳에서 보이게 되는데, 특히 이서층의 액수가 증가하는 현상에서 뚜렷이 볼 수 있다.[90] 이 문제는 정부의 계속된 관심사였음에도 불구하고 부세운영의 실무자인 이서의 액수는 법에 규정된 것보다 더 많이 증가하였다. 이서층은 중간수탈구조의 중심 존재로 점차 세력화 하여 나갔다.[91]

이서층을 중심으로 하는 중간포흠의 발생 요인으로서 또 하나 주목되는 것은 앞 장에서 살펴본 것처럼 수령의 재임기간이 점차 짧아지고 있던 경향이다. 짧은 임기의 수령이 지방재정의 사정에 대한 자세한 파악을 제대로 할 수 없었을 것임은 당연한 일이었다. 그래서 재정운영에 대한 세부적인 사무는 邑吏나 해당 재무의 '計士'에게 전담시키지 않을 수 없게 되므로써 이들 중간수탈층이 읍의 재정을 포흠하

---

89) 宋讚燮, 앞의 학위논문(1992), 제2장 3절 참조.
90) 『備邊司謄錄』 239, 哲宗 3년 7월 20일, 24책 p.452.
　　"左議政李憲球所啓外邑切痼之弊 不可枚擧 而究其百弊之源 專由吏額之多 一或夤緣付案 以吏作名 則莫不遊食 因無恒心 雖非使役之時 擧懷肥己之計 壹公病民 千百其端 而小則欺蔽詞訟 操縱簽伍 大則儻弄國結 爛用公穀 以至罪著則逃避 畢竟收刷之際 疊徵賚督之患 … 而挽近以來 非但蔑無其效 又復增加 或有比前幾倍"
　　그리고 吏額 증가 현상을 조선후기 사회경제적 변동과 관련한 여러 利權의 성장 문제에 초점을 맞추어 본서 제1부 V장에서 살펴 보았다.
91) 安秉珆, 앞의 책(1975) 제 4장과 高錫珪, 앞의 학위논문(1991) 참조.

는 데 더욱 좋은 계제가 마련되고 있던 형편이었다. 순조 22년 평안도 암행어사 朴來謙이 計士는 읍리와 결탁하여 지방의 재정운용을 마음대로 하고 있기 때문에 해결책을 마련해야 한다고 보고한 것은 수령의 한계가 어떠한지를 보여주는 사례인 것이다.92) 사실 수령들이 세세한 사무의 상당 부분을 관속들에게 위임하는 현상은 이 시기의 대체적인 양상으로써,93) 여기서도 이서층을 중심으로 하는 중간수탈층의 포흠이 전개될 소지가 마련되고 있었다.

　이상에서 살펴본 포흠발생의 배경과 원인은 물론 기본적으로 이 시기 사회경제의 여러 변화와 관련한 데서 였다. 특히 상품화폐경제의 발전은 포흠된 곡물이 미곡상에게 유출될 수 있는 계기를 제공하였고, 포흠 성행의 객관적 조건이 마련되고 있었다. 그러나 포흠이 전개될 수 있게 되었던 직접적 배경은 곡물가의 변동과 시장의 발달, 중앙과 지방간의 부세운영의 혼란에 따른 각종 雜賦의 무원칙적인 증가, 기강의 해이, 각종 주인권의 성장, 이액의 증가, 삼정의 문란에서 보이는 지방재정운영의 불합리 등에 있었다.

---

92) 『備邊司謄錄』 210, 純祖 22년 11월 2일, 21책 p.413.
　"其一 管餉放下穀 卽各項支用及使行供億之需 而戶曹·本營 不問其出入 專委於 計士 四等磨勘之時 符同邑吏 惟意增削 … 管餉計士之勘簿措縱 誠不爲無弊 而 各道儲置與詳定 例皆隨用會減 初無定數劃給列邑者 不必獨令變通 從當徐議方便"

93) 『備邊司謄錄』 205, 純祖 16년 윤6월 10일, 20책 p.938.
　"左議政韓用龜所啓 … 而雖以留庫條言之 爲守令者 不能如法典守 一任官吏之 儓弄 及其發覺之後 又不得準數徵捧 而仍成舊逋 竟使國穀 日益耗縮 寧不痛駭 守令交遞後 …"
　『碧營隨錄』(奎No. 5936) V.1.
　"雖異俱係法外 穀品之麤劣 文書之淆雜又如此 而守令慢不致察 一任奸吏 民受 其害 事之痛駭 莫此爲甚"

3. 吏逋의 실제와 관여 계층

 이제까지 우리는 중간포흠과 직접적 관계를 가진 지방재정위기의 상황 및 그러한 포흠의 발생이 어떠한 배경을 가지고 전개되었는가에 대한 몇 가지 사항을 살펴보았다. 본 절에서는 재정난의 중심적 원인이 되고 있던 중간포흠의 전개에 주로 어떠한 계층이 어떤 방식으로 포흠을 전개하였는지를 살핀다. 그리고 포흠의 전개에 직간접으로 관련된 계층의 범위는 매우 넓지만 당시의 지방재정운영에 가장 밀착되어 있었던 계층에 우선 한정시키기로 한다.

1) 吏胥層

 지방재정의 운영 가운데 전개된 포흠에 있어서 중심적 위치를 점하였던 계층은 역시 이서들이었다. 이들은 지배권력의 입장에서 볼 때 여전히 권력 유지에 필요한 존재였으며 동시에 권력에 기생하는 집단이기도 하였다. 사회경제 측면에서 이들은 부세수취와 상납의 중간에 위치하여 지방재정을 대상으로 포흠을 전개한 중간수탈층으로 봉건모순을 심화시켰다.[94] 이들에 의한 포흠의 전개는 봉건체제의 물질적 기초였던 지방재정의 위기를 가중시키게 되는 결과를 가져오고, 동시에 재정위기의 해결을 위한 지배층의 노력은 오히려 民의 조세부담의 증가시킴으로써 농민들의 반봉건 항쟁을 불러 일으키게 된다.
 정부로서는 재정 수입의 감소를 이서층들의 중간포탈에 가장 큰 원인이 있음을 항상 지적하여 왔다. 이들의 위상은 정부로부터 '民之讐

---

94) 본고에서 언급되는 이서층을 중심으로 하는 중간수탈층의 사회적 위치와 계급적인 성격은 전근대 사회의 해체기의 특질과 관련하여 보다 자세히 고찰할 필요가 있으나 본장에서는 포흠의 전개와 관련한 부분만 살펴본다.

國之賊'95)라는 규정을 받고 있었다. 물론 이서에 대한 양반관료층의 전통적 견해로서도 볼 수 있겠지만, 대체로 현실을 반영한 표현이라고 볼 수 있다.

상품화폐경제가 크게 발달하던 이 시기의 이들은 언제 어디에서나 경제적 이익을 추구하려는 기회를 가지려 하였던 점에서, 이전 시기에도 발생하였던 중간수탈과 성격이 다른 것으로 보아야 한다. 순조 34년 선혜청 당상 李止淵은 조세상납의 부진함을 논의한 내용 가운데 '수령들이 법을 존중하여 조세를 거두어들임이 점차 이전과 같지 않고, 吏鄕의 乘時射利가 일어나지 않는 곳이 없습니다'96)라 하였다. 이지연이 '시세에 편승하여 利를 쫓는다'라고 한 것은 이 시기 각종 주인권의 성장과 상품시장의 유통구조에 편승하여 부를 축적하였다는 의미이다.

이서층 집단은 일차적으로 강한 결속력을 기본적 성격으로 지니고 있었다.97) 이의 일례를 든다면 평안도 寧遠 군수의 吏屬 문제 보고와 이에 대한 평양감영의 題辭가 참고된다.98) 즉 영원군에 거주하는 이속인 方씨 일족의 포흠과 이에 대한 처형 과정에 대한 보고에서 알

---

95) 『備邊司謄錄』 202, 純祖 12년 6월 8일, 20책 p.531.
 "左議政韓用龜所啓 貪汚之吏 卽民之讐 國之賊也 民非食不活 而奪其食者 貪汚之吏也"
 『備邊司謄錄』 210, 純祖 22년 1월 20일, 21책 p.330.
96) 『備邊司謄錄』 222, 純祖 34년 7월 5일, 22책 p.539.
 "守宰之畏法捧公 漸不如前 吏鄕之乘時射利 無所不至"
97) 본고의 전개와 관련한 이서층 신분의 일반적 모습은 安炳珆의 앞의 논문(1975)과 李勛相, 『朝鮮後期의 鄕吏』, 一潮閣, 1990을 참조함.
98) 『箕牒』(奎No. 古 5120-76) V.3.
 "方範之作爲偏黨魁首 都執鄕權 … 而以其之子 作爲羽翼 與邑吏方在坤方正協 符同和應 自爲廉問主人 內而官長動靜 無不官攝 外而吏鄕威福 替自主張 … 都監方大權・衙前方景楫等段 辛亥停退條 以已捧爲未捧 幻弄儹食 使莫重穀簿㵼亂無餘爲㢤 … 在邑衙前方再權・方正協 星火捉來 以符同方範之罪 嚴刑取招牒報 宜當向事"

수 있듯이, 이속들이 대체로 해당 지역에서 혈연적 유대로 결합된 일문 동족집단이 많았을 것으로 추측되며, 이들의 포흠은 대체로 편당을 이루어 전개되고 있었다. 이서층은 지방행정의 중심 사무라 할 수 있는 재정운영의 실무를 담당하고 있었다. 이에 비해 수령은 짧은 임기로 인하여 업무 파악이 제대로 이루어지지 못하였을 뿐 아니라 오히려 아전들과 결탁하고서는 이들의 부정 행위를 감추어 주기도 하였다. 이서층은 특히 세도정치기 아래 전근대적인 지방재정운영 구조의 허점을 이용하여 포흠을 할 수 있는 계층이었다.

이서층에 의한 포흠의 규모는 매우 컸다. 몇 읍의 경우를 통해 살펴보자. 경기도 砥平縣의 方福恒은 1만 냥을 포흠하였다.[99] 황해도 安岳縣의 朴志耕 한 사람이 公穀 9천 744석과 公貨 2만 2천 냥을, 나머지는 1인 당 2천 석에서도 1백 석 이상을 포흠하였으며,[100] 경기도 陰竹縣에서는 관속 전체의 포흠이 1만 2천 241석으로 이 가운데 4천 석 이상이 李基天이라는 자가 혼자 포흠한 것이었다.[101] 전라도 寶城縣의 경우 전체 7만 684석의 逋欠穀 중 거둔 것은 1만 298석 뿐이고 나머지는 未捧이며,[102] 함경도 甲山府는 원래의 총액이 2만 51석으로 실제 거둔 것은 4천 613석이고 미봉이 1만 5천 400석인데 이 중 갑산부사의 포흠이 4천 700냥이 되었다.[103] 이밖에도 매년 전국 각 읍에서 중앙으로 보고된 포흠 사실이 당시의 여러 연대기에 무수하게 기술되어 있으나 생략하기로 한다.

이상에서 대략 알 수 있는 중요한 사실의 하나는 우선 각종 포흠의 규모만 보더라도 이 시기 이서층에 의한 포흠이 18세기 양상과 다르

---

99) 『備邊司謄錄』 203, 純祖 13년 4월 17일, 20책 p.640.
100) 『備邊司謄錄』 228, 憲宗 6년 10월 21일, 23책 p.256.
101) 『備邊司謄錄』 230, 憲宗 9년 5월 11일, 23책 p.404.
102) 『備邊司謄錄』 237, 哲宗 1년 5월 9일, 24책 p.170.
103) 『備邊司謄錄』 240, 哲宗 4년 5월 28일, 24책 p.555.

게 전개되었다는 점이다. 18세기의 경우가 대략 1천 석 정도였음에 비할 때,104) 앞에서 든 19세기 몇 읍의 경우는 비교가 되지 않을 정도로 큰 것이었다. 특히 위에서 언급된 砥平縣과 安岳縣의 경우는 18세기에 비하여 더욱 큰 편차를 보이고 있었다.

정부에서는 각 도의 관찰사가 보고한 각 읍의 포흠에 대하여 특별한 경우를 제외하고 대개 탕감 조치를 내려줄 수밖에 없는 사정이었다. 그러나 앞의 몇 사례에서처럼 당시 포흠의 정도는 정부가 취한 탕감의 관례마저 무색하게 할 정도의 큰 규모로 확대되고 있었으며, 이미 포흠이 구조적인 것으로 전개되고 있는 실정이었다. 그것은 경기감사 金箕晩이 楊州郡의 포흠문제를 중앙에 보고한 내용 가운데 잘 드러난다.105) 양주군은 1840년 이전까지 포흠된 환곡을 특별히 탕감조치를 받았음에도 불구하고 지금(1850년)에 와서 舊逋가 끝나기도 전에 다시 新逋가 발생하여 징수할 곳이 없게 된 '所逋還穀'이 2만 4천 300냥이나 된다고 하고 이를 다시 12년의 기간 동안에 매년 일정하게 보충해 나갈 수 있도록 조처해 주기 바란다는 내용이다. 그러나 이서층은 후술하는 바와 같이 정부에서 사정을 보아주는 부분까지 중간에서 무단으로 조세를 포흠하고 있었다.

포흠의 가장 주된 대상의 바로 還穀을 들 수 있다. 환곡 포흠은 환곡의 복잡한 운영 방식 즉 환곡 운영의 구조적 결함을 이용하면서 발생하였다. 여기서 포흠이 발생하게 되는 계제의 하나로 환곡 장부의 문란과 관련지어 예를 들어 볼 수 있다. 순조 14년 경기감사 李存秀는 白徵의 폐단을 거론하는 가운데 이서들의 '簿書錯亂'으로 포흠이 더

---

104) 朴廣成,「朝鮮後期의 還穀制度에 對하여」,『論文集』7, 仁川敎育大學, 1973.
105) 『備邊司謄錄』237, 哲宗 원년 2월 22일, 24책 p.125.
　　"則以爲楊州逋還折米一萬一千七百餘石內　四千三百餘石　曾於庚子　特蒙蕩減 其餘十一年排捧　今當準捧之限　而舊逋未了　新逋又多　所逋還錢二萬四千餘兩　指徵無處　更限十二年退排事"

욱 심하게 이루어지고 있음을 지적하고 있다.106) 이 시기에는 환곡의 운영 주체와 분급 대상 등에 따라 특히 穀簿의 명색이 여러 가지로 나누어져 있음으로써 당시 지방재정의 운영 전체가 문란해지는 계제가 되었다.107) 그래서 지방의 이서들은 창고 조사에 앞서 장부를 태워버리기도 하였다. 앞서도 언급한 음죽현의 이서 李其天이 4천 석을 포흠하고서는 장부를 훼손시켜 그 흔적을 없애버린 것과,108) 전라도 古阜郡의 倉吏들의 농간을 통한 회계장부의 문란109) 등이 좋은 예이다.

이서층의 '刀筆弄奸'은 도저히 그 잘못을 지적하기에 불가능할 정도였다. 다산은 그러한 상황을 '간사한 胥徒와 교활한 아전의 무리가 필묵으로 갖은 농간을 부려 나라의 양곡을 도적질한다'110)고 지적하였다. 장부의 작성이 갈수록 복잡하게 되어 간 것은 당초 부정을 막기 위한 것에서 연유되었겠지만, 이제는 점차 포흠발생의 소지가 되고 있었던 것이다.

포흠의 전개가 이서층의 단순한 속성으로만 한정시켜 볼 것은 물론 아니다. 그것은 이 무렵의 사회경제적 변화와 더불어 살펴야 한다. 이하에서처럼 포흠의 중심 존재였던 이서층은 당시의 사회경제 변동 속에서 새로이 등장하던 여러 경제활동 계층과 상호 결탁하여 포흠하고

---

106) 『備邊司謄錄』 204, 純祖 14년 6월 29일, 20책 p.816.
"畿邑民瘼 有百其端 而莫有甚於還穀白徵之弊 弊到極處 習以爲常 虛簿而白徵者過半 實分而當捧者反少 年年如是 簿書錯亂 吏奸緣此益滋 民生至於蕩柝"
107) 『備邊司謄錄』 215, 純祖 27년 4월 15일, 21책 p.850.
"… 穀簿之名色多端 實爲紊亂之階 …"
108) 앞의 주 101)을 참조할 것.
109) 『日省錄』 純祖 22년 7월 9일, 全羅右道暗行御史權敦仁進書啓別單.
110) 『經世遺表』 卷 12, 地官修制, 倉廩之儲.
실제 각종 穀簿에 기재되어 있는 액수의 단위는 '石-斗-升-合-勺-里'와 같이 필요 이상으로 복잡하게 되어 있음으로써, 재정운영실무자에 의한 농간의 계제가 되고 있었다. 그리고 당시의 실학자 禹夏永도 역시 穀簿의 번란과 명색의 과다함이 갖는 폐단을 지적하여 이의 시정을 촉구하고 있다(『千一錄』下, p.20, 比峰出版社 간행).

있었다.

먼저 일반 읍의 吏胥와 營吏 및 京·營主人과의 상호 관계를 보자. 행정적 측면에서 이들은 상하 관계에 있었지만, 경제적 측면에서는 동일한 계급적 속성으로 '交征'을 전개하였다. 교정이란 민에 대한 영·읍 단위의 이중적 수취를 의미하는 것이다. 교정의 실례는 헌종 5년 강원도 암행어사 姜蘭馨이 삼정의 폐단을 논의하면서, '환곡이 도처에서 枵匱한 것은 첫째 감영과 지방읍에서 이중적으로 부세한 것과 둘째 이로 인한 吏鄕의 투롱에 있다'[111]라 한 것이라든지, 또는 같은 해 경상우도 암행어사 李鐘淳의 언급[112] 등에서 잘 드러난다.

營吏와 邑吏는 상호 밀접한 관계를 맺고 관아의 재물을 포흠하였다.[113] 상급 관청인 감영의 이서가 포흠하게 되면 그 여파가 전 도내의 읍리에게도 파급되었다.[114] 다시 말해 營吏 단독의 포흠이 아닌 감영 산하의 각 읍 이서층에까지 영향을 미치게 되는 포흠의 구조였다. 다산은 이를 두고 『목민심서』에서 '근세 상급관청의 倉穀이 盡分되지 않은 것이 없는 즉 위가 흐리게 되면 아래가 더러워지니 금지할 수 없는 것이다'[115]라 하였다. 『경세유표』에서는 지방 읍의 교활한 아전들은 감영의 이서들과 '關通締結'[116]하고 있었다고 하였다. 순조 16년

---

111) 『備邊司謄錄』 241, 憲宗 5년 8월 16일, 24책 p.690.
    "糶糴之到處枵匱 一則營邑之交征 二則吏鄕之夤緣偸弄也"
112) 『備邊司謄錄』 241, 憲宗 5년 8월 29일, 24책 p.692.
    "… 盖緣營交征 凡有刀錐之利 …"
113) 『朝鮮民政資料』 用中錄.
    "儲置米 … 而邑吏與營吏符同幻弄 而有中間偸食之弊 …"
114) 『備邊司謄錄』 245, 哲宗 9년 4월 16일, 25책 p.233.
    "慶尙左道暗行御史任應準別單 … 其一 監營償債米爲吏逋 收刷移貿錢幾萬兩 分俵於各邑吏廳 十三取殖 而以其利條 作還充逋 營逋雖幸了刷 而營邑之間 無異移疾 逋吏則嚴加懲治 償債則更勿擧論事也 營下吏逋何關於列邑 而爲此移疾之擧也 豈營下吏獨能犯逋 則列邑吏不知犯逋乎"
115) 『牧民心書』 戶典六條, 穀簿.
    "近世上司之穀 無不盡分 則上濁汚 不可禁也"

III. 吏胥逋欠의 전개와 지방재정 73

 호남암행어사 趙萬永은 재정운영상에서의 이들을 두고 '各邑都吏 締結營屬'117)의 관계라 하였다.
 상급관청과 하급관청 사이의 交征 관계는 읍 내부에서도 비슷한 방식으로 전개되었는데, 지방재정운영의 폐단과 직결되어 있었다. 암행어사 朴珪壽가 1854년 경주부의 재정운영의 폐단을 조사 보고하면서,118) 이서층의 자리 변동과 향임의 교체가 계속되면서 公穀의 포흠이 발생하는 것은 상하로 결탁된 구조적 모순의 차원에서 비롯되고 있음을 지적하였다.
 한편 이서층은 京主人이나 營主人과도 직접 혹은 간접으로 관계를 맺고 있었다. 먼저 京主人의 경우는 주로 지방 수령을 한 차례 거친 다음에 이어지는 간접적인 경우가 많았다. 수령들은 부임하는 과정에서 관할 읍 소속 경주인에게 빚을 지고 있는 경우가 많았는데 부임 이후 이를 갚기 위해 이서와 결탁하여 지방재정을 포흠하는 형태가 그것이다. 지방군현의 수령은 중앙에 대한 조세상납 등의 업무와 관련하여 경주인과 직접 관련되고 있었다.119)
 營主人의 경우에도 마찬가지로 이서층과 관계를 맺고 있었다. 특히 이서들이 영주인에게 빚을 지는 경우 私屬되어 많은 문제를 발생시켰다. 이를 두고 다산 정약용은 수령들이 자신의 근무 성적을 매기는 考

―――――
116) 『經世遺表』 卷 7, 地官修制, 田制 7.
117) 『日省錄』 純祖 16년 6월 10일, 湖南暗行御史趙萬永進書啓別單.
 "各宮免稅之法 自與元結有異 而近年以來 各邑都吏 締結營屬 以此免稅混入民結 高價執錢 催督則不有餘力 上納則延拖過限 …"
118) 『日省錄』 哲宗 5년 11월 28일, 慶尙左道暗行御史朴珪壽進書啓別單.
 "吏窠之換差無常 鄕任之除汰相續 公穀盡化虛穀 倉吏都歸連藪 上下交征 大小俱病 公作等決價時 該掌吏處所捧錢 各倉色處所捧錢 上納等決價時 該掌吏處所捧錢 前後換差之際所捧錢 前後鄕任換差時所捧錢 各面任掌及民訟賂之數 難以悉擧 還穀取剩錢 仍無歸屬 災結不俵結價 莫掩官吏分利之跡 而其所用取 爲六千二十七兩錢 查簿之餘 已爲封庫其罪狀 令攸司稟處"
119) 경주인의 경제적 활동에 대한 구체적인 것은 金東哲, 앞의 논문(1989)을 참조할 수 있다.

課에 관한 한 많은 영향력을 지닌 營主人에게 두려움을 가진다고 하면서, 심지어 고을의 권세 있는 이서층이나 首鄕도 더불어 사속되어 양이 이리를 두려워하듯이 한다고 하였다.120) 이서층이 영주인과 상호 결탁의 관계를 맺게됨으로써, 영주인의 태도에 따라 이서층의 포흠 발생은 필연적인 것일 수밖에 없었다.

다음으로 船人들과 결탁하여 전개된 이서층의 포흠을 보자. 그런데 이는 대개 조세의 유통과정에서 발생하는 것이었고, 정부로서는 조세 수납의 부진함에 대하여 고심하고 있었다. 정부에서 파악하고 있는 원인의 하나는 이서와 '船漢輩'와의 결탁에 의한 公穀의 포흠이었는데, 이들은 고의로 조세의 상납기한을 연기하는 수단 등으로 포흠하였다. 이서층은 이같이 船主人과도 더불어 사사로운 이득을 도모함으로써,121) 사회모순을 가중시키는 존재로 점차 변화를 보이고 있었다. 이서층의 선주인들과의 결탁을 촉진하게된 주요한 계기의 하나는 시장의 형성·발전과 더불어 나타나 성행되던 移貿와 防納에 있었다.122) 다산 정약용도 이서층이 곡물을 운반하는 조운선의 선주인과 일정하게 연계를 맺고 이무 등을 통한 경제적 이익의 추구하고 있음을 지적하였다.123)

---

120) 『經世遺表』 권7, 地官修制 田制 7.
"於是 邸吏縣吏 倭鉳爇肉鼎坐一席 以議縣令之生殺 臣見多矣 縣令之見忤於邸吏 課殿落職 狼狽以歸者 項背相望 縣令安得不惴 凡營主人所言 俛首鞠躬 罔敢違越 投淵赴火 在所不辭 … 權吏首鄕之等 如羊畏狼"
121) 『湖南廳事例』漕轉.
"初惟邑吏之奸弄 而近又船人從以圖利 甚至操縱逗遛 故致氷泊其所爲弊 無所不有 使莫重稅納 邑吏船人交爲奸利 事之痛駭 莫甚於此"
122) 중간포흠의 주된 계층인 이서층이 당시의 米商人과 더불어 전개하였던 移貿와 防納과 같은 상업활동은 중간수탈구조가 역사적으로 어떤 사회경제적 의미를 갖는가를 밝히는 중요한 관건의 하나가 되므로 좀 더 본격적으로 주목되어야 할 것이다. 이에 대한 논고로서 우선 장명희, 앞의 논문(1997)을 참조할 수 있다.
123) 『牧民心書』 奉公六條와 『經世遺表』 권1, 地官戶曹 참조.

Ⅲ. 吏胥逋欠의 전개와 지방재정

 요컨대, 이서층은 중간수탈의 구조적 표현인 중간포흠의 전개 과정에 있어 중심적인 존재로 위치하고 있었다. 국가와 농민들 사이에서 중간수탈을 전개하였던 이들의 포흠 규모는 지방재정에서 차지하는 비중이 상당하였다. 포흠의 방법은 이제 이서층만의 독자적인 것이 아니었다. 그것은 상품화폐경제의 일정한 발전에 편승하여 성장하고 있던 여러 중간수탈층의 상호 체결 관계 속에서 전개되고 있었다.

2) 京主人・營主人

 18세기 말엽까지만 하더라도 邸吏들에 의한 포흠으로는 지방재정운용에 큰 영향을 미치지는 않았으며, 그 규모도 그리 크지는 않았던 것 같다. 저리들은 지방관아의 이서보다도 그 처지가 못한 형편이었던 것이다. 邸權 즉 저리의 主人權이 주목받기 시작하고 저권의 행사로 인한 폐단의 발생은 대체로 19세기 초엽에 접어들면서였다. 이는 다산의 지적[124]과 1822년 전라좌도에 파견된 암행어사 沈英錫의 지적[125]에 잘 나타나고 있다. 저권이 19세기에 이르러 크게 성장한 근본적 계기는 무엇보다 상품화폐경제가 앞 시기보다 더욱 발전한 데 있었다. 이와 더불어 현실적으로 중앙 정치의 기강문란과 더불어 중앙・지방재정의 파탄으로 표현된 세도정치의 전개와 중간수탈 성행이 저권의 성장을 가속화시켰다.

 직무상 중앙의 각사에 의해 많은 부담을 지고 있었던 京邸吏는 자신들의 情費를 비롯한 각종 잡비를 증가시키고 있었다. 경저리가 소속

---

[124] 『經世遺表』 권7, 地官修制, 田制 7
 "臣昔在童卯時見 所謂京主人者 皆奴隷下賤 破落疲屑 然當此之時 朝令外達 速於置郵 紀綱嚴肅 奉行無滯 …"
[125] 『日省錄』 純祖 22년 7월19일, 全羅左道暗行御史沈英錫進書啓別單.
 "一 邸吏事 … 則營主人爲第一痼瘼 數十年前 營主人皆閑散無勢之類 今則營下之權吏・豪胥 乃爲此役 其賣買之價 大邑或至五百 小邑不過數百 二紀之間 其價忽高 大邑洽過萬兩 小邑亦至五千 則其橫斂之什倍於前 …"

된 읍에서는 경저리의 役價를 크게 올려줄 수밖에 없었다. 저리 스스로가 역가를 증가시키기도 하였다. 1812년에 강원도 慰撫兼監賑御使로 파견되었던 洪遇燮은 저리들이 직무수행 과정에서 情債와 잡비의 부족함을 구실로 역가를 증가시켜 왔다고 하면서, 이는 폐단이 되니 금지시켜야 한다는 주장을 하였다.126)

또한 저리가 수행해야 할 임무 가운데 조세상납과 관련하여 저권의 행사를 하기도 하였다. 그들은 자신들이 소속된 지방읍의 연체된 부세가 중앙정부의 독촉을 받게 되면, 우선 자신의 힘으로 대납한 다음 당해 읍 지방에 내려가 대납액의 몇 배를 징수하기도 하였다.127) 邸權의 성장 계기는 대체로 이런 경우에서 생겨났다. 경주인권의 행사에서 많은 경제적 이득을 취할 수 있게 된 과정128) 자체가 하나의 이권으로 인식되면서 役價가 증가하였던 것이다.

營主人權의 가격 변천과 역가의 증가 구조도 앞서 경주인과 비슷한 것이었다. 영주인권 매매 가격의 변천에 대하여 다산 정약용은 18세기 말엽만 해도 20냥에 불과하던 邸權이 19세기 초엽에 이르러서는 8천 냥까지 올라갔다고 하였다.129) 또 純祖 22년 전라도에 파견된 암행어사 沈英錫은 "營主人의 폐단은 근래에 더욱 심한데, 營主人의 자리는 이제 營下의 權吏나 豪胥들이 차지하여 역가를 더욱 증가시킴으로써

---

126) 『備邊司謄錄』 202, 純祖 12년 7월 12일, 20책 p.544.
    "其一 歙谷三軍門價布上納時 謂以情債雜費之不足 每年斂民 租四十五石 以付邸人 苟究其弊 則邸人之圖增役價而然 從今以後 凡係邸人役價之斂民增給者 別立科條 嚴加禁斷 該邑中間增斂之役價 卽令勿施事也"
127) 李光麟, 「京主人研究」, 『人文科學』 7, 연세대학교, 1962.
128) 『海西總豋』(奎No. 40) 1854년 9월, 京邸吏捄弊節目.
    "右節目爲遵行事 界首主人卽營邑之擧行 則京鄕之酬應 不啻倍徙 故前等時 特軫難支之狀 渠之排捧條二千五百兩外 二千兩又爲貸下 每年以渠之所受役價 及債利中五百兩 次次還報"
129) 『經世遺表』 권7, 地官修制, 田制 7.
    "詢人縣吏 曰數十年前 本縣營主人賣買之價 不過錢二百兩 今其價高至八千兩 故營中豪傑 乃得爲之"

民斂이 무절합니다"130)고 하였다. 이처럼 19세기의 전반에 이르러 저리는 과거의 단순한 직역의 수행자로서만 존재하였던 것이 아니었다. 이들의 역가가 '歲增月衍'함에 따라, 이들은 하나의 중요한 경제적 이익을 보장받는 권리의 소유자로 성장하고 있었다.

이들이 관여한 포흠 전개의 모습은 우선 저리에 의한 저채의 폐단과 함께 나타난 수령과 이서와의 사사로운 결속 관계 등에서 그 단서를 찾을 수 있다. 당시 지방의 신임 수령은 많은 경우가 부정한 방법에 의해 관직을 획득하였다. 특히 가산이 풍부하지 못하였던 수령의 경우는 자신의 엽관운동을 위해 부임지에 소속되어 있는 저리에게 재정 지원을 요청하고서는, 임지에 가서 수탈하거나 혹은 관아 재정을 무단으로 사용하여 저리에게 진 부채를 갚는 수가 많았다.131) 수령의 재임중에 발생한 저채 부담의 비정상적인 해결 과정 자체가 포흠과 관련하여 지방재정 운영에 많은 영향을 미친다는 것 때문에 정부에서도 항상 관심을 기울이던 문제였다.132)

중간포흠의 전개구조 속에서 이루어진 저리와 신임 지방관 및 이서층 사이의 이와 같은 부채 관계가 지방재정의 운영에 크게 영향을 미치게 되는 것은 필연이었다. 특히 영저리가 감영의 하급 기관인 읍의 수령에게 미치는 영향력의 크기는 앞서 정약용도 지적하였지만 考課를 당하여 수령직을 유지할 수 있는지의 여부가 이들에게 좌우될 정도로 무시할 수 없었다. 수령은 저리들을 감사보다 더 어려워 할 정도

---

130) 『備邊司謄錄』 210, 純祖 22년 11월 2일, 21책 p.410.
  "全羅左道暗行御史沈英錫 … 營主人之弊 近益尤甚 營下之權吏豪胥 乃爲此役 而役價漸增 民斂無節"
131) 李光麟, 앞의 논문(1962) 참조.
132) 『萊府日記』(國立圖書館, 古 3653-28) 巡營關旨, 1859년 1월 24일.
  "觀察使兼巡察使爲相考事 節到付備邊司關內 以邸債事 課歲申飭 而終未聞 欠失之效 每致有呼訴紛紜之境 苟自營邑着意董飭 豈無袪弊之道乎 盖邸債莫非上納時虧欠 與公行所需 … 無論新舊債 各期嚴督"

에 이르고 있었던 것이다. 실제 감사가 고을을 순찰할 때 대동하는 실무자는 대개 감영 소속의 유력자인 邸吏였기 때문에 邑屬들이 이들을 두려워하게 되는 것은133) 당연하였다. 저리의 역가 증가와 저권의 매매 가격이 상승할 수밖에 없는 사정은 이로써 쉽게 짐작할 수 있으며 이들에 의한 포흠 전개도 이같은 배경을 가지고 전개되고 있었다.

이서층과 수령은 대개 저채를 안고 있었고, 이를 해결하는 방법은 결국 농민들에 대한 조세수탈로 벌충하면서 가능할 수 있었다. 그러나 더욱 구조적인 문제는 '邸債之公貨劃給也'134)라 한 것에서처럼, 저채를 관아 자체의 채무 사항으로 조작하여 공화를 획급하기도 하였다는 점이다. 지방재정의 어려움은 여기에서도 유래되고 있었다. 예를 들어 김해의 경우는 '新·舊 邸債가 4만 냥에 이르러 이제는 收刷할 길도 없을 정도'135)가 되므로써 김해읍 자체의 부채가 되었던 것이다.

저채의 폐단은 이 시기 지방 관속들과 관아 자체의 큰 부담이 되기도 하였다.136) 이를 해결하기 위한 방법의 하나가 관에 의한 포흠 즉 官逋 등의 방식이기도 하였다. 관포는 납세민들에 대한 부세수탈로 이어졌다. 이러한 사정은 철종 12년 영의정 鄭元容이 전국의 저채 문제에 대한 보고를 통해 쉽게 짐작할 수 있다. 정원용은 지방관아에서 저채의 상환을 위하여 농민들에게 읍재정을 강제로 대여하여 이자를 받거나 혹은 다시 조세를 징수한다고 한 것이다.137) 저채 문제와 관련한

---

133) 『牧民心書』 戶典六條, 稅法.
134) 『備邊司謄錄』 249, 哲宗 13년 1월 20일, 25책 p.740.
    그리고 영주인과 저채 문제를 관련시켜 파악한 연구논문으로 金東哲, 「18·19세기 營主人의 상업활동과 邸債 문제」, 『歷史學報』 130, 1991를 참조할 수 있다.
135) 『嶺南牒報』(奎No. 古 4255.5-8) V.2.
136) 『隨錄』(奎No. 古 5120-163) V.1, 戊午 2월 2일.
    "… 大抵邸債 實爲營邑屬 第一難支之端 若不別般矯救 末流之害 殆有甚於逋弊"
137) 『備邊司謄錄』 248, 哲宗 12년 7월 10일, 25책 p.671.

Ⅲ. 吏胥逋欠의 전개와 지방재정   79

이서층의 고리대 행위는 농민들의 불만이 되고 있었고,138) 이는 1862
년의 농민항쟁이 일어나게 된 객관적 배경의 하나가 될 수밖에 없었
던 문제였다. 이 해 함양의 저리 徐義壽가 저채를 받지 않음을 빙자하
여 대동색의 자리를 차지하는 폐단을 일으킨 것은 이같은 실정을 잘
반영한다.139)

　저리는 수령과 이서층을 매개로 하여서만 중간수탈을 전개한 것은
아니었다. 그것은 이들이 각 지방의 조세 상납 과정에서 직접 포흠하
는 경우로 짐작된다. 순조 17년 行護軍 金履載는 안동과 남원의 저리
가 상납 조세를 빼돌리고 있으며 그 액수가 매우 큰 것이라 하였
다.140) 저리는 부세의 상납 과정에서 자신의 권력을 이용하여 포흠
을 하였다.141) 정부에서도 저리의 이와 같은 중간포흠에 대하여 엄격
한 금지 지시를 자주 내리게 되지만, 그 폐단은 여전히 계속되고 있었
다.142) 뿐만 아니라 民에 대한 저리들의 횡령 행위도 계속되고 있었

　　　"而近聞各邑中 或因邸債及私債之報償事 先以民捧之公錢中劃給 而上納則愆期
　　　不納 若有上司催督 則或勒貸 或再徵斂"
138)『日省錄』10, 高宗 1년 5월 20일, 1책 p.301.
　　　"外邑色吏 則出邸債入用 以十倍之利殖 徵督於民 顧今八道民情之危急 皆有於
　　　此"
139)『壬戌錄』壬戌錄, (嶺南)別單.
　　　"咸陽邸吏徐義壽段 藉重邸債之未捧 勒創格外之事例 本邑大同色吏一窠 仍作
　　　己任 凡於擧行 惟意操縱 吏民怫鬱 群謗衆訕 以致上下不協 鬧端乃生"
140)『備邊司謄錄』206, 純祖 17년 11월 11일, 21책 p.67.
　　　"近如來安東南原之么麽邸吏 犯用上納 皆過數萬金 度支亦有許多負逋者 而皆
　　　未聞以法用律"
141)『隨錄』(奎No. 古 5120-163) V.2, 營關, 戊午 7월 6일.
　　　"蔘價錢旣是御供之需 事體與他自別 故歲前收奉 正月內上納至嚴 而近來外邑
　　　不有定式 法意惟事愆期分吡除良 甚於二月上送 陳省拖至歲末者 此專由於邸
　　　吏輩 中間幻弄 無限料利之致"
142)『備邊司謄錄』218, 純祖 30년 3월 20일, 22책 p.127.
　　　"左議政李相璜所啓 … 以邸弊事 前後朝飭 不啻申嚴 而許多爲弊之端 猶夫前
　　　日 又有此陳弊顧冤矣 更以年前 自本司甘關於各司各道者 另加禁飭 無或復事侵
　　　擾 俾得安業 而如是申令之後 弊復如前"

다.143)

　요컨대, 京主人과 營主人은 상품화폐경제 발전을 객관적 배경으로 하면서 부세운영의 모순된 구조를 이용하여 그들의 이권을 성장시키고 있었다. 그들은 저채문제를 매개로 이서층과 수령층 등과 함께 이 시기 중간수탈의 한 계층으로 부상하고 있었다. 또 이들의 저채가 직접 농민에게 확대됨으로써 농민들의 반봉건 항쟁의 주요한 원인이 되고 있었다.

3) 船主人・倉主人

　이서층의 포흠은 倉主人과 船主人과도 밀접한 관련을 가지면서 전개되었다. 앞에서도 논급된 바이지만, 아전들이 포흠할 수 있었던 것은 그들이 빼돌린 관아의 재정이나 곡식을 貿穀할 수 있게 하는 船主人들과의 결탁 관계가 있었기 때문이었다.144) 바꾸어 말해 이 시기 창주인이나 선주인에 의한 중간포흠의 전개는 이서층과의 상호 결탁을 통하여 이루어지고 있었다. 이들 선주인과 창주인에 의해 전개된 포흠의 양태를 이하에서 좀더 구체적으로 밝혀보자.

　선주인은 조창과 여기서 시작되는 조세 운반 과정에서 포흠을 전개하였다. 公漕의 내용은 상품화폐경제의 유통구조 발전과 더불어 일정한 변화를 거듭하였다. 그것은 중간수탈층의 성장과 함께 조세운납의

---

143) 『備邊司謄錄』 247, 哲宗 11년 3월 9일, 25책 p.498.
144) 『左捕廳謄錄』(奎No. 15145) V.10, 1859년 2월 11일.
　　"… 漕運之法 至嚴且重 自由定式事目 近來蔑法 牟利之船漢輩與該邑監色 和謀捧高價 到京江近處貿穀 以納江上船主輩之儻弄 彌縫曾多入聞 防納之致以重律載在法典 今將另飭 兩捕廳連加識訶"
　　그리고 다산의 목민심서에서 언급된 것처럼 선주인도 이서층과 함께 중간수탈 계층이었다(凶年 商船泊於浦口 店主(船主人) 牙郎(執斗者-말질하는 사람:필자) 操縱削價 官校邑吏 侵漁作奸 商賈閉聲 回船遠遁 此米價之所以日貴也 『譯註 牧民心書』賑荒六條, 備資).

구조에도 점차 많은 문제점이 발생하게 되면서 였다. 이의 주요 발단
은 私運, 즉 賃船을 이용한 상납의 문제에서 시작되어 18·19세기에
이를 둘러싼 많은 논란이 있게 되었다.145) 논란은 주로 船價와 情費의
증가로 인한 규정 이외의 재정 부담 문제, 그래서 地土船과 京船을 임
대하여 상납하는 것이 오히려 편리하다고 한 점, 또한 이에 의하는 경
우 선가가 지나치게 높다는 이유로 다시 복귀를 요청하는 등의 내용
들이었다.146) 그런데 결국 漕船, 舟橋船, 地土船을 불문하고 모두 이서
층과 결탁된 형태로147) 납세민에게 폐해를 끼친 점에서, 어느 경우이
든 폐단의 성격은 대동소이하였다.

　선가의 증가 요인은 여러 가지이나 그 가운데 서울의 각급 관청이
선주인에게 가한 압력에서 비롯된 고율 私債148)의 문제를 들 수 있다.
여기서 비롯된 사채가 조세 운납과 납부 과정을 이용한 선주인들의
포흠으로 발전하는 것은 하나의 필연이었다. 순조 22년 비변사의 보고
내용에서 중앙에서부터 시작된 선주인의 포흠 구조를 짐작할 수 있게
한다.149) 즉, 서울의 謀利輩가 지방의 漕卒들이 세곡의 상납을 위해

---

145) 조운문제 전반에 대해서는 다음의 논저가 참조된다.
　　金玉根,「朝鮮時代 漕運制 硏究」,『論文集』2, 釜山産業大學, 1981.
　　吉田光男,「李朝末期의 漕倉構造와 漕運作業의 一例 -「漕行日錄」에 보이는
　　1875년의 聖堂倉-」,『朝鮮學報』113, 1984.
　　崔完基,『朝鮮後期 船運業史硏究』, 一潮閣, 1989.
146)『備邊司謄錄』206, 純祖 17년 11월 11일, 21책 p.65.
　　『備邊司謄錄』207, 純祖 18년 1월 21일, 21책 p.82.
　　『備邊司謄錄』238, 哲宗 2년 5월 7일, 24책 p.278.
147)『備邊司謄錄』240, 哲宗 4년 12월 10일, 24책 p.613.
　　"領議政金左根所啓 … 無論漕船·舟橋船·地土船 和同邑吏 必以最高價代捧
　　於民 空船來泊 貿納商穀 …"
148)『均稅節目』(國立圖書館, 古 683-7).
　　"船隻往來 本無定所 而所經諸處 侵稅多門 此船漢所以不勝支堪者也"
149)『備邊司謄錄』209, 純祖 20년 4월 29일, 21책 p.274.
　　"近來漕卒難支之狀 不一其端 最是江民輩 私債侵督之患 實爲巨瘼盖江上牟利
　　之類 每當漕卒上來之時 只執船標 勒分債錢 及至翌年 漕泊之期 締結法司下屬

상경할 때 이들에게 강제로 사채를 놓은 후, 이듬해 배가 닿기 전에 法司의 하급 관리들과 미리 결탁하여 약탈하였고, 심지어 그 잘못을 감시해야 할 법사에서까지 선인들에게 횡징할 정도라 하였다. 따라서 이로 인하여 심한 경우 원래의 상납곡이 포흠으로 인하여 크게 줄어들 정도로 폐단이 심하다는 것이었다. 선가는 이같은 상황에서 자연스럽게 증가하지 않을 수 없었다.

그리고 다음 단계로 당해 읍에서는 철종 8년 호조판서 洪在喆의 언급처럼,[150] 선주인들은 京納 때 많은 정비가 들게된다는 것을 빙자하여 세곡을 포흠하고 있었다. 동시에 선운가는 계속 증가하고 있었는데, 심한 경우 1백 석 기준에 7,8백 석까지 오를 정도였다.[151] 이러한 것은 먼저 지방재정의 위기를 가져오게 한 요인이 됨과 동시에 결국은 民에 대한 조세 부담을 증가시키는 것으로 연결되는 구조였다.[152]

선주인들에 의한 포흠 전개는 대체로 각 지방에 설치된 조창에서부터 발생・시작하였다. 더욱 엄밀히 말해 이러한 경향은 각 읍에 설치된 邑倉와 漕倉의 사이에서 이루어졌다. 각 조창의 세곡은 결국 조창에 소속되어 있는 전국의 각 읍창[153]으로부터 운반되어 집산된 것으로 이루어지고 있었다. 이같은 구조가 창주인들이 의한 포흠을 가능하게 하였다.

作黨遮截於中路 恣意攘奪於船頭 又自法司 推捉相續 橫徵多端 渠輩之蕩敗呼寃 姑毋論 甚或有元上納欠縮之患 漕船上納前 毋得先徵私債"
150) 『備邊司謄錄』244, 哲宗 8년 1월 27일, 25책 p.64.
  "而挽近稅法蕩然 邑捧則剋削歲甚 京納則情費日繁 船漢之藉爲話柄 衒其迷藏之習者 不用不到低究"
151) 『備邊司謄錄』213, 純祖 25년 7월 26일, 21책 p.674.
152) 『黃海道內列邑各項上納時京司人情雜費』(奎No. 16465), 1838년 8월.
  "… 上納時言之 京司所屬 固未嘗無點退 操縱之弊 而邑吏則當初出秩 已厚斂於民間 … 只認以京司情費之增濫 謂之無奈任其加斂 畢竟其害都歸於民 …"
153) 각 조창에 소속된 邑別 구분은 『萬機要覽』 財用編 2, 漕轉에 상세히 밝혀져 있다.

창주인은 대체로 18·19세기부터 하나의 중요한 경제적 권리를 갖는 존재로 세습하면서 성장하여 온 것 같다.154) '倉監'으로 불리기도 하는 선주인의 권리는 수령의 중요한 매임 대상으로 매매되기도 하였다.155) 창주인은 적어도 조세의 수납과 상납 과정의 현장 실무자로서 중간에서 농간을 부릴 수 있는 위치에 있었다. 이들은 이 과정에서 창고의 곡식을 사사로이 發賣하여 이득을 취하기도 하였다.156) 또한 물가 조정의 기능을 가진 常平倉 같은 곳에서는 곡가의 차이를 이용한 貿穀 등의 행위를 실질적으로 전개할 수 있는 실무자의 위치에 있기도 하였다.157) 이같은 성격의 창주인에 의한 포흠은 헌종 13년 호조의 공문에서처럼158) 조세 상납 과정의 중간에 위치하여 이루어졌다.

그런데 이 과정의 중간 포흠은 앞서의 언급처럼 단순히 창주인·선주인들에 의해서만 전개된 것이 아니라, 포흠의 중심계층인 이서층과 밀접한 관계를 가진 가운데 전개되었다. 이러한 사실은 예를 들어 평안도 龜城郡에 거주하던 鄭大直은 倉監과 色吏가 공곡의 발매 구조를 이용하여 6,7천 냥의 잉여전을 포흠하고 있는 데서 잘 나타난다.159)

---

154) 『度支志』 제4책, 권6.
　　"… 戶曹之再報內 此(倉主人;필자)傳子傳孫 重價賣買之業云云"
155) 『備邊司謄錄』 199, 純祖 9년 6월 17일, 20책, p.83.
　　"咸鏡監司趙允大狀啓 端川前府使金錫衡 貪虐不法之罪 … 賣任則自座首鄕所 倉監中軍至千把哨官"
156) 『箕牒』(奎No. 古 5120-76) V.1.
　　"泰川縣監所報內 本縣民白奉眞·金文表等呈議送內 倉監色輩幻弄倉穀 私自發賣 去順種太 以米代給云云"
157) 서울의 경우에 한정된 것이나, 아래의 사료는 이 시기 창주인의 사회경제적 위상이 어떠한지를 짐작할 수 있게 한다("京師 則設倉於江頭 擇都下江上殷戶 勤實者數十人 差定爲倉主人 專管貿易等事 使之私往外邑 穀賤處貿穀 私載上泊 納于江倉"『顧問備略』卷1, 常平倉).
158) 『版籍司謄錄』(奎No. 18182) 1847년 1월.
　　"本曹甘結內 右甘結聞海州等 七邑稅太已爲逢載 待氷解陸運續上來而爲慮 其各倉主人中間操縱 誅求侵責"
159) 『箕牒』(奎No. 古 5120-76) V.2.

뿐만 아니라 창감은 좌수와도 체결하는 폭넓은 상호 결탁의 관계를 유지함으로써 이서와 색리 및 좌수를 포괄하는 이향 계층 전체의 구조적 포흠을 전개하고 있었다.160)

이들의 포흠은 여러 가지를 매개로 이루어졌다. 일례로 세곡의 수납과정에서 벌어진 斛量(말의 크기)의 조작 문제와 관련하여 볼 수 있다. 19세기까지만 하여도 조세의 금납화는 아직 본격적으로 시행되지 않았기 때문에 현물의 수납과 상납과정에서 상호 다른 斗斛의 크기를 이용한 부정이 발생할 수 있었다. 근대적인 도량형으로 통일되지 못하였던 당시는 일정한 기준에 의한 곡식을 담는 용기의 조작이 얼마든지 가능하였다. 다산 정약용은 도량형의 불균함을 언급하는 가운데 '한 읍내에 마을마다 같지 않고 심지어 한 마을 내에서도 집집마다 같지 않다'161)라고 지적한바 있었다. 지방의 斛子 크기는 순조 22년 전라우도에 파견되었던 암행어사 權敦仁의 보고에서162) 짐작할 수 있는 것처럼 정부에서 정한 기준이 아예 지켜지지 않은 실정이었다.

倉吏들은 한편 里任과 색리들과 함께 斛子의 크기를 조작하였다.163) 더구나 낡은 斛斗가 많아 이를 더욱 용이하게 하였는데,164) 그것은 바로 '濫捧'과 같은 폐단으로 이어졌다. 1851년 慶山縣의 창색에 의한

"本府都倉監裵大興 色吏全東漢等 締結各倉監色 精實穀發賣取剩 皮雜穀分還發賣 剩餘錢六七千兩 還爲推出 以防民役 裵全兩漢 各別嚴刑遠配事"
160) 『箕牒』(奎No. 古 5120-76) V.4.
"龜城府牒報內 因本府民李東秋呈議送題辭據 色吏金潤五締結座首 幻弄倉穀與否查報事"
161) 『經世遺表』卷2, 秋官刑曹.
"乃度量衡之無法 未有甚於吾東 一域之內 市市不同 一邑之內 村村不同 一村之內 家家不同 一家之內 其所以收發者不同 其流之害 不可勝言 … "
162) 『日省錄』純祖 22년 7월 9일, 全羅右道暗行御史權敦仁進書啓別單.
"一 漕轉卽國之大政 … 斗斛則度支頒降 而擧皆廢却不行 大小多寡 各異其例 … 斛子則聖堂倉之五斛 群山倉之六斛 比諸度支鑰斛 加入爲三斗二升三合 …"
163) 『各條報辭』(奎No. 古 5125-9), 1835년.
164) 『箕牒』(奎No. 古 5120-76) V.3.

III. 吏胥逋欠의 전개와 지방재정 85

포흠은 바로 이같이 곡자의 부정을 이용하면서 이루어진 것이었다.165)
　곡두의 부정은 조창에서도 폐단을 일으킬 수 있는 중요한 매개가 되기도 하였다. 哲宗 5년 전라우도에 파견된 암행어사 朴燐夏가 '조운의 폐단이 점차 심해지고 斗斛을 속이며 정비를 필요이상으로 거두는 것 등이 매우 심하고 마침내 곡식을 운송하면서 포흠이 일어나거나 납세를 일부러 늦추게 된다'166)라고 보고한 것에서처럼, 곡두 사용의 부정은 조창에서 일어나는 포흠의 주요 매개의 하나가 되었다. 이같이 조창의 수세에서 위의 경산현에서처럼 납세호로부터의 과다한 조세 수취는 '斛上加升'과 같은 수단으로 발생하였다.167) 다산의 언급처럼 지역간의 불균한 도량형과 더불어 나아가 지역간의 곡물가격 차이 등은 창주인의 貿遷이나 방납 행위를 더욱 쉽게 이루어질 수 있게 하였다. 창주인은 단독으로 포흠 행위를 한 것이 아니라 이서층을 비롯한 여러 중간수탈층과 더불어 전개된 것이었다.168) 이는 1862년의 丹城 농민항쟁에서 이방과 창색 모두 농민들의 습격을 받고 있는 사실에서 잘 나타나고 있는 것이다.169)
　私債와 관련한 선주인의 포흠 행위도 있었다. 이는 『大典會通』의 '漕轉所에서의 사채 행위는 금한다. 만약 발각될 경우 일체를 屬公한다'170)라는 조문이 바로 반영한다. 물론 수령이 이를 감독하지만 창주인과 선주인은 이서층과 공모하여 조세 상납을 빈번하게 연체시킴으로써 세곡을 이용한 사채 행위가 쉽게 전개될 수 있었다. 순조 20년에

---

165) 『玉山文牒抄』 傳令各面.
　　"盖其逋欠之所以然 則所謂倉色縱無聊賂 以斗捧之 自有若干剩餘 …"
166) 『備邊司謄錄』 241, 哲宗 5년 윤7월 13일, 24책 p.676.
　　"其一 漕弊漸滋 斗斛之奸僞 情費之冗濫 殆無限節 遂致運穀之欠逋 納稅之愆滯"
167) 『備邊司謄錄』 248, 哲宗 12년 9월 14일, 25책 p.693.
168) 앞의 주 144) 참조.
169) 『壬戌錄』 壬戌錄, (嶺南)別單.
170) 『大典會通』 券2, 戶典, 雜令.

선혜청 당상 李存秀는 조운으로 조세를 상납할 때 재정결손이 많이 발생하는 곳이 조창이라 하면서 사채의 문제점을 지적하고 있으며,171) 헌종 6년 호조판서 李起淵도 조창에서 방채하여 모리하는 문제점을 지적하고 있다.172) 이에 앞서 순조 13년 황해도 암행어사 이존수는 문화현의 倉吏들이 창고에 그들 개인의 곡식을 임의로 넣어 놓고, 다시 곡식을 인출할 즈음에 원래 저장하였던 액수 이상으로 불법 인출하는 포흠도 하고 있다고 하였다.173)

그리고 당시 성행하던 邸債가 원인이 된 선주인들의 포흠도 있었다.174) 고리대적 성격이 강하였던 저채를 갚기 위하여 선주인들은 세곡을 상납하기 전에 미리 적당량을 빼돌리고 읍리와 사사로이 결탁하여 지방재정을 조작하였다. 저채를 지고 있는 측면에서 비슷한 처지였던 이서층과 결탁한 선주인은 조창의 세곡을 포흠한 후, 이를 무천 혹은 방납을 통하여 그들이 짊어진 사채문제를 해결하려 한 것이다.175)

이상에서와 같이 조세의 수납 과정에서 전개된 중앙 각사의 가렴 행위는 船主人과 倉主人들로 하여금 선가 및 상납 잡비 등을 증가시키게 하는 명분을 주었고, 결국 이들은 이러한 사정들을 빙자한 포흠

---

171) 『備邊司謄錄』209, 純祖 20년 8월 20일, 21책 p.294.
   "近來漕運上納之時 每多欠縮之弊 實由於漕倉近處 私債興販之弊也 一竝嚴禁 所持物屬官之意 申明知委於漕轉各該道"
172) 『備邊司謄錄』228, 憲宗 6년 3월 21일, 23책 p.195.
   "戶曹判書李起淵所啓 … 至於昨年大興沙工金萬興 興德船主金奇宅之狼藉僞賣 放債牟利而極矣"
173) 『備邊司謄錄』203, 純祖 13년 8월 9일, 20책 p.669.
   "黃海道暗行御史李存秀別單 … 其一 文化倉吏 以其私穀 添錄還簿者 合爲八百十三石 如法懲糴 惟利是圖 故其私錄還案者 已爲抹去 嚴繩該吏 而不無後弊 更加嚴飭事也 近來吏奸無所不至 而至以私穀幻作元還 罔民牟利之計 實是前所未聞"
174) 『左捕廳謄錄』(奎No. 5145) V.2
   "而船漢輩犯逋厥有源委 卽邸債也米邊也 邸債事作春已爲關飭三道"
175) 『備邊司謄錄』245, 哲宗 9년 4월 16일, 25책 p.231.

이 가능하게 되었다. 한편 이들이 지게된 저채와 사채를 해결하기 위해 그들은 **邑倉** 및 **漕倉**의 공곡을 **移貿** 행위 등에 불법적으로 전용하였다. 그리하여 이들은 이서층을 비롯한 여러 중간수탈층과 결탁하여 각종 공곡을 포흠하여 방납에 참여한다든지, 혹은 이무를 통하여 경제적 부를 축적하여 나가게 되었던 것이다.

Ⅳ. 民間逋欠의 전개와 지방재정

1. 民逋 발생의 배경

 주지하듯이 18,19세기 사회경제구조의 변화는 기본 생산수단인 토지의 소유 관계를 둘러싼 모순이 점차 심화되는 데서 비롯되어 왔다. 이같은 변동은 봉건정부의 입장에서는 체제붕괴의 위기로 인식되고 있었다. 19세기 세도정치의 전개는 바로 그것에 대한 봉건지배층의 반동적인 대응의 결과로 볼 수 있다.[1] 지배층의 경제적 대응은 여러 가지로 나타나고 있었지만, 극심한 삼정문란과 지방단위로 전개된 잡역세 운영의 모순된 징세구조를 매개로 民에 대한 구조적이면서 가혹한 수탈로 표면화되고 있었다. 앞 장에서 보았듯이 지방재정을 대상으로 한 중간수탈층 중심의 포흠 전개와 이에 따른 재정결손의 해결은 결국 민에 대한 부세 부담의 가중으로 이어졌다. 본 절에서는 이와 같은 관점에서 특히 부세부담의 가중으로 인한 民戶의 流亡과 指徵無處라

---

1) 한국역사연구회 19세기정치사연구반, 『조선시대 정치사』(상·하), 청년사, 1990 참조

IV. 民間逋欠의 전개와 지방재정 89

는 현상에 주로 하여 民逋의 발생 배경을 살펴보기로 한다.

민포의 배경은 여러 가지로 들 수 있겠지만 대체로 다음의 두 가지 측면에서 살필 수 있다. 하나는 그야말로 民에게 부과된 절대량의 증대로 인한 조세부담 능력의 상실 및 세법시행의 혼란에 따른 잡세 부담의 증가 등이며, 다른 하나는 파행적 부세운영의 결과이지만 流亡과 '指徵無處'를 들 수 있다. 조세부담능력의 상실은 유망과 지징무처로 직결된다. 이 가운데 보다 직접적인 것은 파행적인 재정운영으로 비롯된 부세부담의 가중에 있었다. 농민들에 대한 조세부담의 가중은 부세의 전세화와 관련된 都結과 都戶문제 및 세법 시행의 문란 등에서 비롯되었다.

도결은 법적으로 금지된 것이었으나, 19세기 중엽부터 본격적으로 출현하였다. 도결은 기본적인 토지세인 전세와 대동세 외에 '矯捄'라는 명목하에 도망 등으로 부족해진 군역세, 포흠된 환곡, 그리고 각종 부가세를 民結에 덧붙여 징수하는 제도였다. 그런데 이는 중간수탈층의 출현과 함께 농민에 대한 부세의 부담을 더욱 가중시키는 결과를 가져오고 있었다. 1862년 익산 농민항쟁에2) 대한 보고에서 전라도 관찰사는 농민항쟁 원인의 하나로 都結 문제를 지적하면서,3) 법적으로 금지되어 있는 도결을 지방관이 자의적으로 시행함으로써 국가와 농민들과의 모순을 가중시키고 민란을 발생시키는 요인이 되는 것으로 파악하고 있다. 慶山縣의 경우처럼 도결의 시행은 농민의 조세부담 능력을 감소시키는 중요한 요인이 되었다.4) 결국에는 위로는 정부의 재

---

2) 益山 농민항쟁의 구체적인 전개 내용에 대해서는 망원한국사연구실,『1862년 농민항쟁』, 동녘, 1988, pp.264~272 참조.

3)『備邊司謄錄』24, 哲宗 13년 4월 2일, 25책 p.770.
 "所謂都結 係是法禁 則該倅所失 固無可論 而至於奪取符信 昇出官長 又是晉州所無之變也 官有所失 則爲其民者 如是可乎 痛悗之極 實欲無言 … 而今此益山事 又出於數朔之頃矣 以道啓推之 怨由都結 都結固法外而亂民 特借爲口實也 況符印之奪取 命吏之昇匿"

정수입까지 줄어들게 하였으며 아래로는 중층적 수탈구조가 형성되면서 궁극적으로 民에 대한 수탈로 이어지는 결과를 초래하였다.[5] 그러나 이 시기 도결은 이미 구조적 차원에서 전개되고 있었다.[6]

民에 대한 조세부담의 가중은 結 단위로 전개된 전결에서만이 아니라, 결렴과 동시적으로 존재하던 戶를 단위로 한 都戶 단위의 징수에서도 지적된다. 도호는 그 성격상 군정 문란과 많이 관련되는데, 역시 都結과 비슷한 발생 구조를 가지고 전개된 것이라 할 수 있다.[7]

도호 방식의 군역세 징수는 곧 민의 부담으로 이어졌다. 충북 음성현의 경우 도호 방식의 조세 징수는 상납할 軍錢의 부족분을 보충하는 수단의 하나로 시행되었지만 결국 民의 조세부담을 가중시키게 되어 민포 발생의 이유가 되고 있다.[8] 이에 앞선 1826년 충청우도 암행어사 金正喜의 보고 가운데 '懷德縣의 도호 폐단이 혁파되지 않으면 결국 포흠으로 갈 수밖에 없다'고 한 것도 같은 맥락에서 이해 할 수

---

4) 『玉山文牒抄』(奎No. 古 5129-58), 傳令各面.
"爲知悉事 本縣以吏奴之鉅逋 民力蕩竭於都結 …"
5) 『繡啓』(奎No. 4546) V.2, 1855년.
"… 而逋負之甚者 遂至於族徵廳徵之不足 而竟有都結 結斂移貿錢減價分給等事 其害則都歸於民是白乎旀 … 書員之於結政 倉吏之於還穀諸般作奸 殆無異驅而使之 而其害之歸於民者 意復不可謄言諸吏則征錢於民 吏房則征錢於諸吏 官長則征錢於吏房 …"
6) 都結의 전반적인 이해에 대해서는 다음의 글을 참조하기 바라며, 본고에서는 도결에 의한 민호의 조세부담이 가중되어 간 몇 가지 사실 확인에 주목하였다.
김선경, 「'1862년 농민항쟁'의 都結 혁파요구에 관한 연구」, 『韓國史學論叢』, 李載龒博士還曆紀念, 한울, 1990.
安秉旭, 「19세기 賦稅의 都結化와 封建的 收取體制의 해체」, 『國史館論叢』 7, 1989.
고동환, 「19세기 부세운영의 변화와 그 성격」, 『1894년 농민전쟁연구1』, 역사비평사, 1991.
7) 『箕牒』(奎No. 古 5120-76) V.1.
8) 『亦用』(奎No. 古 5125-33) 衙後小錄草, 1846년 5월.
"本邑民以三件事 近日呈議送 其一大同事也 其一補還事也 其一都戶事也 … 都戶則本邑流亡軍錢 上納不足 每年八百餘兩 隣徵洞徵 騷擾莫甚苦弊難支"

Ⅳ. 民間逋欠의 전개와 지방재정 91

있는 것이다.9)

　이같은 19세기 세도정치 아래의 삼정문란과 함께 부세의 **都結化**와 **都戶化**는 수령을 중심으로 부과액수가 거의 자의로 책정되어 납세민에 대한 규정 이외의 부담을 가중시키고 있었다. 이러한 사정은 전정의 문란, 군역의 불균, 환곡의 불법적 운영 등으로 농민들의 조세 부담능력의 감소와 직결되면서 나아가 民逋로 이어질 수밖에 없었던 사정과 마찬가지였다.

　다음으로 각종 稅目의 비정상적 창출도 민포 발생의 한 배경이 되고 있었다. 이는 직접적으로 지방관청의 재정 수입을 늘리기 위한 새로운 세목의 창출 가운데 잘 나타난다.10) 특히 포구를 중심으로 하는 상업 활동지역에 이같은 현상이 두드러졌다. 철종 14년 영의정 鄭元容은 전국의 각 포구에서 각종의 세목을 창출시키기 위해 節目을 함부로 만들거나 혹은 立旨를 사칭하거나 혹은 엉터리 完文을 발행하는 등의 행위로 포구민에 대한 피해를 주고 있다고 하였다.11) 이러한 것은 곧 백성들의 조세부담 능력을 감소시키는 것으로 이어질 수밖에 없었다. 특히 세법의 혼란함은 지방에서 중앙으로 조세를 상납하는 데서 파생되던 情費를 기준 이상으로 급증시키는 기본 동기가 되기도 하였다.12)

---

9) 『日省錄』純祖 26년 6월 24일, 忠淸右道暗行御史金正喜進書啓別單.
10) 『壬戌錄』鍾山集抄, 筵奏.
　　"各邑海鎭之無名濫稅 前後筵飭 不啻申嚴 而咸興浦口及元山等地有近年新設北魚稅之名 以手越者 創出無前之例 大爲商民之害 故昨年五月 前道臣啓聞革罷 而曾未幾月 如前復設 科外收斂 侵漁多端"
11) 『備邊司謄錄』250, 哲宗 14년 3월 20일, 26책 p.36.
　　"諸道各浦口 漁鹽船稅之自屬均廳以後 英廟正廟朝軫念海弊之辭敎 屢發絲綸 時則正供外 無加稅濫稅等弊端 浦民得以安業矣 近來徵索多岐 窠額日增 各營各司及營梱邑書院土班 托以付屬創出稅名 或冒作節目 或稱有立旨 或私搆完文 督勒索奪 推剝隨之 蕩析離居 餘戶益困 … 此盖由於法綱解弛 利慾肆恣 至於莫可奈何之境"
12) 『備邊司謄錄』244, 哲宗 8년 1월 27일, 25책 p.64.

한편 세목의 혼람함에서 비롯된 잡역세 종류의 절목이 증가한 것13)에 대해서는 특히 지방관청의 이서층을 중심으로 하는 중간수탈층의 출현과 관련이 많았다. 다산이 전라도 강진의 유배지에서 조사한 잡세의 명목을 보면 매 1결에 40가지를 넘기고 있다. 이 가운데 다산은 특히 8가지 세목을 제거해야 한다고 하였으니, 京主人役價, 營主人役價, 進上添加米, 戶房廳傳關米, 考給租, 勤受租, 雇馬租錢, 京江船浮價米 등이었다.14) 이들 세목의 발생은 각기 이를 취급하였던 중간수탈층의 성장과 궤를 같이 한 것으로 짐작할 수 있지만, 전부 중간수탈층과 관련된 비용으로 계속 증가하는 추세였다. 나아가 지방 관아의 공공 지출이 매년 증가하였고,15) 여기에 들어가는 비용은 대부분은 과외의 자의적 징수로 충당함으로써, 납세민에 대한 수탈이 강화될 수밖에 없었다. 결국 봉건적 경제질서의 급속한 변질과 함께 새로운 사회경제질서의 출현에 따른 모순 관계 속에서 파생된 부세운영의 혼란은 한편으로 각 계층간의 상호 이익이 서로 대립되는 양상으로 변화하여 갔다.16) 양반과 이서층 및 일반민 사이의 이해관계는 대립되고 있었다. 민포 발생의 원인은 단순히 평면적인 것에서 보다 오히려 구조적인 배경을 가지고 있음을 알 수 있다.

이제 이 시기 농업생산력의 진전과 함께 발생하는 생산 관계의 모

"… 而挽近稅法蕩然 邑捧則剋削歲甚 京納則情費日繁 船漢之籍爲話柄衒其迷藏之習者 …"
13) 『經世遺表』 권7, 地官修制, 田制 7.
"算此諸費 直增稅額 顧乃細作名目 委諸縣吏之手 以啓其增稅之竇也"
14) 『經世遺表』 권7, 地官修制, 田制 7.
15) 『備邊司謄錄』 246, 哲宗 10년 2월 20일, 25책 p.338.
"咸鏡監司尹致秀陳弊狀啓 … 公用有年增歲加之歎 各項別下挪代還穀推移公穀"
16) 『隨錄』(奎No. 古 5120-163) V.2, 六月初二日傳令.
"… 此邑痼弊 非民制吏 卽吏制民 班戶見困 則殘民奚論 惟吏之所以 上欺營邑 下欺民戶者 盖有說焉 必曰兩班抑納 又曰常漢未收 未收與拒納俱非眞拒納 眞未收 特以延拖時 日爲能事 欺瞞彌縫爲良策 …"

순에 따른 봉건국가의 파행적인 부세운영의 결과로 농민들의 생활조건은 거의 파괴되는 단계에 나아가게 하고, 이는 결국 민호의 流亡이라는 상황으로 연결되어 갔다.17) 결국 유망이 指徵無處가 됨으로써 민포 발생의 배경이 되고 있었다.

流亡으로 인한 일반 민호의 감소는 곧바로 징세 대상의 축소로 이어졌다. 이는 순조 13년 곡산부사가 황해 감영에 '民口大縮 許多徵納 責出無路'18)라고 보고한 사실에서 잘 드러난다. 후술하는 바와 같이 유망으로 인하여 징세하지 못한 것도 민간에 의한 포흠으로 처리되고 있듯이, 그야말로 유망은 민포의 처리로 바로 연결되고 있었다. 그리고 시기가 내려 갈수록 이같은 처리 현상은 더욱 보편화되어 가고 있다.19)

유망의 계기는 앞서 본바와 같이 일차적으로 중간수탈층의 포흠이 매개된 조세의 과중한 부담에서 비롯되었다.20) 물론 이같은 양상의 근본적 원인은 농업생산력의 발달에 따른 지주제 변동과 농민층분화 및 상품화폐경제 발전 등의 사회경제 변화에서 찾아야 한다. 하지만 三政의 문란이라는 부세운영의 파행 가운데 발생한 중간수탈층의 民에 대한 수탈이 보다 직접적인 유망의 원인이 되고 있었다. 정부에서는 헌종 4년 우의정 李止淵은 재정위기를 유망과 직결된 것으로 보고 유망 문제를 수령의 근무 성적을 평가하는 기준으로 삼을 것을 주장

---

17) 金錫禧,「慶尙道 丹城縣 戶籍大帳에 관한 硏究 -18世紀 逃亡·移去戶를 中心으로-」,『人文論叢』26, 釜山大, 1983.
18)『備邊司謄錄』203, 純祖 13년 12월 11일, 20책 p.734.
19)『備邊司謄錄』204, 純祖 14년 8월 29일, 20책 p.837.
그리고 이에 관한 기사는 이 시기 각종 연대기 자료의 도처에서 매우 많이 확인된다.
20)『備邊司謄錄』226, 憲宗 4년 7월 6일, 23책 p.4.
"右議政李止淵所啓 今之說外邑難支之弊 莫不以流亡絶戶爲先 官以是藉口 而每慾公納 民以是恐動 而輒稱偏苦 吏於官民之間 把作柄柄 以爲瞞上驅下之妙逕 而其實則眞箇流亡 殆無邑不然"

하였다.21)

　이 시기 유망의 실제가 어느 정도인지를 보자. 순조 34년 강원도 旌善郡에서는 1천 9백 호 중 지금은 6백 96호만 남아 있어22) 총액으로 부과된 부세를 납부하기 어렵다고 하였다. 부수찬 金大坤이 영남의 민정을 보고하면서, 가아와 질병으로 사망한 자가 40~50%이고 유망하여 보이지 않게된 사람과 도산한 사람이 70~80%이며, 읍의 원래 호수가 약 3,4천 호 정도 되던 것이 불과 4,5백 호로 줄어들었으며, 한 마을의 경우 60~70호가 되던 것이 10여 호 불과할 정도라 하고 있다. 그래서 그 결과 '各樣公納 無一分蒙減 百人之徭 十人當之 百戶之納 十戶當之'23)로까지 되고 있었다. 물론 강화도의 경우에 元戶 9천 8백 호 중 조세 부담을 면제받는 雜頉戶가 7천 3백 호나 된다고 한 것과 같이,24) 잡탈호의 숫자를 포함한 액수이거나 혹은 다소 과장된 표현이라 하더라도 유망의 정도는 이와 같이 대규모적 양상으로 전개된 것은 틀림없는 현상이었다.

　유망의 정도는 평안도의 경우 '十室九空'이라25) 할 만큼의 심한 형세였다. 순조 14년 황해도 黃州와 谷山에서는 민호의 유망으로 인한 재정수입의 감소가 매우 심각한 단계에 이르렀음을 호소하면서 앞으로 '民邑俱空之境'할 것이므로, 정부의 蠲減 조치를 바라고 있었다.26) 부세제도의 총액제적 운영은 이같은 상황을 더욱 악화시킴으로써, 빈농민들이 결과적으로 포흠할 수밖에 없는 구조로 바뀌어 나가게 되는

---

21) 『備邊司謄錄』 226, 憲宗 4년 7월 6일, 23책, P.6.
　　"右議政李止淵所啓 … 自今以往 守令治不治 先視流亡有無 以爲殿最勸懲之資"
22) 『備邊司謄錄』 222, 純祖 34년 1월 11일, 22책 p.485.
　　『備邊司謄錄』 222, 純祖 34년 11월 5일, 22책 p.577.
23) 『備邊司謄錄』 226, 憲宗 4년 7월 6일, 23책 p.8.
24) 『備邊司謄錄』 199, 純祖 9년 4월 17일, 20책 62.
25) 『備邊司謄錄』 201, 純祖 11년 3월 15일, 20책 p.292.
26) 『備邊司謄錄』 204, 純祖 14년 8월 29일, 20책, p.837.

것이다. 다시 말해 유망은 기존 부세운영의 모순을 더욱 심화시키는 것이었으며, 이에 따른 파행적 부세운영은 조세의 불균과 같이 民戶의 과중한 부담으로 이어지는 것이었다.27)

유망민들은 생존을 위해 상당수가 도시로 유입하여28) 영세 상업에 종사하였다. 지방읍의 경우 吏屬의 下隷로 변신하기도 하는 변화가 보통이었다. 후자의 경우 이들은 '無賴輩'로서 지방관청의 여러 아문에 사사로이 투탁하여 중간수탈체제 속으로 편입되면서,29) 관아의 세곡을 빼돌리는 등 궁극에는 민포를 발생하게 하였던 주요 주체의 하나가 되었다.

다음으로 민간포흠의 직접적인 원인이었던 '以戶絶人亡 指徵無處' 한30) 실상을 살펴보자. '지징무처'란 납세민의 유망으로 조세를 징수할 곳이 없게된 경우를 의미하는 말로써 바로 민포와 연결된다. 즉, 조세를 징수할 대상이 없어지게 됨으로써 결과적으로 민포로 처리될 수밖에 없었다. 유망으로 인한 지징무처는 우선 지방재정수입의 감소로 이어지게 된다. 金海와 咸安에서는 民戶의 유망이 매우 심각하여31) 첩징 등을 하여도 재정수입이 크게 감소되었다. 이러한 지징무

---

27) 『備邊司謄錄』 235, 憲宗 14년 9월 11일, 23책 p.939.
28) 『備邊司謄錄』 202, 純祖 12년 3월 16일, 20책 p.478.
 "見今近道飢民 多聚都下 携挈來赴 望哺求活 則賑救之方 不可少緩故令五部 抄出城內外所在流民"
 『備邊司謄錄』 202, 純祖 12년 3월 24일, 20책 p.480.
29) 『備邊司謄錄』 220, 純祖 32년 6월 20일, 22책 p.287.
 "盖刑漢兩司之稱禁隸者 原額之外 有加出者 加出之外 又有投託者 凡都下常賤之浮浪無賴者 私自投托 不知其數 是皆假法隸之名 而憑藉侵擾 其爲民害當何如"
30) 『江原監營啓錄』(奎No. 15106) V.1.
 『海西總釐』(奎No. 40), 營各邑鎭城屯流亡還蕩減節目.
31) 『備邊司謄錄』 205, 純祖 16년 10월 17일, 20책 p.975.
 "慶尙監使李存秀所啓則以爲 民戶流亡 沿邑爲甚 而金海咸安爲最甚 軍丁應役 不過三分之一 疊疤疊徵 不能支當 若不別般矯捄 則流民無以還集 餘戶莫可保存"

처의 심각성에 대하여 순조 23년 청풍부사 尹濟弘은 신미년 이래 계속된 絶戶와 流戶 및 흉년으로 인징이나 족징도 할 수 없을 정도라 하였고,[32] 헌종 9년에 이르러서는 부사 金有喜가 환곡 포흠 9천 156석 가운데 민포로 파악된 4천 450여 석은 지징무처로 인하여 발생한 것이라 하였다.[33] 전라도 茂長縣의 未捧穀 3만 6천 959석도 결국 이같이 징수할 곳이 없는 데서 비롯된 결라는 사실도 주목할 수 있는 것이다.[34] 황주 목사 黃遇燮은 족징 등으로 인한 민의 부담이 가중됨으로써 중앙과 지방의 재정수입을 어렵게 함에 따라 앞으로 읍세의 쇠퇴가 우려된다고 하고, 지징무처에 대한 대책마련을 호소하였다.[35] 우의정 李止淵은 '十室九空'을 일러 지나친 말이 아니라 하고 유망으로 인한 지징무처는 지금의 가장 큰 폐단이라 지적하였다.[36]

이처럼 지징무처는 지방 수령들의 '유망으로 인한 지징무처 때문이다'라는 보고와 같이 민포의 액수가 늘어나는 가장 큰 이유가 되었다. 지징무처의 현상은 향촌에 남아 있던 농민들의 조세부담을 가중시킴으로써 1862년 농민항쟁 발생의 직접적인 동기로 발전되어 가기도 하였다.

이상에서처럼 민간포흠 발생의 배경은 이 시기 지주제 변동에 따른 생산관계의 모순과 농민층분화에 근본 원인이 있었다. 즉, 사회경제적

---

32) 『備邊司謄錄』 211, 純祖 23년 11월 10일, 21책 p.520.
"所謂指徵無處者 卽辛未以後 流戶絶戶之所受 而荐値歉荒 又經怪沴 到今隣族之徵 亦無其路 與其民穀之俱失 無寧蕩穀而保民"
33) 『備邊司謄錄』 230, 憲宗 9년 11월 21일, 23책 p.462.
"淸風府使金有喜牒呈 … 流絶民逋 指徵無處之四千四百五十餘石 特許蠲蕩 恐合寧失之義 至於官屬所逋 固當徵捧之不暇 … 特許限七年 除耗排捧 俾爲準完…"
34) 『備邊司謄錄』 226, 憲宗 4년 7월 6일, 23책 p.3.
35) 『備邊司謄錄』 203, 純祖 13년 12월 28일, 20책 p.751.
36) 『備邊司謄錄』 226, 憲宗 4년 9월 15일, 23책 p.29.
"右議政李止淵所啓 … 雖謂之十室九空 非過語也 歷路人民之擁馬號訴 濟聲乞活之狀 雖不敢一一仰聞 而最是指徵無處 流亡還爲目下難醫之大痼也"

富가 원천적으로 소수의 지주에게 편중됨으로써 상대적으로 토지를 상실하는 농민층의 조세부담 능력의 감소는 필연적으로 민간포흠으로까지 이어지게 되는 구조였다. 그러나 민포 발생의 직접적 요인들은 당시 부세제도 모순에 의한 세법의 혼란과 무분별한 세목의 과다한 창출, 유망 및 지징무처로 인한 재정결손 등에 있었다. 말하자면 곧 봉건사회의 해체기에 있어서 국가권력의 파행적 행사는 구체적으로 삼정의 문란과 같은 전반적인 지방 재정운영의 모순으로 나타나게 되고, 이로써 발생된 위의 몇 가지 요인들이 바로 민포 발생의 동기이자 배경이 되고 있었던 것이다.

2. 民逋 전개의 실제

지금까지 19세기 단계 지방재정 위기의 사정과 이러한 재정난의 중요한 원인의 하나인 민간포흠이 발생할 수밖에 없었던 몇 가지 요인을 당시 부세운영의 구조와 관련시켜 개략적으로 검토해 보았다. 이제 이같은 民逋 전개의 실제를 알아보자. 먼저 민포의 주체는 일반 민에 의하여 이루어지고 있었다. 그리고 민포는 이포와 달리 富의 축적을 위한 것이라기보다, 조세부담 능력의 상실에서 비롯된 결과였다. 민포의 전형적인 것은 지징무처를 매개로 이루었다. 지징무처의 원인은 삼정의 폐단으로 전정·군정·환정 등과 잡역세 부담의 가중에 의한 결과였다. 본 절에서는 민포의 몇 가지 전개양식에 주목한다.

민포는 19세기에 이르면서 보다 많이 발생하는데, 이는 앞에서 본 것처럼 삼정운영의 극심한 문란과 밀접한 관련을 가지면서 였다. 그 중에서도 환곡의 운영과 관련한 민포 문제가 많이 논란되고 있다. 환곡은 주지하다시피 지방관청의 주요 재정수입원으로서의 위치를 갖게 되면서부터 그 운영방식이 매우 복잡한 것으로 전개되어 갔다.[37] 당초 民을 위하여 설치되었던 환곡이 도리어 민생을 어렵게 하는 것으로 바뀌어 가게 된다.38) 환곡 운영의 폐단은 지방재정운영의 구조적 모순을 잘 보여준다. 강제로 분급된 환곡을 미처 상환하지 못한 것을 民逋로 처리한 경우가 많았다. 환폐의 결과는 '不歸於吏手 而都入於民口'라 한 표현처럼 모두 '下戶窮殘'한 빈농에게 돌아가고 있었다.39)

이같은 사정에서 발생한 민포는 단독으로 전개되지 않았다. 이서의 포흠과 함께 관련되면서 발생한 것이 대부분이었다. 예를 들어 환곡의 복잡한 운영 결과로서 이서에 의하여 조작된 虛留穀 등 이서에 의한 포흠을 읍 전체의 공동 책임으로 전환시켜 변통하려 하였고, 나아가 이로 인한 추가적인 부족분을 민간에게 전가시켜 해결해 나가는 형상이었다.40) 이와 같이 민포는 특히 환곡 운영의 과정에서 많이 발생하였으며, 그 폐단은 고치기 어려운 구조적인 문제였다. 환곡 운영에서 이서층에 의한 院村과 契房村 운영의 성행, 환곡 운영의 실무자인 창색들과 면임들이 자신들과 결탁한 饒戶層을 조세 부과 대상에서 탈락시키는 행위, 그래서 貧戶와 殘戶들의 조세 부담 능력의 상실로 民의 포흠이 전개되는 구조였다.41) 官에서도 환곡운영의 모순으로 인한

---

37) 본서 제1부 Ⅰ장 주 5)의 논문 참조.
38) 『正祖實錄』 17, 正祖 8년 閏3월 戊辰, 45책 p.439.
"校理李顯靖上疏言 (前略) 捧糴之時 民納者精 而吏納者虛 分糶之時民食其虛 而吏食其精 豊年則散之以租粟 凶歲則斂之以米豆 精實之穀稱以落耗 盡數發賣 民無升斗之食 腐傷之穀 稱以改色 逐戶分給或至數十石之多 還納之時 徵之遠近 之族 同井之民 此莫非奸吏輩從中舞弄 欺瞞守令之致 …"
『公私隨錄』(奎No. 古 5120-154) V.2, 還上事傳令風約.
"… 大抵還上設始 本自爲民 而反爲民生 難支之端 …"
39) 『公私隨錄』(奎No. 古 5120-154) V.2, 還上事傳令風約.
『備邊司謄錄』 241, 哲宗 5년 閏7월 13일, 24책 p.674.
40) 『象山隨錄』(奎No. 古 5120-159), 還戶釐正事論報・文城鎭還移劃事論報・文城鎭還色落事報兵營. 그리고 金容燮, 앞의 논문(1983) 참조.
41) 『公私隨錄』(奎No. 古 5120-154) V.5, 傳令各面各里上副尊位面任洞任.
"本邑糴政 亦是難醫之弊 還穀不爲不多 而還戶則反少於小邑 或以院村契房之應頉 而不入家座 或以倉色面任之作奸 而拔給饒戶 所爲受還之民 不過貧殘戶而已

IV. 民間逋欠의 전개와 지방재정 99

실질적 피해자가 饒戶보다는 貧戶들이라는 사실을 인식하고 있었다.42) 민포는 이와 같이 일차적으로 납세능력의 상실로 인한 구조적인 사정에서 발생하고 있었다.

이서층에 의한 포흠을 빈농민에게 전가시켜 포흠이 되게 하는 사정은 특히 還多民少한 지방에서 심하였던 것으로 보인다. 이는 순조 10년 전함경감사 曺允大의 보고에서처럼,43) 환다민소의 현상은 민호가 대량으로 유망한 것 때문이었는데, 여기에다가 조세부담을 더욱 가중시킴으로써 유망의 악순환은 오히려 가속화하였다. 바로 이러한 이유로 役을 부담하는 것에 있어서도 1846년의 함경도 고원군처럼 '一夫而應 十夫之役'44) 하여 役의 부담이 매우 심하게 중첩되고 있었다. 還多民小한 현상은 당시의 일반적 형세였던 것으로, 민포는 바로 이같은 구조 아래에서 전개되었다.45) 이같은 상황은 군정 운영의 경우에서도 마찬가지였다.

軍政 운영 가운데에서도 역시 民逋가 발생하고 있었다. 그것은 당시 광범하게 전개되던 避役의 결과에 따른 재정결손 부분을 포흠으로 간주하여 처리되는 경우였다. 군역의 회피가 결국 民에 의한 민간포흠

　　貧戶多數如此 荐歉之歲 其何以辦納乎"
42) 『公私隨錄』(奎No. 古 5120-154) V.3, 傳令還穀精捧事.
　　"… 大抵今年年事 本邑僅免歉荒 農民所收之穀 縂納還上 將難卒歲 如干稍饒之戶 雖或無來頭之憂 而哀此貧窮之民 明春聊生 專靠於還穀"
43) 『備邊司謄錄』200, 純祖 10년 4월 18일, 20책 p.190.
　　"甲山還餉各穀 爲十四萬六千餘石 還民不過二千三百餘戶 以應分穀 分排磨鍊 則大戶所受爲八九十石 中下戶爲六七十石 三水還餉各穀爲五萬三千石 還民不過八百餘戶 以應分穀分排磨鍊 則大戶所受爲五十餘石 中下戶爲四十餘石 每當捧之時 民人輩作農所受之穀 半不及於受還當納之數 其有寸土隻牛者 盡爲斥賣 僅僅了當"
44) 『備邊司謄錄』233, 憲宗 12년 1월 25일, 23책 p.662.
45) 『備邊司謄錄』228, 憲宗 6년 12월 29일, 23책 p.277.
　　『備邊司謄錄』235, 憲宗 14년 2월 30일, 23책 p.896.
　　『備邊司謄錄』246, 哲宗 10년 2월 1일, 25책 p.329.

으로 된다는 의미이다. 즉, 군역을 피함으로써 재정난을 가져오게 되고 이것이 나중에 결과적 의미의 포흠으로 처리되는 것이었다.[46] 사실 원래 부역이었던 것이 임노동과 유사한 구조로 점차 바뀌어 나가고,[47] 民이 봉건적인 身役에 종전과 같이 응하지 않음으로써, 이에 의하여 생기는 재정적 결손을 정부로서는 민간에 의한 포흠으로 보게되는 것은 당연한 일이었다.

다음으로 민포의 몇 가지 유형에 대하여 간략하게나마 살펴보기로 하자.

첫째, 민포는 지방관청의 재정운영 가운데 환곡 운영부문에서 가장 빈번하게 발생한다고 하였거니와, 이와 관련하여 경기도 竹山縣의 환곡 포흠에 대한 경기감사의 보고에서 鄕吏를 중심으로 將校·官奴·使令 등의 하급 이서층에 의한 포흠인 三班逋[48]와 民逋로 나누어 파악하고 있음이 먼저 주목된다. 그리고 여기서 다시 각각을 流絶逋와 時存逋로 분류하였는데, 그 액수가 모두 2만 8천 683석으로써 이 중 민포의 비중은 전체의 60% 가량 된다.[49] 여기서 앞서 포흠의 배경으로 유망 문제를 살펴보았지만, 민포는 民의 유망에 따른 指徵無處로 인한 流絶逋와 유망은 아니하고 향촌 내에 거주하면서 일으킨 포흠으로서 時存逋 등으로 대별하여 볼 수 있다. 이같은 구분은 이포의 경우

---

46) 『公私隨錄』(奎No. 古 5120-154) V.4, 林明甲等軍役事論報守禦營.
 "近來民習不古 奸弊多端 謀避軍役者 皆在於冒稱校院生私募屬 及吹鼓手大旗手 等名色 故闕伍 由是而不得塡代者 誠爲外邑之痼弊是在如良中"
47) 윤용출, 앞의 책(1998), 제Ⅳ장 참조.
48) 三班이란 조선시대 지방관아에 딸린 鄕吏, 軍校, 官奴를 아울러 이르는 말이다 (法制處, 『古法典用語集』 참조).
49) 『備邊司謄錄』 229, 憲宗 7년 2월 20일, 23책 p.294.
 "本邑還逋 癸巳排捧之後 年年抛置 未免準充 見今三班逋一萬一千三百五十五石 零內 流絶逋七千二百七十四石零 時存逋四千八十石零 一萬七千三百二十八石零 內 流絶逋一萬五千三百六石零 時存逋二千二十二石零 合逋穀二萬八千六百八十 三石零限十年除耗收捧事 …"

에도 대체로 나타나는 형식이기도 하였다.

그리고 지징무처에 의한 流絶逋의 액수는 時存逋 액수의 비중보다 높았다. 竹山縣의 환곡 포흠를 내용으로 한 민포에 대한 경기 감사의 장계에서 죽산현의 流絶逋 액수가 時存逋의 것보다 약 7배가 된다는 사실50)과 함께 이를 '지징무처'로 처리하였음을 볼 수 있다. 文川縣처럼 流絶逋는 지방 단위에서 어찌할 수 없는 것으로 보고 미봉한 내용을 정리하여 보고하면서 대책 마련을 요청하는 사정이었다.51) 평안도 順川郡의 경우 일반 民과는 다른 향반 토호와 같은 존재였던 趙文彦이라는 자가 많은 환곡을 포흠하고 도망함으로써 徵捧할 수 없었던 경우도52) 이와 유사하다. 환곡 포흠은 환곡을 상환할 능력이 없는 납세민의 속출로 수납 과정에서 아직 받지 않은 환곡을 이미 받은 것처럼 문서를 작성하고서는, 이듬해 봄에 다시 환곡을 나누어 준 것처럼 하여 이를 받아내는 臥還 방식의 재정운영의 탓도 있다.53) 이러한 와환 방식은 내용적으로는 이포이지만 형식적으로 민포로 처리 될 수 있는 것이었다.54)

둘째, 포흠의 유형 중 또 다른 하나는 중간수탈층에 의한 간접 형식의 포흠으로 처리된 것을 들 수 있다. 즉, 본래 민간에 의하여 발생된

---

50) 『備邊司謄錄』 229, 憲宗 7년 2월 20일, 23책, p.295.
　　流絶逋는 '流戶逋'(『備邊司謄錄』 236, 憲宗15년 12월 21일, 24책 p.96; 237, 哲宗 元年 2월 22일, 24책 p.124) 혹은 '流絶民逋'(『備邊司謄錄』 238, 哲宗 2년 4월 15일, 24책 p.264)로 표현되기도 하였던 것처럼 그 명칭이 일률적이지 않음을 위의 책 이외의 여러 자료에서 볼 수 있다.
51) 『備邊司謄錄』 237, 哲宗 1년 3월 21일, 24책 p.137.
　　"…文川之逋 初以戊巳荐歉之歲 流絶戶未捧五百餘石 而耗耗相因又添新未捧 以至九千石之多 其中流絶戶五千石零 姑以未捧懸錄 民未捧及官屬未捧停耗排捧年限 依狀請施行 …"
52) 『箕牒』(奎No. 古 5120-76) V.4.
　　"順川郡守牒報內 鄕人趙文彦多連還穀 仍爲逃躱 而連還徵捧文彦尙未捕捉事"
53) 『牧民心書』 권5, 戶典六條, 穀簿.
54) 梁晋碩, 앞의 논문(1989) p.60 참조.

포흠이 아닌데도 이서에 의해 기록상 民逋로 처리된 경우이다. 이는 이서층이 지방재정의 운영과정에서 公貨를 자신들이 빼돌리고 일반 民에게 그 부담을 옮긴 결과로 나타난 포흠이다.[55] 다시 말해 公納을 민간에서 거두어들일 때 이서층과 그 아래에 있는 세력들에 의한 수탈의 일환으로 수납과정의 중간에서 발생되는 형태였다.[56]

셋째, '豪戶'로 지칭되는 '士族'들에 의해 전개된 것으로 보이는 '儒逋'가 있다.[57] 이 경우의 사족들은 주로 殘班層의 '土班'과 같은 존재로 짐작되기도 하지만, 그 형식은 수령이 이들에 대하여 사사로이 탕감해 주는 방식으로, 일반적인 민간포흠과는 다소 다른 성격을 지닌 것으로 짐작된다. 이는 옥산현의 토호와 같은 세력이 강하게 남아 있는 지역의 경우 환곡을 제대로 징수하지 못하였던 사정에서[58] 짐작해 볼 수 있다. 그러나 儒逋도 民逋의 항세적 성격과 비슷한 일면도 가지고 있었던 것으로 보인다.

---

55) 『備邊司謄錄』 224, 憲宗 2년 10월 6일, 22책 p.776.
"… 而至於奸猾吏胥之偸竊公貨 移疾平民者 其罪尤在罔赦 其害尤難勝言 …"
『壬戌錄』 三政策, 副護軍許傅製進.
"又曰 國財不可蠲減 苟然爲彌縫之術 米石三二十文 收之逋吏 布諸齊民歲歲取息 終收巨萬 又其甚者 一粒一錢 不收於逋吏 全數向徵於民 彼忍於無罪之億千民 不忍於有罪之一二吏 誠何心也 夫生道殺人聖王之仁也 惜一吏而賊萬姓 爲好生乎 刑一吏而活萬姓 爲好生乎"

56) 『公私隨錄』(奎No. 古 5120-154) V.5, 巡營報草.
"爲牒報事 本縣民之頑拒公納 自是俗習 雖年豊之時 土豪頑民以拒納爲能事 必待將差之督捧 而始爲動念是如乎 今年田大同收穀時將差輩自春出面至夏秋 而收捧於民間 如是之際 多有中間捧食者仍成 …"

57) 『牧民心書』 권5, 戶典六條, 穀簿.
"豪戶絶糧者 或假託遇災 或假稱興役(如鑿渠築堤等) 私乞倉粟別受數十石 歲久不納 轉益加受 遂成逋欠 名之曰儒逋"

58) 『牧民心書』 권13, 賑荒六條, 勸分・規模.
『玉山文牒抄』(奎No. 古 5129-58), 分還事傳令各面.
"挽近以來 其弊漸多 本邑尤爲難支也 以逋還言之 則吏奴四萬餘石都結取剩 移貿於他邑 則是民戶替徵逋吏之還也 以分還言之 則富豪之戶擧皆厭避 給賂該色 圖囑面任拔戶漏戶 防還臥還之弊 無村無之則 是殘戶替食土豪之還也 …"

민포는 다양한 모습으로 전개되고 있었지만 위에서 본 것처럼 대체로 그 성격이 대동소이한 편이면서도 일정한 방향성을 분명히 가지고 있었다. 그것은 무엇보다도 이 시기 反封建이라는 성격을 가지고 있던 抗租 운동과 유기적 관련을 가지며 전개되어 온 抗稅 운동의 성격을 보이고 있었다는 점이다. 또한 항세운동으로서 민포의 반봉건적 성격도 민간에 의한 포흠이 결국 봉건정부의 재정위기를 가져다주게 된다는 측면에서 였다.59) 빈농의 납세민들에 의한 항세운동은 조세 납부의 가중으로 인하여 이들의 생활이 직접적으로 심각하게 위협당하는 데서 시작된 필연적 결과였다.

 이상과 같은 사실은 지금의 경산이었던 옥산현의 呈訴運動의 예에서 확인할 수 있다.60) 즉, 都結의 불법적 시행과 移貿 등을 매개로 발생된 이포의 민간에로의 전가에 대항하여, 일반 민은 通文→鄕會開催→邑訴→議訟 단계의 정소운동을 통하여 官에 조세납부를 거부하는 저항 구조가 형성되고 있었다. 도결뿐 아니라 이무도 전국적 현상으로 사회적으로 큰 문제가 되고 있었다.61) 결국 民의 이같은 대응은 향촌사회 부세운영 구조의 여러 가지 모순이 심화된 결과였다. 이러한 의미에서 民逋는 抗稅 행위의 성격을 가진 것이라 할 수 있다.

---

59) 이 시기의 항세운동은 당연히 지주제의 모순에 따른 抗租 운동과 유기적인 관련속에서 파악되어야 하지만, 여기서는 이를 자세히 검토하지 못하였다. 이에 대해서는 李榮昊, 「1862년 진주농민항쟁의 연구」, 『韓國史論』 19, 1988; 고석규, 「1862년 농민항쟁연구의 논쟁점」, 『역사와 현실』 1, 1989 등의 논문이 참조된다.

60) 『玉山文牒抄』(奎No. 古 5129-58) 移貿回分還寢報狀第二.
 "大抵前年秋冬以來 邑民等 稱以七年移貿之餘事 力蕩竭不可不變通云 而始則通文焉 次則鄕會焉 又其次則邑訴焉 又其終則議送焉 故縣令認以爲大同之論如此 招致衆民 詢其所願 依其所言論報而蒙許題是乎所"
 이 시기의 呈訴運動에 대해서는 高東煥, 「19세기 賦稅運營의 변화와 呈訴運動」, 『國史館論叢』 43, 1993의 논문이 자세하다.

61) 『公忠道各邑民瘼成冊』(奎No. 17266), 1809년 6월.
 "泰安瑞山兩邑 本非木産邑 各樣軍布 收錢於民間 貿木於他道 大關民弊 …"

이러한 양상은 앞서 언급하였던 중간포흠의 구조와 관련하여 이서의 포흠을 납세민에게 전가시킴으로써 일어난 납세민의 반봉건 저항운동과 같은 맥락이었다. 헌종조 영남 聞慶 백성들의 환곡 포흠에 대한 집단적 原情과[62] 앞서 언급한 보성현 백성들의 항소, 철종조 扶餘 민인들의 이서의 포흠을 백성들에게 전가시켜 징수하는 부당한 처사에 대한 항쟁[63] 등이 그것이다. 유망에 의해 일어난 포흠은 이보다는 소극적인 것이지만 항세의 성격을 가지는 것이라 할 수 있다. 그러나 경산현의 항쟁에서 보이듯이, 초기에 비록 소극적 항쟁이지만 점차 조직적 저항으로 발전되고 있던 것이 이 시기의 흐름이었다.

이상에서처럼 민포는 지방관청재정의 전반에 걸쳐 전개되었다기보다 주로 재정운영상의 모순의 심화로 농민에 대한 조세수탈이 보다 심하게 전개된 부문에 더욱 집중적으로 발생하였다. 그것은 주로 환곡운영 및 잡역세의 부분에 주로 집중되는 경향을 가지고 있었다. 그리고 조세의 과중한 부과로 인한 유망과 지징무처에 연결된 민포 발생의 실제는 비교적 단순한 양상을 보여주고 있으나, 그 방향은 반봉건 방향의 抗租 운동과 같은 맥락이었던 抗稅 운동의 방향으로 나아가고 있음을 알 수 있다.

3. 民逋의 성격과 吏逋

지금까지 민포 발생의 원인과 이의 전개구조를 살펴보았다. 본 절에서는 지금까지의 논의를 바탕으로 민포와 이포의 상호 성격을 비교

---

62) 『備邊司謄錄』 229, 憲宗 7년 9월 7일, 23책 p.349.
  "司啓辭 聞慶民人等 以本邑逋還事 謂呈原情 屢百爲群 來伏闕外 …"
63) 『備邊司謄錄』 248, 哲宗 12년 11월 21일, 25책 p.721.
  "… 再昨夜扶餘民 有南山照火之擧矣 取見其原情 則以稅米也結斂也勒貸也 吏逋民徵也"

함으로써, 당시 지방재정 위기의 일차적 원인이 어디에 있었는지를 파악해 보고 민포가 갖는 역사적 성격의 일단을 밝혀 보기로 한다. 이를 위해서는 포흠의 액수에 있어 민간에 의한 것보다 이서포흠의 액수가 높은 비중을 차지한다는 것, 이서포흠의 많은 부분이 민간에게로 전가되었던 사실, 정부의 이포와 민포에 대한 탕감 내용의 차이, 각각의 포흠이 발생하게된 동기의 상호 비교를 통하여 민포가 지방재정운영에 미치는 비중 등에 대한 고찰이 필요하다.

우선 이서포흠에 대비하여 民逋가 어느 정도의 규모와 액수로서 재정운영의 모순을 가중시키는지를 개략적으로나마 보자. 포흠에 있어 농민들의 포흠은 관청 한 곳에서만 한정되어 전개되지만, 이서포흠은 관아 재정의 혼란과 납세호 등을 매개로 하는 이중적 수탈에서 시작된다. 따라서 이포의 규모가 민포의 그것보다 클 수밖에 없었다는 사실을 쉽게 짐작하게 한다. 이는 다음과 같이 정리한 <표 5>에서 잘 나타난다.

<표 5> 吏逋와 民逋의 규모 비교 (19세기 前半)   (단위 : 石)

자료	지역	吏逋	民逋	자료	지역	吏逋	民逋
①	奉化	7,423	85	⑥	木川	3,796	2,194
②	驪州	19,284	5,703	⑦	陽城	4,200	7,680
③	淸州	18,034	·	⑧	溫陽	13,114	17,260
④	春川	10,847	7,152	⑨	義興	20,965	4,317
⑤	淸風	4,624	4,454		합계(%)	102,287(67.7)	48,818(32.3)

〈비고〉: 『備邊司謄錄』에 의거하여 작성
① 純祖 27년 1월 11일, 21책 p.817   ② 憲宗 5년 4월 17일, 23책 p.90
③ 憲宗 6년 6월 20일, 23책 p.221   ④ 憲宗 6년 8월 12일, 23책 p.237
⑤ 憲宗 9년 11월 21일, 23책 p.462   ⑥ 憲宗 1년 1월 26일, 23책 p.475
⑦ 憲宗 10년 12월 10일, 23책 p.536 ⑧ 哲宗 7년 7월 29일, 24책 p.912
⑨ 哲宗 9년 8월 16일, 25책 p.267

위의 <표 5>는 주로 流絶逋로 파악된 환곡 포흠의 경우를 비교하였다. 위의 인용 자료에 의하면,64) 포흠에 대한 해결 대책으로 이포는 이자를 제외한 나머지를 分年代徵 조치를 하고 있으며, 민포는 모두 指徵無處이므로 탕감할 수밖에 없다는 조치가 보통이었다. 그리고 민포가 이포에 비하여 그 비율이 작은 양상을 볼 수 있다. 민포는 이포의 67.7%에 비하여 32.3%에 불과한 것이었다. 그렇지만 민포는 기록에 의한 것보다 훨씬 더 작거나, 민포의 탈을 쓴 사실상 이포일 수도 있었다. 이는 아래의 언급과 같은 여러 가지 사정으로 미루어 판단할 수 있는 것이다.

먼저 재정운영의 결과를 민간에 의한 포흠과 이서층을 중심으로 한 중간수탈층에 의한 포흠으로 구분하여 기록하는 과정에서, 재정운영의 실무자인 이서들이 자신들의 포흠 액수를 축소 보고하였을 가능성이 크기 때문이다. 또한 위의 기록에 나타난 이포가 비록 암행어사에 의해 적발된 경우라 하더라도 실제의 액수는 이 보다 더 많았을 것이라는 사실도 얼마든지 짐작할 수 있는 일이다.

다음으로 지방단위의 관속들이 창고가 비어 있는 원인이 사실 자신들에 의한 것이 주된 요인임에도 불구하고 이를 전적으로 민포에 의한 것으로 처리한 경우이다.65) 환곡을 조적하는 과정에서 거의 다반사로 발생하던 虛錄과 虛留라는 환곡운영의 폐단이 이를 단적으로 증명해 주고 있다. 환곡 장부상의 허록이 실제로는 이서층의 부정에 의해 비롯된 것이 대부분이었지만, 이들 이서층은 지징무처로 민포가 되었다며 책임을 회피하는 것이었다.66) 그러나 실제로는 이서포흠이었다.

---

64) 『備邊司謄錄』230, 憲宗 9년 11월 21일, 23책 p.462.
  "… 流絶民逋 指徵無處之四千四百五十餘石 特許蠲蕩 恐合寧失之義 至於官屬所逋 固當徵捧之不暇 … 特許限七年 除耗排捧 俾爲準完 …"
65) 『備邊司謄錄』229, 憲宗 7년 11월 19일, 23책 p. 362.
  "江原監司趙秉憲狀啓 … 吏奴所犯 倍蓰於民未捧 而多逋諸漢 任其逃躱 致使當律之尙逭者"

IV. 民間逋欠의 전개와 지방재정　107

　한편 재정운영의 실질적 담당자인 이서들은 서류상으로 복잡하게 기록되면서 나타난 각종의 허점을 이용하면서도 충분히 포흠할 수 있었다.67) 평양 감영에서 이서층들이 '公穀을 監色이 偸竊한 이후 이를 먼저 민간에 의한 것이라 하고 다음에 이를 민간에 白徵하면서 결국은 문서를 농간함에 이르게 된다'68)는 보고서가 바로 그것이다.

　민간에 의한 포흠이라는 것의 보다 구체적인 실상은 헌종 3년 5월 민포에 대한 왕의 하문에 대한 우의정 朴宗薰의 보고69) 가운데 잘 드러난다. 그는 민간에 의한 진정한 포흠은 본래 얼마 되지 않는 것이라 하면서 이른바 민포라는 것도 이서에 의한 포흠을 장부의 문란을 매개로 민간에 전가시킨 결과의 것이며, 민포의 2/3 정도는 실제 이서층의 농간에 의한 것이라 하였다.

　이같은 양상은 1862년의 농민항쟁 단계에 이르면서 더욱 심화되어 간다. 逋吏의 포흠액 전부를 민간에게 징수하여 해결하려 함으로써, 농민항쟁을 불러일으키는 결정적 동기의 하나가 되는 것이었다.70) 丹

---

66) 『玉山文牒抄』 玉山記事.
　　"以糶政言之　道內穀簿虛錄太半　實捧無幾　若言其虛錄　則雖曰民戶之流亡　徵捧無處　亦然吏奸之漸滋　負逋甚顆多　則數千餘石　而少不下百餘石也　邑何以成樣糶何以準捧乎"
67) 『公私隨錄』(奎No. 古 5120-154) V.5, 巡營報草.
　　"爲牒報事　本縣還簿　極其淆亂　新舊混錄　虛實相蒙　夤緣作奸者　種種現發故歲前捧還時　另行査覈　則邑外倉　前後色庫及倉卒輩負逋　數甚夥多 …"
68) 『箕牒』(奎No. 古 5120-76) V.1.
　　"題-身爲監色　偸竊公穀　初則借名於民間　末乃白徵於民間　至於幻弄文書　無限作奸之境　渠輩罪狀　姑母論鎭穀之漸縮　鎭民之難支　專由於僉使之專不事"
69) 『憲宗實錄』 4, 憲宗 3년 5월 戊子, 48책 p.451.
　　"民間之眞箇逋欠者　本自絶少　所謂民逋　擧皆吏逋之舞弄之簿　畢竟歸之民名　假使民未捧三分　則其二分　必是吏輩之奸也云云"
70) 『備邊司謄錄』 249, 哲宗 13년 2월 29일, 25책 p.753.
　　"司啓曰　卽見慶尙監司李敦榮狀啓謄報　則晋州事　誠亦無前之變怪也　吏逋徵民爲近來積宛千和之政　而以民習言之　呈官而屈　則呈於營而屈　則呈於廟堂　猶且見屈　則鳴金擊鼓　俱可爲也　而不此之爲　乃嘯聚倡卒作此頑惡之擧 …"
　　그리고 앞의 주 55)와 71)의 내용도 함께 참조.

城 민란 발생의 원인을 지적하면서 金麟燮은 '吏逋를 民逋로 조작하여 백성들에게 禍를 입히고 있으며 그 害毒이 一境에 流布되고 있다'[71)]한 것이 바로 그것이다. 말하자면 포흠이 발생하는 구조적인 요인의 하나로 吏逋의 民逋으로의 전가를 지적한 것이다. 도결의 시행도 이와 같은 구조 아래에서 발생하는 것이었다. 民逋를 보고하면서 탕감을 요구한 지방관의 많은 보고서는 사실상 이서층의 농간이 상당히 개재된 채로 작성된 것이었다.[72)] 흉년으로 비록 창고가 비어 있을 수밖에 없었던 사정이 사실이라 하더라도, 이를 빙자한 지방관의 재정사정에 대한 보고도 이같은 맥락에서 본다면 사실대로 이루어지지 않았던 것임은 분명하다.

결국 향촌사회의 여러 사회경제의 모순이 집약되어 나타난 지방재정위기는 구체적으로 중간수탈층이 중간에서 포흠한 것에서 가장 크게 비롯되고 있었던 것이다. 반면 민포는 지방재정위기의 부차적 요인으로 파악되어야 할 성격의 것이었다.

민포를 위와 같이 이포와 비교하여 본다면 전자의 민간에 의한 포흠은 어느 의미에 있어서 완전히 포흠 아닌 포흠이라 할 수 있을 것이다. 그래서 실질적 의미의 민포는 지방재정난의 요인으로만 단순하게 파악하기 전에 민간에 의한 넓은 의미의 抗稅運動의 맥락에서 보아야 한다. 그것은 民擾에 이르기에 앞서 농민들이 과중한 조세 부담에 대하여 집단적인 원정과 항소 및 항쟁 등[73)] 이미 여러 가지 방법

---

71) 『壬戌錄』 壬戌錄, 丹城前正言金麟燮單子.
  "… 而本邑所謂昨冬受還者 不用斗斛 全以腐草枊糖 入於小小空石束如舉子 至捧三四萬石 換吏逋爲民逋 欲嫁禍萬民 流毒一境而末乃民訴大作 奸計不售 則必欲屠戮士民 …"
72) 『壬戌錄』 鍾山集抄, 鼇廳節目頒行後擬疏.
  "… 今日所蕩之還 卽吏逋也 非民逋也 蕩還於吏 加結於民 則是收民錢而蕩吏逋也 近日之爲官長者 以爲吏逋虛留 耗作自如 故添加於民結捱過牽補 漸致結價之年高 而民不料生 至有今春三南之撓則今復加之以新稅者 得不近於止沸而益薪乎 …"

IV. 民間逋欠의 전개와 지방재정 109

으로 항의해 온 사실만을 보아도 쉽게 알 수 있다. 또한 민포 발생과 가장 크게 관련된 것 중의 하나인 지징무처가 流亡에 의한 것이었다면, 유망도 이 시기 民이 전개한 반봉건 농민운동의 한 방식이기 때문이다.74)

이와 같이 성격이 질적으로 각기 차이가 있는 민포와 이포에 대한 왕조정부의 인식과 처리 내용도 따라서 차이가 있었다. 헌종 6년 춘천부사 趙存中이 중앙에 올린 포흠 문제에 대한 보고에 대하여 비변사는 민포의 부분은 5년, 이포의 경우는 3년으로 분할하여 징수하라고 지시하고 대체로 이서에 의한 포흠은 반드시 징수할 것이라 하였다.75) 포흠된 부분을 '分年代徵'할 때는 읍사정이 각기 다른 이유로 서로 구분하여 7년, 10년 등 그 허용 연한이 달랐다.76) 정부로서도 鄕·將·吏奴 등에 의한 이른바 三班逋로서의 포흠과 민포는 다른 점이 있음을 인정하고 있다.77)

그런데 민호의 포흠에 대해 봉건정부가 비록 탕감 조치를 취하였다고 해도 정부의 부세정책이 농민적 입장을 근본적으로 대변한 것은 결코 아니었다. 탕감이 있었다 하더라도 그것은 어디까지나 吏逋에 비

---

73) 앞의 주 62, 63) 참조.
74) 반봉건 저항의 형태는 대체로 적극적인 것과 소극적인 경우의 두 가지로 나누어 볼 수 있다. 官에 대한 집단적 봉기가 전자의 경우라면, 후자는 납세민인 농민이 유리·도망함으로써 봉건수탈자에게 간접적 타격을 주는 경우가 대표적이다. 이에 대해서는 망원한국사연구실 19세기농민항쟁분과, 『1862년 농민항쟁』, 동녘, 1988, pp.15~22를 참조할 수 있다.
75) 『備邊司謄錄』 228, 憲宗 6년 8월 12일, 23책 p.237.
"當依狀請許施 以爲矯弊之地 而民逋吏逋 不宜混施 民逋則限五年 吏逋則限三年 特令除耗事 分付 何如 答曰允"
『備邊司謄錄』 228, 憲宗 6년 6월 20일, 23책 p.221.
이와 같은 기록은 19세기의 각종 年代記 자료에서 매우 많이 발견된다.
76) 『備邊司謄錄』 223, 憲宗 1년 12월 12일, 22책 p.712.
77) 『備邊司謄錄』 240, 哲宗 4년 5월 28일, 24책 p.555.
"咸鏡監司趙秉駿狀啓 … 至於鄕將吏奴所逋 此與民逋有異"

해 상대적 차원의 조처에 불과한 것이었고, 무엇보다 **指徵無處**였기 때문에 탕감하지 않을 수도 없었다. 경상도 **奉化縣**에서는 이 지징무처도 그냥 그대로 두는 것이 아니라 가능한 한 **徵捧** 조치를 하고 있었다.78) 그 해결책은 납세능력이 거의 상실된 납세민에 대한 **隣徵**과 **族徵** 등의 방식으로 마련하였을 것임은 자명하다. 한편 민포나 이포의 해결책으로 마련된 **分年代徵**보다 더욱 후한 조치로써 완전히 면세 조치를 내려도 지방의 각 읍에서는 포흠이 여전하였다. 중간수탈구조가 이미 두껍게 형성됨에 따라 포흠은 항상적으로 발생하였고 19세기의 지방재정 상황도 또한 늘 위기였다.

각 지방에서 면세나 분연대징의 조처를 요구한 것에 대해서, 정부의 납세호에 대한 탕감이나 납세 중지의 **停捧**79) 조치를 취한 그나마 혜택도 중간수탈층이 가로채고 있었다. 흉년에 조정에서 **停退令**을 내리면 이서층들은 주로 정부의 전령 등을 전달하던 **風憲**과 **約正** 등과 결탁하여 수탈하기도 하고,80) 풍년에 이미 정퇴해 주었던 것을 **收捧**할 때에도 장부를 조작하여 중간에서 **偸食**하는 것이었다.81) 농민들을 위한 정부의 조세 **蕩減**과 **停退**의 혜택은 중간 단계에서 상당 부분 이서층 중심의 중간수탈층에게 돌아가는 것이었다. 그리고 특히 왕실에 어떤 경사가 있을 때 자주 포흠을 탕감해 주기도 하였으나,82) 가난한

---

78) 『備邊司謄錄』 215, 純祖 27년 1월 11일, 21책 p.817.
79) 『萬機要覽』 財用篇 3, 停退.
80) 『譯註 牧民心書』 戶典六條, 穀簿.
"每大饑之年 乃到歲末 朝廷始下停退之令 老吏解事先已逆揣民間收糧一倍火急 面謾縣官 雜施笞棍 陰囑鄕甲(風約等) 酷行搜括已於至月之末 收納已畢 唯權吏料販之物 浪吏逋欠之數虛額以待之 營關旣到 吏乃告之 曰外村旣盡收入 唯邑中未收入 … 遂二吏阪吏逋 充此停退之額 一粒之停 不及於民戶"
81) 『正祖實錄』 50, 正祖 22년 11월 己丑, 47책 p.193.
"所謂蕩減與停退之實數 盡入於中間幻弄 實爲農民之大瘼云云"
82) 『憲宗實錄』 권4, 憲宗 3년 3월 庚子; 권4, 憲宗 4년 1월 乙亥; 권4, 憲宗 5년 1월 戊戌; 권4, 憲宗 7년 2월 庚午.
『備邊司謄錄』 236, 憲宗 15년 1월 10일, 24책 p.5.

IV. 民間逋欠의 전개와 지방재정   111

백성들에게 돌아가는 혜택은 거의 없었다.83) 조세 납부 능력을 거의 상실한 백성들에게 停退하여준 것마저도 이서층이 자신들에 의한 포흠을 메꾸는 것에 전용되어 사용되는 형편이었던 것이다. 사실 정부의 탕감 조치도 왕조정부가 취한 유교적 명분의 '愛民思想'에 의한 형식적 발로 이상의 의미를 갖지 못하고 있었으며 그나마 '시혜'도 민간에게 돌아가기 어려웠다.

한편 지방단위에서도 지징무처로 인한 포흠을 해결하기 위한 대책을 강구하고 있었다. 예를 들어 지징무처에 의한 민포를 結役所와 같은 임시 재정기구를 창설하여 해결하려는 경기도 고양군의 경우가 그것이다. 하지만 이러한 노력도 結役所의 운영권이 점차 '奸吏'에게 독점되어 오히려 포흠이 다시 증가하게 되므로써 당초의 의도와 다른 방향으로 나아가고 말았다.84)

요컨대, 대체로 민간포흠은 이상에 논의한 바탕에서 인식되어야만 그 성격을 제대로 이해할 수 있다고 본다. 결국 적어도 향촌사회의 지방재정 문제를 놓고 본다면 민포에 앞서 이서포흠이 더욱 본질적인 재정 위기의 원인이 되었던 것이다. 한편 민간에서의 포흠은 이 시기 중간수탈층의 포흠과 매우 밀접한 상관 관계에 있을 뿐 아니라 상호 구조적 모순의 대립 관계에 있었다고 할 수 있다.85) 민포는 이로 인하여 발생한 것이라 해도 과언이 아닌 것으로써, 이러한 모든 것은 당시 부세운영의 구조적 모순의 변동과 관련되어 발생하고 있음을 짐작할 수 있게 한다.

---

83) 『備邊司謄錄』 208, 純祖 19년 3월 27일, 21책 p.169.
　　"傳曰 國有大慶 而惠不及民 誰與爲慶 … 惠不及於窮民奸或啓於猾吏"
84) 『日省錄』 純祖 26년 6월 11일, 「京畿暗行御史權馥進書啓別單」.
85) 『固城叢瑣錄』 (『韓國地方史資料叢書』 18~19, 驪江出版社, 1987에 所收).
　　"凡于公錢之漫漶習 專由於洞首執綱輩 不畏官令 或私自乾沒 或牟利挪貸 以之逋欠 畢竟徵族徵民 又或督刷之日 輒稱所推變幻 呈訴眩惑官庭 此等惡習 不可不痛禁 乃已烏可以當 當正供消入於任掌輩舞弄之場乎"

V. 吏額의 증가와 지방재정운영

1. 吏額 문제에 대한 논의

1) 정부의 관심

조선 중기 이래 점차 천역시 되어온 吏胥層의 사회경제적 위상은[1] 18세기 이후 점차 변화를 보이고 있다. 이서층은 기왕의 신분제 측면의 변화에 의한 것보다 사회경제 변동에 따른 사회적 위상이 크게 높아지고 있었던 것이다. 이서층의 이같은 변화는 점차 시기가 내려 갈 수록 지방재정운영의 위기와 특히 밀접한 상관 관계를 가지고 이루어지고 있었다.

정부의 이서층에 대한 일차적 관심은 이들에 의한 지방재정운영의 폐단을 극복하기 위한 차원과 관련되어 있었다. 그것은 특히 법정 吏額의 계속된 불법적 증가 추세에 대응에 대한 것으로, 중앙에서 뿐 아

---

[1] 士族과 吏族의 사회적 지위는 적어도 15세기의 조선초기 단계까지만 하여도 크게 구분되지는 않았다(정진영, 앞의 책, 1998, 제1부 참조). 일반적으로 향촌사회에 사족지배체제가 제대로 확립되어 나간 시기로 보이는 조선중기에 이르러 사족과 이족의 사회신분적 지위가 명확히 분화되어 나간다.

V. 吏額의 증가와 지방재정운영   113

니라 지방에서도 큰 사회문제가 되었다. 이액 증가로 인한 제반 폐단의 핵심은 이미 살펴본 이서층 중심의 중간포흠의 전개와 지방재정의 위기 및 民에 대한 부세수탈 등으로써, 이액의 지속적인 증가는 그만큼 모순을 심화시키는 사회문제였다. 여기서는 한정된 자료를 통해서나마 이액문제에 관한 정부의 관심을 보기로 한다.

  이액 증가로 인한 폐단과 관련한 정부의 관심은 점차 심각해지고 있었다. 그것은 1719년(숙종 45) 도제조 李頤命이 '이서의 액수가 많아지면서 이익은 없고 폐단만 있으니 감액시켜야 마땅합니다'[2]라고 주장한 사실에서 단적으로 알 수 있다. 후술하게 되는 <표 6>에서처럼 숙종조에 이미 중앙 각 관청의 이액 조정이 시도되고 있으며, 18·19세기에 걸쳐 몇 차례 간행된 여러 법전에서도 나타나듯, 정부는 이서의 액수를 조정하기 위한 지속적인 노력을 기울이고 있었다.

  이액에 대한 논의는 이후 여러 곳에서 보이지만, 정부의 인식은 한마디로 이서의 액수가 증가함으로써 이들에 의하여 재정운영의 모든 폐단이 발생한다는 것이다. 그래서 정조 22년 漆原 현감 朴命燮은 이서에 의한 여러 가지 재정운영상의 폐단을 막기 위해 읍의 대소에 따른 이액 규정이 필요하다고 주장하였다.[3] 이 시기 정부에서는 이액의 증가로 인한 폐단의 중심 내용이 '弄幻文簿 侵漁百姓'이라 하였듯이 이액 증가는 지방재정운영이 문란하게 되고 위기에 이르게 된 원인의 하나로 파악하고 있었다.

  이서의 액수가 증가함에 따라 발생하는 제반 폐단은 19세기에 접어들면서부터 더욱 심화되고 있었다. 19세기 사회는 주지하다시피 봉건

---

2) 『備邊司謄錄』 72, 肅宗 45년 8월 21일, 7책 p.175.
   "… 吏胥之多 無益而有弊 減之 固宜矣 …"
3) 『備邊司謄錄』 188, 正祖 22년 11월 30, 7책 p.175.
   "列邑吏胥 弄幻文簿 侵漁百姓 隨其邑大小 定其吏額數 以爲一定之規事也 外邑 吏額 俱有定數 昭載國典 一遵法式 汰減冗雜 自是道臣邑倅之責"

정치 기강의 혼란과 함께 삼정의 문란이 극에 달하던 시기였다. 이에 대하여 정부에서는 대책을 마련하지 않을 수 없었고, 그 중에서도 우선 지방재정운영 문란의 원인으로 파악한 이액의 감소에 대한 관심이었다. 이는 암행어사의 보고서와 같은 데서 잘 볼 수 있다. 예를 들어 순조 13년 8월 암행어사 金學淳은 경상도지방 읍의 폐단을 비변사에 보고하면서,4) 중앙과 지방의 이액을 법전상의 규정대로 감액시켜야 한다는 주장을 하였다. 또한 순조 30년 충청도 암행어사 洪遠謨가 이액을 줄여야 한다는 주장5) 역시 같은 맥락에서 나온 것이었다. 그러나 哲宗 2년 전라우도 암행어사 趙雲卿의 보고에서처럼,6) 정부의 감액 조치도 얼마 지나지 않아 감액 이전의 액수로 늘어나는 것이 당시의 보편적 현상이었다.

이액의 증가는 농민항쟁 발생의 동기와 직결되는 民에 대한 수탈로 이어지고 있었다. 이액문제와 관련한 대 농민 수탈에 대하여 철종 3년 좌의정 李憲球는 지방 읍에서 일어나는 많은 폐단의 궁극적 원인이 결국 이액의 과다함에 있다는 것과, 또한 이로 인한 재정결손 사실들을 지적하였다.7) 이와 같이 18세기와 19세기에 걸쳐 이액의 문제가

---

4) 『備邊司謄錄』203, 純祖 13년 8월 9일, 20책 p.681.
  "其一 各營邑驛之吏額過濫者 ――減汰 更或有添額之弊 各別論勘事也 年前以京外吏額 一從大典所載 並爲汰減 修成冊報備司 永爲定式矣"
5) 『備邊司謄錄』218, 純祖 30년 2월 1일, 22책 p.115.
  "其一 吏額之多 最爲負逋厲民之源 故已使列邑另行刊削 各定額數 而令道臣 更加嚴飭 以爲永遵之地事也…更令道臣 視列邑之大小孔僻 量宜汰定 俾絶弊源"
6) 『備邊司謄錄』238, 哲宗 2년 5월 7일, 24책 p.281.
  "其一 各邑吏定額外添額之弊 令道臣 各別論罪事也 吏額釐減 已有年前朝飭 擧皆從實數 各報其營 而纔過幾年 依舊添額 紀綱至此 寧不寒心 … 而畢竟使無靠殘民 駸駸入於倒懸之境乎"
7) 『備邊司謄錄』239, 哲宗 3년 7월 20일, 24책 p.452.
  "外邑切瘼之弊 不可枚擧 而究其百弊之源 專由吏額之多 一或夤緣付案 以吏作名 則莫不遊食 因無恒心 雖非使役之時 擧懷肥己之計 壹公病民 千百其端 而小則欺蔽詞訟 操縱簽伍 大則儳弄國結 爛用公穀 以至罪著則逃避 畢竟收刷之際 疊徵替督之患 終歸於無告窮民"

점차 심각하게 논의되었던 모습을 통해 정부의 이서층에 대한 인식을 엿 볼 수 있는 것이다. 즉, 이서층이 중간수탈층의 중심 계층으로 부상하고 있던 당시로서, 정부는 중앙과 지방을 막론한 재정수입의 감소 요인을 이들에 의한 대농민 조세수탈과 지방재정의 포흠 등에 의한 것으로 인식하고 있었던 것이다.

정부는 향임층을 포괄한 이서 계층의 존재를 한마디로 '吏鄕들이 時勢를 좇아 財利를 도모함이 이르지 않는 곳이 없다'[8]라는 입장으로 인식하고 있었다. 이서층들이 갖는 직임은 농업생산력의 증대로부터 비롯된 상품화폐경제의 발전이라는 배경 아래 여러 가지 경제적 利權이 점차 보장되는 위치로 변화하고 있었다. 이같은 현상은 정부의 재정 자체를 심각하게 위협하는 요인으로 다가왔던 문제였다.

정부와 이서층이 재정운영 문제와 관련하여 상호 대립적 관계였다. 순조 12년 좌의정 韓用龜가 탐오한 이서층을 백성의 원수이자 국가의 賊으로 인식할 정도였던 것처럼,[9] 중앙 정부에서는 이서층을 民과 國家의 양자 모두와 대립적 위치에 있는 존재로 이해하였다. 비록 정부의 일방적 입장을 반영한 표현이지만, 특히 재정운영의 문제에 관한 거의 현실에 가깝다고 할 수 있다. '民之讐'라 표현한 것은 백성의 입장을 생각한 것이라기보다, 사실 이서층의 포흠으로 民의 조세부담 능력의 약화로 인한 국가 재정수입원의 파괴를 우선적으로 염려한 것에 불과하다. 순조 11년 좌의정 金載瓚은 '탐오한 이서는 곧 나라와 백성의 원수'[10]라 하였다. 정부의 이액에 대한 관심이 어떻게 표현되

---

8) 『備邊司謄錄』 222, 純祖 34년 7월 5일, 22책 p.540.
 "宣惠廳堂上李止淵所啓 … 吏鄕之乘時財利 無所不至 輒以歲歉民窮 作爲藉口之資"
9) 『備邊司謄錄』 202, 純祖 12년 6월 11일, 20책 p.531.
 "貪汚之吏 卽民之讐 國之賊也 民非食不活 而奪其食者 貪汚之吏也 民若盡劉 國隨以亡 是以懲貪之典 與治逆無異"
10) 『備邊司謄錄』 201, 純祖 11년 10월 6일, 20책 p.395.

고 있는지를 좀더 구체적으로 접근해 보자.

국가는 이서를 포함하는 재정실무를 담당한 관리들에 의한 폐단의 문제를 진작부터 계속 제기하고 있었다. 영조가 '이른바 能吏라 하는 자들이 貪吏로 쉽게 변신할 수 있다'[11]는 가능성을 지적한 것이라든지, 혹은 남명 曺植의 吏胥亡國論[12]을 인용하며 내린 전교에서 '先儒亦云 江流石不轉者 吏也'[13]라 한 것 등에서처럼 정부의 이들에 대한 이해가 크게 변화하고 있었던 것이다.

정부의 이액에 대한 관심은 18·19세기에 이르러 보다 구체성 있게 표명되고 있었다. 그러나 이미 그 이전에도 간간이 지적되고 있던 문제였다. 중종 36년 6월 司諫院에서 왕에게 올린 보고서에서[14] 육조 가운데 병조의 서리 액수가 특히 과다하므로 『經國大典』의 규정대로 환원해야 한다는 내용의 주장을 이미 하고 있었다. 정부는 이액에 대한 원칙이 우선 법전의 규정대로 지켜져야 한다는 것과 이를 현존 액수와 상호 비교하는 방향으로 대책을 마련하고 있었다

이와 같은 인식은 18세기 이후에 더욱 구체적으로 표명되고 있었다. 숙종 말기 중앙의 각급 기관에 소속된 서리의 액수를 경국대전 규

"左議政金載瓚所啓 貪吏 卽民國之蠹也 使生民必死者 貪吏也 致國家必亡者 貪吏也"

11) 『備邊司謄錄』 105, 英祖 15년 8월 7일, 10책 p.829.
12) 『南冥集』戊辰封事.
"用非其人 則君子在野 小人專國 自古權臣專國者 或有之 戚里專國者 或有之 婦寺專國者 或有之 未聞有胥吏專國 如今之時者也 政在大夫 猶不可 況在胥吏乎 堂堂千乘之國 籍祖宗二百年之業 公卿大夫濟濟 先後相率 而歸政於儓隸乎 此不可聞於牛耳也 軍民庶政 邦國機務 皆有刀筆之手 絲粟以非 回捧不行財聚於內 而民散於外 什不存一 至於各分州縣 作爲己物 以成文券許傳於子孫 方土所獻 一切沮却"
13) 『備邊司謄錄』 118, 英祖 23년 8월 27일, 11책 p.778.
14) 『中宗實錄』 95, 中宗 36년 6월 丁丑條, 18책 p.479.
"諫院啓曰 … 各司書吏數 載在大典 近來吏不捧法 於用事之地 托稱預差數外入屬 無有紀極 而兵曹尤甚 爲官吏者亦便於使喚 許以爲謀利者之窟穴 甚爲未便 …"

정과 비교하여 재조정되어야 한다는 비변사의 보고가 그것이다.15) 이의 구체적인 예로서 法司의 하나인 사헌부의 書吏 문제에 대한 영조 40년 11월 掌令 姜始顯의 지적을 들 수 있다.16) 강시현은 18세기의 『續大典』에 규정된 55명은 『경국대전』의 액수에 비해 증액된 16명을 다시 줄여야한다 하면서, 그 이유로 경국대전에 규정된 액수 39명만으로도 충분히 국역을 감당할 수 있기 때문이라는 것이다. 이에 대하여 英祖는 강시현의 주장을 받아 들이고 감액 지시를 내리고 있다. 그 외에도 영조 35년 太僕侍의 경우17) 등 이와 같은 논의는 연대기 자료의 여러 곳에 보이며, 19세기에 들어가서도 자주 거론되었다.

1862년 농민항쟁 이후에 반포된 『大典會通』의 규정에 특히 중앙 각사의 이액이 법전상으로 상당히 감소된 사실도18) 역시 이와 같은 정부의 계속된 관심의 산물이었다. 영조 10년의 '釐正廳定額外汰減別單'19)도 또한 이액증가의 경향을 경계하면서 시행된 것이라 할 수 있는 것이었다.

지방 읍의 이액문제에 대해서는 중앙의 경우처럼 법전에 명확히 명시되어 있지 않아 정부의 구체적인 입장을 제대로 파악할 수는 없다. 그러나 이액의 실상에 관한 암행어사의 빈번한 보고가 지속되었던 사실은 정부의 관심이 계속되고 있었음을 알 수 있게 한다.

18세기 이전까지만 하여도 암행어사의 시찰 강목이 별도로 정해진 것은 찾아 볼 수 없었다. 그러나 대개 영정조 이후 암행어사의 지방사

---

15) 본 장 제3절 <표 6> 참조.
16) 『備邊司謄錄』 146, 英祖 40년 11월 9일, 14책 p.248.
   "掌令姜始顯所懷 侵漁小民之弊 都在於法司胥吏之太多 臣方待罪栢府 以憲府言之 經國大典則書吏爲三十九名 續大典則五十五人 加數爲十六名 續大典未定額之前 三十九吏 能當國役 當此爲民 節省之時 依經國大典 減其餘數可也"
17) 『備邊司謄錄』 137, 英祖 35년 7월 25일, 13책 p.282.
18) 본 장 제3절 <표 6> 참조.
19) 『備邊司謄錄』 96, 英祖 10년 9월 5일, 9책 p.875.

회의 廉察을 위한 시찰 강목 중 吏額 문제에 관한 항목이 작성되기 시작하면서[20], 정부의 관심이 점차 구체적으로 표명되고 있었다. 영조 12년 11월 경기와 호서 지방에 보낸 別遺御使의 賷去節目에서 구체적으로 이같은 흐름을 확인할 수 있다. 절목의 일절을 보자면 '江華松都 監兵水營 及各山城各邑鎭軍官等 雜色本案 直爲取來相考 可以汰定者汰定後…'[21]라 하고 있다. 비록 군관의 액수문제에 관한 내용이기는 하지만, 당시 전국에 파견되던 암행어사의 염문사목은 대개 이와 비슷하였을 것으로 생각된다. 또 영조 8년의 '三南監賑御使賷去節目'[22]에서도 비록 재해 상황을 타개하기 위한 어사파견 절목이지만 역시 앞서 언급한 바와 같은 정부의 지방 읍의 이액에 관한 관심을 나타내고 있었다. 18세기 말 이래 19세기 전반기의 암행어사 서계와 별단에 거의 예외 없이 이액에 관한 폐단 내용이 등장한 것도 마찬가지 맥락이었다. 정부의 이같은 관심과 논의들은 앞장에서도 살펴본 바였지만, 대개 중간포흠으로 인한 재정위기의 문제와 직접 관련된 것으로 인식되고 있었다. 이서층의 중간수탈인 吏逋 발생은 부세운영과 관련된 직임의 자리다툼과 무관하지 않았던 것이다.[23]

2) 실학자들의 견해

吏額에 관한 논의는 정부에서만의 것이 아니라 보다 폭넓게 전개되고 있었다. 이액 문제는 당시의 재야지식인이라 할 수 있는 실학자를 비롯하여 농촌의 유학 등에 이르기까지 관심의 대상이 되던 사항이었

---

20) 田鳳德, 『韓國法制史研究』, 「제1장 暗行御史制度研究」, 서울大學校出版部, 1968과 한상권, 「역사연구의 심화와 사료이용의 확대 -암행어사 관련자료의 종류와 사료적 가치-」, 『역사와 현실』 6, 1991을 참조.
21) 『備邊司謄錄』 100, 英祖 12년 11월 5일, 10책 p.351.
22) 『備邊司謄錄』 92, 英祖 8년 12월 14일, 9책 pp.479~481.
23) 『公文日錄』 2책, 1889년 10월 13일.
"近日列邑之吏逋滋弊 究其源委 專由於任窠之紛競 首吏之數遞也"

V. 吏額의 증가와 지방재정운영 119

다. 이는 곧 이액 문제의 사회적 심각성을 표현해 주는 것이었다. 여기서는 대표적으로 18세기의 柳壽垣과 19세기의 丁若鏞 등의 실학자들을 중심으로 그들의 이액 논의의 일단을 차례대로 살펴본다.

(1) 柳壽垣의 주장

柳壽垣의 이액에 대한 인식은 후술하는 바와 같이 다산과는 약간 다르게 출발하고 있다. 이는 각 시기마다 이서가 처한 경제적 지위의 차이로 인한 것인데, 먼저 吏胥가 포흠할 수밖에 없었던 형편을 먼저 들면서 이에 대한 대책을 논의하였다. 그는 이서층의 '偸竊'을 자신의 저서 『迂書』에서 '夫州縣之設置吏隷者 實爲國事也 今無升斗之料食 而責其偸竊受賂可乎'[24]라 언급한 것처럼, 이서들이 나라의 일을 함에도 불구하고 보수가 없으니 당연히 투절하고 뇌물을 받지 않을 수 없었다는 것이다. 그래서 그는 吏隷에게도 보수를 지급해야 함을 먼저 역설하였다.[25] 유수원은 아마도 당시의 이서층이 서서히 중간수탈 기구의 중심적 위치를 구축하고 있었던 사실에 대하여 보다 구체적으로 인식하지 못하였기 때문에 이와 같은 견해를 내세웠을 것으로 짐작된다. 이서는 이미 보수 지급과 무관하게 중간수탈층의 중요한 위치로 변신하고 있었던 것이다.

중앙 각급 관청의 이액 증가 문제에 대해서는 그가 직접적으로 언급한 사실을 찾아 볼 수 없다. 그러나 중앙 각사의 각종 직임이 지나치게 많이 설치되고 있던 사실을 경계한 것에서 이에 대하여 일정하게 관심을 갖고 있었음을 알 수 있게 한다. 그는 관제의 폐단을 논하는 가운데 우리나라 京官의 수가 중국의 경우에 비교하여 두배나 된다고 하면서,[26] 동시에 觀象監, 承文院, 忠勳府, 掌隷院 등의 직제를

---

24) 『迂書』 제7권, 論吏員役滿陞撥之制.
25) 『迂書』 제7권, 論吏員役滿陞撥之制.
26) 『迂書』 제7권, 論各司派支公費.

차례로 거론하여 각사가 차지하는 경중의 비중이 도치되면서까지 나타난 지나친 직임의 설치를 우려하고 있었다.27) 유수원의 이같은 논의와 함께 얼마 후 정부에서도 掌隷院과 형조 소속의 掌隷司는 동일한 직장인데도 불구하고 이 두 기구가 별도로 설치되어 있어 폐단이 되는 것으로 인식하고 있었다.28)

18세기의 『續大典』과 19세기의 『大典會通』의 「京衙前」조에 기록된 경각사의 수를 보면 각각 79개와 113개로 이 동안에도 무려 34개의 각사가 분직·증설되고 있었다. 유수원은 이에 대해서 각사의 公費 문제를 언급하면서 경아문의 통폐합을 주장하기도 하였다.29) 그는 또한 중국의 경우를 비교하여 우리 나라의 吏員 곧 書吏의 액수가 매우 많다는 사실도 지적하였다.

유수원은 외방 邑의 경우도 언급하였다.30) 그는 우리 나라에 邑이 지나치게 많이 설치됨으로써 殘邑 백성들의 경우 재정부담을 감당하기 어렵다고 하면서 州邑의 격을 올리거나 내리거나 혁파하는 등의 중요성을 강조하였다. 유수원은 京官衙와 마찬가지로 재정상의 문제

"冗官之害 未有甚於我國 京官之多者 中國京司各衙門之數 半不及於我國衙門 此司推官冗之極矣"
27) 『迂書』 제3권, 論官制之弊.
"以建官分職之意言之 輕重倒置 緊慢失當 冗員濫局 不可勝數 內職太多 外職太小 徒尙文藝 浮華之職 不以吏治 兵制刑獄利權等 實事爲重 此等疵病 不可悉數 只論其最著若干事 則其餘自可類推矣"
28) 『備邊司謄錄』 146, 英祖 40년 11월 27일, 14책 p.252
"掌隷院與刑曹之掌隷司 同一職掌 而別設衙門 貽弊多端 其爲小民之害"
29) 『迂書』 제7권, 論各司派支公費.
"不緊小各司果能裁省 合於六曺 則雖以忠勳一府之物 豈不足助充 諸衙門之月俸耶 且以吏隷言之 中原六部吏 如工禮等府 不過一二十 其外屬司 或二三四五名 而我國則吏員極濫 逐日使喚於士夫家"
30) 『迂書』 제7권, 論外官派支公費.
"我國官制 外方尤無意義 輿地旣狹 設邑太多 殘縣百姓 不勝支當 若不裁省合倂 無以蘇殘民之困矣 州邑陞降革三事 元無義理 竝皆釐正永罷謬規 然後官制不紊 職守有常矣"

를 들면서 외읍의 관제를 재고해야 한다는 것이고, 이에 따라 이액의 정원도 '州·府·郡·縣의 크기에 따라 액수를 정해야 한다'[31]고 하였다. 유수원보다 뒤의 인물인 정약용도 여전히 법전상의 규정과 같은 맥락에서 지방사회의 운영을 효율적으로 해야 한다고 하였다. 나아가 유수원은 이액을 법률적으로 규정하여 定格을 만들어서라도 증액의 현상을 방지해야 한다[32]고 하였다.

요컨대, 우수원은 경·외방의 관제 설치 문제의 재인식과 吏胥 감액을 역설하고 있지만, 한편으로 그의 이상과 같은 논의를 후술하는 다산의 논의와 비교하여·볼 때, 이액 증가의 현상은 19세기에 이르러 점차 더욱 큰 사회문제로 대두되고 있음을 알 수 있다.

(2) 丁若鏞의 대안

다산 정약용의 이액에 대한 논의는 유수원보다 구체적이며, 주로 지방 향리 문제에 대한 관심으로 집중되어 있다. 그러한 관심은 『牧民心書』의 「吏典六條」에서와 『與猶堂全書』의 「鄕吏論」과 「奸吏論」 및 『經世遺表』 등에 자세히 피력되어 있으며, 그의 저술에서도 부분적으로 언급되어 있다.

다산의 吏額의 제한에 관한 논의는 이미 18세기 이래 계속 논란이 되어 왔던 사실을 지적하면서 출발하고 있다. 다산은 향리의 액수를 정하는 것에 대한 논의는 이미 오래된 일로써, 정조 연간의 將臣 李漢豊(1733~1803)이 여러번 筵奏하였고 암행어사 李勉昇(1706~1835)도 역시 書啓가 있었다고 하였다.[33] 다시 말해 이미 이 문제가 19세기에

---

31) 『迂書』 제7권, 論吏員役滿陞撥之制.
"吏隸宜以州府郡縣 隨品格定額數 …"
32) 『迂書』 제7권, 論吏員役滿陞撥之制.
"京外吏典 撥補陞黜 幷無定制 法律文案 幷無定格 凡事齒莽疎闊 公務安得 不散漫無統乎"
33) 『牧民心書』 吏典六條, 束吏.

서 만의 것이 아니라는 사실을 잘 인식하고 있었던 것이다. 다산의 이액증가의 현상에 대한 인식은 앞서 언급한 **柳壽垣**과 같은 18세기의 지식인과 달리 보다 구체적이었다. 이는 중간포흠의 성행에 의한 부세운영의 모순이 더욱 심화되어 갔던 객관적 사실 때문이었을 것이다.

19세기에 접어들면서 세도정치가 자행되고, **따라서 삼정의 운영이 극도로 문란해지고 있다.** 삼정문란의 일차적 주역은 이서층을 중심으로 하는 중간수탈층이었다. 다산이 이서층에 의하여 발생하는 사회적인 폐단을 심각하게 생각하기 시작한 것도 사실 여기에 있었다. 이서가 民에 끼치는 폐단에 대한 그의 이해는 한마디로 이서층이 읍재정을 포흠하고 도망하면 곧 민간에로의 재징수로 이어진다는 것이었다.34) 당시 사회에 광범하게 전개되고 있던 중간포흠은 대체로 위와 같은 방식으로 전개되고 있었는데, 다산은 그러한 행위의 핵심적 계층으로 이서층을 중심 계층으로 보고 있었던 것이다. 조선후기 실학자들의 대부분이 관심을 기울이던 사항이기는 하였으나, 다산에 이르러 더욱 구체적으로 중간포흠과 같은 재정운영의 모순을 인식하고 그 대책이 강구되고 있었다.

실제 다산은 강진의 유배지 생활에서 이러한 상황을 생생하게 목격함으로써 보다 자세히 인식하게 되었다.35) 무엇보다 그는 이서에 대한 폐단을 막기 위한 나름대로의 대안을 마련하고 있었다. 그가 대안으로 제시한 것은 첫째 각 읍의 이액은 전결수와 민호의 수에 따른

"鄕吏定額之議 其來已久 故將臣李漢豊 屢有筵奏 暗行御史李勉昇 亦有書啓 而大臣籓臣 視爲閑事 任其潰裂 良可歎也"

34) 『牧民心書』 吏典六條, 馭衆.
"徭錢稅錢(徭錢者民庫錢之類) 倉錢軍錢(倉錢者還耗作錢) 星火槌剝 當下畢斂 馬弔江牌 放債殖利 謂民拒納 瞞出朱牒(書名於刑杖) 負欠而逃 再徵民間 斯皆邸卒之作奸也"

35) 『經世遺表』 권2, 秋官刑曹 제5, 刑官之屬.
"臣久在民間 習見鄕吏之事 其病國害民 靡有紀極 爲著鄕吏論十首 備陳其弊 苟不及今矯救 方來之禍 必至難言 國必盡蠧而後已 民必盡劉而後已"

V. 吏額의 증가와 지방재정운영   123

비율로 결정하여 30명을 넘지 않게 해야 한다는 것이고, 둘째 향리의 세습을 막아야 한다는 것, 셋째 친형제간에 함께 향리가 되는 것을 금지해야 하며 8촌 이내의 범위에서는 3명까지만 허용할 것, 넷째 이웃 고을의 아전을 상호 감시해야 한다는 것, 다섯째 각읍의 요직인 이방직은 매년 교체해야 한다는 것 등 이었다.36) 이같은 제안은 비록 정부의 정책으로 채택되지 못하였지만, 당시 지방재정운영에 있어 이서층에 의한 중간포흠 폐단이 매우 심각하였던 현실을 말해준다.

또 다산은 각 읍이 이액에 대한 확실한 규정을 두고 있지 못한 사실에 주목하여, 서리의 인원을 정하는 것이 보다 급선무임을 주장하고,37) 본 장 3절의 <표 13>에서처럼 민호 수에 비례한 이액을 나름대로 규정하기도 하였다. 그런데 그의 규정안은 각 읍의 실제 이액과 큰 차이를 보이고 있는 것으로, 이는 당시 이액증가의 정도와 그로 인한 폐단의 심각성을 간접적으로 보여주는 것이다. 다시 말해 그의 대안은 이액의 증가로 인한 폐단의 속성을 잘 인식한 결과였다.

이상과 같은 제반 논급과 함께, 일반 농촌의 유학에 이르기까지 폭넓게 논의되던 이액의 증가 현상은 확실히 점차 심각한 사회문제로 대두하고 있었던 것이다.

---

36) 『經世遺表』 권2, 秋官刑曹 제5, 刑官之屬.
  "一量田民之多少 以差其額 雖大邑無過於三十也 一鄕吏毋得世襲 須至玄孫之世 乃得勿拘也 一鄕吏毋得家傳 親兄弟不得竝列 八寸之內無得蹤三人也 一吏房倉吏都書員均役吏大同吏等 凡錢穀出納有權之任 宜隣邑之吏 來而爲之 如今營吏之例也 一吏房之任 亦每年遞易 須過十二年 乃得再任也"
37) 『經世遺表』 권4, 天官修制, 郡縣分等.
  "… 吏額者 今日之急務也 …"

2. 吏額 증가의 원인

이액 증가의 일차적 원인은 지방재정 운영의 중심 내용인 삼정의 운영과 잡역세 수취구조의 전개를 둘러싼 운영권의 변동과 관련되어 있다. 그런데 여기서는 이액 증가의 원인을 좀 더 구체적으로 드러내어 주는 직접적인 자료를 찾아보기 힘들어 이권의 확대와 군역 문제를 중심으로 살피고자 한다. 군역관계 자료가 대체로 많이 인용될 수밖에 없었던 것은 군정이 삼정운영의 중심 내용일 뿐 아니라 잡역세 운영과도 밀접한 관련이 있으며, 특히 피역은 단순한 유망이 아니라 새로운 사회경제 질서 재편의 흐름을 일정하게 반영하고 있기 때문이다.

1) 경제적 利權의 확대

이서층의 이권 확대란 보다 쉽게 수탈하고 포흠할 수 있는 계기의 확대를 의미한다. 그것은 이 시기의 농업 발달 및 상품화폐경제의 발전과 더불어 주어지는 것이었다. 이권의 성장은 '국가적 상품화폐경제' 규모의 확대와 함께 수취체제의 문란 등을 배경으로 하여 이서층의 경제적 부의 축적 계기가 점차 크게 확보됨을 의미하는 것이다. 앞 장에서 보았듯이, 18세기와 19세기의 각종 주인권의 성장은 이같은 사정을 배경으로 하였다.[38]

조선후기 농업생산력의 발전을 바탕으로 한 농민층분화의 결과로 향촌사회에 광범하게 나타난 '流手之輩', 즉 토지로부터 이탈한 유망민들은 어떤 형태로든 그들의 생계 유지를 위한 기본 생활수단의 마련이 절실하였다. 이들의 생계문제는 중간수탈구조에 편승하는 것도

---

38) 본서 제1부 제Ⅲ장 2절 참조.

V. 吏額의 증가와 지방재정운영 125

해결방안의 하나가 되었다. 구조적 차원으로 이루어진 중간수탈은 시기가 내려 갈수록 증폭되는 경제적 이권의 향방 그 자체와 직결되어 있었다. 그리고 이는 상품화폐경제가 발전함에 따라 18세기보다는 19세기에 이르면서 더 많이 주어지고 있었다. 이제 이러한 사정을 반영하는 몇 가지 측면을 살펴보기로 하자.

우선 이같은 사정을 이해하기 위해서는 중앙의 書吏들에게 주어진 이권과 이를 이용한 미곡 상인과의 관계를 볼 필요가 있다. 미곡 유통의 전국적 차원의 확대39)는 미곡상과의 상호 매매 관계가 쉽게 이루어질 수 있게 하여 서리에게 많은 이권이 보장될 수 있었다. 이러한 분위기는 철종 4년 1월 좌의정 李憲球의 보고서에 잘 나타난다.40) 즉, 법사의 교졸들이 미곡 유통 과정상에서 일으킨 폐단을 언급한 데서 이서층이 미곡상과 상호 결탁관계를 맺어 곡가의 차이를 이용한 貿穀 등의 방식으로 경제적 부를 축적하였던 사실을 알 수 있다. 더구나 당시 亂廛에서 출발하는 私商의 발달은41) 이권 문제와 관련한 부의 축적 계기를 더욱 확대시켜주고 있었다. 이같은 구조를 가장 잘 이용한 계층은 법사 계통의 중앙 각사의 실무자들이었다. 순조 20년 4월 비변

---

39) 이 시기 무뢰배의 발생 과정 및 미곡시장의 발달과 개항후의 미곡시장 문제는 다음 논문이 참조된다.
   李世永, 「18·9세기 米穀市場의 형성과 流通構造의 변동」, 『韓國史論』 9, 1982.
   河元鎬, 「開港後 防穀令實施의 原因에 관한 硏究」(上·下), 『韓國史硏究』 49, 50·51, 1985.
40) 『備邊司謄錄』 240, 哲宗 4년 1월 11일, 24책 p.516.
   "城內及江底米商輩之糶賤販貴 係是都民賴活之本 而米價高低 雖曰隨時不同 如使貿穀之人 一或廢業 則市上之米 其將從何而出乎 近聞捕廳校卒輩 多有作弊於 穀商處云 此必昨年防納之察禁 憑藉侵漁 以至於此矣 究厥所爲 寧不萬萬駭惋 設使渠輩 禁其防納之弊 米商興販 有何所關 而贲緣作弊 若是狼籍乎 …"
41) 姜萬吉, 『朝鮮後期 商業資本의 發達』, 제4장 「市廛商業의 工匠 支配」, 高麗大出版部, 1981.
   卞光錫, 『朝鮮後期 市廛 硏究』, 부산대 박사학위논문, 1997.

사에서 漕卒 문제를 논의하는 가운데 江上의 '牟利輩'와 법사 실무자들 사이의 작폐 사실을 지적하고 있는 것처럼,42) 법사 계통 실무자들에 의한 중간수탈이 특히 많았던 것이다.

향촌사회의 이액증가 구조도 이와 같은 맥락에서 전개되었다. 먼저 주목되는 것은 세곡상납의 계기와 防納 행위를 통한 이권이 확대되던 모습이다. 그것은 貿米라고 하는 상업행위를 통하여 이루어지고 있었는데, 이러한 사정에 대하여 순조 14년 영의정 金載瓚은 각 읍에서의 防納 행위는 법전상 극율에 처할 정도로 금지되어 있었으나 세곡의 상납과정에서 각 읍의 이서가 읍민들에게 錢으로 조세를 수납한 후, 京市에 지역간의 가격 차이를 이용한 貿米를 하고, 이 때 중앙의 員役과 부동하여 이들 상호의 이득을 나눈다고 지적하였다.43) 미곡의 유통 규모가 전국적 차원으로 확대되고 있던 사실을 염두에 둔다면 이 같은 이서층의 경제적 이득 발생은 충분히 예상될 수 있는 것이다. 또한 상품화폐경제의 발전과 함께 특히 미곡상과의 경제 이권의 형태로서 '符同和應'한 구조가 형성되고 있음을 쉽게 짐작할 수 있을 것이다.44) 이 때문에 이러한 구조에 위치한 실무서리의 직임이 고액으로 매매되는 것은 당연한 것이었다.

---

42) 『備邊司謄錄』 209, 純祖 20년 4월 29일, 21책 p.274.
"近來漕卒難支之狀 不一其端 最是江民輩private侵督之患 實爲巨弊 盖江上牟利之類 每當漕卒上來之時 只執船標 勒分債錢 及至翌年漕泊之期 締結法司下屬 作黨遮截於中路 恣意攘奪於船頭"

43) 『備邊司謄錄』 204, 純祖 14년 2월 25일, 20책 p.781.
"各邑防納之弊 邦禁本自切嚴 犯者直用極律 乃是法典所在 而所謂防納 卽稅穀上納之時 該吏捧錢於邑民 貿米於京市 符同京司員役 以爲互相分利之計者也 今年稅穀 遠道則雖未及上來 而近邑則間或有到京者 而邑吏捧錢潛來 逗遛江上 無論江商貿穀及倉屬私賣之米 必爲暗地買取 苟充元數 而剩錢及缸價馬貰 與京吏締結分利"

44) 『備邊司謄錄』 241, 哲宗 5년 1월 20일, 24책 p.626.
"領議政金左根所啓 公穀防納 必禁乃已之事 而年來以此提飭亦非一再次矣 奈其奸利所在 內締外結 … 該吏及符同和應之京商輩 加倍刑配 何如"

V. 吏額의 증가와 지방재정운영 127

　이액증가의 또 다른 배경의 하나는 당시 성행하던 고리대의 관행을 이용한 부의 축적 계기에서도 찾을 수 있다. 그것은 각급 관청의 재정을 자의로 운용하는 관청고리대 행위로써, 이 역시 이서층에게는 하나의 자리 값에 보장되는 경제 이권의 행위였다.
　고리대는 18세기로부터 19세기에 이르면서 특히 각 부문 단위로 성행한 것은 주지의 사실이다. 이 가운데서도 지방재정의 궁핍을 해결하기 위한 명목으로 각 관청 단위로 실시되었던 식리 활동이다. 식리 활동이 주요 내용의 하나가 되고 있던 지방재정 운용의 중심적 실무자는 바로 이서층이었다. 이러한 사실은 『牧民心書』에서 전라감사 李魯益(1767～1821) 아래에 있던 아전 崔致鳳이 창고의 곡식을 환롱하여 고리대의 밑천으로 삼았다는 것과 그의 휘하에 많은 下吏들이 모여들었다고 한 사실45) 등에서 잘 나타난다. 사실 당시의 지방관아는 이서계층의 집무청인 作廳 등을 비롯한 여러 청사로 구성되어 있었다.46) 그런데 이들 기구는 각각의 독자적인 재정회계 원리를 원칙으로 하여 운영되었기 때문에 이들 기구의 실무자로 소속되어 있던 여러 이서층의 독자적인 고리대 행위가 일차적으로 가능하였다.
　이액증가와 관청고리대의 상관 관계는 환곡운영의 실제를 통하여 쉽게 짐작할 수 있다. 19세기는 삼정의 운영이 극도로 문란해지던 시기였다. 그 중에서도 환곡운영이 가장 심하였다. 1862년 농민항쟁 직후 비변사에서 삼남의 환곡운영 폐단을 바로 잡기 위한 대책의 하나로 이액문제와 관련한 절목들이 마련되었던 것처럼,47) 환곡운영의 폐

---

45) 『牧民心書』 吏典六條, 束吏.
46) 이에 대해서는 조선후기에 간행된 각 지방의 邑誌 '公廨各舍'조를 참고할 수 있다.
47) 『備邊司謄錄』 249, 哲宗 13년 12월 11일, 25책 p.902.
　　"一 各邑吏額過多 爲弊多端 假令本邑任窠爲幾何 則額數依任窠數定置 以爲從久次論差之地 而原額外加定幾人 隨闕陞付 令巡營 商議於各邑倅定數成冊上送 是白齊"

단과 이액문제는 상호 깊히 관련되어 있었다. 환곡운영을 이용한 불법적 고리대 행위가 이서층의 이권 확대로 연결되었고 따라서 이액이 증가할 수밖에 없었던 구조였다.

다음으로 중앙 각사의 이액 증가의 원인으로 다산의 언급이 주목된다. 이는 다산이 중앙 육조의 편제를 논하면서 특히 호조에 대하여 언급한 내용으로 이액이 증가하게된 형편의 일단을 짐작할 수 있다.[48] 다산은 중국의 경우와 비교하면서 『經國大典』과 『續大典』의 법전상 규정마저도 호조의 사무가 비록 번거롭더라도 그 숫자가 많으니 20명으로 감소시켜야 한다 하고, 또 과거에 호조의 下屬 기관이던 經田司와 版籍司 등이 별도로 분리된 지금에 와서까지 호조의 서리가 60명이 됨은 잘못된 것이라 하였다. 다산은 그 원인을 선혜청과 더불어 정부재정을 전담하던 호조가 가지고 있는 많은 경제적인 이권 때문에 점차 이액이 증가되어 왔다는 것이다. 이 외에도 그는 중앙 관제를 나름대로 논하면서 현재의 이액을 줄이는 것이 마땅하다고 하였는데, 이는 18세기의 유수원의 주장과 일맥 상통하는 것이었다.

이서직이 하나의 경제적 이권으로 보장되었던 자리라는 사실을 뒷받침하는 것으로 '許參禮錢'의 유행도 들 수 있다. 許參禮錢이란 특히 지방관아의 관리로 입속할 때 내는 기부금 혹은 뇌물의 일종이다. 그 발생의 내력은 분명하지 않지만, 이는 19세기 초엽에 저술된 禹夏永의 『千一錄』의 기록[49]을 미루어 보아 대체로 조선후기 단계에 이르면서

---

48) 『經世遺表』 권1, 地官戶曹 제2, 敎官之屬.
"臣謹案 原典 書吏六十人 臣伏念 戶曹雖事務煩劇 書吏之額 不必至此 周禮天子之禮也 大司徒府使之數 不過八十 況小邦乎 此蓋本曹利祿豊厚 故稍稍增額 以至此耳 舊典三十八 而續典爲六十 斯可知也 況今經田版籍 多別立衙門 其書吏皆自戶曹分出也 今擬書吏止二十人 … 庶相當也"
49) 『千一錄』 京鄕營邑軍校弊.
"我國之金吾郎 及內三廳 許參之規 雖未知創自何時 倣於何代 而徒歸舖啜 只爲文具已甚無謂"

특히 성행된 것으로 생각된다. 그렇다면 왜 군이 許參禮錢을 납부하고서라도 입속하려 하였던 것인가. 더구나 입속의 초기에는 보수가 거의 지불되지 않았던 경우도 있는 때였다.50) 그 이유는 많은 액수의 기부금을 내더라도 일단 官案에 들게 되면 보장된 다양한 경제적 이권구조를 활용하여 이내 벌충할 수 있기 때문이었다. 이같은 사실에 대하여 우하영은 '이서라는 자리에 오래 있기만 하면 장차의 생활 보장과 함께 출세의 계제가 마련되기 때문에 많은 비용을 들여서라도 입속하기를 원한다'51)고 하였다. 이서층의 자리가 다산의 언급처럼 '利가 두텁고 맛이 깊음'52)이 없으면 이상과 같이 모여들지 않았을 것이라는 점은 위의 사실을 통해 쉽게 짐작되는 것이다. 나아가 이 시기에 이르러 이서의 경제 이권으로 인하여 新禮錢을 내지 않으면 아예 官案에 기록조차 하지 않게 한다던가,53) '勿薦吏望'54)할 정도였다.

이서직에 경제 이권이 보장되고 있었다는 사실은 吏任의 매매 행위에서 극명하게 드러난다. 조선초기에만 하여도 천역시되었던 이서직

---

50) 『江州節目摠錄』(奎No. 想白 古 951.2-G155), 蘇軍節目.
"軍政色吏二人 卽軍案次知之任 而本無料布 亦以付標十名 爲其料布紙地價是如乎"
51) 『千一錄』京鄕營邑軍校弊.
"而雖然 旣有料布 又有久勤窠 將爲資生 發身之階 故不惜多費 自願入屬"
52) 『牧民心書』吏典六條, 束吏.
"今也 鄕吏入仕者 爭門碎頭 如赴科宦小縣之吏 或近百人 不可相容 於是 私自設法 或父子不許同仕 或兄弟不許三人 利厚味濃 於此可見"
그리고 이와 관련하여 다음의 기록도 주목된다.
"逋弊實由於吏額甚多 奔競成風之故也 捄弊之術 莫如減吏額"(『公移占錄』(奎No. 7662), 제2권).
53) 『作廳謄錄』(奎No. 12528).
"一 新禮未納前 勿許錄案事 已有僉議 雖有付案之官 題以此稟告準納後 始許付案事"
54) 『長房完議』(奎No. 古 5120-85), 1847년.
"一 新入廳直 大禮五兩收納已不足 廳規大禮 未納者勿薦吏望 亦是古例 此後大禮不納廳直段 依廳規永勿呼薦爲齊"

이 이제는 고가로 매매되고 있었다. 이서직의 고가 매매는 이서직이 그만큼 이권이 보장되고 있는 자리였음을 반영한다. 이같은 고가의 매매 구조에 대하여 비변사에서는 吏任의 매매가 중간 포흠이 묵시적으로 보장되기 자리이기 때문에 발생하는 양상으로 보고 있었다.55) 또 이임의 자리에 따라 액수도 달라진다고 하였다. 이처럼 이임의 매매는 경제적 이권의 크기와 밀접히 관련되어 있었고, 이액 증가의 요인이 되었다.

이임의 가격도 매우 높게 거래되었다. 이서직의 핵심 위치에 있는 이방의 경우, 그 가격이 철종 5년 경상좌도 암행어사 朴珪壽의 언급처럼56) 큰 고을에서는 7천 냥에서 8천 냥의 고액으로, 小邑에서는 1천 냥에서 2천 냥의 액수로 거래되고 있었다. 다산이 이서의 요직을 언급함에 '大邑에서도 힘 있는 자리가 10자리에 불과하다'57)고 한 것은 바로 이임의 매매 사실을 분명히 말해 주고 있고, 보장된 경제적 권리도 차이가 있음을 짐작하게 하는 것이다. 이서직의 경제적 권리 가운데 중심 내용이 포흠으로 보장되고 있음은 이미 앞 장에서 자세히 살펴본바이다.

그러나 이서의 요직에 비록 이러한 차이가 존속하고 있었지만, 당시 농민층분화 과정 속에서 유망의 길을 걸을 수밖에 없었던 빈농층

---

55) 『受敎謄錄』(奎No. 15142), 1854년.
"備邊司啓曰 卽見慶尙右道暗行御史李鐘淳書啓 則列邑吏任捧賂 便作官況 隨窠厚薄定其賂錢 已是守令之大羞恥 而吏習從以侮慢 欠逋皆由於是 官奪於吏 吏奪於民"

56) 『日省錄』哲宗 5년 11월 28일, 慶尙左道暗行御史朴珪壽進書啓別單.
"列邑吏房例債受賂 責任之最大者也 邑邑皆然 雄府則七八千兩 小邑則一二千兩 而此輩挪移公貨 且多加下舊逋未脫 新債又添 甚至於族徵 竟有都結結斂移貿錢 減價分給等事 害歸於民 從今以往 如有吏房例債之現發者 加倍計贓 擬以重律事也 名雖任債 實則逋犯也"

57) 『與猶堂全書』제1집, 제1권 詩論集論, 奸吏論.
"凡吏職 其要而有權者 不過邑十窠耳 掌派差者 掌穀簿者 掌田者 掌軍政者 雖大邑亦不過十人"

과 '不食者'들은 자신들의 가난한 생활난을 해결하기 위해서는 하급 천직이라도 다투어 나아가는 형세였다. 이들은 이서층 가운데 가장 천역을 담당하는 신분인 吏奴의 직임까지 뇌물로 획득하려 하였다.58)

2) 여러 아문에의 冒屬과 投託

조선후기 이래 농업생산력의 현저한 발전과 더불어 농민층분화의 결과로 몰락 농민을 중심으로 광범한 유망민층이 형성되고 있었다는 것은 주지의 사실이다. 유망민들은 대개 농촌임노동자로 고용되거나 상업 및 광업에 종사하면서 생계를 유지해야 했다. 그런데 여기서 이액 증가의 현상으로서 특히 주목하고자 하는 것은 이들 중 일부가 '無賴輩'라는 모습으로 각종 이권이 보장되어 있는 중앙 및 지방의 각 재정기구에 모속되거나 투탁하고 있었다는 사실이다.

앞서 언급한 것처럼 경제적 이권의 보장은 이액 증가의 한 원인이 되어온 것이었다. 무뢰배는 거의 전부가 '無恒産者'59)로서 생활고가 심하였는데, 이들의 어려움은 '京外流丐之類 多至病死於街路 見聞極其慘矜'60)으로 표현될 정도였다. 이들은 어떤 형태로던 생활의 방편을 찾지 않을 수 없는 것이었다. 이에 대하여 정조 18년 10월 교리 尹光普는 몰락한 농민층으로 보이는 '遊手'의 무리들이 도적으로까지 변신하지 않을 수 없게 된다 하고, 나아가 일반 평민과는 '적대적' 위치로 바뀌어 가는 것이라 하였다.61)

---

58) 『繡啓』(奎No. 4546) 권1, 1855년.
   "吏奴之任 非賂不得 詞訟之決 非貨不成"
59) 『備邊司謄錄』 90, 英祖 7년 10월 20일, 9책 p.150.
60) 『備邊司謄錄』 240, 哲宗 4년 4월 5일, 24책 p.545.
61) 『備邊司謄錄』 182, 正祖 18년 10월 16일, 18책 p.263.
   "大抵近年以來 遊手極多 流丐成群 遍滿街巷 出沒村落 已爲平民之所苦 而值此荒歲 相聚爲盜 理所必至 而閭巷無賴之類 又從而和應之 則雖曰捕手 而其何以禁絶乎"

그리고 정조 4년 영의정 金尙喆의 언급처럼 이들은 '都下에 流入하여 傭役으로 業을 삼는'62) 무리로 변신하여 가고 있기도 하였다. 결국 法司 하속들의 예를 보더라도 그러하거니와, 이제 이들은 새로운 분야의 생업을 찾아 가지 않을 수 없었던 것이다.63) 무뢰배가 사실상의 이서층으로 편입되는 과정은 일단 투탁의 형식을 취하는 것이 보통이었다. 먼저 중앙에서의 양상은 우의정 金履喬의 언급처럼,64) 형조와 한성부와 같은 아문에 투탁한 원액 이외의 부랑배와 무뢰배들은 그 수를 알 수 없을 정도였다. 이들은 法隸의 이름으로 官令을 假託하여 폐단을 일으키고 있었으며,65) 모두 급료가 없는 吏名으로라도 일단 투탁하면 재정을 포흠하거나 수탈의 기회를 가질 수 있는 형편이었다.66) 무뢰배의 書吏化 구조는 대개 이와 같았다고 볼 수 있겠다.

투탁자들은 일단 官案에 등재되면 점차 움직일 수 없는 위치에 이르고 나아가 이액으로 편입되어 갔다. 그래서 다산은 이와 같은 사정을 '官奴·使令·通引 등에 대한 奉足 따위는 때로는 있기도 하고 때

---

62) 『備邊司謄錄』 161, 正祖 4년 2월 26일, 15책 p.829.
"其一 近來鄕外懶農之類 流入都下 無家無賴 豈不爲窮且盜乎 … 而至於流入都下 用役爲業之類 何可使猝然刷遣 徒作一場騷擾乎"
63) 『備邊司謄錄』 226, 憲宗 4년 4월 30일, 22책 p.961.
"右議政李止淵所啓 凡遊手無賴輩 必以吏額 爲迷藏之藪 見利而投托 犯罪而逃避 上而欺弄 下而嚇脅 詞訟之挾私扶抑 軍丁之視賄操縱 種種情狀 有不勝言 而最是國結則恣意偸匿 公穀則隨手爛用 畢竟疊徵也 替督也 都歸無告之殘民 … 上營之査減者 下邑增之 奸猾無屛息之日 痼瘼有滋甚之患 卽今大小民人 萬無一支之勢 卽更充之故也 …"
64) 『備邊司謄錄』 220, 純祖 32년 6월 20일, 22책 p.287.
"今番刑曹隷之作挐 亦關紀綱 如渠輩蠢蠢之類 敢於肆悖者 專恃其徒黨之衆 盖刑漢兩司之稱禁隷者 原額之外 有加出者 加出之外 又有投託者 凡都下常賤之浮浪無賴者 私自投託 不知其數 是皆假法隷之名而憑藉侵擾 其爲民害當何如 自臣司已勅秋曹京兆 量宜汰減 嚴加操束"
65) 『備邊司謄錄』 239, 哲宗 3년 12월 25일, 24책 p.506.
"左議政李憲球所啓 法司下隷之出沒閭里 侵虐平民 係是惡習 而近來則便成恒例 或以法隷 而假託官令 或以奸民 而冒稱法隷"
66) 『備邊司謄錄』 247, 哲宗 11년 2월 7일, 25책 p.405.

로는 없기도 하여 저희들이 하는대로 맡겨져 있으나 이것을 尺籍에 올려 놓으면 드디어 움직일 수 없는 法으로 되니 尺籍에 올려서는 안 된다'67)라 하였던 것이다.

다음으로 증액의 한 원인으로 들 수 있는 것은 吏卒들의 양식을 마련하기 위한 대책의 하나로68) 실시되고 있었던 保의 운영을 통한 保의 吏胥化이다. 이는 기존의 이서 아래 사사로이 모입된 吏保, 通引保, 使令保 등이 營·邑·鎭·驛에 투탁하는 형식을 통해서였다. 칠원현감 朴命燮의 상소에 대하여 正祖가 '其他私募各保人之投托營鎭者 亦令沙汰事也'69)라 한 批旨는 사실 保의 이서화를 막기 위한 조치로 볼 수 있을 것이다. 이들 保人은 당초 準이서적 위치에서 점차 이서로 되었다.70) 한편 이들은 邑吏로서 문서 작성의 능력마저도 제대로 갖추지 못하고 있었다.71)

지방의 이서조직이 관여하는 契房村의 성행도 이액 증가의 배경이 되고 있다. 계방촌은 18세기 均役法의 실시 이후 급속히 늘어난 것으로 원래 除役村의 하나였다. 하지만 점차 그 성격의 변화를 가져와 지방의 주요 재정수입원의 하나로 자리 잡은 측면도 있었다.72) 따라서

---

67) 『牧民心書』 兵典六條, 簽丁.
68) 『備邊司謄錄』 188, 正祖 22년 12월 30일, 19책 p.33.
   "成歡察房姜世鷹上疏批旨內 … 其一 吏卒之所以掩體糊口之策 專靠於復戶及保人"
69) 『備邊司謄錄』 188, 正祖 22년 11월 30일, 18책 p.978.
70) 특히 驛의 경우에 잘 드러나는데, 다음의 기록이 참고된다.
   "各邑帳籍中不書驛名 只載以驛吏驛保云者 太半冒錄 而雖書驛名者 亦不無冒錄 此宜一番大査櫛必也"(『千一錄』 驛屬弊).
71) 『啓書定額節目』(奎No. 古 4256-19).
   "右節目爲永久遵行事 左右廳啓書 咸亨杓等呈狀內 以爲矣等原額十二人 自由前後節目 而挽近冒入漸多 至爲三十五人 未必皆能寫之人"
72) 다음의 자료에서처럼 계방은 18세기의 정부로서는 단순히 身役의 측면에 주로 주목되는 것이었지만, 19세기에 들어서면서 지방재정수입에서 빼놓을 수 없는 수입기반이 되고 있었다(『備邊司謄錄』 146, 英祖 40년 10월 26일, 14책 p.235. "執義柳修所懷 … 所謂契坊 則下吏輩從中幻弄 凡係身役"). 契房에 대한

이곳에서도 모속과 투탁의 동기인 경제적 이권이 발생하였던 것으로 볼 수 있다. 이서들이 주체가 되어 설치 운영되던 계방촌은 특히 군역 문제와 관련하여 이액이 증가된 경우가 많았다. 충청좌도 암행어사 徐左輔는 군역을 지는 일반 양인이 넓은 의미에서 吏胥的 성격을 갖는 '保率'[73]로 계방에 참여하거나, 혹은 여러 아문에 冒錄과 投託하므로써 군역의 폐단이 발생한다고 하였다.[74] 계방촌의 성행은 避役 행위를 촉발하게 되고, 나아가 이액을 증가시키는 계제의 하나가 되었다.

이상과 같은 투탁과 모속의 경향은 결국 법전상으로나 관례상으로 규정된 범위를 넘어서기에까지 이르게 하였다. 柳壽垣은 지방의 州邑의 이액이 무한정이라 하면서 이는 많은 사람이 모입되어 결국 人吏化 곧 이서층으로 편입되어 간 결과라 하였다.[75] 이들은 처음에는 단순히 가탁의 형태를 취하다가,[76] 나중에 대개 이서화되었다. 이같은 양상은 19세기에 이르면서 삼정운영의 폐단과 더불어 더욱 가속화된 것으로 보인다.

중앙 각사의 서리 액수는 법전상에 분명히 명시되어 있으므로 공공연한 증액의 정도는 다소 덜 할 수 있었다. 그러나 지방 이액의 경우 그것이 당시 읍세의 실질적 사정과 맞추어 현실화되어 있지 않음으로써, 액수의 변동 폭은 매우 큰 것이었다. 이같은 사정에 대하여 純祖

연구 성과로 金炯基, 앞의 논문(1993)이 주목된다.
73) '奉足'은 官奴, 通引, 使令 따위로 '保率'의 별칭이다(『日省錄』純祖 22년 7월 19일, 「全羅左道暗行御史沈英錫進書啓別單」참조). 그러므로 保率은 하급 吏屬으로서 이서적인 존재가 된다. 이에 대해서 『牧民心書』吏典六條, 束吏조와 兵典六條, 簽丁조를 참조할 수 있다.
74) 『備邊司謄錄』210, 純祖 22년 11월 2일, 21책 p.405.
  "其一 … 簽伍之弊 不一其端 而苟究其源 則皆由於保率祷坊 及冒錄投托之故"
75) 『迂書』제7권, 論吏員役滿陞撥之制.
  "今之州邑人吏 都無限定 廣簽遊丁 以爲募入 而其實則許多人吏 大抵供官員移事 奴虜賤待 殆無人吏 設有馴良之吏 何所顧惜 而不化爲奸濫之徒哉"
76) 『備邊司謄錄』160, 正祖 3년 6월 3일, 15책 p.735.
  그리고 앞의 주 65) 참조.

V. 吏額의 증가와 지방재정운영 135

  2년 6월 전라우도 암행어사 鄭東百은 지방 읍을 京司의 경우와 비교하면서 '큰 읍의 吏額은 3백 명까지 이르고 적은 읍에도 7·8십 명 이하로 내려가지 않는다'[77]고 하였다. 다산 정약용도 처음에는 이서로 취급되지 아니하였던 이른바 書員은 원래 농민층분화로 파생된 무뢰배와 같은 단순한 閒客들이었는데 점차 이서의 존재로 변신해 가는 것으로 보았다.[78] 그래서 앞의 정동백의 보고처럼 列邑의 이액이 점증하여 많은 경우 수백 명, 적어도 8십 명이나 되었다. 이와 같은 현상은 이서의 범위가 명확하지 못하였던 것과 액수를 정확히 명시하지 못한 것 등에서 오는 결과였다.

  驛에 있어서도 박규수의 보고에서처럼 부랑·무뢰배들이 점차 驛吏化되어 가고 있었던 것과,[79] 正祖 8년 강원도 암행어사 趙弘鎭이 보고한 驛奴의 陞吏化 현상[80] 등과 같이 역시 일반 읍의 이액 증가의 사정과 같은 맥락에서 전개되고 있었다.

---

[77] 『備邊司謄錄』195, 純祖 2년 6월 8일, 19책 p.451.
    "其一 生民之弊 專由於吏額之多 大邑幾至數三百人 小邑不下七八十人 雖以京司言之 皆有定額 獨於外邑 不定額數 徒貽弊端 令道臣量定額數汰其冗雜 爲民除害事也"

[78] 『經世遺表』권7, 地官修制. 田制 7.
    "考給租者 南方之巨瘼也 所謂書員 本非吏窠 古者掌田之吏 得城中閒客十餘人 派遣諸坊 踏驗衰實 旣歸使治文書 數十年來 列邑吏額 歲增月衍 多者數百 小者八十 於是所謂書員 遂爲吏窠 所食隱結 多者百結 所食僞災 多者百結"

[79] 『繡啓』(奎No. 4546) V.2.

[80] 『備邊司謄錄』167, 正祖 8년 12월 29일, 16책 p.572.
    "江原道暗行御史趙弘鎭別單 … 郵站事段 驛奴陞吏 果爲各驛之巨瘼"
    이외에도 다음의 기사가 참고된다.
    『備邊司謄錄』171, 正祖 11년 9월 29일, 16책 p.958.
    『備邊司謄錄』174, 正祖 13년 4월 20일, 17책 p.294.
    『備邊司謄錄』178, 正祖 15년 4월 30일, 17책 p.783.

3. 吏額 증가의 실태와 성격

먼저 이액의 실태를 살피기 전에 이액의 범주를 어떻게 할 것인지를 알아보자. 이액의 범주는 대체로 두 가지 측면에서 살필 수 있다. 첫째는 전근대 신분제 붕괴 과정에 한정된 측면의 것이며,[81] 둘째 여기서 한 차원 더 나아가 당시의 사회경제 변동의 흐름과 더불어 검토되어야 할 범주라는 점이다.

본 절의 기본 전제는 후자의 경우에서인데, 앞서도 언급하였듯이 당시 이서층을 중심으로 전개되던 중간수탈 및 포흠과 밀접한 관계를 가진 것으로서의 이액의 범주를 택하고자 한다. 만약 단순히 제도사적 의미의 신분제 측면에서 이서의 범주를 규정한다면 당시의 사회 구조 아래 다양한 활동을 하던 이들의 실상 파악에 혼동을 가져올 우려가 있기 때문이다. 사실 이들의 활동 무대가 지방재정을 비롯한 부세운영 전반에 걸쳐 있다는 점을 고려한다면 더욱 그러한 것이다. 이렇게 본

---

[81] 그런데 시기가 내려올수록 호적상에 기재된 직역은 실제와 다른 경우가 많았다. 예를 들어 鎭海의 경우 아래 <註表 1>에서처럼 비슷한 시기에 간행된 호적과 읍지상의 기록을 상호 비교해 보면 많은 액수의 차이가 나타나는 것을 볼 수 있다. 읍지에 기재된 것도 후술하지만 실제보다 적은 액수였다. 이러한 점에서 단순히 호적의 통계적 분석을 통한 기왕의 신분제 변동에 대한 연구 방법은 재고되어야 할 필요가 있을 것이다.

<註表 1>　　　戶籍과 邑誌의 吏額 비교

	軍官	人吏	使令	通引
읍지(1832)	30	27	10	13
호적(1825)	16	17	5	1

* 『慶尙道邑誌』① (亞細亞文化社刊)와 武田幸男,「朝鮮戶籍大帳의 基礎的 硏究 -19世紀 慶尙道鎭海縣의 戶籍大帳을 通하여-」를 참고하여 작성함.

* 그리고 이와 같은 견해는 崔承熙,「朝鮮後期鄕吏身分移動與否考 -鄕吏家門 古文書에 의한 事例分析-」,『金哲埈博士華甲紀念史學論叢』, 1983에서도 표명된 바가 있다.

다면 이액으로서의 범주 폭은 매우 넓어지게 된다.

중앙 각사의 경우 이서 범주는 법전 상에 명확하게 명시되어 있는 것처럼 실무적 기능을 담당한 계층에 한정된다. 다만 書吏의 하급 하속들이 다소 문제가 되지만, 경제적 수탈과 포흠 전개과정의 측면에서 보면 모두 이서층의 범주에 편입될 수 있다. 중앙 각사의 관리들은 지방 읍의 人吏와는 달리 '書吏'라는 고유 명칭을 갖지만, 그 경제적 행위의 속성상 지방관아의 '胥吏'와 역시 비슷한 존재라 할 수 있다. 이는 18세기 말엽에 간행된 것으로서 중앙 각사의 이액을 기록한『京衙員役錄』[82] 이라는 책명과 19세기 초엽의 합천 읍지[83]의 관직조에 나타난 '員役'의 명칭과 관련지어 보면 분명해진다. 그 외 법사의 下屬과 皀隸 등도 書吏보다 한 단계 낮은 계층이지만, 이들에게 보장되는 경제 이권의 성장 확대와 수탈기능 및 본고의 기본 전제 조건 등의 경우를 미루어 모두 같은 凡吏胥層의 구성 범주로 편입시킬 수 있다.

지방 관아에서의 이서는 중앙의 경우보다 복잡한 구성을 가지며 다양한 명칭을 갖고 있었으나, 이들도 모두 범이서층으로서의 범주에 포함시키고자 한다.[84] 그것은 이미 앞서 지적된 바이지만, 본고가 조선후기의 사회경제적 변화와 함께 기능하였던 이들의 경제 활동에 기본 시각을 두기 때문이다.

이서층의 범주에 대한 당시 지식인의 인식으로는 茶山의 견해가 주목된다.[85] 그는 수령과 面 이하의 관리를 제외하고 이서의 범주를 호

---

82) 『京衙員役錄』(奎No. 12409). 이 책의 내용 중 1776년에 창설된 '奎章閣'의 항목이 있음을 미루어 간행 시기는 대략 18세기 말엽이었던 것으로 생각된다.
83) 『邑誌』一, 慶尙道編①, 亞細亞文化社.
84) 이에 대해서는 金弼東, 앞의 논문에서 부분적으로나마 언급된 이서집단의 구성 범주에 대한 논의가 참조된다. 그러나 필자는 구성범주를 사회경제적 측면의 중간수탈을 기본 전제로 살펴보려 하였던 점에서 氏의 견해와 다소 다른 부분이 있다.
85) 『牧民心書』吏典六條.

장층으로부터 시작하여 심지어 노비 계층까지 포함하고 있다. 이것은 이들 모두가 지방재정 운영의 실무자라는 위치를 주목하였기 때문이다. 다산의 이같은 견해는 18세기와 19세기에 걸쳐 계속 간행된 전국 각 邑誌의 관직조에 기재된 범주와도 대체로 일치하고 있다. 그러므로 본 장의 이액 편입의 범주로서는 중앙의 경우 書吏와 書員 및 이들보다 한 단계 낮은 皂隷와 使令 등의 모두와 지방의 경우 적어도 읍지상의 관직조에 기록된 계층이면 모두 이서로서의 범주에 포함될 수 있을 것이다.

1) 중앙 各司의 경우

18,19세기 이액 증가의 현상에 대한 정부의 감액조치는 일차적으로 이로 인한 폐단의 발생을 막아야 한다는 단순한 차원에서 단행되고 있었다. 우리는 앞서 정부에 의한 제반 논의를 살펴 보았거니와, 특히 정부의 이액논의는 이 시기 사회경제변동이라는 토대의 변화 속에서 파악하지 못하였다. 본 절에서는 우선 각사의 이액이 어떻게 파악되어 있는 것인지를 보면서 구체적 실태를 보기로 하자.

중앙의 각사는 많은 아문으로 구성되어 있었지만, 각각의 경우를 여기서 모두 언급할 여유는 없다. 여기서는 法司의 경우만 예로 들어 법전상의 이액 감소의 실태를 보자. 法司 계통의 아문에서 당시 이액 증가의 속성을 비교적 잘 알 수 있을 것으로 생각되기 때문이다.

먼저 사헌부의 실태를 반영하는 것으로써 순조 5년 비변사에서 왕에게 올린 보고가 있다.[86] 그 내용은 吏隷들이 법을 무시하면서 出牌로써 관의 권위를 빙자하여 뇌물을 받는 등 폐단을 발생시킨다 하고,

---

86) 『備邊司謄錄』196, 純祖 5년 4월 2일, 19책 p.710.
　　"近來法司之科外侵民 不一其端 而憲府吏隷之作弊 郊外傳聞 尤爲浪藉 故聞極駭然 使之査實 則監察李景烈 蔑法出牌 恣意行惡 而下隷則憑藉官威 從以徵略云"

이렇게 된 것에 대하여 당시 조정에서는 특히 위와 같은 이예의 정액이 잘 지켜지지 않았던 것에 원인이 있음을 지적하였다. 그래서 대책의 하나로 일종의 신분증명서와 같은 '烙印牌'를 발행하여 이액증가를 제한하자는 논의를 하기도 하였다.[87] 사실 법사의 이액에 대해서는 이미 영조 연간에 일차적으로 논의된 바가 있었다.[88] 특히 문제가 된 것은 定額 이외의 경우였는데 원래 '부랑배'이거나 '무뢰배'에 속하였던 자들이 '投託吏名'의 형식으로 일정 시일이 지나는 동안 吏胥化되는 과정을 거친 증액이었다. 이는 사헌부에서 뿐 아니라 형조와 한성부에서도 마찬가지였다.[89] 실제 사헌부는 원액 이외의 액수가 수백명에 이르기까지 하였다.[90]

중앙 각사의 이액 실태는 규정보다 훨씬 상회하는 추세였다. <표 6>은 실제의 이액이 거의 반영되지 못한 공식적 액수로만 나타낸 것이다. 이는 정부의 이액에 관한 실태 파악이 당시 사회모순에 대한 보다 구체적인 접근을 하지 않은 데서 오는 결과였다.

이제 이상과 같은 사정 아래 전개된 18·19세기 중앙각사의 이액 실태와 그 변화의 추세를 보기로 하자. 우선 이액에 관한 정부의 관심은 조선후기에 몇 차례 간행된 여러 法典과 節目의 반포 및 수시로 비변사에서 정리하고 있던 各司吏額別單의 발표 등으로 표명되고 있다. 이를 종합한 18·19세기 이액의 실태는 다음의 <표 6>과 같다.

---

87) 『備局節目』(奎No. 17291) V.1, 1781년.
 "刑曹爲相考事 奧在癸酉因廟堂申飭 本曹吏隸定額之後 渠矣身役籍牌 一竝勿用 別成備字 烙印牌頒 以爲憑考之符信 盖緣退仕吏隸 及閒散無賴 或有假稱橫拏者 故爲防此患 而設始者也"
88) 『備邊司謄錄』146, 英祖 40년 11월 9일, 14책 p.248.
89) 『備邊司謄錄』220, 純祖 32년 6월 20일, 22책 p.287
90) 『啓下司憲府矯弊節目』(奎No. 17293), 1813년.
 "盖刑曹京兆禁隸 元額之外 又有保率之名色 保率之外 又有數百名加出者 此則 官所不知 而禁隸輩私自募得 互相締結者也"

<표 6>　18·19세기 중앙각사의 이액실태

	① 1485	② 1719 時存	② 1719 今定	③ 1744	④ 1757	⑤ 1785	⑥ 18C말	⑦ 19C 초반 書吏	⑦ 19C 초반 皂隷	⑧ 1865
議政府	14	15	·	15	15	14	26	12	30	14
忠勳府	6	9	·	6	5	6	24	6	12	6
義禁府	18	18	·	18	20	18	22	18	60	18
吏曹	18	28	25	25	20	18	22	12	24	18
戶曹	38	70	50	60	72	38	64	20	40	38
兵曹	35	155	100	100	105	35	107	20	40	35
刑曹	46	110	70	70	87	46	64	20	40	46
工曹	15	30	20	20	25	15	20	10	20	15
漢城府	38	98	60	60	72	38	41	20	40	38
司憲府	39	57	55	55	55	39	31	10	20	39
承政院	23	25	·	25	25	22	25	24	60	22
掌隷院	32	40	·	32	29	32	·	2	8	32
成均館	10	23	21	21	21	10	28	·	·	10
通禮院	8	4	·	4	5	8	6	8	20	8
奉常寺	15	·	·	15	17	15	20	·	·	15
校書館	16	·	·	19	20	16	11	10	16	16
司饔院	6	20	15	15	17	6	15	10	20	6
內醫院	4	23	20	20	23	4	25	8	16	4
司僕寺	15	31	20	20	33	20	32	10	20	15
軍器寺	20	10	·	10	12	20	·	6	12	20
軍資監	29	24	·	24	20	29	20	8	16	29
繕工監	20	13	·	13	20	20	15	6	16	20
司宰監	20	11	·	11	12	20	5	6	12	20
侍講院	4	16	15	·	14	·	18	10	24	·
宣惠廳	·	·	·	24	·	·	33	10	20	30

* 法典의 경우에는 吏典「京衙前」條를 참고함.
* 위의 번호별 출전은 다음과 같다.
　①『經國大典』　②『備邊司謄錄』　③『續大典』　④『備邊司謄錄』
　⑤『大典通編』　⑥『京衙員役錄』　⑦『經世遺表』　⑧『大典會通』

<표 6>에서 보면 肅宗 45년에 時存 액수를 조사한 이후 몇 차례 조정을 거듭한 중앙 각사 이액의 거의 전부가 조선 초기『經國大典』의 규정을 벗어나지 않기 위해 수시로 재조정하려고 한 점이 규지된다.

그렇지만 숙종 45년의 경우에는 '時存'의 액수로서 중앙 각사의 **書吏**의 당시 액수를 그대로 표현하고 있는데,[91] 이로 미루어 보아 조선후기의 이액은 실제보다 크게 증가되어 왔음을 쉽게 짐작할 수 있다.

그리고 19세기에 이르러 다산의 『經世遺表』에서 규정된 액수와 그 이전 몇 차례 자료상으로 나타나는 액수를 비교해 보면 거의 전부 필요 이상으로 증가되고 있다. 앞의 **司憲府**의 경우를 통하여 이를 대체로 짐작할 수 있었다.[92] 그러나 이액의 이와 같은 지속적인 증대는 1862년 농민항쟁을 계기로 1865년에 반포된 『大典會通』 단계에 이르러 아예 선초의 『經國大典』의 규정대로 환원시키려는 노력을 있음을 보면 더욱 분명해지는 것이다.

그런데 위의 <표 6>에서만 본다면 액수가 줄어드는 아문도 있는데, 이러한 현상은 봉건제 사회의 해체과정에서 발생하는 경제적 이권이 비교적 뚜렷하게 보장된 <표 7>에서와 같은 아문의 경우 오히려 액수가 증가하고 있음을 볼 때 역시 재정운영상의 구조적인 차이로 인한 것이 아닌가 한다.

<표 7> 兩司와 六曹衙門의 이액실태

	① 1485	② 1719 時存	② 1719 今定	③ 1744	④ 1757	⑤ 1785	⑥ 18C말	⑦19C 초반 書吏	⑦19C 초반 皀隷	⑧ 1865
吏 曹	18	28	25	25	20	18	22	12	24	18
戶 曹	38	70	50	60	72	38	64	20	40	38
刑 曹	46	110	70	70	87	46	64	20	40	46
漢城府	38	98	60	60	72	38	41	20	40	38
司憲府	39	57	55	55	55	39	31	10	20	39

* <표 6>에서 선별하여 작성한 것임.

<표 7>에서처럼 **法司** 계통의 아문은 여타의 경우와 달리 증가폭이

---

91) 『備邊司謄錄』 72, 肅宗 45년 8월 15일, 7책 p.p173~175, 書吏減額別單.
92) 『備邊司謄錄』 146, 英祖 40년 11월 9일, 14책 p.248.

뚜렷함을 보여 준다. 그러나 이 보다 주목되는 것은 아래의 <표 8>과 같이 중간수탈층으로서 民에게 일차적으로 가장 큰 폐단을 일으키는 法司의 下隸들이 거의 폭발적으로 증액되고 있다는 사실이다.

<표 8> 法司 下隸의 액수변화

	義禁府	刑曹	典獄署	司諫院	합계
續大典	40	9	5	·	54
大典會通	232	15	30	14	277

<표 8>에서와 같이 18세기에 54명이던 것이 『大典會通』이 간행되던 19세기 중엽 무렵에는 무려 5배 정도 증가하여 모두 277명이나 되고 있다. 더구나 官案에 등재되지 않은 액외의 加出者를 감안하면 실제의 액수는 이보다 훨씬 더 많았을 것으로 짐작된다. 중앙정부에서는 各司 관원의 '政案'을 매 式年 마다 조사·작성하고 있었지만[93] 실제와는 많이 다른 것이었다. 사실 중앙 각사의 하급 관직은 지방과 마찬가지로 別陪·驅從·使令·庫直·守僕·下隸 등의 다양한 명칭을 갖고 있었기 때문에, 이로 인한 서리에 대한 파악도 어려웠을 뿐 아니라 그 액수도 증가할 수밖에 없었을 것이다. 그러나 이와 같이 된 원인은 여러 가지 있겠지만, 그 중에서도 18·19세기 삼정운영의 문란과 관련한 중간수탈층의 형성에 가장 큰 영향을 받고 있었음은 이미 살펴본 바이다.

요컨대, 중앙각사의 이액은 법전상으로는 큰 변화를 쉽게 찾을 수 없었으나, 중간 수탈과 포흠의 사회경제적 측면에서 吏胥層의 범주가

---

[93] 『禮房謄錄』(奎No. 21462), 1809년.
"吏曹爲相考事 每於式年 京外官具來歷 呈于本曹載錄政案 乃是法典乙仍于 玆以移文爲去乎"

보다 확대되고 이에 따라 실제의 이액은 크게 증가하고 있었다.

2) 지방 관아의 경우

지방관아의 이서층으로 구성되는 범주는 18·19세기의 각종 읍지의 관직조에 수록된 것에 한정하였다. 이는 주지하다시피 당시 지방 관아의 이서층이 다양한 명칭을 가지고 있었다는 사실, 각각의 신분 직역에서 다소 차이가 있을지라도 재정운영의 실무자라는 사회경제적 의미의 속성이 모두 동일하다는 사실 등의 이유에서이다. 여기서는 특히 여러 읍지의 관직조에 보이는 人吏·知印·使令 등을 이서층으로 범주화시켜 이액의 실태를 분석하고자 한다.[94]

그런데 이른바 下吏層으로서의 使令, 知印, 記官, 羅將, 軍校, 色吏, 貢生, 律生, 鄕吏 등도 이미 언급된 바대로 무엇보다 이 시기 주된 수탈자의 세력으로 등장한다는 넓은 의미에서 이서층의 범주에 포함시킨다. 通引으로도 불리는 知印과 羅將 혹은 皂隷로 불렸던 使令은 점차 吏胥 자리에 陞差되거나 換差되기도 하였다.[95]

우선 18·19세기 경상도 지역에 한정된 각읍의 이액 실태를 위와 같은 입장에서 개괄해 보면 아래 <표 9>와 같다.

---

94) 18·19세기에 이르면서 外邑에서는 각종 官案이 마련되고 있었다. 본고는 일단 이러한 官案類에 의거한 이서층의 범주를 구성해 보기로 하였다. 예를 들어 '人吏案'이란 책명을 가진 관안을 보면 거의 전부 人吏, 知印, 使令은 빠지지 않고 나온다.
95) '通引'의 경우 예를 들어 "我廳任窠窄小 排比甚難 而近來通引輩 間有各差之 弊 渠亦吏子也 各差吏窠"(『作廳謄錄』, 奎No. 12528)라는 기록과 麻生武龜, 앞의 책 91쪽 참조.

<표 9> 18·19세기 경상도 각 읍의 이액실태와 변화

	輿地圖書(1759년)				慶尙道邑誌(1832년)			
	人吏	知印	使令	元戶	人吏	知印	使令	元戶
大邱	96	40	18	12,752	126	39	25	13,10194
慶州	118	31	30	17,219	118	11	30	18,221
安東	234	68	71	16,397	290	56	73	9,227
晉州	73	23	42	13,480	78	32	37	15,671
星州	85	47	35	11,970	110	30	·	11,944
靑松	30	12	15	2,996	40	15	15	3,353
東萊	68	42	37	6,653	77	38	27	7,190
昌原	49	17	22	7,344	82	20	22	6,290
尙州	71	14	24	18,416	71	14	24	17,877
咸陽	46	23	17	4,763	76	21	26	4,696
永川	62	36	27	8,227	72	25	33	8,227
金山	32	24	20	5,885	42	24	35	5,704
盈德	30	20	17	3,199	30	20	17	3,809
固城	20	10	15	9,435	62	10	15	9,922
善山	40	38	19	9,012	47	30	25	7,372
仁同	20	11	13	4,105	34	23	21	3,775
漆谷	30	15	5	3,070	75	19	20	3,835
河東	41	17	27	3,832	41	17	27	3,832
蔚山	73	33	29	8,670	73	33	29	8,670
金海	58	16	21	8,511	66	·	42	6,332
寧海	31	16	17	2,355	61	18	·	2,503
巨濟	30	15	13	5,503	60	15	20	6,660
居昌	68	24	27	4,763	90	38	25	5,016
淸道	40	20	30	7,270	54	29	22	7,351
草溪	30	10	12	3,352	73	21	20	3,228
慶山	25	17	14	3,143	37	20	17	3,025
南海	61	24	29	4,491	50	22	15	3,429
順興	32	16	20	·	20	8	11	·
開寧	38	21	17	3,722	60	28	31	4,394
禮安	46	18	15	1,782	42	21	·	1,322
迎日	20	7	15	3,916	40	11	20	3,989
長鬐	18	8	7	1,890	22	8	15	2,239
靈山	39	18	15	4,264	54	16	14	3,526
醴泉	41	23	19	7,725	54	26	32	0,941
豊基	19	10	10	2,401	20	10	10	2,405
梁山	28	20	22	2,079	28	20	22	2,079
咸安	29	17	20	5,198	·	·	·	4,699
昆陽	32	15	20	3,750	32	15	20	3,686
陜川	·25	10	11	3,956	42	27	19	4,772
慈仁	27	12	15	·	39	23	16	·
漆原	24	15	16	2,567	32	17	17	3,100
聞慶	32	14	15	3,466	31	30	·	3,524
安義	55	22	25	4,565	55	22	25	4,565
鎭海	19	5	6	2,035	27	13	10	1,245
眞寶	19	9	7	1,259	30	9	7	1,337
咸昌	33	20	21	2,571	33	20	21	2,746
知禮	23	13	16	2,616	38	20	19	2,243

V. 吏額의 증가와 지방재정운영 145

高靈	30	14	12	2,546	30	21	20	2,459
玄風	35	18	18	3,538	64	21	20	3,447
山淸	42	12	·	2,114	42	12	·	2,114
軍威	65	28	23	3,540	70	15	15	2,371
義興	47	17	23	3,557	61	21	25	3,616
新寧	31	15	13	4,052	45	15	13	4,004
昌寧	35	12	15	6,192	35	12	15	5,921
泗川	30	11	15	3,313	30	11	15	3,313
機張	28	11	15	3,064	30	13	15	2,687
三嘉	72	22	21	3,085	72	22	21	3,085
比安	44	31	12	3,057	62	·	16	2,885
熊川	30	13	14	3,153	30	13	14	3,916
宜寧	35	·	20	6,844	35	·	20	6,844
河陽	15	9	8	1,655	15	9	8	1,726
龍宮	30	20	21	3,128	30	20	21	2,866
奉化	19	11	16	1,106	27	6	·	0,818
靑河	33	19	14	1,552	39	15	14	1,712
彦陽	19	7	12	1,202	24	14	16	1,224
計	2,800	1,216	1,230	323,273	3,481	1,224	1,239	308,173
平均	43.1	19.0	19.2	5,131	54.4	20.2	21.4	4,892

* 『輿地圖書』(國史編纂委員會)와 『慶尙道邑誌』①(亞細亞文化社)의 각 읍 「官職」 과 「戶口」條에 의거하여 작성하였으며, 두 자료에 모두 기록되어 있는 邑만을 정리하였음.

위의 <표 9>는 비록 경상도 읍의 경우에 한정된 것이지만, 조선후기의 전국적 실태는 대략 비슷한 추세였을 것이고, 전반적으로 증가하고 있음을 볼 수 있다. 그러나 바로 앞 시기에 작성된 읍지의 내용을 그대로 옮겨 놓은 경우가 많았던 경우를 고려한다면 실제 액수는 이보다 훨씬 많았을 것으로 보인다. 이를 다시 人吏, 知印, 使令으로 각각 나누어 18세기와 19세기의 이액 증가를 간단히 도식화시켜 보면 아래 <표 10>과 같다.

<표 10> 경상도 각 읍의 이액 증가 현황

	人吏		知印		使令	
	합계(49개읍)	평균	합계(47개읍)	평균	합계(44개읍)	평균
1759년	2,051	42	897	19	811	18
1832년	2,737	56	969	21	948	22
증 액	686	14	90	3	137	4
증가율(%)	33.4		10.2		16.9	

* <표 9>에서 정리된 67개 읍 중에서 상호 비교 가능한 것만을 취하였으며, 軍官·官奴·官婢 등은 제외시킴.

<표 10>에서 보면 人吏가 33.4%, 知印이 10.2%, 使令이 16.9%의 증가율을 보이고 있다. 그러나 각 읍에 따라 증가폭은 매우 다르게 나타난다. 이는 邑誌 작성의 기준이 다르거나 혹은 경제적 조건 차이에서 유래된 것으로 보인다. <표 9>에서 증가율이 다른 각각 다른 읍 9개를 뽑아 다음의 <표>로서 작성해 보았다.

<표 11> 이액증가율의 경향

	1759년	1832년	증액	증가율(%)
豊 基	39	40	1	2.6
安 東	373	419	46	12.1
居 昌	119	153	34	28.6
金 山	76	101	25	32.9
咸 陽	86	123	37	43.0
巨 濟	58	95	37	63.8
開 寧	66	119	53	80.3
漆 谷	50	104	54	108.0
順 興	68	39	-29	-42.6
합계	935	1193	258	26.2

* <표 9>에서 이액의 증가 폭이 각각 다른 읍을 취하여 작성하였으며, 人吏, 使令·知印의 액수를 합한 것임.

각 읍의 이액증가율은 <표 11>에서처럼 豊基邑의 2.6%부터 漆谷邑의 108%까지 다양한 차이를 보이고 있다. 이는 기본적으로 이 시기 사회경제적 변화에 따른 邑勢의 차이에 의한 결과였다. 또한 각 읍의 이액에 대한 상세한 규정을 갖지 못했던 사실과 앞서 언급한 바 비교적 사실이 반영된 경우와 그렇지 못한 경우의 편차에도 비롯되었다. 전자의 경우 순조 2년 전라우도에 파견되었던 암행어사 鄭東百이 중앙의 각사는 定額化되어 있으나 외읍은 그러하지 못하여 폐단이 되고 있으므로 道臣으로 하여금 적절한 액수를 정하게 할 필요가 있다고 보고한 것에서96) 그 사실을 짐작할 수 있다. 그런데 각읍의 이액규정이 전혀 없는 것이 아니었다. 하지만 이의 법전상 규정은 다음의 <표 12>와 같이 매우 간략하다.

<표 12> 지방관아의 이액규정

	府	大都護府	牧	都護府	郡	縣
書員	34	30	38	26	22	18
日守	44	40	40	36	32	28

* 『大典會通』 兵典 「外衙前」조에 의거하여 작성함.

<표 12>에서처럼 각 읍의 규정이 전혀 없었던 것은 아니다. 그러나 이는 단지 행정상의 것일 뿐이었고, 18·19세기 읍세 변화와 관련한 실제와는 거리가 먼 것이었다. 더구나 봉건 기강의 혼란과 함께 중앙의 지방에 대한 통제력이 점차 약화됨으로써, 위와 같이 규정된 각읍의 이액은 제대로 지켜질 수 없는 것이었다.

말하자면 당시의 각 읍의 경제규모가 농민층분화와 같은 사회경제

---

96) 『備邊司謄錄』 193, 純祖 2년 6월 8일, 19책 p.451.
 "雖以京司言之 皆有定額 獨於外邑 不定額數 徒貽弊端 令道臣量定額數 汰其冗雜 爲民除害事也"

적 변화 속에서 다양하게 변화함으로써, <표 12>와 같은 규정이 제대로 지켜질 수 없었던 것이다. 이 때문에 정조 22년 尹在陽은 읍의 크기에 따라 이서의 액수를 결정해야 한다고 주장하였다.97) 그러나 읍의 대소 기준이 정부의 행정상 기준만으로는 분명히 파악되지 않는 것이었다. 다시 말해 정부의 吏額 구분의 기준은 이 시기 농업생산력과 상품화폐경제의 발전에 수반되는 읍세의 급격한 변화를 충분히 고려하지 않은채 마련되었던 것이다.

읍세와 관련한 이액 결정의 대안으로 주목되는 것은 정약용의 吏額規定案으로서, 정부에서 규정한 것과도 대체로 비슷한 편이다.98) 다음의 <표 13>과 같이 정리할 수 있다.

<표 13> 다산의 이액규정안

戶數	吏額	戶數	吏額	戶數	吏額
4,000미만	20	7,000~	35	20,000~	70
4,000~	20	8,000~	40	25,000~	80
5,000~	25	10,000~	50	30,000~	90
6,000~	30	15,000~	60	35,000~	100

* 『經世遺表』 제5, 「天官修制」와 「郡縣分等」에 의거 작성.

위의 <표 13>에서와 같이 다산 정약용은 각 읍의 戶數를 기준으로

---

97) 『正祖實錄』 50, 正祖 22년 11월 戊子條, 47책 p.143.
"減吏額者 毋論大小邑 害及生民 計其邑之大小 稱其額之多寡宜矣"
98) 다산의 규정은 1862년 농민항쟁 수습책의 일환으로 간행된 아래 자료의 吏額 減定成冊에 나타난 액수에 상당히 근접하고 있다.
『咸鏡道內各邑吏額減定成冊』(奎No. 17127).
『平安道內各邑吏定額成冊』(奎No. 17126).
『忠淸道各邑吏額減定成冊』(奎No. 17091).
그리고 驛의 경우에는 『省峴驛吏額存減成冊』(奎No. 17110, 1874년)이라는 자료가 있는데, 여기서 보면 감액 이전에 30명이던 것이 10명으로 재조정되고 있다(<표 10,11>과 함께 참조할 것).

하여 규정하고 있다. 그의 규정은 18·19세기의 **農民層分化**로 인한 광범한 유망 현상에 따른 읍세의 변화를 기본 전제로 규정한 타당성 있는 방식이었다.

다산은 최소 20명에서부터 시작하여 100명을 넘지 않는 선까지가 적당한 것이라 하였다. 그러나 실제 조선후기의 지방사회의 이액 실태는 다산의 기준과는 훨씬 차이를 보이는 것으로 나타나고 있었다. <표 9>에서 보이는 元戶의 수와 비교한 액수를 산정해 보면, 거의 全邑이 <표 13>의 규정에 접근하지 못하고 있다. 더구나 <표 9>의 이액이 실제보다 적은 단지 邑誌 상의 액수라는 점을 감안하면 더욱 그러하다.

한편 1822년 전라좌도에 파견된 암행어사 **沈英錫**은 이액규정안을 **田摠**과 **戶摠**을 상호 관련시켜 더욱 구체적인 대안을 제시하기도 하였다.[99] 그는 각 읍의 전총을 계산하여 2천 결마다 아전 10명씩 두되, 전결이 적고 호수가 많은 곳에는 2천 호마다 10명씩을 둔다는 것이다. 그리고 도회지는 적당한 수를 추가하여 정하고 田과 戶가 모두 2천이 넘는 곳은 적당한 액수로 조정한다는 것이다. 이처럼 각 읍의 이액에 관한 규정은 정부에서나 실학자들 모두에게 심각하게 인식되었던 문제로서 다양하게 제시되고 있었다. 앞서 언급하였듯이 18·19세기에 지방으로 파견된 암행어사의 주요 임무의 하나가 각 읍의 이액문제에 대한 실태의 조사였다.

각 읍의 실제 이액이 읍지상에 기록된 것보다 많았을 것이라는 점은 다음의 <표 14>에서 대략 살필 수 있다.

---

99) 『日省錄』 純祖 22년 7월 17일, 全羅左道暗行御史沈英錫進書啓別單.

<표 14> 全州·靈光의 이액실태

자료	邑名	軍官	人吏	知印	使令
輿地圖書	全州	126	152	77	43
(1759년)	靈光	35	67	31	43
全羅道邑誌	全州	126	152	77	43
(1872년)	靈光	36	79	32	46

 * 위 표에 제시된 두 자료의 각 읍「官職」조에 의거 작성

<표 14>에서처럼 읍지상의 기록인 1759년과 1872년의 경우, 모두가 正祖 15년(1791) 前全羅都事 申獻朝가 중앙정부에 조사·보고한 전주 3백 명, 영광 2백 명의 액수에 훨씬 못 미치는 것이다.[100] 이보다 앞서 正祖 13년에도 외읍의 이서 액수가 大邑에는 3백 명에서 4백 명씩이나 되고 小邑에서도 1백 명을 내려가지 않는다고[101] 한 것 등을 보면, 당시 이액 실태가 어느 정도였는지를 대략 짐작하게 한다.

이 시기 이액 증가 양상의 구체적 분위기는 순조 2년 충청도 암행어사 申龜朝의 보고서를 인용한 비변사의 啓가 참조된다.[102] 즉, 洪州 邑의 이액은 1백 명으로 이 중 50명 정도는 무뢰배의 유입으로 인한 결과이므로 그 반을 감소시켜야 하며, 이와 같은 사정은 전읍이 마찬가지이니 일률적으로 1/2~1/3 정도를 감액해야 한다는 것이다. 그렇

---

100) 『備邊司謄錄』179, 正祖 15년 9월 21일, 17책 p.863.
 "前全羅都事申獻朝書啓 … 人吏額數汰減事也 我國下吏本無廩料 此國家使之斂食於民也 當初設法 已極可訝 而全州靈光 雖曰大邑 吏額之或爲三百 或爲二百 實係蠹邑浚民之政"
101) 『備邊司謄錄』174, 正祖 13년 4월 29일, 17책 p.317.
 "其一 列邑吏額 本無稍食 故未有定數 小邑百餘名 大邑三四百名"
102) 『備邊司謄錄』193, 純祖 2년 6월 12일, 19책 p.455.
 "其一洪州載案之吏 殆爲百餘名 而元居之鄕吏鮮少 流入之無賴過半 故民之受害 此邑爲最 今於百名之中 査汰其半 而洪州如此 他邑可知 嚴飭道臣 行關列邑 區別州縣之大小 分定吏額之多寡 或去三分二 或去十分五 遂爲定式 永勿變改事也"

V. 吏額의 증가와 지방재정운영 151

지만 이와 같은 정부의 이액 조치도 다산의 규정보다 많은 大邑 70명, 中邑 50명, 小邑 30명 선으로까지 밖에 할 수 없는 것이었다.103)

이액 증가의 현상은 驛에서도 일반 읍과 마찬가지로 나타나고 있었다. 역의 이액증가의 경위는 앞서도 잠시 언급한 바이지만, 이도 역시 면역이나 경제이권을 목표로 하면서 발생하는 것이었다. 그런데 驛吏가 이서와 구별되는 것이기도 하지만,104) 驛吏도 18,19세기에 이르러 본질적으로 중간수탈과 포흠의 한 주체라는 경제적 측면에서 일반 읍의 이서와 같은 범주로 간주되어야 할 존재로 본다.

18·19세기 역리의 액수가 증가하는 대체적인 모습에 대해서는 우선 다음의 <표 15>로 나타낼 수 있다.

<표 15> 경상도 各驛의 이액 실태

	輿地圖書(1759년)					慶尙道邑誌(1832년)				
	驛吏	知印	使令	驛奴	驛婢	驛吏	知印	使令	驛奴	驛婢
松羅	45	29	81	8	16	55	17	13	12	9
省峴	35	20	10	15	8	72	28	15	21	12
安奇	132	86	20	36	20	1019	·	·	196	111
自如	37	15	8	·	·	64	14	10	·	·
長壽	30	20	10	34	19	30	20	10	34	79
沙斤	73	15	8	31	15	45	8	10	6	3
幽谷	32	14	10	16	6	33	18	·	20	10

* 위 두 자료의 각 읍 「官職」조에 의거 작성하였으며, 두 자료에 모두 기록된 驛만 정리

<표 15>에서처럼 18·19세기의 各驛도 일반 읍과 비슷한 추세로 吏

---

103) 『備邊司謄錄』 174, 正祖 13년 4월 20일, 17책 p.293.
  "備邊司啓曰 … 京司吏胥 皆有數額 而外邑則不用此例 大邑多至屢百人 中邑小不下百餘人 憑依官勢 大爲民害 今宜士外邑 亦倣京司 大邑七十人中邑五十人 小邑三十人 以此爲限 或犯罪科 永削吏案 降定軍額爲辭矣"
104) 李勛相,「掾曹龜鑑의 編纂과 刊行」,『震檀學報』53·54, 1982.

額이 증가되고 있었다. 이를 다시 정리해 보면 다음과 같다.

<표 16> 경상도 각 驛의 이액증가 현황

	驛吏	知印	使令
1759년	220	99	44
1832년	256	87	58
증액	36	-12	14
증가율(%)	16.4	-12.1	31.8

* 松羅, 省峴, 自如, 長壽, 沙斤驛의 것만 산정함.

위의 <표 16>에 의하면 역의 이액도 일반 읍의 이액 증가율에 미치지는 못하고 있으나 전체적으로 볼 때 역시 증가한 것은 분명하다. 知印은 12.1%가 감소하지만 전체 평균 증가율로 볼 때 별로 문제되지 않는다. 이는 조선후기에 간행된 호적의 연구 성과를 보면[105] 역리의 전체적인 경향은 증가하고 있었고, 또한 기재 착오가 일어날 수 있었던 점 등을 고려해 보면 더욱이 그러하다. 이와 같이 대체로 역의 吏額도 확실한 증가 현상을 보이고 있었다.

요컨대, 18·19세기에 이르면서 이액으로 간주할 수 있는 이서 집단의 범주는 단순히 신분제적인 측면을 넘어서 이 시기의 사회경제적 활동을 고려한다면 그 폭이 크게 확대되는 것이다. 또한 이액 증가의 추세도 읍지상에 기재된 것보다 훨씬 큰 폭을 가지고 있었다. 이러한 사정은 앞 장에서 살펴보았듯이 무엇보다 당시의 중간포흠의 구조와 지방재정위기와 관련이 있었던 것으로 보인다.

---

[105] 19세기 언양현의 驛吏의 숫자는 18세기에 비해 1.17% 증가하고 있다(金錫禧, 「18,19세기 戶口의 實態와 變動 -新例 彦陽縣 戶籍大帳을 중심으로-」, 『人文論叢』 26, 釜山大學校, 1984).

Ⅵ. 民庫運營의 성격과 재정운영권의 동향

1. 民庫財政의 성립

民庫는 雜役稅 운영의 편의를 도모하기 위하여 18세기 중엽부터 일부 지역에 설치되기 시작한 임시 기구로써, 당초 법제상의 제도로 마련된 것은 아니었다.[1] 그러나 민고는 잡역세가 광범위하게 발생하게 됨에 따라, 점차 전국적으로 설치 지역이 확대되어 갔다. 19세기의 민고는 지방재정운영의 전체와 관련된 재정기구의 위치로 변화하게 된다. 이같은 경향은 지방재정운영의 성격을 서서히 변화시키기까지에 이르게 된다.

본 절에서는 이같은 성격의 민고적 재정운영의 성립을 摠額制와 共同納의 실시에 따른 洞契 운영의 측면과 雜役稅[2] 운영의 문제를 둘러싼 재정 기구의 일원화 양상 및 민고의 기능 변질 등을 중심으로 살펴본다. 잡역세는 조선후기 지방관청의 주요한 경제적 토대의 하나로

---

1) 金容燮,「朝鮮後期의 民庫와 民庫田」,『東方學志』23·24, 1980.
2) 조선후기 雜役稅 문제에 대한 최근의 연구 성과로 金德珍,「朝鮮後期 全羅道 順天府의 雜役稅 運用과 調達」,『慶尙史學』7·8합집호, 1992를 참고할 수 있다.

써 雉·鷄·柴·炭 등의 물납세와 지방의 요역 수취를 곡물이나 화폐로 거두어들인 부세였다. 즉, 기존의 잡역 수취의 편의를 도모하는 과정에서 나타난 것이었다. 이는 삼정과 함께 四政의 하나로 부각되어 나갔으며, 그 규모도 점차 커져갔다. 또한 이 시기 지방재정운영상에 나타난 커다란 특징의 하나였다. 그리고 잡역세의 조달은 상품화폐경제의 진전에 따라 대부분 관청에서는 직접 구입하여 조달하였고, 따라서 재정지출은 급증하는 추세였다. 재정지출은 잡역세에 대한 공동납의 강화를 통하여 해결하여 갔으며, 민고 출현의 배경이었다.

먼저 총액제와 공동납의 실시와 관련한 '民庫的 재정운영'의 성립문제를 보자. 그런데 '민고적 재정운영' 혹은 '민고적 재정기구'라는 표현을 사용한 것은 다음과 같은 이유에서 이다. 즉, 먼저 지방재정을 구성하는 三稅와 雜役稅라는 두 가지 내용 가운데 단순히 후자의 운영을 위한 것이라면 '민고'라는 좁은 의미의 용어에 한정된다. 하지만 이러한 민고는 점차 지방재정의 운영상에서 나타난 三稅의 운영과 긴밀한 관련을 가진 제반 雜役稅의 재정운영을 사실상 총괄하는 위치에 서게 된다. 다시 말해 종전의 단순한 재정기구였던 민고가 의미의 변용을 가져와 다양한 잡역세의 운영을 위한 군소 재정기구들을 총괄하는 것으로 변화하게 되는 것이다.

18세기 이래 중앙정부로부터 시행된 여러 재정정책은 지방재정의 수취방식에도 일련의 커다란 변화를 가져오게 된다. 그것은 무엇보다 정부의 對 향촌사회 통제책의 하나로, 稅源의 변동에 관계없이 군현별로 일정액을 할당하는 摠額制的 수취방식인 共同納의 출현을 들 수 있다. 공동납은 面·洞의 지역구성원들의 공동 책임 아래 부세를 납부하는 것이다. 이를 위해 雇馬錢, 捄弊錢, 民庫錢 등이 만들어지기도 하였다. 그런데 이같은 추세에 대응하여 공동납의 하부단위로 실시된 것 중의 하나가 洞契 운영이다.[3]

Ⅵ. 民庫運營의 성격과 재정운영권의 동향 155

　동계는 당초 한 洞의 구성원의 계약에 의한 인위적인 조직이다. 동계 조직은 재지사족 중심의 신분제적 질서를 유지하기 위하여 사족의 주도에 의하여 자연촌 또는 里를 포함한 面 단위로 국한되어 운영되었다. 사족 중심의 동계 운영원리는 18세기 이래 일정한 변모의 변화를 거쳤다. 특히 그 변화는 洞 재정의 운영면에서 나타나고 있었는데, 이를 통하여 지방재정의 수취 방식이 어떤 방향에 이루어지고 있는지를 짐작할 수 있게 한다. 동계의 운영은 18세기 후반에 이르면서 관에서 거의 주도하는 방향으로 그 성격이 점차 바뀌어가고 있었다.

　동계는 洞 단위로 부과되고 있던 雜役稅의 충당을 위한 역할을 주로 수행하고 있었다. 동계 운영도 사실 이러한 사정과 함께 맞물려 이루어지고 있었다. 예를 들어 조선후기 지방 수령의 잦은 교체에 따른 迎送費, 京·營主人에게 지급되는 役價, 人情費, 제반 官用物種價 등의 경우 그 비용이 규정보다 과다하게 지출되었다. 이러한 초과 지출에 해당하는 것은 대개 동계를 매개로 지방민에 대한 관청식리4) 수입 방식으로 해결하려 하였다. 동계는 잡역세의 징수 문제와 불가분의 관계에 있었던 것이다. 잡역세는 지방관청의 무절제한 재정 지출의 증가와 주로 연결되어 있었다.

　부세운영의 이같은 특성은 당시의 일반적 추세였다. 그 운영의 구체적 시행단위는 위의 동계 운영의 측면에서 짐작할 수 있듯이 군현

---

3) 『備邊司謄錄』273, 高宗 29년 7월 5일, 28책 p.669.
　　"議政府啓曰 … 各宮司營梱州邑 以至各班戶各洞契 收稅名色 無論新舊 幷令道臣 不遺巨細 逐條開錄 從實報來 …"
　　이 시기 洞契의 성격에 대해서는 金仁杰, 「조선후기 鄕村社會統制策의 위기 - 洞契의 성격변화를 중심으로-」, 『震檀學報』58, 1984; 「19세기 전반 官主導 鄕村統制策의 위기」, 『國史館論叢』6, 1989 등의 논문을 참조.
4) 『立馬大同稧』(奎No. 12358), 傳令.
　　"所餘只是一千兩錢 以此留置需用 則不過新舊官一二次所費已而 其後更無繼出之路 則必至於革罷之境 誠爲可惜 本郡自是漁鹽之鄕 若能善爲周變 數年生殖 則足可爲四千兩 而除出其四分之三 買畜十五石落以馬位"

단위보다 아래인 面・洞 단위로 시행되는 일면을 보이고 있다. 이는 面里 단위로 契를 조직하여 民役費를 조달한 밀양의 補民契5) 운영 가운데서 잘 살필 수 있다. 이곳의 보민계는 도결의 폐단을 해결하기 위해 민고기능의 하나인 식리활동을 面 단위로 선정하여 이루어지기도 하였다.6)

　민고적 재정운영의 성립은 당시 수취 구조의 일반적 변화 추세와 짝하여 이루어지고 있었다. 대체로 국가의 수령을 매개로 하는 관주도 형식의 부세 행정체제로 변화였다. 민고가 지방 단위로 다른 재정기구들을 통합하여 갔던 18세기 말엽 이후의 경향도 이와 맥락을 같이 하였다. 잡역세 운영을 위한 각종 재정기구의 등장을 민고적 재정운영의 성립과 관련하여 살펴보자.

　우선 18세기 말엽 강계부의 養武庫, 工房庫, 大同庫, 邊儲庫, 軍倉, 營餉庫, 補施庫, 雇馬庫 등 기왕의 독립 재정기구들이 모두 민고로 통합되고 있음을 사례로 들 수 있다.7) 강계부의 이같은 현상은 다른 지역에 비하여 시기적으로 다소 앞서고 있다. 그리고 光陽縣의 禮房色과 民庫의 상호관계에서도 마찬가지로 당초 예방색에서 지출되어야 할 각종 進上物의 대가를 민고에서 담당하고 있음은 사실상 민고를 통한 통합 재정운영 전개의 한 단면을 보여주는 것이다.8)

---

5) 『(密陽補民契)節目』(奎No. 古 5129-7), 癸卯 1월.
　"挽近以來 吏奸日滋 戶斂歲增 民力旣殫 … 故都結冒錄 及各樣查徵錢 三千六百兩 每面三百兩式 先爲劃付爲去乎 自面中創設一契 名曰補民 以每年什四邊 準五年取殖 第六年以後 存母取子 以資矯求之用"
6) 위의 林川縣의 『立馬大同稧』 자료에서 각 洞別의 座目이 契首・公員・書記의 순으로 구성되어 있음을 미루어 洞 단위로도 시행되고 있음을 알 수 있다. 金仁杰은 이곳의 '立馬大同稧'를 「朝鮮後期 鄕村社會構造의 변동」, 『邊太燮博士華甲紀念史學論叢』, 1985에서 官主導型 洞契의 한 전형으로 보고 있다.
7) 『江州文蹟』(『韓國地方史資料叢書』 1 所收, 驪江出版社), 民庫新定節目序, 本營勾管穀取耗條查報狀 참조.
8) 『光陽縣各所事例冊』 禮房色(『韓國地方史資料叢書』 8, 驪江出版社, 1987에 所收).

Ⅵ. 民庫運營의 성격과 재정운영권의 동향 157

이처럼 민고는 지방마다 명칭만 다르게 표현될 뿐 실제 전국 각 읍마다 설치되는 추세였다. 전국의 각 읍마다 중간수탈층에 의한 조세수탈과 이로 인한 재정난과 사회모순 존재하고 있었기 때문이다. 정부로서는 재정의 이같은 위기와 모순을 다른 어느 부문보다 심각하게 받아 들여야만 했고, 따라서 그 대응책을 마련해 나가지 않을 수 없었으며, 그 결과 잡역세 문제를 해결하기 위한 여러 가지 형식의 재정기구 설립을 볼 수 있었다. 邑誌나 각종 邑事例冊에서 동일한 성격의 大同庫, 補民庫, 雇馬庫, 防役廳, 路貰廳 등9) 다양한 명칭의 재정기구가 등장하고 있다. 다시 말해 어떤 지역에서도 잡역세 수취와 이의 운영을 담당하는 재정기구들이 설치되지 않은 곳이 없었다. 이러한 재정기구들은 민고 기능과 본질적으로 동일한 재정운영을 하고 있었다.

지방의 여러 재정기구 가운데 雇馬廳 운영의 경우를 보면 고마청이 민고와 다른 명칭으로서 기능을 수행하고 있음에도 불구하고 전형적인 민고가 설치된 곳의 운영내용과 유사한 모습을 갖고 있었다. 19세기 중엽 潭陽府 고마청 운영의 경우가 바로 그러하다.10) 즉, 1천 냥의 기금을 마련하여 이를 각 면 단위로 나누어주고 여기서 거두어 들이게 되는 연간 5할의 이자 수입으로 고마청의 경상 경비에 충당하고 있었다. 固城의 경우 雇馬廳은 없었으나 관노와 사령을 통하여 雇馬의 기능을 담당하게 하고 있었다.11) 光陽縣은 본래 민고에서 부담하는 잡세 등을 大同倉에서도 지출을 하고 있었다.12)

"一 各樣進上 封進公事債貳兩式 民庫上下"
그리고 보다 자세한 것은 본 장 2절을 참고할 것.
9) 金容燮, 앞의 논문(1980) 참조.
10) 『秋城三政考錄』(『韓國地方史資料叢書』 8, 驪江出版社, 1987에 所收).
"一 割錢一千兩 付之雇馬廳 派給於各面面約 以五邊取殖 每年利條五百兩式捧入 以補奴令等 出使路糧 及果實庫 差貿易雇馬添料等 而一年用下 如有剩餘 則移付民庫是齊"
11) 『固城叢珥錄』(『韓國地方史資料叢書』 18~19, 驪江出版社, 1987에 所收).
"… 邑本無雇馬 各面主人 則使令官奴 分牛擧行 …"

한편 河東府에서는 민고를 일반적 의미의 것으로 인식하면서 補民庫와 烟役庫 등으로 나누기도 하였지만,13) 잡역세 문제를 다루기 위한 다른 명칭의 재정기구가 더 설치되고 있었다.14) 물론 이외의 다른 지역에서도 민고와 같은 성격을 가지고 많은 잡역세 문제를 해결하기 위한 재정기구가 많았을 것이다. 결국 민고의 대표적 기능이 기금을 마련하는 것과 이의 취식을 통한 지방재정의 충당에 있다고 볼 때, '民庫'라는 고유 명칭을 사용하지 않더라도 지방재정에서 잡역세의 수취와 지출 등과 관련된 넓은 의미로서 사실상의 民庫的 재정운영 형태가 존재하고 있음을 이상의 사례로써 대체로 알 수 있다.

19세기 중엽 단계에 이르면 大同庫가 일반적 의미의 민고 기능을 담당하고 있었다.15) 또한 민고운영과 밀접한 관계를 갖는 고마색이라는 재정기구를 민고와 별도로 설치하기도 하였다.16) 仁同 지역의 경

---

12) 『光陽縣各所事例冊』 戶房.
   "一 四名日祭需 隨其程道遠近 依例會減於大同倉事"
   "一 新迎及內行次 夫馬轎軍刷價 隨其程道遠近 依例會減於大同倉 而遠行次時 亦一體上下事"
13) 『河東府補民庫節目』(奎No. 12342), 1824년.
   "本邑民庫 旣有補民庫而又烟役庫別庫 出入已多門 用下極煩紊 以致加下之窀然 將至莫可收拾之境"
14) 그 사례를 19세기 단계에 이르러 많이 간행된 각종 事例冊이나 '邑誌'의 附事例 등을 통하여 쉽게 파악할 볼 수 있다. 우선 『完營各庫事例』, 『大邱附事例』, 『靈光郡事例』, 『湖南營事例』, 『河東府事例』, 『密陽郡事例』, 『靈山縣事例冊』 등의 자료와 본고에서 인용한 여러 事例冊 등을 참고할 수 있다.
15) 南部 지방 諸邑에서의 民庫는 湖西와 海西지방에서의 大同庫와 같은 것이었다("予曰 各邑民庫 各有定式 何若是多弊耶 世永曰 南之民庫猶兩西之大同庫 每有邑用輒行 民斂或致憑托 添取之弊"『日省錄』 161, 高宗 11년 12월 16일, 11책 p.615).
16) 이 시기 지방사회의 큰 폐단이 되고 있던 감사의 巡歷(『譯註 牧民心書』 Ⅲ p.124 참조) 등에 지출되는 규정 이외의 비용은 결국 民庫에서 마련하는 추세였지만, 지역에 따라서는 고마색 등의 재정기구를 따로 두기도 하였다. 그러나 이도 역시 민고운영과 같은 성격을 지니고 있었으며, 민고재정과 밀접한 관계를 유지하였다. 이러한 사례로서 東萊府에서는 민고로서의 防役庫 이외에 雇馬色을 따로 설치하였던 것이다(『東萊府事例』 防役庫, 雇馬色 참조).

Ⅵ. 民庫運營의 성격과 재정운영권의 동향 159

우 1862년 농민항쟁시 잡세 수탈의 기능을 하던 大同庫가 농민들로부터 공격을 당하고 있는 사실은[17] 민고의 성격을 일정하게 보여주는 좋은 사례의 하나이다.

그런데 민고는 19세기까지도 특별한 定制性을 갖지 않은 채로 이어져 오게 된다. 이것은 지역사정의 다양함만큼이나 민고 운영의 형태도 다양하다는 것과 또한 재정운영의 사정이 지역마다 다르다는 사실을 반영하고 있는 것이다. '八道에 모두 民庫가 있지만 法式은 道마다 다르다'라든지, '規例가 고을마다 다르다'라고 한 정약용의 언급이 바로 그것이다.[18] 그러나 중요한 것은 지역마다 법식과 규례가 달라도 결국 그 운영상의 성격에서는 본질적 차이가 없다는 사실이다. 따라서 정부의 조세수입을 위한 삼정운영과 달리, 일차적으로 지방재정의 위기를 극복하기 위한 방법의 하나로 시작된 民庫가 잡역세 운영 전체를 총괄하는 방향의 재정기구로 운영되면서부터, 후술하는 바와 같이 나중에 지방의 재정기구 전체 규모상 가장 큰 비중을 차지하게 되었다. 강계부의 대동고나 雇馬廳은 관청식리 방식에 의해 재원을 확보하고 있었다는 점에서 같은 성격의 재정기구였으나, 결국 일괄적인 재정처리 기구의 필요에 의하여 두 기구가 민고와 같은 재정기구로 통합되고 있음을 볼 수 있다.[19]

마지막으로 민고적 재정 성립 문제를 이의 전국적 설치 경향과 이 시기 지방재정운영 가운데 보편화되고 있었던 관청고리대 등의 문제

---

17) 김선경, 앞의 논문(1990).
   망원한국사연구실, 『1862 농민항쟁』, 동녘, 1988.
   그런데 仁同郡의 민고는 18세기 후반 이전에 이미 설치되고 있음을 볼 수 있다(『正祖實錄』 30, 正祖 14년 5월 丙午, 46책 p.141).
18) 『譯註 牧民心書』 戶典六條, 平賦.
19) 『江州文蹟』(『韓國地方史料叢書』 報牒編 5 所收).
   "本府大同雇馬 兩民庫應入應下 … 兩箇民庫合爲一所 除其許多冗費 各項官庫酌定應下 竝減許多濫用"

와 관련시켜 살펴보자. 다른 이칭의 재정기구라 하더라도 이것이 결국 민고운영의 성격과 동일하게 볼 수 있는 이유는 고리대적 운영, 잡세·잡역의 운영, 중앙재정과 직접적 관계가 없는 점, 지방의 수령에 의한 자의적 운영 등 몇 가지 공통적인 특징을 가지고 있다는 사실에 있었다. 예를 든다면 正朝戶長의 상경 경비는 본래 잡세의 성격을 갖는 것으로서 강계부는 민고재정에서 지출하고 있음에 반하여,20) 동래부의 경우 '府司'라는 재정기구에서 경비가 지출되고 있는 사실을21) 볼 수 있다. 위의 경우 각기 재정기구의 명칭은 다르지만 실제로는 비슷한 기능을 가지고 있었다.

민고는 지방재정운영의 과정에서 다양한 기능을 가지면서 변질되고 있었다. 무엇보다 관청고리대 운영을 통하여 각 기구의 재원 마련을 대행하여 주기도 한 식리 기능이 대표적이다.22) 당시 정규 제도가 아니었던 민고의 이같은 운영 방식은 점차 매우 복잡한 양상을 보여주었다. 관청 식리의 확산은 민고와 같은 재정기구를 유행적으로 출현시키면서 한편으로 이러한 재정기구를 중심으로 한 지방재정운영을 수탈적 방향으로 변질되어 가게 하였다. 取殖을 통한 지방관청의 일차적

---

20) 『江界府事例』(奎No. 5457), 民庫.
21) 『東萊府事例』 府司.
　"一 正朝戶長上京時 官奴使令各一名率居 而路費錢自民間擔當矣 以去庚辰爲始 別備錢二百兩 出給各面大洞中 使之存本取殖 而利錢中七十兩 每年出給事"
　이 사료에서 '府司'라는 아문에서도 '存本取殖'의 방식을 통하여 경비마련을 하고 있듯이 사실상 민고재정운영의 성격을 가지고 있음을 볼 수 있다.
22) 『江州節目摠錄』(奎No. 상백 古 951.2-G155).
　"… 而賞格紙筆墨 雖例自瞻學庫進排 顧其歲入每縮 有難加數應責 玆以自備錢 二百五十兩 付之民庫 存本取殖 …"
　『秋城三政考錄』 各樣邑弊矯抹秩.
　"一 劃錢一千兩 付之雇馬廳 派給於各面面約 以五邊取殖 每年利條 五百兩式捧入 以補奴令等 出使路粮 及果實庫 差貿易雇馬添料等 以一年用下 如有剩餘 則 移付民庫是齊"
　이 시기 地方官廳의 殖利 활동에 대해서는 吳永敎, 앞의 논문(1986)을 참조할 것.

VI. 民庫運營의 성격과 재정운영권의 동향

수탈의 대상은 대개 당시 사회경제적 변화에 적극적으로 부응하면서 성장하던 饒戶 계층이었다.[23]

민고는 사실 그 발생 초기만 하여도 해당 읍에서 필요한 재정을 자체적으로 해결하기 위해 식리 기능을 대행하는 정도의 단순한 기능의 재정기구였다. 그러나 관청식리의 보편화는 19세기 이후 위와 같은 민고의 단순한 기능이 점차 복합적 기능의 민고로 확대되어 나가게 하였다. 나아가 민고적 재정운영이 지방재정의 중심이 되어가면서 지방재정운영의 성격은 民에 대한 수탈적 방향으로 점차 바뀌어 나가게 하였다. 강계부의 예를 들어 보자.

18세기 말엽 단계의 강계부 민고는 재원을 단순히 民에서 취하기 위해 大同庫와 雇馬廳의 통합에 그치는 정도의 변화였다.[24] 그러나 19세기 중엽에는 중앙 상납의 正稅를 제외하고 강계부 재정의 전반이 민고를 중심으로 운영되고 있음을 볼 수 있다. 이는 <별표 1>의 수입 내역에서 邊儲庫에 지출한 재원의 이자로서 小米 270석 가량을 민고의 수입으로 하고 있는 것과 <별표 2>의 지출 내역에서 1천 5백 냥 가량의 재원을 工房으로 지출한 것 등에서 짐작할 수 있다. 지방재정에 있어 민고는 관청고리대 등을 매개로 여타 재정기구와 전체적으로 관련 재원의 폭넓은 상호 이동 관계를 가지고 있었던 것이다. 민고 운영의 이같은 특질은 지방재정 운영의 전반적인 구조가 수탈적 체제로

---

23) 『秋城三政考錄』 各樣邑弊矯捄秩.
 "一 大谷面梨亭書齋 卽一邑矜式 而劃錢一百兩 付之該齋 派給於面內饒實人 以四邊取殖 以補講學之資是齊"
 "一 劃錢六百兩 付之將廳訓鍊廳 派給於場市 各廛饒實人處 五邊取殖 每月終一朔 利錢三十兩捧入 以補兩廳供役之資是齊"
 요호부민층의 성격에 대해서는 잡세의 발생과 이의 수탈 등과 관련하여 여러 측면에서 자세히 밝혀야 하나, 여기서는 일단 民에 대한 보수와 진보의 두 가지 측면을 동시에 지닌 존재로 보는 기존의 견해에 따른다.
24) 『江州文蹟』
 "財力出於民 而用於公者 收藏于官 是謂民庫 江邑民庫 有大同雇馬二所"

점차 바꾸어 가고 있었던 지방재정 사정의 한 단면을 반영하면서 민고와 같은 성격의 재정기구들이 경쟁적으로 설립되어간 추세를 보여 주었다. 강계부에서 贍用庫가 성립된 경우가 바로 그것이다.25)

한편 재정위기를 타개하기 위한 방편의 하나로 관청고리대를 통한 재정수입을 위해 관청 소유의 屯畓 등을 賣買하여 기금을 마련하고 이를 운용하기 위한 사정도 민고적 재정기구가 성립된 원인이었다. 말하자면 식리를 통한 재정수입을 전담하는 기관의 성립이 필요하였던 것이다.26) 19세기 중엽 동래부의 防役廳 설립이 그러한 사정을 잘 보여 주고 있다.27) 민고재정 성립의 이러한 현상들은 조선후기 농업생산력 발달과 특히 상품화폐경제 발전의 결과였다. 보다 구체적으로는 전라도 담양부28)와 강계 지역의 경우29)와 같이 收稅의 범위도 확대되는 등30) 사회경제구조의 광범한 변동에서 근본적으로 기인하고 있었다.

그리고 당시 사회경제 변동과 밀접한 함수관계를 갖는 신분제의 변동에서도 민고가 성립될 수밖에 없었던 결과적 배경이 있었다. 예를

---

25) 『江州節目摠錄』贍用庫節目.
   "一 各廳分定之例 自今爲始 永爲革罷 以新設贍用庫 屬之民庫 使該庫監色 主管擧行 而應入應下 文書一一告官成貼 俾無分錢 虧欠濫下之弊爲齊"
26) 金容燮, 앞의 논문(1980) 참조.
27) 『東萊府事例』防役廳 참조.
28) 앞의 주 23) 참조.
29) 『江州節目摠錄』民庫別備節目.
   "一 錢二千兩 以什二生殖 每年正月初 分債於富民及巨商處 至臘月十五日 幷本利收捧爲乎矣"
   그런데 이같은 문제를 상업발전 등의 측면에서 강계부가 전국의 다른 읍보다 앞서 발전한 곳이라 하여 이 지역만의 특수한 사정으로 인식할 필요는 없다고 본다. 전국의 어느 읍이나 봉건적 사회경제 체제 아래에 있다는 기본모순 구조는 동일하기 때문이다.
30) 『江界府事例』.
   "商賈之自城內駄往 各種毋論牛馬 每駄五五分式 戊戌李等創始 馬分所捧 各種 一依 下邊只文 所捧卜駄各種而施行"

Ⅵ. 民庫運營의 성격과 재정운영권의 동향 163

들어 지방관청 산하 各色에 소속되어 있던 匠人은 전근대적 신분사회 체제 아래에서는 반드시 봉건적 身役을 지고 있어야 하였다. 하지만 조선후기 이래 급격한 신분제의 변동과정에서는 이들 역시 종래의 인신예속적 성격을 갖는 신역 운영 체제에서 점차 벗어나게 되는 것은 당연한 일이었다. 따라서 관청으로서는 신역의 소멸로 인한 재정수입의 감소를 보충할 일정한 대책을 강구하지 않을 수 없게 되고, 여기서 그 대책의 하나로 민고의 설치하여 운영함으로써 재정 보충의 수단을 강구하게 되는 것이었다.[31] 물론 이러한 것도 형태를 달리한 수탈구조의 변화에 불과하므로 일반 民의 조세 부담은 오히려 증가하는 추세였다.[32]

봉건사회의 해체기였던 19세기 사회의 이같은 배경 아래 현실적으로 여러 재정기구의 통합을 통한 지방재정운영의 편의적 기능을 갖기도 하였던 민고는 점차 시기가 내려갈수록 성립 당초에 설정된 '便民的' 기능[33] 수행이라는 민고 본래 성립취지에서 중간수탈층의 수탈 혹은 포흠의 무대로 그 성격이 변화하여 갔다. 결국 민고 재정운영의 각종 잡역세를 빈농민들로부터 수탈하기 위한 민고적 재정기구가 난립되어 가면서 지방재정의 성격 변화를 가져오게 되고, 나아가 반봉건 농민항쟁이 발생하게 된 가장 주요한 배경의 하나가 되고 있었다.

---

31) 『秋城三政考錄』各樣邑弊矯捄秩.
 "一 巡營門交遞時 分定駕鞍 本價三十五兩 卽民庫及各色匠人分當者 而匠人疲殘 無以排徵 故丙辰爲始 全數上下於民庫 新添錢中是齊"
32) 金玉根, 「均役法施行後의 良役弊와 農民層의 對應」, 『朝鮮王朝財政史研究』 Ⅱ, 一潮閣, 1987.
33) 민고의 '便民的' 기능이란 民의 雜役부담을 든다는 설치 당시의 목적을 의미한다. 이에 대해서는 아래 河東府의 자료를 참고할 수 있다.
 『河東府補民庫節目』(奎No. 12342), 1824년.
 "甲申四月十八日到付 甘結內 各邑民庫設施 本欲便民 事情多變 需用漸增 其所爲弊 無邑不然"

2. 民庫財政의 운영과 성격

　지방재정의 잡세수입과 잡역운영의 편의를 도모하는 과정에서 성립된 민고적 재정운영의 실제는[34] 18·19세기 사회경제 변동의 결과라는 측면에서 살펴야 한다. 민고는 당초의 설립 목적과 다소 다른 방향으로 변질되어 갔다. 민고 운영의 실제와 그 방향을 쉽게 짐작할 수 있는 부분은 민고의 수입구조의 측면보다는 상대적으로 지출구조에서이다. 특히 이 시기의 일반적 지방재정의 지출규례가 항상적으로 혼란스러운 상황이 반영되어 있기 때문이다. 그런데 본 장에서 규명하고자 하는 것은 일차적으로 지방재정 운영의 특질을 살피기 위한 측면에 있으므로, 이 시기 지방재정운영의 성격과 실태가 잘 반영되어 있는 잡역세 운영을 중심으로 하는 측면에 한정시켜 민고 운영의 실제와 성격을 고찰하고자 한다.

1) 재정 수입

　조선후기 사회경제 변동과 관련한 조세 납입의 부진은 이미 중앙정부에서도 심각하게 인식하고 있었다. 그것은 정부 재정의 전체를 담당하는 호조와 선혜청의 두 기관에서 **時價**와 관련한 조세 납입의 문제에 대하여 항상 **詳定式例**를 만들어 조정하고 있는 것을 보면 바로 짐작할 수 있다.[35] 상정식례가 비록 정식대로 되지는 않았을 경우라도 언제나 법적 규제는 있었다. 그러나 앞서 언급한 경우에서도 짐작

---

34) 이에 대한 대체적인 윤곽은 金容燮, 앞의 논문(1980)을 참조.
35) 『壬戌錄』釐整廳謄錄, 田政.
　　"一 各道兩稅 或大同作錢邑米太 一依戶惠廳詳定式例施行 切勿以時價責納是白齊"
　　그리고 본서 제1부 Ⅲ장 2절 참조.

할 수 있었듯이, 특히 19세기에 들면서 중앙이나 지방을 막론하고 법적 규제를 넘어서 재정운영의 혼란과 위기가 가속화되고 있었다.36) 각종 부세운영의 규정들은 제대로 지켜지지 않을 수 없을 정도의 사정으로 변하고 있었다.

사실 중앙에서도 각종 부가세 등 잡세 수입에 대한 새로운 규정을 법적으로 마련하였고,37) 아울러 이에 관한 각종 節目도 제정하였다. 하지만 계속된 절목의 제정은 암행어사 沈英錫이 1822년 전라좌도 각 읍의 재정사정을 조사·보고하는 가운데 '節目之上 又節目添節目 節目之後 又勵新節目'이라 한 것에서처럼, 시기가 내려갈수록 무절제한 양상으로 전개되고 있었다.38) 그는 계속하여 이러한 양상이 '幺麽小吏' 즉 이서층에 의한 사사로운 條例의 창출로 더욱 심각해져 왔음을 지적하기도 하였다.

주지하듯이 전국 각 읍에서 관청식리 행위가 보편적으로 성행하게 된 것은 기왕의 재원마련 수단이었던 官屯田畓 운영을 통한 지대수입으로는 급증하는 지방의 경상 경비를 조달하는 데 한계에 부딪히게 되었기 때문이다. 토지경영을 통한 전근대적인 지대수입 방식으로는 특히 19세기의 빈발하는 농민항쟁의 시기에는 지속적인 재정안정의 보장책이 되지 못하였다. 봉건 권력의 뒷받침을 받던 지방 수령들은 관청 소유 토지 등을 매매하여 관청고리대 운용을 위한 기금을 마련하여 재정수입을 도모하기도 하였다. 민고의 설치와 운영은 바로 이같은 사정과 관련되면서 활성화 되었고, 나아가 읍재정의 가장 중요한

---

36) 이에 대해서는 본서 제1부 III장에서 이미 언급된 바가 있으며, 金玉根, 『朝鮮王朝財政史硏究』 III, 「제13장 科外雜稅」, 一潮閣, 1988을 참조할 수 있다.
37) 19세기 중엽에 간행된 『大典會通』 戶典, 雜稅·徭役조의 내용이 새롭게 마련되고 있음을 참조할 수 있다. 19세기 초엽 정부에서 재정운영의 제반 규정을 수록한 『萬機要覽』의 편찬도 이같은 맥락에서 이루어진 것으로 이해할 수 있다.
38) 『日省錄』 純祖 22년 7월 17일, 全羅左道暗行御史沈英錫進書啓別單.

부분을 이루게 되었다. 이상과 관련하여 수입구조의 양상과 특성을 몇 지역의 사례를 통하여 살펴보자.

먼저 관청식리의 성행과 관련한 것이다. 雲峯縣의 경우 將廳 소속 장교 13인의 料資를 마련하기 위하여 민고에 일정 액수의 기금을 예치하고 그 이자를 사용하는 등 민고의 취식 기능을 적극 활용하였다.[39] 1822년 전라도 同福縣에서는 민호의 요역 문제를 松廳에서 民斂으로 마련된 기금을 민고의 수입 형식으로 넘겨 민고가 가진 고리대수입 방식에 의존하여 해결하여 나가고 있다.[40] 南原縣의 민고는 관청식리의 전개와 상업발달의 결과로 보이는 米價의 변동을 이용한 재정수입의 모습을 보이고 있다.[41] 그렇지만 이곳의 민고재정 수입은 結民에 대한 排斂과 戶首에 대한 加徵 및 요호·부민을 대상으로 하는 사실상의 수탈 등으로 이루어지고 있었다. 그래서 이를 주도한 남원부사는 파출되고 이방 李龍弼은 감영에 잡혀가 투옥되고 있다. 또한 강계부의 경우 贍學庫에서 관용재원을 마련하기 위하여 자체 재원의 일정 부분을 민고에 놓아 取殖하게 하였다.[42] 그런데 여기서는 섬학고에서 넘어온 재원을 일단 민고의 재정수입으로 간주하여 처리되고

---

39) 『將廳料資錢播給民間節目』(奎No. 古 355.8-U1j), 雲峯縣編.
"一 甲寅十月初一日 本利錢逢點都數 錢壹千肆百拾陸兩貳錢五分內 四百拾貳兩捌錢 每年將校十三人料資 照數移付於民庫色吏處 自民庫每朔初一日 參拾肆兩肆錢式 播給將校是遣 壹兩肆錢五分段 移割於養武廳 取殖本錢 以爲將校等 講射時 賞格之資 在錢壹千參拾貳兩 還爲分給於各面 永作本錢 …"
40) 『日省錄』 純祖 22년 7월 17일, 全羅左道暗行御史沈英錫進書啓別單.
41) 『古文書』 2, 南原倅主罷黜啓草, 서울大學校圖書館.
"南原府使趙 周歲居官 酷刑立威許多 鄙細之事 不可一一枚擧 而就其大而著者言之 本邑民庫 本錢二萬二千兩 取殖民間 以利條八千兩 爲一年公用之資 而幷本利三萬兩 全數督捧 歸之私橐 而稱以三廳捄弊 排斂於結民 加徵於戶首 拖至兩年 以充其數是白遣 昨夏米價高騰之時 抄出饒戶 以藏穀爲罪捉囚 捧賂爲三千餘兩是白遣 今春移轉米五千石代錢 … 一南原吏房李龍弼 捉上營庭 嚴刑一次後枷囚府獄是白齊"
42) 앞의 주 22)와 <별표 2>의 (1)을 참조.

있다.

 민고는 다른 재정기구의 재원마련을 위한 민고의 단순한 取殖 기능이 '存本取殖'이라는 표현에서처럼, 19세기 이래 지방재정의 전 부문에 걸쳐 점차 더욱 강화된다. 취식을 의뢰받은 다른 재정기구의 기금이라도 일단 민고의 장부상에서는 모두 민고재정 수입의 형식으로 처리되었다. 이러한 것은 민고가 지방의 여러 재정기구 중 점차 가장 비중있는 위치로 변화되어 가고 있음을 말해준다.

 민고 수입구조에서 또 하나의 특징으로 들 수 있는 부분은 제반 잡역세의 共同納에 관련된 里契·戶契를 포함한 洞契 운영과 契房 운영 등이다. 전자는 면리 단위의 책임자 선정과 收稅로[43] 민고의 수입이 형성되는 경우이다. 면리 운영의 내용을 보면 거의 잡세 수취에 관한 것이 많다. 민고적 재정운영의 맥락에서 파악할 수 있는 契房 운영의 수입내용은 일반적인 민고의 그것과 거의 일치한다. 예를 들어 계방 운영에서 감사의 관할 읍 순시 비용을 마련하는 형식은 민고운영과 비슷한 과정으로 이루어지고 있었다.[44] 그런데 契房村의 운영을 통한 재정 수입은 민고 재정 수입과 직결되지는 않았다. 계방촌은 운영 주체가 사실상 민고와 동일하다는 점과 계방촌도 점차 잡역세의 수취를 위한 새로운 수탈 기구로 점차 그 성격이 변화하여 갔다는 점 등에서

---

43) 김선경, 「조선후기의 조세수취와 面·里운영」, 연세대 석사학위논문, 1984 참조.
44) 『譯註 牧民心書』 戶典六條, 平賦.
 여기서 정약용은 수령이 契房村 운영의 폐단에 대해 아전에게 질문할 때 나온 이들의 대답을 다음과 같이 정리하고 있다.
 "契房에 든 아홉 마을 가운데 여덟 마을은 다 30년 안쪽에 된 것입니다. 비록 그렇지만 柳川村은 봄 가을로 감사가 巡歷하는 날에 中廳(;營吏를 중청이라 한다-原註)에 支供하는 비용을 내는 곳인데 지금 졸지에 革罷해 버리면 순력이 있을 때 어찌 하겠읍니까. 支石村은 봄 가을 순력하는 날에 수행원에 대한 人情과 雜費를 내는 곳인데 지금 졸지에 혁파해 버리면 순력이 있을 때 어찌 하겠습니까…"(이하 생략 ; 모두 감사의 순력과 관계된 비용 마련에 관한 언급)

민고적 재정운영과 밀접한 관계를 가지고 있었다.

일반적으로 민고의 稅源으로서는 民을 대상으로 한 戶斂과 結斂이 기본을 이룬다.[45] 그러나 호렴과 결렴이 차지하는 비중의 상호 크기가 교차되고 바뀌어 가면서[46] 점차 結斂化되는 추세였다. 동시에 그 과정에서 세원이 다양해지면서 매우 복잡한 구조로 변화하여 갔다.[47] 읍의 부족한 재정을 보충하기 위한 각종 명목의 세목이 무절제하게 창출되어간 것이다.[48] 예를 들어 민고와 직접 관련은 없지만 동래부의 官貿米와 標米 등의 명목 창출 사례가 그것이다.[49] 관무미는 본래 진휼을 위한 곡식인 賑資穀의 임시적 마련을 이유로 만들어졌던 것이다. 강계부에서는 添還穀을 作錢하여 田結에 분급한 것을 '結利錢'이라 하고, 이를 取殖하여 민고 수입으로 돌리고 있다.[50]

이처럼 민고 수입은 지역의 사정에 따라 다양한 모습을 가지고 있지만 몇 지역의 재정수입 내용에 대한 구체적인 예를 들어 그 특징을 살펴볼 수 있다.[51] 물론 후술하듯이 향촌단위 지배집단의 세력구조

---

45) 『譯註 牧民心書』 戶典六條, 平賦.
  그리고 이에 대해서는 金容燮, 앞의 논문(1980)에 그 전반적인 내용이 언급되어 있으므로 이를 참조할 것.
46) 『日省錄』 純祖 22년 7월 17일, 「全羅左道暗行御史沈英錫進書啓別單」.
47) 『秋城三政考錄』 各樣邑弊矯抹秩.
48) 『譯註 牧民心書』 戶典六條, 平賦. 다산은 여기서 '과다한 名目의 교묘한 창출은 守令의 착복으로 이어진다'고 하였다.
49) 『繡啓』(奎No. 4546), 1855년.
50) 『江界府事例』 民庫歲入.
  "本府添還與發賣之弊 皆由於民庫穀 故丁亥李等時 論報營門 本穀作錢 分給於田結 而名曰結利錢 以什二殖 每年捧利條 來付民庫"
51) 지면관계상 江界府 民庫財政의 收入과 支出만을 작성할 수 밖에 없었고, 또한 자료의 내용이 매우 구체적이므로 이 지역의 것만을 <별표>로써 작성하였다. 다른 지역의 지출과 수입의 성격도 강계부와 거의 대동소이하다. 여기서 巨濟府 補民庫의 예를 들어 보면 먼저 加入秩(수입항목 13 ; 이하 괄호 안의 숫자는 항목 수의 표시임), 每年應下秩(71), 進上情費(56), 間年上下秩(20), 不恒上下秩(84) 등으로 되어 있는데, 그 내용을 보면 江界府의 경우 대개 상업지역으로서 이와 관련된 사항이 잘 나타나 있음에 비해 巨濟府는 海邑으로서 가질 수

VI. 民庫運營의 성격과 재정운영권의 동향 169

변화와도 일정한 관련을 가지고 있었다. 그리고 본래는 민고 운영의 범주에는 들어가지 않았던 둔답의 조세가 민고 재정 운영의 범주에 포괄되어 조세수입의 하나로 전개되어 나가는 경우도 있었다. 懷德縣의 민고 재정수입에서는 이서층을 중심으로 하는 중간포흠 계층의 각종 隱餘結을 적발하여 민고 재정수입으로 귀속시키고, 이로써 '民斂을 줄이면서' 각종의 공비에 사용하는 경우도 보인다.52)

이상과 같이 민고의 재정수입은 단독으로 이루어지는 것이 아닌 지방재정 전체와 관련된 관청식리 방식 등 다양하게 이루어지고 있었다. <별표 1,2>에서처럼 수입 내용의 구성은 여러 재정기구의 수입과 관련되어 있었다. 대동세로부터의 수입, 신분제에 입각한 身役에 대신한 丁錢 수입, 둔답의 조세 수입 등 모두 민고재정의 수입으로 통합되고 있었다.

2) 재정 지출

19세기 민고운영의 폐단에 먼저 지적되어야 할 것은 이전 시기에서도53) 늘 문제가 되어 왔던 '量入爲出'의 정규 재정운영의 대원칙이 무시된 채로 민고 운영이 전개되었다고 하는 사실이다. 그것은 1813년 전라도 암행어사가 각 읍의 민고 폐단을 언급하는 가운데 '官用不拘式例'라고 한 표현에서 단적으로 잘 드러나고 있다.54) 즉, 지출의 식례를 아예 무시하면서까지 재정운용이 되고 있는 현실을 지적한 것이다. 먼저 재정지출의 증대 경향을 강계부의 사례를 들어 알아보자.

있 명목이 많다(『巨濟府補民庫節目冊』奎No. 18950).
52) 『懷德縣三政捄弊條目成冊』(奎No. 古 5120-62), 1862년.
　"都吏隱結一百六十結是乭加尼 去己丑年沒數徵出九十七結 軍錢不足條磨鍊 充納六十結 付之民庫"
53) 『正祖實錄』卷3, 正祖 1년 5월 庚午, 44책 p.665.
54) 『備邊司謄錄』203, 純祖 13년 8월 9일, 20책 p. 682.

지출의 항목은 <별표 1>과 <별표 2>의 (2)에 나타난 바처럼 원래의 규정에 따른 지출로서 정규의 '應下'가 있고, <별표 3>의 별도의 지출인 '別下'로서 지방의 부세운영권자들이 임의로 책정 지출한 '不恒上下'와 <별표 4>의 流來의 '貸下' 등 관례에 따라 임의로 지출된 것이 있다. 이러한 지출의 형태는 다른 읍의 경우도 대개 비슷하였을 것으로 본다. 정규 재정지출의 경우, 예를 들어 전라도 담양부 祈雨祭 행사의 비용은 본래 정식 지출 사례가 없는 잡역 비용이었는데, 민고재정에서 지출하면서55) 정규적인 재정지출로 굳어진 것이었다. 高山縣과 古阜郡은 과외의 結斂을 유발시키는 '不恒上下' 행위로 상급관청인 巡營으로부터 단속의 대상이 되고 있었다.56)

'不恒上下'로 표현된 재정지출은 특별한 규제가 없었고 지역에 따라 편차가 있었다. 그러나 실제 어느 지방에서나 비슷한 지출 양상임을 많은 사례에서 엿볼 수 있다. 그것은 특히 19세기 지방읍에서 간행된 수 많은 '邑事例'에 잘 반영되어 있다. 이서와 향임 및 수령들에 의한 중간수탈은 사실 파행적 지출구조를 매개로 이루어졌다. 茶山은 "게다가 鄕儒란 어떤 인물인가. … 하물며 귀신의 요술이 붙어서 변화 불측한 민고의 장부에서 그들이 어떻게 허위를 적발해낸단 말인가"57) 라고 하였지만, 일반적으로 모든 종류의 민고 지출항목으로써 '應下秩'의 내용은 매우 복잡하였다. 각 읍의 官用을 위한 재정지출도 본래 '恒式'이 있었지만 그 원칙들은 제대로 지켜지지 않았다. 따라서 부정

---

55) 『秋城三政考錄』 各樣邑弊矯捄秩.
 "一 龍湫祈雨祭時應役 本無定例 各村民互相推諉 故祭官及差備下人等 削定其 數 每一人時食價五分 馬料每匹六分式 自民庫上下"
56) 『賦稅釐正節目』(奎No. 古 4256-16).
 "稱以不恒上下 科外結斂之弊 自巡營別般嚴束 期圖防奸 俾省民力是齊(高山縣)"
 『古阜郡賦稅釐政節目』(奎No. (古)大 5127-7).
 "一 稱以不恒上下 科外結斂之弊 自巡營別般嚴束 期圖防奸 俾省民力是齊"
57) 『譯註 牧民心書』 戶典六條, 平賦.

VI. 民庫運營의 성격과 재정운영권의 동향 171

한 명색들이 창출되고 있었는데, 이러한 양상은 이미 18세기 말엽부터 발생된 것으로 보인다.58)

이같은 사정은 19세기 중엽에 이르면 巨濟府의 補民庫의 사례에서처럼 더욱 심화되어 나간다.59) 따라서 그만큼 중간수탈의 여지는 확대될 수밖에 없었다. 즉, 재정지출의 '恒式'이 지켜지지 않는 데서 비롯된 加斂을 통한 '年久有例'60)로 농민들에 대한 규정 이외의 조세부담을 가중시키는 수탈의 구조화가 진행되고 있었다. 결국 이같은 현상들은 19세기 전 시기를 통하여 민란 발생 원인의 하나로 직결되고 있던 지방재정 수입과 지출의 구조적 변화를 가져오게 한 것이었다.

한편 이 시기 지방단위의 재정 상황은 늘 부족하여 위기였다. 하지만 감영과 병영 등의 상급 관청에 납부해야 하는 액수는 큰 것이었다.61) 정약용은 이를 두고 "監司의 卜定은 강제 배정이 아닌 것이 없다"62)라고 하였다. 이러한 지출의 실상은 <별표 2>와 <별표 3>에서 잘 나타나고 있다. 또한 <별표 2>의 지출처를 보면 순영과 병영의 상급 관청에 납부하는 잡역세의 명목이 많이 만들어지고 있음을 알 수 있다. 그리고 대체로 다른 재정기구의 재정 부족분을 민고 재정운영에서 상당 부분 해결하기도 하였다.63) 예를 들면 1862년 농민항쟁 직후,

---

58) 『八道御史齎去事目』(奎No. 1127).
"一 各邑官用戶捧結捧 自有恒式 恒式外創出不正名色 徵斂掊剋者"
59) 『巨濟府補民庫節目冊』(奎No. 18950).
"盖此民庫 一邑大小公用 策應之所也 有每年應下者 有間年例用者 又有不恒年 不時之需 名色極其煩雜 自營門如無別般釐革之政 則該庫用下 將無限節 而弊終莫之捄矣是乎所"
그리고 『譯註 牧民心書』 戶典六條, 平賦와 주 13)을 참조할 것.
60) 『懷德縣三政說捄弊條目成冊』(奎No. 古 5120-62).
61) 『八道御史齎去事目』.
"關西民庫 卽所以應本邑迎送之費 備營門卜定之需 而近年以來 擧皆枵然者 盖由於營門則 定以輕價而卜定無節 本邑則托以公下 而私用居多 弊漸難支"
62) 『譯註 牧民心書』 戶典六條, 平賦.
63) 『秋城三政考錄』 各樣邑弊矯捄秩.
"一 分養馬代錢上納 丙辰爲始 輸納于巡營 而不足條爲五十九兩八錢 上下於民

지방관아 '公用'의 부족분을 민고재정의 지출과 환곡의 불법적 지출로써 해결하고 있는 경기도 長湍縣의 경우가 그것이다.64) 다시 말해 원래 정규의 지출항목으로 설정되어 있기도 하였던 進上添價, 감사의 전별과 영접, 수령의 공무행차, 춘추 감사 巡歷65)시의 遊樂 비용, 칙사 대접 등을 비롯한 잡다한 수많은 명목의 것은 모두 민고에서 전담하거나 추가 비용을 지출하는 식으로 변화하였다.66) 민고재정에서 지출되는 범위는 점차 증대하였다. 따라서 재정지출의 증대는 민고의 民에 대한 과외 추가 징수로 이어졌다. 19세기 말 농민전쟁에서 농민군들이 내걸었던 폐정개혁 요구 조건 가운데 민고의 폐지를 주장한 것은67) 바로 이같은 이유에서였다.

다음으로 '加下'로 표현되는 규정 이외의 추가 지출도 민고재정의 지출구조에서 결코 빼놓을 수 없는 큰 비중을 차지하면서도 동시에 무시할 수 없는 폐단이 되고 있었다. 加下의 현상은 특히 18세기 후반 이래 더욱 심화된다.68) 1862년 농민항쟁을 앞둔 19세기 중엽 단계에 이르게 되면 각 道에 파견된 암행어사의 많은 보고에서69) 처럼 매우

庫新添錢中是齊"
64) 『備邊司謄錄』250, 哲宗 14년 8월 15일, 26책 p.80.
"領議政鄭元容所啓 卽見京畿監司韓正教所報 則枚擧長湍府使李鶴周牒報以爲 本府公用 每自不虞 而挪貸如他邑之民庫 還穀加下 今爲一千八百五十石零 有貸無報 以致耗上加耗"
65) 이 시기 감사의 巡歷은 다음의 언급에서처럼 契房村·保率·民庫·吏額 문제 등의 폐단을 해결할 수 없게 한 커다란 요인이 되고 있었다.
"… 契房難罷問其由 則巡歷也 保率難毁問其由 則巡歷也 民庫難淸 巡歷故也 吏額難減 巡歷故也 陶戶忽破 鑢店忽散 巡歷故也 …"(『日省錄』純祖 22년 7월 19일, 「全羅左道暗行御史沈英錫進書啓別單」)
66) 『譯註 牧民心書』 戶典六條, 平賦에 이에 대한 상세한 설명이 있다.
67) 韓㳓劤, 『東學亂 起因에 관한 硏究』, 韓國文化硏究所, 1971, pp.198~201 참조.
68) 『正祖實錄』 券30, 正祖 14년 5월 庚午, 46책 p.141.
"慶尙道觀察使李祖源狀啓 … (民庫)第其財力有限 酬用漸煩 每年加下 無路充補 …"
69) 『備邊司謄錄』 245, 哲宗 9년 3월 8일, 25책 p.215.
『備邊司謄錄』 245, 哲宗 9년 4월 16일, 25책 p.231.

심각한 양상으로 전개되었다. 함안의 재정운영에서 '用下之以一爲十'이라고 한 것이70) 加下 현상이 어느 정도인지를 단적으로 드러내어 준다. 이러한 가하는 이 시기 전국적으로 광범위하게 전개되고 있던 포흠과 결코 별개의 것일 수 없게 된다.71) 예를 들어 황해도 松禾 현감은 "지칙비용이 다른 읍에서는 원래 민고에서 지출되는 것이지만 본읍에서는 지나친 加下로 말미암아 포흠으로까지 계속된다"72)고 한 보고가 바로 그것이다. 1862년의 농민항쟁에 대한 수습책으로 정부에서 "三稅 이외에 일체의 잡세를 革罷해야 한다"73)고 한 것은 사실 이 때문이었다.

결국 규정 이외의 지출을 의미하는 加下는 각종의 잡비 명목을 관행화시키면서 이를 도저히 바로 잡을 수 없는 단계에 이르게 하였다. 그러다가 '便成例規'74) 혹은 '便成邑例'75) 등의 표현처럼 잡세 수입의 正規稅化 현상으로까지76) 이어지게 되는 것이다. 府·郡의 각종

『備邊司謄錄』 245, 哲宗 9년 5월 9일, 25책 p.279.
『備邊司謄錄』 246, 哲宗 10년 2월 20일, 25책 p.338.
70) 『備邊司謄錄』 241, 哲宗 5년 8월 29일, 24책 p.695.
71) 『公文日錄』 제3책, 巡甘, 7월 20일.
"各邑官詳定名色 大不合於時直 各項應用以令規昔 不躍倍徙 而官用則詳定會減 該掌則時直貿物 民庫加下 吏奴負逋 專由此弊 一應官用之物 皆以時直施行 詳定一款 永爲革罷事也 所謂詳定名色 雖在物豐之日 猶欠稱停 矧令市價之漸就刁騰乎 該邑致逋之弊 由於此 族徵民斂之弊 亦由於此"
72) 『海西總謄』(奎No. 40), 松禾勅庫捄弊節目.
"卽接松禾縣監牒報內 各樣邑務何事或忽 而至於支勅 最是莫重大務 勅行一過 闔境蕭條 此豈但民邑之疲力而然裁 蓋緣經用浩多 每年放下外 加下不少之故也 他各邑則變通民庫 分當各掌是乎矣 惟獨本邑不然 勅用加下 偏徵於一該邑 因此 蕩産徵逋者 首尾相續"
73) 『壬戌錄』 釐整廳謄錄, 田政.
"一 大同設置之初 京外雜費 毋論巨細 盡入於元磨鍊 則復有何別樣所需 而挽近 科外敷斂 都歸於結 强立名目 仍成恒式 此不可不到底釐革 自各道監營 收聚各邑捧稅 出秩文書 凡係三稅外 追設新創條件 一切革罷"
74) 『海西文牒錄』(奎No. 7641).
75) 『節目』(國史編纂委員會, 『各司謄錄』 54책, 620면 所收).
"… 且結簿原額外 有剩餘條 入用於府郡之冗費 便成邑例云是如乎 …"

잡비 지출의 명분으로 이미 18세기 말엽부터 나타난 현상으로 강계부의 창고운영 문제를 둘러싸고 발생한 잡세의 정규세화 사례라든지,[77] 19세기 말엽 함안의 잡비 창출 방식[78] 등이 바로 그 결과이다.

한편 加下에 따른 재정보충은 말할 것도 없이 전적으로 民에 대한 '加斂' 혹은 '加入'의 추가 징수로 해결하고 있다.[79] 그런데 19세기 중엽 단계에는 官用의 加下를 위한 재원이 전라좌도 암행어사 趙憲燮의 남원현 재정에 대한 보고에서처럼 富民을 대상으로 마련되기도 하였다.[80] 지출구조의 무절제함은 특히 관서 지방에서 잘 드러나는 현상으로,[81] 19세기 관서지방의 향촌사회 지배구조의 변화와도 무관하지 않았다.

이상에서와 같이 민고운영의 실제 과정에서 볼 때, 시기가 내려올수록 그 운영의 성격이 변화되고 있었다. 그 방향은 고종조 전라좌도 암행어사 沈東臣의 보고에서 지적되고 있는 것처럼, 당초의 민고 설립

---

76) 『光陽邑誌附事例』(奎No. 12181) 大同色.
 "每年收租加減不一 故上納米摠不可定數 而每結米十二斗 每夫六石六斗 每石補欠米三升式 收捧上納 / 每石色二升式 每作石剩五升式 船價條每石補欠三升式 : 在前依此取用矣 壬戌年流作設始後 每石雜費一升式 依磨鍊取用"
77) 『江州漫錄』(奎No. 상백 古 951.9-G155) 戶所雜費裁減定式.
78) 『咸安叢瑣錄』, 1891년 4월.
 "近來民生困悴 以至塗炭者 皆由於結役戶斂 年增歲加也 稱以雜費創出 無前之例 輒成恒式 各項米木不遵時價 恣意濫捧 …"
79) 『公文日錄』제1책, 巡營甘結, 戊午 5월 25일.
 "各邑民庫加下 自官充報 無得加斂事也 民庫加斂 卽吏奸之所祟 而守令之所無妨而然也"
 『譯註 牧民心書』戶典六條, 平賦.
80) 『日省錄』哲宗 5년 7월 25일, 「全羅左道暗行御史趙憲燮進書啓別單」
 "官用加下 恰過萬緡則 迺以生財之計 抄出富民 勒差牙兵千摠 各捧七八十兩 幷歸官用 …"
81) 『備邊司謄錄』215, 純祖 27년 閏 5월 26일, 21책 p.868.
 "關西各邑大同雇馬庫 則田稅大同之割付儲置 以支公用者也 當初設置 法意甚重 一部定例 各有恒式 而法久生弊 吏亦舞奸 舊例之外 新式層生 物則有限 用之無節 一年所收 無以當一年之支放 …"

취지라 할 수 있었던 '便民的' 기능의 민고 재정구조에서 오히려 정 반대로 民을 수탈하는 방향의 수입과 지출의 구조로 변화하여 가고 있었다.82) '民散田荒은 民庫 때문이다'83)라 한 표현은 바로 이같은 맥락에서 이해되어야 한다. 결국 이러한 것은 크게 보아 당시 읍재정 전체의 운영권의 추이를 둘러싸고 형성되던 이서와 향임 및 수령 등에 의한 수탈적 지방재정 운영의 성격으로 변모하고 있음을 보여 주는 것이었다.

3. 民庫財政 운영권의 동향

지금까지 수입구조와 지출구조의 실제에서 시기가 내려올수록 민고가 읍재정에서 차지하는 규모의 상대적 팽창으로 운영상의 폐단이 매우 클 수밖에 없음을 보았다. 본 절에서는 민고적 재정운영의 弊端에 나타나는 몇가지 양상과 아울러 그 가운데 발생되는 각종 이권들의 향방이 향촌사회 여러 세력의 관심의 대상이 되어가고 있음을 주목하기로 한다. 그리고 이를 둘러싼 새로운 운영집단에 의한 재정운영권의 동향을 향권 변동의 결과와 관련된 측면을 중심으로 개략적으로 살펴보고자 한다.

1) 재정운영상의 이권

민고적 재정운영의 실제에서 나타난 폐단의 특징은 앞의 수입과 지

---

82)『備邊司謄錄』259, 高宗 15년 7월 19일, 27책 p.206.
"其一 民庫濫下 比前百倍 動輒徵民 無異攘奪 另飭道臣 收聚各邑文簿 築底爬櫛 除其冗費 定其條例 載之刊冊 永爲遵行事也 以民而名其庫 亦寓爲民之意也 而取之無制 用之無節"
83)『日省錄』純祖 22년 7월 17일, 全羅左道暗行御史沈英錫進書啓別單.

출의 구조를 통하여 대체로 밝혀졌지만, 여기서 이러한 폐단의 구조를 좀더 구체적으로 살피려는 이유는 재정운영의 주도권 장악이 무엇을 매개로 하였는가를 분명히 하기 위해서이다. 우선 이를 위해 민고 운영에 나타나는 구조적 폐단의 특징과 정부의 직접적인 간섭을 받지 않는 잡역세 운영을 의미하는 민고 중심의 독자적 재정운영 규모의 크기를 간단하게나마 살펴 볼 필요가 있다. 왜냐하면 당시 민고운영상의 구조적 폐단 즉 모순 그 자체에서 민고 성격의 본질이 나타나고, 수탈집단으로 변해 가던 향촌사회 내의 여러 지배 세력들은 바로 이와 같은 곳에서 이권이 보장되는 것으로 사실상 인식하고 있었기 때문이다.84) 19세기의 전시기에 걸쳐 정부의 계속된 단속에도 불구하고, 吏額이 계속 증대하던 경향이 바로 이같은 현상을 반영하고 있는 것이다.85) 정약용은 이 시기 민고의 폐단을 다음과 같은 말로써 상징적 묘사를 하고 있다.

> 유독 소위 민고의 법은 임금에게 稟議하지도 않았고 재상에게 보고하지도 않았으며, 監司는 흐릿하게 무슨 일인지조차 알려 하지 않았으며, 御史도 일찍이 이것을 題決한 바가 없었다. 한두 간활한 아전배들이 밑에서 제멋대로 거둬들이고, 한두 어두운 수령이 사사로이 그 절목을 만들었는데, 차츰차츰 쌓이고 해마다 달마다 늘어나 그 폐단이 이 지경에 다다른 것이다. (중략) (민고를) 혁파하고자 하면 여러 가지로 견제를 받고 개선하고자 하면 우물쭈물 예전으로 돌아가고 만다.86)

---

84) 『壬戌錄』 釐整廳謄錄, 田政.
　 "一 雜稅雜費 各有定數 而船價斛上之原數外濫捧 年增歲加 結弊益滋 此由於京司情實 比前過濫而然也 自今京外情雜費 一依元定式例 及備局節目 毋或加減科外濫索之弊 另加痛禁是白齊"
85) 본서 제1부 Ⅴ장 참조.
86) 『譯註 牧民心書』 戶典六條, 平賦.

VI. 民庫運營의 성격과 재정운영권의 동향 177

　이같은 폐단이 곧 1894년의 농민군들로 하여금 이미 봉건적 수탈기구로 변질되어 버린 민고의 폐지를 주장하게 하지 않을 수 없었던 구체적인 이유가 되고 있었다. 다시 말해 이는 중앙의 각급 관청에서 쓰이는 각종 公用부터 지방의 사소한 私用까지 모두 민고라는 재정기구의 운영과 관련하지 않으면 안되는 사정에 이르렀음을 보여주고 있었다.87) 잡세는 지방 단위의 재정운영에서만 발생하는 것이 아니라, 중앙의 지방에 대한 지배과정에서도 발생하고 있었다.

　운영상의 구체적인 폐단은 앞의 수입과 지출의 과정을 통하여 발생하였다. 우선 19세기 말의 함안군의 예를 들어보자. 함안의 민고세입 기록에 의하면88) 不恒上下와 직결된 濫斂을 배경으로 쌓인 포흠 액수가 1만 석에 이르고 있었다. 이러한 함안의 冒濫 즉 濫斂은 이미 철종조 경상우도 암행어사 별단에서 지적된 바 있었다.89) 마찬가지로 같은해 전라우도 암행어사 박인하도 함안군의 사정과 같은 사항을 거론하였다.90) 민고는 함안의 경우와 같이 포흠과 직결되어 있었는데, 이같은 폐단으로 민고를 官庫에 예속시키고 있었다.

　민고의 재정운영 형식과는 다소 차이를 보이고 있지만, 환곡 운영의 경우를 예로 들어 당시 재정운영 폐단의 일면을 보자. 수령을 비롯

---

87) 『譯註 牧民心書』 戶典六條, 平賦.
88) 『咸安附事例』 p.567(亞細亞文化社 간행, 『邑誌』 三 慶尙道編③ 所收).
　 "民庫歲入；該庫流伊之逋 至爲萬石 甲寅年御史道別單行會 自監營別定査官 査櫛十年 下記冊子 削其冒濫 以淸逋根後 該庫則屬之官庫 足不足間 自官上下 更無侵徵"
89) 『備邊司謄錄』 241, 哲宗 5년 8월 29일, 24책 p.695.
　 "慶尙右道暗行御史李鐘淳別單 … 其一 列邑民庫加下 輒至加斂 如一番永革 則民莫支保 應入錢穀 一付官庫 至於咸安 則挪移還錢 所逋殆近萬石 劃卽矯捄事也 …"
90) 『備邊司謄錄』 241, 哲宗 5년 윤7월 13일 24책 p.677.
　 "全羅右道暗行御史朴燐夏別單 … 其一 民庫下記冒濫之弊 … 民庫一邑奉公之庫也 非守令私庫 而視公庫看作私庫 浚汲多方 欺冒是事 而畢竟則一歲有再斂三斂處 …"

한 吏·鄕 중심의 중간 포흠 계층은 환곡을 자의로 사용하고서는 그 부족분을 농민에게 액수를 늘려 징수하거나, 혹은 간접적으로 민고의 복잡한 재정 운영구조를 이용하여 충당시키는 현상을 볼 수 있다.91) 중간 포흠자들은 재정수입과 지출의 정식 회계방식인 會錄과 會減92) 및 임시적인 '會外'93) 회계형식으로 일반화되어 있던 당시의 지방재정 구조와 유기적 관계를 갖고 있었다. 이들은 민고재정의 운영에 적극 참여함으로써, 여러 가지 이권을 구조적으로 보장받는 위치에 이르고 있었다.

여기서 이와 관련하여 1819년 전라도 靈光縣에서 민고기능을 이용하여 일으킨 포흠의 한 사례를 볼 수 있다.94) 민고재정의 부족을 빙자하여 還米 180석을 세미 150석으로 '反作'95)하여 18석은 곧 바로 사용하고 나머지 132석은 매석 秋還米 3석으로 만들어 환미 총액이 396석이 되게 하였다. 그리고 이 중에서 빌린 환미 180석을 갚고 나머지 216석은 다시 취용하는 형식으로 사실상 포흠하였다. 민고재정의 고리대적 운영을 직접 관장함으로써 생기는 이권의 구조를 이용한 것이다.

이권과 직결된 잡비의 비정상적인 증대는 항상 '엄중한' 국세 집행이나 읍의 행정 업무를 수행하기 위해서는 반드시 발생한다는 이유로

---

91) 梁晉錫, 앞의 논문(1989) 참조.
92) 會計帳簿에 記錄하는 것과 削除한다는 의미를 갖는 會錄과 會減 등에 대한 대표적인 용례로서 『譯註牧民心書』戶典六條, 稅法·穀簿 등을 참고할 수 있다.
93) 『江界府事例』補施庫.
"若有元穀外 加下則自官充報 有餘則入付會外"
'會內'와 '會外'의 회계방식은 장부의 虛實相蒙으로 인하여 정부에서도 '일체를 革罷해야 한다'는 입장이었다(『備邊司謄錄』232, 憲宗 11년 12월 26일, 23책 p.647).
94) 『日省錄』純祖 22년 7월 9일, 全羅右道暗行御史權敦仁進書啓別單.
95) '反作'은 겨울철이 되어 환곡을 수납할 때, 아직 수납을 끝내지 못한 것을 아전이 포탈하는 것을 말한다(『譯註 牧民心書』戶典六條, 穀簿). '反作'은 '번질'로 읽는다.

합리화되고 있었다. 이러한 사정에서 고착화된 결과로 생각할 수 있는 40여 가지 이상 情費의 상당부분을 민고에서 지출하고 있는 사례를 19세기 말 함안군의 경우에서⁹⁶⁾ 쉽게 볼 수 있다. 이처럼 민고 운영의 폐단은 이제 단순히 우연적인 발생이 아닌 점차 관례화되는 가운데 하나의 구조적 문제로 고착화되어 나타나게 되는 것이었다. 그리하여 포흠이 항상적으로 일어날 수밖에 없게 되어 있었다.

　민고 운영의 폐단은, 동래부의 경우 가하·가렴·남하·호렴·동렴 등의 폐단이 발생하는 것에서 이·향층의 투롱과 수령의 경비 남용 등이 구조적으로 가능했던 것과 같이,⁹⁷⁾ 이 시기의 일반적인 수탈구조와 근본적으로 관련되어 있었다. 즉 茶山이 "향리들이 자의로 준례를 만든다"든지, "수령들이 제멋대로 法을 만든다"라는 등을 언급한 사실들이⁹⁸⁾ 이를 잘 말해 준다. 吏房이 색리의 직임을 겸직하는 현상도 같은 맥락에서 이해할 수 있는 것이며,⁹⁹⁾ 앞의 경우와 다소 다르지만 求禮縣의 吏·鄕層과 토호와의 체결 관계도¹⁰⁰⁾ 역시 마찬가지로 볼

---

96) 『咸安附事例』 pp.564~567.
97) 『公文日錄』 제1책, 巡營甘結, 戊午 5월 25일.
　　"各邑民庫濫下 無得斂民 … 吏鄕之偸弄歲滋 邑倅之濫用日盛 官吏交征 無所顧忌 則其可曰有禁有法乎 … 民庫設置 法意甚嚴 苟能量入而爲出 何患不足於應用 而近來字牧之地 專委吏鄕之手 無名之官下 不緊於邑用 擅自操縱 輒皆濫冒 甚至封物駄價也 上使浮費也 許多不正名色 必以民庫責應 歲致加下 尾大難掉 終使無辜之民 橫被再斂之害 …"
98) 『譯註 牧民心書』 戶典六條, 平賦.
　　『備邊司謄錄』 228, 憲宗 6년 9월 14일, 23책 p.247.
　　"其一 民庫之弊 無邑不然 監色之濫下偸食 守令之冒下引用 遂成積弊 流毒生民"
99) 『節目』(奎No. 古 5129-6).
　　"一 民庫歲入之錢爲三千餘兩 而稱以不恒上下 濫斂無節 宜遵年前節目 民庫色吏使吏房兼帶 每年用下 以元入錢三千餘兩 足不足間 擔當取用 更勿戶斂是齊"
100) 全北大博物館編, 『古文書』 제3책, 柳億所志, p.120.
　　"… 本邑(求禮郡)土豪乃高·張兩姓也 締結吏鄕 敢生橫集之心 暗設僞葬之計云"
　　"… 土豪高·張居在本村 暗地綢繆 符同鄕所 敢欲橫奪 故卽爲呈訴"

수 있다.

이와 같이 원래의 운영원칙에서 이탈하고 있던 민고 운영의 폐단에 대하여 정부에서는 많은 釐整策을 강구하였지만 대부분 미봉책으로 그치고 있다. 그러면서 민고 운영을 중심으로 하는 부세 운영 자체가 향촌사회 지배세력들 사이에 보다 중요한 관심사로 부각되는 것이었다. 향촌사회 지배구조는 중간수탈 체제가 구조화되면서, 특히 18세기 말 19세기 단계에 있어서는 거의 경제적 관계에서부터 재편되고 있던 추세였다. 이같은 현상들은 보다 근본적으로는 지주제 변동과 상품화폐경제의 발달과 같은 것에서 시작되지만, 직접적으로는 지방재정의 운영을 둘러싸고 구체적으로 표현되고 있었다. 民庫라는 이름으로 상징되는 재정기구가 그 중에서 중심의 위치에 있었다.

삼정의 운영은 수령칠사 중에서 지방 수령은 물론이고 관속들에까지 가장 주요한 행정 임무의 하나이다. 여기서는 무엇보다 봉건정부의 國稅라는 보다 큰 명분으로 상대적으로 엄격히 집행됨으로써 삼정의 운영을 둘러싸고 발생할 수 있는 여러 가지 이권의 크기는 상대적으로 제한될 수밖에 없었다. 물론 전세를 상납하는 비용으로 국세의 상납비용을 비롯한 情費와 같은 것을 따로 받기도 하였다.[101] 사실 이도 대개 정부에서 공식적으로 인정한 경우이다.

중앙정부에 납부하는 부세의 특성보다 더욱 중요한 것은 민고를 중심으로 한 잡세의 수입과 지출 등의 규모가 실질적으로 국가 차원의 공식적 부세 운영규모를 점차 능가하는 단계로 나아가고 있었다는 사실이다.[102] 지방단위의 부세 규모는 1822년 전라좌도 암행어사 沈英錫

---

101) 『東萊府事例』
 "一結稅本是四斗 而遞加條添排故 四斗之外 又有零數各邑 則上納之費 別有收捧"
102) 이같은 측면의 연구성과로써 우선 金玉根, 앞의 책(1984)을 참조할 수 있다. 그런데 이는 실제 이 시기에 농민들은 최소한 생산물의 약 30% 이상을 각종 부세로 납부하고 있다는 사실에서도 대체로 드러난다(鄭昌烈, 「조선후기 농

의 별단 중에서 세율을 법전에 정해진 것을 무시하고 군현에서 作夫가 끝난 뒤 독자적으로 세율을 정하기 위해 마련하는 計版의 문제를 언급한 가운데서도 잘 나타난다.103) 그는 각 군현마다 차이는 있지만 대체로 計版에 의한 조세의 전체 부담량이 1결 당 거의 100말이 되는데 이 중 법이 정한 액수는 20말에 불과하다고 하였던 것이다. 그런데 문제는 다산의 언급에서 '計版에 실리지 않은 전결 부담도 아직 많다'104) 한 것처럼 民이 부담하는 이외의 세액이 실제로는 매우 많았다고 하는 사실이다. 이러한 사실들은 강계부 민고운영의 내역을 정리한 <별표>에서도 대략 짐작할 수 있다. 결국 공식적으로 집행되는 국세의 규모보다 지방의 잡역세 규모가 훨씬 크다는 사실과 지방재정운영의 실질적 내용이 사실상 어디에 있는가를 잘 보여주고 있는 것이다.

따라서 지방단위 재정운영의 내용상으로 볼 때 국가의 직접적인 통제를 받지 않는 잡역세 운영 등을 주요 내용으로 하는 지방재정운영권을 장악하는 문제는 이 시기 향촌사회 지배세력들의 큰 관심사가 될 수밖에 없는 것이었다. 동시에 지방재정운영권을 둘러싼 주도권 장악 여부로 향촌사회 내 여러 세력 사이의 이해관계가 각기 달라지게 되는 것은 당연한 것이었다.

민봉기의 정치의식」,『韓國人의 生活意識과 民衆藝術』, 成均館大學校 大東文化硏究所, 1984).
103)『日省錄』 純祖 22년 7월 17일, 全羅左道暗行御史沈英錫進書啓別單.
그리고 이를 都結 문제와 관련지어 자세하게 분석한 것으로 고동환, 앞의 논문(1991)을 참고할 수 있다.
104)『譯註 牧民心書』戶典六條, 稅法.
그리고 計版에 대하여 茶山은 다음과 같이 설명하고 있다.
"計版이라는 것은 都吏와 여러 아전들이 금년 稅額의 대략을 의론하여 산출하는 것이다. 그것에는 세 가지 구분이 있는데 첫째는 國納이요 둘째는 船給이요 세째는 邑徵이다. 그 세 가지에는 각각 結斂・碎斂・石斂이 있으니…"
(『譯註 牧民心書』戶典六條, 稅法).

2) 재정운영권의 동향

18세기 이래 향촌사회에서는 구향으로 지칭되는 재지사족 세력이 향권주도의 위치에서 점차 밀려나고, 이에 대신한 새로운 향촌사회 세력으로 신향 세력이 등장하고 있었다. 이들은 재정운영의 핵심적 위치에 있었던 座首·別監 등의 향임직을 대체로 차지하고 있었다.105) 신향은 향권장악 문제를 놓고 기존 재지사족에 대항하여 등장한 吏·鄕 중심의 세력이었다. 이들은 신분제적 운영원리에 의한 규정에서 점차 벗어나고 있었던 존재였다. 또한 사족보다는 한 단계 낮은 신분으로 위치하였지만, 관권에 의해 비호되고 있었기 때문에 사족들이 그들을 통제한다는 것은 이제 불가능한 것이 되었다. 이같은 조건의 변화는 자연 향촌사회 내부에서 새롭게 향권에 접근하고 있던 세력에 대한 기존 지배층의 반발을 불러일으키면서 鄕戰이 일어나게 되었다. 향전의 핵심은 유형상으로는106) 여러 가지였으나 그 내용을 두고 본다면 사실 부세운영권을 누가 장악하느냐의 주도권 다툼의 성격이 강하였다.

강계부 지방단위의 부세 수취와 관련되어 있는 창고운영권을 둘러싼 향전의 예를 들어보자.107) 강계 향전의 전말은 강계부사의 부임 초

---

105) 金仁杰,「朝鮮後期 鄕權의 추이와 지배층의 동향 -忠淸道 木川縣 事例-」,『韓國文化』 2, 1981
106) 鄕戰은 19세기 지방사회 변화의 중요한 특질을 반영하는 현상이다. 따라서 지방의 사정에 따라 향전의 전개 양상은 다양한 차이를 보인다. 鄕戰의 일반적인 양상은 다음과 같이 정리되고 있다. 즉, ① 儒·鄕의 대립, ② 儒任과 鄕任의 장악을 둘러싼 대립, ③ 鄕案 入錄 문제를 통한 대립, ④ 주로 書院·祠宇 문제를 둘러싼 士族間의 대립 등으로 크게 구분하고 있다(金仁杰, 앞의 논문 참조). 그러나 아직 경제적 이해 관계를 둘러싼 향전의 본격적 연구는 아직 제대로 이루어지지 않고 있는 실정이다.
107)『江州文蹟』金始洽事報狀.
"府使赴任之路到平壤則 有一喪服人金始洽者 來呈原情卽 府民也 其父景敏 以

기에 강계부민 金始洽이 倉監이었던 아버지 金景敏이 창고관리를 제대로 하지 못한데 따라 좌수 金壽德과 향소 金尙琦 등의 모함으로 곤장을 맞아 억울하게 죽은 사정을 부사에게 原情한 내용이었다.108) 강계부의 창고는 그 운영과 관련하여 여러 主人層이 관심을 기울이던 곳으로 경제적 이권이 많이 발생하였다.109) 이는 정규세 이외에 지방재정의 중심적 위치를 차지하고 있었던 민고재정 운영과 직결된 이권 발생이었다. 창임직은 매매되었고 직임의 가격은 높았다. 창주인은 특권을 행사하게 되고 창고의 운영권 장악은 지방사회 유력자들의 주요 관심사가 될 수 있었다. 특히 새로이 부상하던 신향 계층이 많은 관심을 보이고 있었다. 함안의 5개 창고 都監들은 신향 세력으로서 좌수를 비롯한 향임층들임을 확인할 수 있다.110)

좌수의 존재는 신분제적 측면에서 볼 때, 양반사족의 세력이 강한 지역과 그렇지 않은 지역에 따라 사회적 신분에 차이가 있었다. 향청의 수석 직임으로서 수령을 보좌하는 역할을 하는 위치로111) 변화하

昨冬邑倉監官橫被 座首金壽德鄕所金尙琦之譖告官家 前後受棍十四度 仍以致死 壽德尙琦是其不共戴之讐 上言復讐次 先此來訴亦爲有旀 其他張皇說辭 專是壽德尙琦之夥咎也 已料其鄕戰 (槭?)關心甚駭痛 而姑以歸侯處分之意 …"

108) 이곳 좌수의 신분은 서북 지방이 대개 그러하듯이 신향세력의 범주에 속하는 것은 분명하지만, 김시흡의 신분이 무엇인지는 명확하지 않다. 다만 이들의 신분이 어떠하든간에 지방재정운영이 매개가 된 향전임은 분명하다.

109) 『江州漫錄』(奎No. 상백 古 951.9-G155), 小紙.
"所謂倉監例 皆以防守納蔘等 功勞差出 而其中未必皆明於穀簿 善於糶捧 故見差倉任者 互相賣買 各有定價 買得之人 旣費重價 要售厚利 雖廉探и績 刑棍日加 必也抵死 濫捧以充其慾 此難禁之勢也 且其倉所往來之際 各有程主人倉主人 而所費旣多 糶糴時留連食價 又甚夥然 所謂戶房所例納 雜費厭數亦多 而一倉穀摠 少或爲六七百石 多不過千有餘石 今雖合幷各其近倉 定爲十九處 使十九倉監各各兼管 每倉監所管折米 要不過千餘石 或近二千石已而 邑例色米 則屬之色吏落米則屬之庫子 倉監則稱以浮費條 每石一斗式加捧 各項浮費 所入食價 聊賴之資 今此耗色落外 一斗加捧云云 雖是駭廳 不法之端 … 大抵倉任有賣買 而猥雜嗜利之徒 夤緣剝割 戶所有例納 而浮費濫捧之弊"

110) 『咸安郡事例冊』倉庫, p.555.
111) 金龍德, 『韓國制度史研究』, 「鄕廳沿革考」, 一潮閣, 1990 참조.

여 가던 좌수가 안동의 경우에는 여전히 사족의 신분이었다.112) 그러나 경제적 의미의 좌수 역할은 지역을 불문하고 비슷하였을 것으로 본다. 이는 강계부와 동래부의 좌수가 맡고 있던 직임의 내용을 보면 대체로 짐작할 수 있다. 동래부 민고의 **都監職**을 신향 세력이었던 좌수・별감 등이 맡고 있고,113) 강계부는 실질적으로 민고적 재정운영의 성격을 지닌 **補施庫**의 도감을 좌수가 맡고 있으며,114) 민고의 도감도 좌수가 겸임하고 있다.115) 이들 직임은 이미 신분적 질서의 규정에 의한 것과는 무관한 것이고 **鄕任層**의 계급적인 성격이 잘 드러난다. 그리고 좌수는 **倉監**을 선정하기도 하였지만,116) 직접 겸임하기도 하였다.117)

또한 좌수는 민고운영에 있어 중간 포흠의 주된 계층인 이서층과 동일한 입장에 서 있었다. **漆谷郡**의 경우 '재정운영의 중심을 이루는 **官政**의 **得失**은 향임의 잘못 여부에 달려 있다'118)라 한 것처럼 향임의 부세운영상의 역할이 중요하였음을 볼 수 있다. 좌수는 이미 이서층과 동일한 입장에서 재정운영의 실무를 담당하고 있었던 것이다. 관청 식리를 통한 장청의 경비 마련 과정에서 운봉현의 좌수는 감관을 맡고 이서는 색리의 직임을 차지하고 있었다.119) 그리고 실제 사회경

---

112) 『譯註 牧民心書』 吏典六條, 用人.
113) 金戊祚・鄭景柱・孫貞姬 編譯, 『東萊鄕廳鄕校考往錄』, 鄕廳考往錄券之一・鄕廳事例・壬申五月日完議, 慶星大學校 附設 鄕土文化硏究所, 1989.
114) 『江界府事例』 補施庫.
    "監官則座首 色吏則由吏"
115) 『江界府事例』 官廳排朔, 民庫歲入用下 참조.
116) 『義興縣邑事例冊』 p.462(亞細亞文化社 간행, 『邑誌』 三 慶尙道編 ③ 所收).
    "一 座首差代時 未別監薦差 堂長一員 使之望報 公事員二員備望 別監及 任倉都監座首備望"
117) 『節目』(奎No. 古 5129-6).
    "一 都倉今已革罷 而(漕?)屬尙不減額 多少弊端 因此屬生 從今以後 都監則革罷 以時任座首兼帶是遣 (漕)色亦爲革罷 以田稅大同色 各一人兼帶擧行是齊"
118) 『嶺南鄕約資料集成』 (漆谷郡)鄕約節目, 嶺南大學校出版部.

제적 측면의 넓은 의미에서 鄕任層으로 간주될 수 있는 面任·里任·風憲·約正·尊位·洞首 등은 좌수의 통제를 받는 향임들이었고,120) 이들이 민고의 재정운영을 수행하고 있었다.121)

面任은 수세과정의 말단에 위치하면서 傳令의 전달 임무를 매개로 자신의 이권을 확보하고 있던 존재였다.122) '무뢰배'나 '모리배'로 지칭되는 세력들이 면임과 이임의 직임을 매수하고 있는 현상은 이 시기 면리임의 직임으로서의 특성을 반영한다.123) 이와 관련하여 林川의 민고적인 立馬大同稧 운영에서 볼때, 풍헌·약정·면임들이 중심이 된 面 단위의 小契에 기본금 1천 냥을 나누어 취식하게 하는 것은 많은 시사점을 주는 예이다.124) 이 지역 입마대동계의 실질적인 책임자

---

119) 『將廳料資錢播給民間節目』(奎No. 古 355.8-U1j).
    "一 殖利段 每年每兩 頭以四分邊酌定分給 … 座首爲監官 吏房爲色吏 出納之時 捧拷音於各面 執綱面任有司等處 毋至一分疎虞之弊爲齊"
120) 金龍德, 앞의 책(1990), 272쪽 참조.
121) 이에 관계된 사료들을 몇가지 열거하면 대략 다음과 같다.
    "一 殖利段 每年每兩 頭以四分邊酌定分給 … 座首爲監官 吏房爲色吏 出納之時 捧拷音於各面 執綱面任有司等處 毋至一分疎虞之弊爲齊"(『將廳料資錢播給民間節目』奎No. 古 355.8-U1j)
    "一 各其一面有面約 一里有里約 五家有統約 統廳於里 里廳於面 面廳於都約所 而其勸懲賞罰 惟在官約中條規 有朱子增損呂氏鄕約 一一遵行無違"(『嶺南鄕約資料集成』, (達城郡)鄕約條規)
    "一 各面面任 勸農都監 自鄕廳相議薦出事"(『靈山縣事例』, 『邑誌』二 慶尙道編 ②)
    "一 各里良中 別定尊位一人 各其里內 凡還上軍布田三稅 各樣官納 一從官家定日 當日內沒數畢納之地爲 …"(『嘉林報草』 奎No. 12352)
    "一 劃錢二百五十兩 付之鄕廳 波給於各面面約 四邊取殖 以補該廳諸般公用是齊"(『秋城三政考錄』)
122) 『牧民可玫』(奎No. (經)古 354-M725), 傳令.
123) 『江州漫錄』 以別中營任窠事論報巡營狀.
    "… 三川坊無賴牟利之輩 以面任里任爲利窠 每當望報之際 納賂圖囑於該鎭左兵房 所謂首望窠債 禁監(面任=筆者)則爲三十兩 風憲約正則各爲三十兩 尊位則爲五兩 統計五面各三任 及三十二里尊位所納窠債錢 合爲四百十兩 而便成定價 …"
124) 『立馬大同稧』

인 좌수와 이방들이 小契의 책임자를 선정하고 있었다.125) 면임 등은 이·향 계층을 중심으로 하는 부세운영 조직의 하부에 위치하고 있었다.126) 함안군의 가렴은 面任과 洞首가 상호 결탁하는 가운데 이루어지고 있었다.127) 19세기 중엽 潭陽府의 향청에서 주관한 관청식리의 과정은 面任을 통하여 운영하였다.128) 1862년 농민항쟁 당시 이서층의 범주에 포함시킬 수 있는 함양군 邸吏 徐義壽는 사실상 민고 직임과 같은 것이었던 大同色의 자리를 차지하여 폐단을 일으키고 있었다.129)

이처럼 좌수를 비롯한 이들은 삼정의 부세를 비롯한 각종의 雜稅를 농민들로부터 직접 징수하는 위치에 있으면서 향촌사회 부세운영집단 구성의 핵심을 형성하였다. 강계부의 관직 편성에서 보이듯이, 좌수를 비롯한 여러 향임층들이 중요 재정기구의 도감을 겸임하는 것으로 되어 있었다.130) 광양현의 경우 향청의 재정을 官庫 즉 민고를 통하여 지출되고 있는 것이라든지,131) 19세기 중엽 동래부 향청의 지출도 광양현처럼 민고적 재정기구였던 防役庫에서 충당하였던 사실132) 등은

"… 以五十兩式 每面分表 使面內多卜有實民人 作爲面內小契 其條料理 而每年春秋 再次取殖 限辛酉十一月 以二百兩來納 則買置位畓後 所餘則存本取利 而加數立馬 加數買畓 隨便責應 …"
125) 『立馬大同稧』
"… 契中民人數三名 一時領來 本錢受去 則當自官家 修正都契案成節目 使座首吏房定監色 次知擧行之地爲乎矣 …"
126) 『象山隨錄』(奎No. 古 5120-159), 各面里坊長革罷傳令.
127) 『咸安叢瑣錄』
"… 各面面任 各洞洞首符同 邑里加斂等事 …"
128) 앞의 주 10) 참조.
129) 『壬戌錄』壬戌錄, (嶺南)單子.
"咸陽邸吏徐義壽段 藉重邸債之未捧 勒創格外之事例 本邑大同色吏一窠 仍作己任"
130) 『江界府事例』一邑任窠.
131) 『光陽縣各所事例冊』鄕廳.
"一 三鄕所料米 每朔一石式 官需中上下 醬太玖斗 官庫上下"
132) 金戊祚·鄭景柱·孫貞姬 編譯, 앞의 책, 鄕廳考往錄券之一, '未三月日 節目' 참조.

부세운영집단이 어떻게 구성되고 있는지를 간접적으로 보여주고 있다. 읍면 단위 이하의 재정운영에 구체적으로 간여하면서 부세운영 구조의 하부에 위치하였던 풍헌이나 약정 등의 향임층은 대개 좌수가 천거하였다.133) 결국 좌수와 같은 계층의 향임들이 지방의 주요 재정기구를 사실상 장악하고 있었던 것이다.

향촌사회 단위의 잡역세 운영을 가장 주요한 기능으로 하는 민고적 방향의 지방재정운영권은 신향으로 표현되는 새로운 향촌지배세력에 의한 향촌사회 지배질서의 변동 속에서 재편되고 있었다.134) 물론 이러한 것은 당시의 중간 포흠의 전개와 맥락을 같이한 문제였다. 경기도 抱川縣의 人吏에 의한 민고 포흠 액수가 5천여 석에 이르렀던 것도 바로 이같은 사정을 반영한 것이다.135)

18·19세기에 이르면서 기존의 在地士族들은 향권을 거의 상실하게 된다고 하였다. 그렇지만 이들은 일반 民과의 계급적 모순관계는 본질적으로 변하지 않았으며, 신구향의 교체라는 변화가 있다고는 하나 어디까지나 주도권 다툼일 뿐 이들의 계급적 성향은 같았다. 이를 民庫運營權의 動向이라는 측면에서 보면 그대로 나타난다. 민고의 운영이 결국에는 對농민 수탈을 위한 방향으로 변질되었다는 점에서, 신향으로 칭해지는 향임층과 비록 향권의 주도에서 점차 밀려나던 구향 등의 양자는 적어도 지금까지 살펴본 민고적 재정운영의 성격을 놓고 볼 때, 이들 신·구향은 직접생산자이자 납세자인 농민들과 여전히 계

---

133) 『譯註 牧民心書』 吏典六條, 用人.
134) 민고재정운영권이 신향과 같은 향촌사회의 새로운 집단에게 넘어가기 전의 경우는 그 주도권이 舊鄕에 있었던 것으로 보인다. 이에 대해서는 金德珍, 앞의 논문(1992)에서 1790년에 작성된 이 지역의 자료 『順天府補民庫新變節目』을 분석하여 내린 결론에서 민고의 최고 운영권이 舊鄕에 있었다고 주장한 내용을 참고할 수 있다.
135) 『備邊司謄錄』 240, 哲宗 4년 2월 13일, 24책 p.530.
그리고 앞서 살펴본 함안군의 경우 포흠 액수가 1만석에 이르고 있었음을 참고할 수 있다.

급적으로 모순관계에 있었던 것이다. 그러한 의미에서 신향이나 구향 모두 본질적으로 같은 계급범주에 속한다는 것도 확인 할 수 있다. 단적인 예로 신향으로 취급되면서 당시 부세운영을 직접 담당하였던 戶首 계층의 상당 부분이 재지사족층이었다는 분석도 있다.136)

다시 말해 향촌사회의 권력구조 변동에서 신·구향 세력은 향권의 향방을 놓고서는 상호 대립적이기는 하여도 상대적인 관계였던 것이다. 이들은 여전히 일반 民과 관련한 측면의 사회경제 모순의 관계는 여전히 적대적이라는 점에서 동일한 계급이었다. 물론 지역에 따라 座首의 신분이 곧 양반이라는 관계가 성립되는 곳과 그렇지 않은 지역의 차이처럼 모순관계의 정도는 당연히 차이가 있다.

결국 위에서 살핀 바대로 좌수를 비롯한 이른바 신향 세력들이 대체로 잡역세 운영을 담당하는 민고적인 재정기구의 도감이라는 자리를 차지하고 있었다. 그리고 다산이 '書院과 儒生을 위한 일 모두 民庫에서 재정 부담을 한다는 폐단이 있었다'137)고 지적한 것처럼, 이른바 신향과 구향을 비롯한 모두가 납세 농민과의 관계에서는 수탈의 위치에 있는 적대적 계층이라는 사실을 인식할 수 있겠다.

---

136) 김선경, 앞의 논문(1990) 참고.
137) 『譯註 牧民心書』 戶典六條, 平賦.

〈별표〉

<별표 1> 江界府 民庫의 收入과 支出 －小米의 경우－

(단위 ; 石-斗-升-合-勺-里)

	명 목	액 수	비 고
收入	大同米의 營庫세입 區處	95-00-0-0-0	
	刷馬價 (戶當 0-1-1- 式)	170-04-0-0-0	丁錢中에서
	本庫 田稅	0-12-6-0-0	
	各鎭 刷馬價	65-10-0-0-0	巡營→移割
	均役廳 田稅	36-14-7-0-0	
	均役廳 田稅 (太 5-14- 作米)	2-14-5-0-0	
	庫馬 田稅	12-07-5-0-0	
	邊儲庫穀耗	270-09-0-3-0	
	營餉庫米耗	32-06-2-0-0	
	營餉庫耗 (太 9-0-1-2- 作米)	4-07-5-6-0	
	軍倉米耗	4-07-0-3-0	
	大同把米耗	0-07-2-1-0	
	工房把米耗	4-05-7-8-0	
	養武庫米耗	2-08-1-3-0	
	權等別備太耗條 (太 56- 作米)	28-00-0-0-0	
	申等別備太耗條 (太 20- 作米)	10-00-0-0-0	
	火田稅	89-12-7-0-5	年各不同
	草坪庫 監色庫子使令料米 革罷條	64-00-0-0-0	
	石水節洞屯田稅	364-05-0-0-0	
收入 合計		1,495-12-0-4-8-5	
支出	鄕校 移給	40-00-0-0-0	本庫의 1年料
	色吏 2인	4-12-0-0-0	
	刷馬牌匠 1명	4-12-0-0-0	
	邑站驛馬 1匹料	3-00-0-0-0	
	邑站官馬 3匹의 雇稅와 馬料	60-00-0-0-0	
支出 合計		112-09-0-0-0	

* 재고 ; 1347石 3斗 4合 8勺 5里 (作錢 : 4,041兩 6戔 1分)

<별표 2> 江界府 民庫의 收入과 支出 －錢의 경우－

(1) 수입 내역 (단위：兩-戔-分)

수입 내역	액수	비고
京各司納稅 蔘 12斤 8兩, 白木 18同 37疋 12尺價	1875-0-0	
巡營納稅 蔘 6兩, 白木 28疋 5尺價	56-2-5	
兵營納稅 蔘 1兩 4전, 白木 8疋 30尺價	17-5-0	
壬申 李等時 報營各庫債利備荒太耗條 蕩減給代 耗穀 作錢	1834-1-7	
小米 在米 作錢	4041-6-0	
邊儲庫 田稅 小米 作錢	213-8-0	還執錢中 相換來
蕩債給代米 53石 5斗價	160-0-0	贍用庫 稅入
七坪稅米 103石 5斗價	310-0-0	贍用庫 稅入
丙申 趙等別備田稅錢 入	100-0-0	
丁錢 中 入	300-0-0	
己亥 李等別備錢의 結分 取殖	200-0-0	
營繕官廳債本作穀耗中 入	118-1-7	
*防粮在小米 40石價 入	120-0-0	
*戶米防給在小米 43石 11斗 9升 6合 5勺	131-4-0	年各不同
在錢 合計 ('*'표시한 부분은 削減)	9226냥 4전 9푼	

(2) 지출 내역 (단위：兩-戔-分)

지 출 명 목	액수	(지출처) 비고
正木 21疋代	46-2-0	大殿誕日 方物
黃毛連 5尾 3條價	7-5-0	大殿誕日 方物
正木 15疋代	30-0-0	冬至方物
毛장皮 5令價	10-0-0	冬至方物
正木 18疋代	39-6-0	正朝方物
黃毛連 5尾 2條價	5-0-0	正朝方物
紫草茸 7戔重價	7-0-0	內醫院 年例春等
麝香 3部價	4-5-0	藥材 ; 兵營納
春秋 各祭享 窓衣紙筆墨價	6-2-0	
春秋 各祭享 幣帛價	22-4-0	
四等白淸 8升價	24-0-0	兵營納
熊膽 1部價	2-0-0	兵營納
春等 鹿茸 2對價	80-0-0	巡營納
秋等 鹿茸 2對價	100-0-0	巡營納
羔毛 2斤 1兩 3戔 4分 重價	6-3-0	巡營納

Ⅵ. 民庫運營의 성격과 재정운영권의 동향

災實文書紙 16卷 17張價	3-3-7	
月課錢 尤甚年則折半	704-0-0	巡營納
使行乾價銀 27兩 重價	54-0-0	巡營納
工房排朔	1500-0-0	
箋文 3次 諸具價	4-3-0	
壯白紙價 排朔	250-0-0	
鋪陳價	88-0-0	
補施庫	105-0-0	
官廳 排朔	300-0-0	
本庫會計時 負持貰 및 情費	20-0-0	
官廳所用 淸黃蜜眞水荏各種價	616-0-0	
本庫紙筆墨價	10-0-0	
年例田安文書紙 135卷價	27-0-0	收租所 例下
情債	17-0-0	收租所 例下
災實文書色路資	9-0-0	收租所 例下
四等軍餉會債	30-0-0	
春秋祭享 脯牛 4首價	120-0-0	
四等祭駄馬 8匹 上京貰	200-0-0	
軍案載馬 2匹 安州貰 및 畓粮	28-0-0	
冬至使行物膳載馬 2匹 安州貰 및 畓粮	24-4-0	正朝戶長
路資	12-0-0	正朝戶長
畓粮	2-0-0	正朝戶長
騎馬 1匹貰	30-0-0	
月課銃藥丸載來馬 平壤貰	20-0-0	
乾價銀 義州領去 將校負持貰	7-0-0	
襦紙衣載馬 4匹 自境內 各鎭 至渭原貰	12-4-0	
1年賀禮時 香炭價	0-8-0	節使行次時 例下
黃狗皮價	16-0-0	節使行次時 例下
火鐵價	3-2-0	節使行次時 例下
刀子價	8-2-4	節使行次時 例下
刀匣纓子價	3-0-0	節使行次時 例下
黃蜜價	3-0-0	節使行次時 例下
物膳入盛櫃子價	0-6-0	節使行次時 例下
物膳領納 將校路資	5-0-0	節使行次時 例下
邑各庫會計文書載馬 2匹 平壤 및 畓粮	36-5-0	本庫 4等衣資
內局蔘封ㅎ諸具價	10-5-6	本庫 4等衣資
白木 8疋價 內監	16-0-0	本府 譯學
白木 6疋價 色吏2人	12-0-0	本府 譯學
白木 36疋價 朔下	72-0-0	節使行次時 …
白木 8疋價 衣資	16-0-0	
白木 2疋 20尺價	5-0-0	

白木 4同 28疋價　　　　(營庫)	456-0-0	
白木 30疋價　　　　　　(軍器)	60-0-0	
白木 2同價　　(京主人)	200-0-0	役價 例下
白木 1同價　　(巡營主人)	100-0-0	役價 例下
白木 1同價　　(兵營主人)	100-0-0	役價 例下
白木 4同 37疋 18尺價 工房排朔	474-9-0	
白木 1同 39疋 1尺價 各鎭稅蔘木價	178-0-6	
箋文3次 封進作木 3疋價	6-0-0	
白木 3疋價	6-0-0	正朝戶長──作木價
白木 8疋價　　別武士5人等 賞格資	16-0-0	
追災實文書紙價	12-2-0	巡營納
境內行公馬資 出給該邑足不足間 擔	108-7-0	
正木 2疋價 中宮殿正朝方物	4-4-0	巡營納
將校	7-0-0	勅庫銀領納時路資
從人	1-5-0	勅庫銀領納時路資
將校	7-0-0	內帑庫銀領納路資
從人	1-5-0	內帑庫銀領納路資
月課錢 704兩 作三䭾半馬貫	31-5-0	巡營納
春等 白清 1斗價	21-8-0	巡營納
秋等 白清 1斗價	21-8-0	巡營納
麝香 3部 代錢添價	5-8-5	兵營納
春享 各祭封進所入價	32-5-0	
秋享 各祭封進所入價	33-6-6	
色吏路資	4-8-0	例 箋文3次
作木 3疋添價	1-2-0	例 箋文3次
春等, 秋等 兵營磨勘年例軍案情債	74-0-0	兵營
白木 8疋價 4等衣資	16-0-0	本庫都監
小米 4石 12斗價 1年料	14-4-0	本庫都監
本庫 紙筆墨價 添給	30-0-0	
兵營情債	20-0-0	
試官支供所入	60-2-9	
當初 磨鍊 60兩 每有不足朴等報營加	59-7-1	別武士都試時
試冊所入 紙筆墨價	2-4-2	別武士都試時
黃狗皮熟 所入木米價 及 熟匠料	0-6-0	
毛衣匠料	0-4-0	節使行物膳 添入
白木 2疋 靑染價	0-8-0	節使行物膳 添入
白木 2疋 磨淵工錢	0-2-0	節使行物膳 添入
綿絲布絲價	0-1-7	節使行物膳 添入
白木 2疋 添價	2-4-0	節使行物膳 添入
將校路資 添價	2-0-0	節使行物膳 添入
物膳代錢 添給	18-5-0	節使行物膳 添入

Ⅵ. 民庫運營의 성격과 재정운영권의 동향   193

명목	액수	비고
封蔘諸具所入 添價	19-1-9	
正朝戶長路資 添價	15-0-0	
邑站加設官馬 5匹料米 100石價	300-0-0	
本庫會計文書 負持貰 및 情債 添給	20-0-0	
春秋等 鹿角 代錢	8-0-0	巡營納
吏奴路資	86-0-0	원래 補施庫 支出
襦紙衣領校渭原路資	0-6-0	
지출 합계	7,899냥 8전 2푼	

* 在錢 ; 1,326兩 6戔 7分

<별표 3>   江界府 民庫의 不恒上下 내역

(단위 : 兩-戔-分)

명 목	액수	(지출처) 비고
司命價	80-0-0	新年時下
雜費條 由吏例給	50-0-0	新年時下
白木 15疋價 作木	24-0-0	新年時下
白木 2疋價 諭書馬牌作木	3-2-0	新年時下
由吏治行債	135-0-0	新年時下
上京馬 1匹, 平壤馬 4匹貰	110-0-0	新年時下
軍牢 使令 6명 平壤路資	18-0-0	新年時下
修理所	200-0-0	新年時下
上京馬 10匹貰 (每匹 25兩)	250-0-0	舊官
軍牢 使令 6명 上京路資	18-0-0	舊官
赴燕驅子 例下	10-0-0	
山猪毛 5兩重價	10-0-0	巡營納
邑先生 贐儀	20-0-0	
戶籍紙地價	22-0-0	式年
戶籍雜費債	239-4-4	式年
戶籍大案 衣白木 1匹 30尺價	28-0-0	式年
戶籍監色 7朔料	42-0-0	式年
書寫 8인 7朔料	20-0-0	式年
戶籍載馬 1匹貰	16-0-0	式年
大軍案 雜費 (10年 1次)	220-0-0	
改團束軍案 紙地價	12-8-8	式年
改團束軍案 載馬 1匹 安州貰	14-0-0	式年
白紙價	10-0-0	(收租所)
舊譯學 上京馬 1匹貰	25-0-0	
揆上馬 1匹 (邑에서 萩南館까지)	12-5-5	每10里 5전

進上 및 營納 直上納時 負持貰	7-0-0	
別箋文 3次	42-0-0	諸具價
別箋文 作木 3疋價	6-0-0	諸具價
本庫馬 每匹 因公致斃添價	20-0-0	
改團束軍案情債	60-0-0	式年
自平至京 馬貰	13-0-0	馬貰 別箋文
自京至平 馬貰	7-0-0	馬貰 別箋文
色吏路資	1-6-0	別箋文
路需	9-0-0	巡營間安軍官
境外往回馬貰	13-5-0	每次
新延下人 14명 平壤路資	42-0-0	
舊官下人 11명 上京路資	33-0-0	
承政院例債	12-5-0	別箋文時
闕內負持貰	0-3-0	別箋文時
禁仗軍例給	2-0-0	別箋文時
政院使令例給	1-4-0	別箋文時
作木添價	1-2-0	別箋文時
巡營兵營 兩邸舍 5年 1次重修條	50-0-0	
義州 鴨綠江 船隻間 3年修補價	77-8-6	
上項 船隻價錢駄價	15-4-0	
합 계	2,016兩 8戔 3分	

<별표 4>　　　江界府 民庫錢의 流來貸下・姑貸下

<流來貸下>　　　　　　　　　　　(단위 : 兩-戔-分)

내　　　　역	액　　수
葛山站馬 2匹 買立本錢	60-0-0
大同畓蔘兩庫祈禱	39-0-0
大同庫畓上銀 45兩 6戔 重價	91-2-0
勅銀價 丁巳始條 至癸亥虛伍 捄弊次貸下分償錢中 推入次	504-0-0
箋文諸具 及 物膳豫備	231-9-5
茶園 ———*. 至癸亥虛伍捄弊次貸下分償中推入次	400-0-0
補施庫 ———	400-0-0
합　　　　계	1,726-1-6

<姑貸下>

내 역	액 수
軍器貿鹽錢 (辛亥年分債取殖~癸亥年還報次 成節目)	2,219-0-3
軍士虛伍防給次貸下 至癸亥還推次	2,081-1-6
朝報債 1月~12月 補施庫下記中 推入次	96-0-0
帑銀 600兩價 每年春秋 分給邑內民 冬後營門受	2,100-0-0
합 계	6,496-1-9

* 위의 <별표 1>~<별표 4>는 『江界府事例』(奎No. 5457)에 의거하여 작성함

Ⅶ. 결 론

　지금까지 조선후기 특히 19세기 地方財政 위기의 實態를 그 운영의 제도적 측면과 함께 주로 逋欠의 전개 및 이와 관련한 吏額증가 및 雜役稅 운영의 民庫 문제 등에 초점을 맞추어 살펴보았다. 한 마디로 지방재정의 실태 파악에서 나타난 이 시기의 부세운영은 결국 民에 대한 수탈적 성격을 더욱 노골화시키는 양상으로 전개되고 있었다. 나아가 이로써 지주와 전호 사이의 모순과 함께 국가와 민의 대립 관계를 더욱 심화시키는 또 하나의 봉건모순의 축이 형성되고 있음을 알 수 있었다. 그 매개는 이서층을 중심으로 하여 새롭게 성장하던 향촌사회 내의 여러 세력들로 구성된 중간수탈층의 포흠 전개 과정에서 찾을 수 있었다. 이들의 성장을 이액증가의 현상에서 볼 수 있었다. 여기에 민고 재정운영에서 살펴본 잡역세에 운영의 큰 비중을 두고 있던 지방 재정운영이 한편으로는 봉건 위기를 일정하게 가속화시키면서도 궁극에는 民에 대한 광범위한 수탈의 방향으로 변질되어 가고 있었다. 이제 각 장에서 논의된 내용을 요약하여 결론으로 대신하고자 한다.

Ⅶ. 결론 197

　제 Ⅱ장에서는 조선후기 지방재정운영 전반에 대하여 제도적 측면을 중심으로 살펴보았다. 조선후기의 지방재정은 농업생산력의 발전과 상품화폐경제의 진전에 따른 사회적인 잉여생산물의 출현, 지방단위의 부세운영 규모의 확대 등으로 독자적인 재정운영의 여지가 점차 증대하였다.
　지방관청의 조직은 재정운영과 관련하여 吏廳과 將廳 및 鄕廳 조직 등으로 구성되었으며, 이러한 것 아래 面里任 조직과 五家作統 조직 등이 있었다. 그러나 조선후기의 지방관청조직의 실질적인 변화는 이같은 제도상의 측면보다 중세사회 해체기 부세운영의 변화와 함께 매우 다양하고 복잡하게 분화되어간 재정기구의 계속된 신설 양상을 통하여 나타나고 있었다. 부세운영의 모순은 이 시기의 재정기구의 변화와 긴밀한 관계를 가지면서 심화되었다.
　조선후기 지방재정 부문에 한정된 세입 종목으로서는 대체로 중앙으로부터 분급 받은 토지에서 수입, 대동미 가운데 저치미와 같은 국고에서 분급되는 것, 지방관청이 국가의 인정을 받아 과세하는 것으로 예를 들어 조세를 이급받는 경우, 지방관청에서 중앙과 무관하게 독자적으로 재정수입을 위한 노력으로서 환곡 이자수입과 관청고리대를 통한 재정수입, 대동법 실시 이후 요역과 신역의 전결세화 경향에 따른 수입, 잡세의 수입 등으로 대별될 수 있음을 알 수 있다. 전반적으로 점차 토지를 중심으로 모든 조세가 부과되는 田結稅化의 경향을 보이고 있으나, 지방의 각 재정기구들 사이의 세입 구성에는 많은 차이를 또한 보이고 있다.
　지방관청의 세출 비목은 보통의 경우 다음과 같이 파악된다. 즉, 각종의 인건비, 관청운영과 수리비에 사용되는 물건 조달비, 지방 관청의 행사비, 중앙 상납의 각종 비용, 기타 잡비 등이다. 재정 지출은 기구별로 독자적 회계 원리에 의하여 이루어지고 있으나, 점차 재정의 상호 이동 관계를 형성하면서 운영되고 있다. 이는 이서와 향임층을 중심으로 하는 재정운영권 장악을 둘러싼 향권의 변동과 궤를 같이 하고 있는 것이기도 하였다.

19세기 중엽의 東萊府나 光陽縣 등의 사례를 통하여 살펴본 재정지출의 특성은 대체로 다음의 두 가지 정도로 파악될 수 있었다. 먼저 민고운영에서 잘 볼 수 있지만 貿用이나 고리대 등의 방식을 통한 수입과 지출, 일괄 수납하여 會所에서 나누어주는 경우 혹은 민고에서 각 재정기구에 지출하는 방식들, 예를 들어 身役價 수입을 轉用하는 것처럼 법전에 명시되지 않은 재정지출은 대체로 잡역세 수입으로 충당하는 경우 등이다. 다음으로 재정 지출의 특성은 사실상 법전상의 운영 원칙을 이미 벗어난 것으로써, 봉건제적 수취체제의 해체 과정에서 나타난 불법적 재정운영 혹은 지방 재정운영권자들의 자의적인 부세운영 양상과 구조적으로 관련되어 있었던 점 등이었다.

제 Ⅲ장에서는 재정운영의 실무 계층이었던 이서층에 의한 중간 逋欠의 현상을 중심으로 조선후기 봉건권력의 물질적 기초 단위였던 지방재정 사정의 변화와 그 성격을 살피려 하였다. 포흠은 民과 곧바로 관계되는 것이 아니라 재정운영 과정을 매개로 먼저 전개되었다.

逋欠은 특히 지방재정 부문에서 많이 주목되는 현상으로, 재정운용의 복잡한 구조와 상품화폐경제의 발전에 편승한 조세의 포탈 등으로 전개되었다. 이러한 과정은 넓게 보아 중간수탈의 범주에 속한다. 포흠 전개의 주된 계층은 사회경제적인 성장을 통하여 계급적 성격의 변화를 보이고 있던 이서층이었다. 중간수탈의 범주에 속하는 포흠은 이서층이 중심이 되면서 한층 조직적으로 전개된 모습을 볼 수 있었다. 이같은 중간수탈층에 의한 포흠은 지방재정 사정을 변화시키면서 지방재정을 위기에 이르게 한 가장 큰 요인의 하나가 되어 왔다.

조선후기의 19세기에 이르면서 재정난은 중간수탈 문제와 아울러 더욱 심각한 국면으로 접어들게 되었다. 국가적으로 19세기 초엽의 경우 18세기 말엽에 비하여 수지가 한층 불균형한 것에 이르고 있었다. 또한 재정지출의 지속적 증가로 인한 지방재정의 사정도 마찬가지로 위기에 이르게 될 정도였다. 그러한 위기의 실태는 지방재정의 주요한 기초를 이루던 저치미의 상대적인 감소라든지, 여러 지방의 재정상황 등을 들어 대략 파악해 볼 수 있었다.

그래서 이와 같은 지경에 이르게 된 재정난과 아울러 그것에 관련된 직접적인 이유가 무엇인지를 파악해 보았다. 이는 우선적으로 이서층 중심의 중간포흠의 전개 행위에서 비롯되고 있었다는 사실을 들수 있었다. 이는 19세기 단계에 더욱 확산되는 추세였다. 포흠 발생의 구조적인 배경은 무엇보다 이 시기의 상품화폐경제 발전의 커다란 흐름 가운데서 찾을 수 있었다. 다시 말해 중간포흠은 농업과 상업 등 사회경제구조의 제변화에 근원적으로 관련하면서 전개되었던 것이다. 상품화폐경제의 발전은 포흠된 곡물이 미곡상에게 유출될 수 있는 계기를 제공하였고, 따라서 포흠이 갈수록 성행하게 되는 구조였다.

그러나 포흠이 전개될 수 있었던 직접적 배경은 곡물가의 변동과 시장의 발달에 따른 貿遷 등의 성행, 중앙과 지방간의 부세운영의 혼란에 따른 각종 雜賦의 무원칙적인 증가, 봉건기강의 위기와 파행적 제도운영, 선주인·창주인과 같은 여러 주인층의 포흠전개로 인한 이권과 주인권의 성장, 이액의 급증에 따른 반대급부적인 중간포흠의 발생과 전개, 삼정의 문란에서 보이는 지방재정운영의 불합리 등에 있었다.

포흠 전개의 실제에서 이는 이서층을 중심으로 한 당시 사회경제 변화 속에서 성장하던 여러 중간수탈층과의 상호 관계 속에서 이루어졌다. 여기서 이서층은 중간수탈 구조 아래의 포흠 행위에 있어 가장 핵심적인 존재였다. 이들의 포흠은 지방재정운영의 실무 계층이기도 하면서 곡물의 출납과 보관 및 조세 징수와 운송의 주된 담당자였던 倉主人과 船主人 등과 결탁하여 이루어졌다. 특히 선주인은 중앙의 수탈에 직접적인 영향을 받았고, 이러한 것은 아래의 지방재정 단위의 각종 雜賦를 증가시키는 요인이 되었다. 더구나 이같은 구조 아래 특히 19세기에 이르게 되면 고리대적 성격을 지닌 것으로 주목된 京主人·營主人들에 의한 邸債나 私債 행위 등에 매개되면서 더욱 구조적인 포흠을 전개할 수밖에 없었다. 포흠 문제를 해결하고자 하였던 19세기 말 정부의 지방재정의 개혁 노력은 사실상 실효를 거두지 못하였고, 지방재정의 계속된 위기는 농민항쟁의 원인을 제공하고 있었다.

결국 당시의 중간 포흠은 위로는 중앙과 지방의 재정사정을 위기에 이르게 하고, 아래로는 생산의 기본 담당자이면서 조세 납부의 의무를 지고 있던 농민의 부담을 증대시키는 정도에 이르기까지 당시 사회와 경제 전반에 걸쳐 영향을 미치고 있었다. 한편 중간 포흠은 봉건사회 해체기의 세도정치와 삼정의 문란과 구조적으로 관련되었고, 이로써 19세기 농민항쟁 발생의 주요 배경의 하나로 파악될 수 있었다.

제 Ⅳ장에서는 民間逋欠의 전개와 그 성격을 지방재정운영상의 특질과 관련하여 살펴보았다. 앞장에서 이미 본 바였지만 포흠의 형태는 吏逋와 '民逋'라고도 하였던 민간포흠으로 크게 나누어 볼 수 있다. 吏逋는 이서층을 중심으로 하는 중간수탈층에 의하여 전개된 것으로, 봉건정부의 재정사정을 직접적으로 어렵게 하던 요인이었다. 民逋는 당시 地主制의 변동과 농민층분화의 결과로 발생한 다수 貧農層이 중심이 되는 민간에 의하여 전개되었던 포흠으로 吏逋와는 달리 소극적이나마 반봉건적 抗稅 운동의 성격을 갖는다. 민포는 반봉건 지향의 19세기 농민항쟁의 단계로 나아가는 시점에 있어서 특히 주목되어야 할 필요가 있다. 민포와 이포는 발생 동기에 있어 큰 차이가 있었다.

民逋 발생의 근본적 요인은 물론 이 시기 농업생산력의 발전에 따

른 지주제 변동과 농민층분화에 있었다. 다시 말해 民逋는 시기가 내려올수록 납세 능력을 상실할 수밖에 없었던 貧農民의 대량 창출과 함께 이로 인하여 富가 원천적으로 편중됨에 따라서, 민간이 필연적으로 포흠을 전개할 수밖에 없었던 상황의 결과였다.

그러나 민포 발생의 직접적 배경은 전근대 해체기 파행적 권력 행사의 과정에 나타난 삼정문란을 비롯한 세법 시행의 혼란 등으로 나타난 부세운영의 폐단에 있었다. 다시 말해 봉건국가와 기본모순 관계에 있었던 民이 자의든 타의든 포흠을 하지 않을 수 없는 필연적인 상황으로까지 이어지게 되는 것이었다. 이같은 구조 아래의 포흠은 流亡 및 指徵無處로 인한 재정 결손의 민포 처리, 부세운영권을 실질적으로 장악하고 있던 중간수탈층에 의해 허위로 민이 포흠한 것으로 조작되어 기록된 민포 등의 형태로 나타났다.

민간에 의하여 발생한 포흠은 지방관청재정의 전반에 걸쳐 전개되었다기보다 농민수탈이 보다 심하게 전개된 부문에 걸쳐 집중적으로 발생하고 있음을 볼 수 있었다. 그것은 주로 관청고리대적 기능을 하던 환곡운영과 잡역세 운영의 경우에 주로 집중되는 경향을 가지고 있었다.

그리고 민포의 전개 유형은 다양하였다. 우선 민포는 유망과 지징무처로 인한 流絶逋와 유망은 하지 않은 채로 전개된 時存逋 등으로 우선 개략할 수 있었다. 그리고 순전히 민간에 의한 포흠과는 다소 차이가 있으나, 官과는 일정한 대립 관계를 가지고 있다는 측면에서 민포의 범주에 넣을 수 있을 것으로 보이는 儒逋 등이 있다. 또 함안의 경우처럼 사실상 이포의 성격을 갖는 민포도 있었다.

민포와 이포 액수의 비교를 통하여 짐작할 수 있었거니와, 실제의 기록에서 나타나는 것보다 이포의 액수가 훨씬 많았을 것이라는 사실 등에서처럼 지방재정위기의 근본적 원인은 이포에 있었다. 그러면서 결국 민포는 향촌사회 재정운영의 중심적 위치에 있던 중간수탈층의 포흠에 유발된 결과이기도 하였다. 민포는 民과 국가권력 사이의 모순 관계를 잘 반영하는 재정운영상의 폐단이었다. 19세기 농민항쟁의 반봉건투쟁은 이같은 관점에서 더욱 폭넓게 이해할 수 있을 것이다.

제 Ⅴ장에서는 조선후기 이액증가의 실제를 지방재정운영 가운데 파생한 많은 이권의 흐름과 관련하여 살펴보았다. 이액이란 말 그대로 이서의 액수를 의미하는 것으로, 특히 조선후기의 이액증가의 문제는 앞장에서 살펴본 이서층의 중간포흠의 현상과 밀접한 관계를 가진다. 이액증가는 지방재정운영의 구조적 모순과도 밀접하게 관련되어 있었다. 이들 계층에 의한 포흠과 중간수탈은 民의 조세납부 능력을 상실케 하였다.

이액증가의 현상은 18·19세기에 접어들면서부터 점차 커다란 사회문제로 등장하고 있었다. 이 때문에 정부는 중앙 각사와 지방관아의 이액증가 현상에 대한 관심을 기울이지 않을 수 없었다. 그것은 무엇보다 여러 法典의 간행을 둘러싼 정부의 집약적 논의로 표명되고 있었다. 정부에서는 중간수탈층의 등장과 이액증가의 현상을 함께 관련시켜 인식하기 시작한 것이다. 이러한 인식은 실학자들의 이에 대한 대안을 제시하는 논의 과정을 통해 더욱 확산·심화된다. 정약용의 吏額規定案 제시와 유수원의 吏額減少 제안 등에 대한 논의가 그것이다.

이액은 단순하게 증가된 것이 아니었다. 크게 두 가지 원인으로 나눌 수 있었다. 첫째는 이서층 중심의 중간계층에게 점차 주어진 경제적인 여러 이권의 성장·확대에서였다. 그 배경은 농업과 상업의 경제적 변동 가운데 있었다. 다음으로는 농민층분화의 결과로 나타난 여러 현상 가운데 특히 무뢰배와 같은 무리들이 중간수탈 및 포흠의 기회가 보다 용이한 여러 아문에로의 冒屬과 投託에 의한 방식으로 편입되면서 점차 이서화되던 측면에서였다. 이액증가의 이와 같은 추세는 중앙의 각사와 일반 읍에서 뿐 아니라, 驛의 경우에도 비슷한 구조로 진행되고 있었다.

이액의 범주는 書吏나 人吏 등의 막연하게 신분제적으로 표현된 것에 주목할 것이 아니라, 사회경제적인 성장을 보이는 경우의 이서 집단을 대상으로 파악하였다. 다시 말해 이 시기 이액의 산정 기준이 경제적 측면의 중간수탈과 포흠행위에 관련된 자라면, 비록 皂隷나 使令 등과 같은 下吏일지라도 모두 이액의 구성 범주로 포함되는 것이었다.

이와 같은 이해의 전제 위에서 본 중앙각사나 지방관아의 이액실태는 그것이 단순히 조선후기에 간행되는 각종 자료상에 나타난 기록 이상의 액수임을 알 수 있었다. 중앙 각사의 경우 특히 法司 계통의 아문에서 그 속성을 규지할 수 있었고, 따라서 실제의 이액은 이 보다 훨씬 폭넓게 증가하였던 것으로 보인다. 다음으로 지방관아의 일반 邑屬과 驛屬도 중앙의 경우처럼 자료상의 기록보다 훨씬 많은 액수였다. 다산의 이액규정안에서도 나타난 것이지만, 그것은 당시 지방관아의 실무를 담당하기 위해 설정된 적정 액수를 크게 상회하는 것이었다.

제 Ⅵ장에서는 조선후기 지방재정운영에서 가장 큰 비중을 차지하고 있던 雜役稅 운영을 기본 내용으로 한 民庫的 재정운영의 양상과 성격 및 그 운영권 동향의 추이를 규명하려 하였다. 나아가 18·19세기 단계 鄕權의 동향과 賦稅 운영권의 상호 관계에도 간단하게나마 주목해 보았다.

민고 재정의 성립은 정규 國稅인 삼정의 운영 등에 따른 제반 잡역세 운영의 등장과 밀접하게 관련되어 있었다. 이같은 민고는 매우 다양한 형태로 전국의 각 邑마다 빠짐없이 설치되었으며, 향권의 변동과도 일정한 관련이 있었다. 민고적 재정운영은 지방재정의 위기를 타개한다는 명분으로 전국의 어느 邑에서나 실질적으로 전개되고 있었다. 그러면서 민고는 지방 단위의 각종 잡역세 운영을 주요 내용으로 하고 있던 재정기구들의 중심적 위치에 점차 서게 되었다. 민고는 봉건제 해체라는 위기적 상황에 이르러 현실적으로 여러 재정기구의 기능을 통합함으로써 지방재정운영의 편의를 도모하였다. 민고는 지방에 따라 다양한 異稱을 가지면서 존재하였다.

　이같은 민고는 19세기 이후 점차 시기가 내려갈수록 便民的 기능을 수행한다는 설립 당초의 취지가 변질되어 감과 동시에 중간수탈층의 대농민 수탈 무대 혹은 지방재정을 대상으로 한 중간포흠의 무대로 그 성격이 변화하여 갔다. 곧 民에 대한 수탈적 성격이 강한 측면의 재정기구로서, 하나의 명칭으로 통합되거나 필요에 따라 여러 개의 분화된 형태를 취하기도 하면서 변질되어 가고 있었다. 중간수탈층의 성장과 함께 민고라는 재정 기구를 필두로 각종의 잡역세를 빈농민들로부터 수탈하는 민고적 재정기구가 난립되어 가는 추세였던 것이다.

　18·19세기 민고는 수많은 종류의 잡역세 운영을 주로 담당하는 만큼 그 수입구조와 지출구조는 매우 복잡한 것이었다. 더구나 이러한 수입과 지출은 민고 단독으로 이루어진 것이 아니라 지방재정 전반과 관련되어 있었다. 이러한 것은 이·향 중심의 중간수탈층의 성장과 맥을 같이 하는 것이기도 하였다.

　민고 운영의 실제 과정은 무엇보다 科外 징납의 정규세화와 함께 과다한 지출 명목의 관행화가 문제가 되었고, 특히 '加下'의 폐단은 매우 큰 것이었다. 예를 들어 수령과 이서 및 향임들은 '官用'이라는 명분으로 기왕의 재정운영 式例를 거의 무시할 정도로 재정지출을 하고 있었는데, '不恒上下'와 같은 재정운영을 중심 내용으로 하는 '應下秩'은 바로 이러한 사정을 특징으로 하면서 성립되었다. 이같은 불규칙적인 지출은 '年久有例'라는 표현에서처럼 점차 고착화되어 가고 있었다. 한편 각종 잡역세의 濫斂과 不恒上下와 같은 지방관 중심의 무절제한 지출로 볼 수 있는 加下 등의 파행적 재정운영은 많은 경제적 이권의 발생을 가능하게 하였다. 이는 향권의 변동 과정에서 출현하던 이른바 新鄕 세력들의 구체적인 관심사가 되었다. 말하자면 구조적인 수탈의 매개가 되었다. 그런데 이들 신향의 이해와 관련이 많았던 잡역세의 총액은 정규적인 국납의 부세 규모를 능가할 정도였다.

이 시기 향권 동향의 매개는 민고적 재정운영과 같은 부세운영의 과정에 잘 드러나고 있었다. 부세운영과 관련된 鄕權의 동향은 민고적 재정운영의 방향과 밀접한 관계를 가지는 것이었다. 이는 지방 창고운영의 직임을 둘러싼 鄕戰의 전개와 신향인 座首를 비롯한 향촌사회의 새로운 집단이 부세운영의 과정에 점차 깊숙이 관여하고 있던 사실 등에서 그 일단을 살필 수 있었다. 사실상의 중간수탈층이기도 하였던 부세운영권자들의 집단은 바로 이같은 사정들을 배경으로 하면서 출현하였던 것이다.

19세기에 지방 단위로 발생하였던 반봉건 농민항쟁을 그 지역의 특성과 아울러 이해하기 위해서는 앞서 말한 관점들이 반드시 일정하게 전제되어야 한다. 또한 1894년 농민항쟁시 농민군들이 민고의 폐지를 요구 조건의 하나로 내걸었던 것은 민고적 재정기구가 중심이 된 지방재정운영의 성격이 수탈적 방향으로 가고 있음을 말해주는 것이었다.

제 2 부

Ⅰ. 18,19세기 국가의 지방지배와 부세정책의 변동

1. 머리말

　조선후기에 이르러 농업생산력의 발전과 상품화폐경제의 진전을 바탕으로 사회 전반에 걸쳐 구조적 변화가 계속되었다. 이 가운데서도 신분제의 변동과 농민층분화의 결과에 따라 납세자 수의 감소와 동시에 이들의 담세 능력이 약화되는 사회 변동을 맞이하게 되었고, 그 결과 무엇보다 중앙 정부의 입장에서는 조세 수입이 줄어드는 재정 위기에 직면하고 있었다. 이는 지방 사회에서도 마찬가지였다. 그리고 16세기이래 확립된 기존 사족지배 질서의 해체에 따라 국가의 향촌사회에 대한 지방지배는 종전의 방식대로 더 이상 유지되기 어려운 상황으로 변화하여 갔다. 봉건정부로서는 새로운 통치 운영체제를 모색하지 않을 수 없는 상황에 이르게 된 것이다.
　중앙 정부의 재정위기는 봉건제 사회의 재정운영이 지배계급이 갖는 고유한 권력 행사의 과정이었던 만큼, 이 시기 국가 권력의 위기로까지 인식되던 문제였다. 그러므로 국가의 입장에서는 부세수취의 원천이었던 개별 인민과 토지에 대한 보다 통일적인 지배가 절실하게 대두되었다. 이를 위해서는 우선 보다 분명한 지방지배가 필요하였다. 확실한 지방지배야말로 재정의 안정적 수입을 일차적으로 가능하게 할 수 있었기 때문이었다.

정부의 다각적인 지방지배 노력은 일차적으로 부세정책의 재정비와 동시에 이루어졌다. 부세제도의 정비는 조선전기 이래부터 17세기 이전까지의 삼세 운영 체제에서 18세기의 과도적 변화의 단계를 거쳐 19세기 단계의 삼정 중심의 운영 체제로 전개되어 나갔다. 이 시기 상품화폐경제의 성장과 신분제의 동요 및 농민층의 성장이라는 상황에서 기존의 부세체계 변화는 16세기의 공납제의 변동, 17,18세기 이후의 군역세, 18,19세기의 환곡세 운영 과정과 함께 삼정운영 체제로 전개되어 나가게 된 것이다. 그리고 18세기 단계에 관료제적 지방통치체계가 완비되지만, 19세기 이후는 관주도의 봉건적 지방지배는 동요되면서 새로운 질서의 모색이 전개된다.

본 연구의 목적은 이와 같은 시각에서 기왕의 연구 성과와 『備邊司謄錄』의 절목 등을 중심으로 국가의 지방지배의 의미와 한계를 18·19세기에 전개된 부세정책의 변동을 통하여 살펴보는 데 있다.[1] 정부의 지방지배는 부세정책 가운데 실현이 되며 그 성격이 가장 잘 드러나는 것이기 때문이다. 국왕의 직접 지배 의지가 반영되면서 수령을 통한 관주도 지방지배의 성격을 보여주는 18세기 이후가 그 주 대상이 된다. 이 시기는 정치에서 外職의 비중이 증대되고 통치 방식으로 刑政을 중시하였다는 면에서 이전 시기와는 구별되었다. 그리고 우선 기왕의 연구 성과를 중심으로 국가의 지방지배가 무엇보다 부세운영

---

[1] 이 시기 부세운영에 대한 최근의 연구 동향에 대해서는 尹用出, 「4. 부세제도」, 『한국역사입문』②, 한국역사연구회, 1995 참조.

의 틀이 주요 매개가 되고 있음을 보기로 한다.

2. 국가의 지방지배의 강화

국가의 부세정책은 국가의 지방사회와 민에 대한 지배와 그 지배기구의 재생산을 경제적으로 실현하기 위한 것으로, 봉건 권력의 물질적 기초를 마련하기 위한 과정이며, 국가권력의 정책 의지와 직결된 사항이었다. 부세 행정을 위해 지방지배의 구조를 우선 관치행정을 위한 하부 조직으로 面里制와 五家作統制의 체제로 확립하는 한편, 이를 총괄하는 상부 기관으로서 備邊司가 전면에 나서서 지방사회를 직접 챙기기 시작하였다. 18세기에 이르러 군현을 매개로, 최상단으로부터 최말단에 이르기까지 관료제적 지방통치체계가 완비되었다.

조선후기에 국가가 지방지배를 강화해야 할 필요성은 근본적으로 아래로부터의 사회 경제 변동에 따른 제반 정치적 조건의 변화에서 시작되었다. 사회경제 변동에 따른 민인들의 기존 국가정책에 대한 반발과 조세 저항은 재정 수입의 감소와 함께 국가의 지방지배를 위한 물질적 기반을 약화시키게 되고 궁극적으로 봉건 권력의 위기를 가져오게 하는 것이었다.

따라서 국가가 토지와 인민을 보다 직접적으로 장악하기 위한 지방지배의 대책이 새로운 차원에서 마련되지 않으면 안되었다. 국가의 지방지배를 위한 대책은 이미 임란 이후부터 대두된 사회 전 분야에 걸친 國家再造論 차원에서 논의되어 왔던 문제였지만, 특히 숙종대와 영조대에 이르는 18세기 이후에는 이같은 대책들이 더욱 다른 차원으로 전개되었다. 수령제 운영에 대한 정부의 입장 정리라든지, 八道句管堂上制의 실시와 운영 등이 이를 말해 준다. 다시 말해 왕권 중심의 권력 강화와 함께 수령을 통해 향촌사회를 직접적으로 통제하기 위한 정책이 본격적으로 모색되기에 이른 것이다. 중앙 정부 입장의 **財政運營權** 강화 정책은 우선 중앙 각사 단위로 분산되어 운영되던 재정운영 체제를 호조와 선혜청으로 일원화시켜 운영하게 된다.

국가의 지방지배를 강화하기 위한 노력은 우선 수령에 대한 정부의 통제 강화 정책을 중심으로 나타났다. 사족지배체제의 상대적 약화에 따라 제한적이나마 守令權을 강화시키는 것이라든지, 감사의 수령에 대한 견제와 함께 국가의 직접적인 통치체제를 확립하기 위한 어사 파견의 강화 등이 정책의 주된 흐름이었다.[2] 그리고 이에 따라 이외의 부세운영과 관련된 각종 節目과 事目의 마련,[3] 전국 단위의 지방지 편찬, 정부 중심의 재정운영을 위한 度支志와 萬機要覽 편찬 등의 노력도 이같은 맥락에서 이루어졌다.[4]

특히 18세기 이후 각종 임무에 따른 어사의 빈번한 파견은 정부의 지방지배 의지를 잘 보여 주고 있다.[5] 어사의 염찰 내용이 당시 지방지배의 과정에서 발생한 현실적인 문제를 매개로 통합·집중되어 나가고 있었던 것이다. 원래 암행어사 보고 내용은 지방지배의 전반에 걸친 것이었지만, 점차 부세수취에 관한 내용으로 염찰의 주요 관심사가 바뀌었다. 암행어사 賚去事目의 내용이 각종 부세의 원활한 수취가 어사의 가장 중요한 임무로 변화되고 있음을 보여준다. 그리고 이와 관련하여 수령의 임무 수행과 통제에 대한 대책, 19세기의 경우 부세수취의 직접적인 업무를 담당하고 있던 이서 액수의 증가 현상에 대

---

2) 한상권, 「어사파견과 지방지배의 확대」, 『조선시기 국가의 지방지배』(한국역사연구회 조선시기사회사연구반 대우공동연구, 1999년 간행 예정) 참조.
3) 『備邊司謄錄』에 수록되어 있는 英·正祖 시기의 많은 事目과 節目의 마련이 이를 말해 준다. 특히 英·正祖 전후의 시기에 節目과 事目 반포의 빈도가 현저히 증가하고 있다.
4) 19세기 초기 三政 운영 체제의 출현과 관련한 '軍用篇'과 '財用篇'의 내용으로 구성된 『萬機要覽』의 간행과 국가의 지시에 의한 '邑誌'의 일률적 간행 등에서도 국가의 지방지배 강화 움직임을 볼 수 있다.
5) 한상권, 위 논문(1999) 참조.

한 문제점 파악 등이 주요 내용으로 등장하고 있었다.

한편 향촌사회에서의 사족들의 부세운영 과정에의 참여는 18·19세기 이래 시기가 내려갈수록 점차 약화되는 추세였다. 향촌 운영의 주도권은 국가권력의 직접적 대행자인 수령과 그 예하의 이향들에게 옮겨가고 있었다.6) 이는 기존의 재지사족들이 향약의 실시 등을 통하여 행사하였던 교화와 형벌의 준 사법적 기능을 상실하는 과정과 궤를 같이 하고 있다. 재지사족의 영향력이 제대로 남아 있던 시기의 수령과 재지사족은 상호 견제가 이루어졌지만, 특히 19세기에는 부세운영권의 맥락이 '국가(감사)-수령·이향-면리임'의 일률적인 수탈 체계로 정립되어 간다.7) 19세기 재정운영의 변화는 향촌지배구조 변동과의 밀접한 연관성을 가지고 있었다.

이처럼 국가는 지방지배의 실질적인 기제를 보다 확실한 징세체제의 확립을 통한 재정운영권의 강화에 두고 있었다. 이를 위해 국가로서는 종래의 감사를 통한 지방사회에 대한 간접적 지배 방식에서 팔도구관당상제의 실현에서처럼 비변사에 의한 직접적인 지배체제로 바뀌게 된다. 이는 예를 들어 영조연간에 刑獄의 심리를 주요 목적으로 전국에 걸쳐 心理御史를 파견하여 형옥의 심리와 아울러 어사를 통해

---

6) 金仁杰, 『朝鮮後期 鄕村社會 變動에 관한 硏究』, 서울대 박사학위논문, 1991.
  高錫珪, 『19세기 鄕村支配勢力의 變動과 農民抗爭의 양상』, 서울대 박사학위논문, 1991.
  그리고 鄕廳의 지위가 守令의 예하로 직속되어 가면서, 鄕會는 지방행정 특히 재정수입과 지출의 자문기관으로 변화하여 갔다. 다산의 民庫에 대한 평가에서 이같은 사정을 쉽게 엿볼 수 있다(茶山硏究會, 『譯註 牧民心書』 戶典六條, 平賦).
7) 吏胥層은 17·18세기 이전에는 대체로 賦稅運營의 단순한 실무자 기능만 가졌을 뿐이었다. 그러나 후기에 이르러 특히 吏胥層과 鄕任層은 향촌사회 권력구조의 변동 결과로 점차 부세운영 실권자 위치로 변화하였다. 또한 面里任도 이서와 향임의 추천을 거쳐 임명됨으로써 民과 대립하는 관계로의 성격 변화를 보이며(茶山硏究會, 『譯註 牧民心書』 奉公六條, 貢納), 이에 대한 임면권은 향임층이 가지고 있었다(『譯註 牧民心書』 吏典六條, 用人).

각 지역의 주요 민폐를 변통하고자 하였던 의지의 표현에서 볼 수 있다.8) 그러나 국가의 이같은 정책은 결과적으로 많은 폐단을 발생시켜 일반 민과의 대립 관계를 심화시키게 되고, 19세기 반봉건 농민항쟁의 원인이 되었다. 봉건국가는 부세제 운영을 통해 농민들의 잉여물을 직접적으로 수탈하는 방향으로 나아가고 있었다

국가가 지방지배와 대민 수탈을 관철시키기 위한 수단과 방식은 여러 가지였다. 물리력이나 형벌권 및 교화는 국가가 직접 민인에게 가하는 수단이었다. 그렇지만 재정권의 행사는 민인들에게만 한정된 것이 아니라, 동시에 지방의 군현 자체에 대한 통치의 수단이기도 하였다. 이 시기에 이르면서 더욱 본격화 된 摠額制的 조세수취 방식은 이같은 지배의 한 수단이었다. 전정에서 군현 단위의 중앙에 대한 재결 획급 요청에 대한 수세 실결의 확정권 같은 것은 중앙의 지방지배를 위한 중요한 재정운영권 행사였다.9) 이 때 지방에서의 재결 조사와 이의 상급 관청에로의 보고 과정은 역으로 수령을 중심으로 한 부세운영집단이 납세민에게 가하는 주요한 재정운영권 행사의 하나였다.

부세운영에서 총액제로 상징되는 각종의 제도적인 장치의 강화는 수령이 부세운영에 직접적으로 관여하는 수령권 중심으로 이루어졌다. 정부에 의하여 주도된 총액제적 부세수취를 관철하는 일이 지방의 수령들이 해야 할 가장 중요한 임무로 부각된 것이다.10) 守令權의 강화는 국가의 지방지배를 실현하는 가장 중요한 고리였고, 관주도 부세운영을 위한 필요 조처였던 것이다. 수령의 능력을 평가하는 고과의 기준으로 부세의 수납과 이의 상납 실적이 중요한 내용으로 자리 잡

---

8) 『備邊司謄錄』 113, 英祖 21년 1월 28일, 11책 p.410, 審理使節目.
9) 『續大典』 戶典 ; 『大典會通』 戶典.
10) 守令七事는 農桑盛, 戶口增, 學校興, 軍政修, 賦役均, 詞訟簡, 奸猾息이다(『朝鮮民政資料』 先覺, 七事提要). 그리고 『譯註 牧民心書』 赴任六條에 수령칠사에 대한 내력이 간단하게 서술되어 있다.

고 있었다.11) 숙종대와 영조대에 수령의 부세수취 실적과 관련하여 집중적으로 정리되어 온 解由 규식의 마련도 이와 관련된 차원에서 이루어졌다.12) 정부는 원활한 부세 수납을 위하여 수령 중심의 지방지배를 여러 형태로 보장하였으며, 이들에 대하여 개인적 능력과 품격 여부와 관계없이 법제적, 관료제적 지배의 틀을 마련해 주었다. 말하자면 국가가 통제할 수 있는 수령 중심의 지방지배 구조를 확립하기 시작한 것이다.

이와 같이 정부는 시기가 내려 갈수록 봉건적 지배 질서의 전면적 동요라는 위기에 직면하면서 여러 가지 대책을 세웠다. 그러나 18세기 이후 마련된 각종 부세정책과 함께 한층 정비된 국가의 지방지배 조직이 세도정권의 비변사 장악으로 사실상의 수탈을 위한 체제로 바뀌어 나가게 되자, 민인들은 수령을 비롯한 감사와 병사에 대해 점차 조직적으로 거세게 반발하였다. 이제 봉건적인 지배 질서가 지방에서부터 전면적으로 부정되어가기 시작하는 단계에 이르게 된 것이다.

국가권력에 의한 폭력적 수탈은 민인들의 강력한 저항에 부딪히게 되면서 위기에 직면함에 따라 국가권력은 당연히 나름대로의 대응책 마련에 부심하게 되었다. 정치적으로 19세기의 세도정권 출현은 이같은 위기에 대응하면서 이루어졌고, 사회경제적으로 중앙재정 중심의 재정운영권은 보다 강화된 형태로 나타나게 되었다. 그러나 세도정권은 자신의 권력을 재생산 해나가기 위한 최소한의 정치운영 모델의 설정에서도 사실상 실패하고 있었다. 부세운영에서 四政의 하나로 부각된 雜役稅 운영과 관련하여 수령의 재정운영에 대한 감

---

11) 『大典會通』吏典.
12) 『備邊司謄錄』43, 肅宗 15년 2월 24일, 4책 p.176, 解由改定式別單.
　　『備邊司謄錄』43, 肅宗 15년 2월 25일, 4책 p.195, 各邑守令解由改定式別單.
　　『備邊司謄錄』52, 肅宗 28년 9월 17일, 5책 p.73, 解由規式增損別單.
　　『備邊司謄錄』101, 英祖 13년 4월 16일, 10책 pp.416~421, 解由新定式・解由舊定式.

시가 제대로 이루어지지 못한 것은 어쩌면 당연한 것이었는지도 모른다. 지역에 따라 차이가 있으나 서북 지역의 수령권이 賣鄕과 같은 것을 통하여 실현되고 있는 것도 사실상 중앙 정부의 영향력을 일정하게 벗어난 것이었다.13)

이상과 같이 조선말기 지배층이 마련한 각종 지방지배 정책들이 거의 파행적으로 전개되면서 민란의 양대 발생 요인의 하나가 되었다. 예를 들어 특히 19세기 들어 부당한 부세수취에 항의하는 내용의 각종 所志가 집중적으로 등장하는 것에서 국가의 지방지배 정책이 민인들과 상호 대립되는 방향으로 모순이 심화되어 가고 있음을 볼 수 있다. 결국 국가는 원활한 지방지배를 위하여 부세정책들을 중심으로 각종 절목을 반포하고 이를 법제화하는 노력을 기울일 수밖에 없었다.

전체적으로 보아 중앙 정부의 안정적 재정수입에 초점이 맞추어진 총액제적 방식의 각종 부세수취 체계의 정비에 대응한 농민의 작부제나 면리제 운영 등의 공동납제적인 방식의 지방지배 구도는 재지사족과 같은 향촌사회의 중간 지배층을 상대적으로 배제시키게 되고, 봉건 정부와 농민들 사이에 보다 직접적인 대립 구조를 형성해 나가게 되는 흐름으로 잡혀가고 있었다. 19세기 삼정과 잡역세 및 도결제 운영의 폐단이 바로 이러한 모순의 표현이었다.

3. 18세기 부세정책의 전개

18세기 이래 각 부문의 징세 체계는 전세의 경우 영정법과 비총제 실시 및 면리제에 기초한 작부제 확립, 균역법 시행과 관련한 군역세의 징수, 총액제와 공동납 방식의 하나였던 이정법 시행, 18세기 이후

---

13) 金仁杰, 앞의 학위논문(1991) 참조.

국가재정의 환곡 의존도가 높아짐에 따른 환곡운영과 곡총의 증대 및 회록률 문제 등에 대한 논란 과정을 거치면서 나타났다. 특히 수령권 행사의 구체적 사정과 국가의 지방지배 성격 등의 단면을 잘 보여주었던 것은 18세기의 경우 환곡제 운영의 추이와 군역제의 변동에서이며, 진휼 행정과 관련한 역할도 주목된다. 수령은 각종 부세의 국납과 관련한 정퇴와 탕감 유도를 위한 노력을 중앙 정부나 감사에 대하여 기울이기도 하였다.[14]

부세수취의 원칙은 크게 보아 총액제적 수취 원칙에 기초한 공동납제 방식과 금납화 및 여러 종류의 부세가 토지로 집중되는 결세화되는 경향이었다. 즉 군현별의 일정한 세액을 정해 주는 총액제, 상품화폐경제의 진전에 따른 금납의 확산, 18세기 후반 부세정책의 틀이 새로이 마련된 이후의 19세기의 都結로 귀착된 공납, 군역, 환곡 등의 결렴화가 이 시기 부세수취 방식의 큰 흐름을 형성하였다. 구체적으로 전세 운영의 변화, 대동법 시행, 균역법 시행과 군역제 변동, 환곡제의 실시와 관련하여 정부의 지방 정책의 실상을 살펴 볼 수 있다.

田結稅는 중세 봉건사회의 기본 생산수단인 토지에 부과된 부세로서 중요한 의미를 지니고 있다.[15] 그것은 지주제의 문제와 근본적으로 관련되기도 하지만, 전결세는 전정 운영의 중심으로 특히 중앙의 지방에 대한 재정정책 시행과 좁게는 향촌사회 내부의 대농민 지배 정책과 직결되는 문제라는 점 등에서 주목된다.

17세기 이래 전세의 새로운 수취 방식으로 대두한 것은 정액세제인 永定法과 比摠法이었다. 그러나 비총법이 실질적인 관행으로 정착한 시기는 18세기 영조대의 왕권강화기 이후의 일이다.[16] 비총제는 중앙

---

14) 具玩會, 「朝鮮後期의 賑恤行政과 郡縣支配 -守令의 역할을 중심으로-」, 『震檀學報』 76, 1993.
15) 李榮薰, 「朝鮮後期 八結作夫制에 관한 연구」, 『韓國史硏究』 29, 1980.
   鄭善男, 「18,19세기 田結稅의 收取制度와 그 運營」, 『韓國史論』 22, 1990.

정부에서 이미 결정한 수취 총액을 각 도의 군현을 통해 거두는 방식을 의미한다. 18세기 전세의 총액제적 운영은 군현 단위로 조세납부의 책임을 강조하므로써 국가의 조세수입을 분명히 하고 지방에 대한 국가의 지배력을 유지 혹은 강화해 나갈 수 있는 향촌통제책의 하나로 전개된 것이라 할 수 있다. 토지와 인민에 대한 개별 파악이라고 하는 봉건적 조세수취 원리의 일정한 해체를 전제한다는 점에서 그만큼 조세부담자와 농민층의 성장을 반영한다고 볼 수 있다. 부세운영의 기본 단위는 각 洞이나 里가 최종 단위가 되었으며, 田稅 운영은 종래에 각 고을의 재정수입이 되던 화전세가 비총법 이후 점차 전정의 한 부분으로 편입되는 추세는 중앙재정을 우선으로 하는 정부의 지방지배의 한 단면을 보여 준다.17)

　大同法은 조선초기 공납법의 문제점들이 16,17세기의 사회경제적 발전 선상에서 私大同, 貢物作米, 半大同 등의 형태로 약 1백 여년에 걸쳐 극복되면서 18세기 초반에 성립된 제도이다.18) 戶를 대상으로 한 수취인 調, 즉 공물・진상과 일부 요역이 民結을 대상으로 하는 수취의 전결세로 바뀌는 대동법의 실시는 부세제도에서의 획기적인 변화였다.19) 이는 각종 세역의 토지집중의 시원적 형태로서 租庸調 체제로 표현되는 중세적 부세운영 원리가 조정되는 초기의 현상을 담고 있다. 따라서 대동법 실시 이후 대동법과 관련된 재정운영은 기본적으

---

16) 李哲成,「18세기 田稅 比摠制의 實施와 그 성격」,『韓國史研究』81, 1993.
　　鄭善男, 앞의 논문(1990).
17) 李景植,「朝鮮後期 火田農業과 收稅問題」,『韓國文化』10, 1989.
18) 高錫珪,「16・17세기 貢納制 개혁의 방향」,『韓國史論』12, 1985.
19) 韓榮國,「湖西에서 실시된 大同法」上・下,『歷史學報』13・14, 1960・61.
　　＿＿＿,「湖西에 실시된 大同法」1~4,『歷史學報』15・20・21・22, 1961・63・64.
　　金潤坤,「大同法의 施行를 둘러싼 贊反兩論과 그 背景」,『大東文化研究』8, 1971.
　　金玉根,『朝鮮王朝財政史研究』(Ⅲ), 一潮閣, 1988.

로 전결세의 문제로 나타났다.

　대동법의 시행은 안정적인 부세 수입을 위한 정부의 새로운 대책으로 나와야 할 필연적 결과였다. 그러나 대동법은 적어도 시행 초기에는 비교적 지방지배를 위한 안정적 정책의 모습을 보여주었으나, 계속되는 재정위기로 인한 봉건 권력 약화는 대동법 실시 본연의 의미를 약화시키게 되고, 따라서 그 실시의 효과는 반감되고 있었다. 지방재정에서 上納米와 유치미 비율의 변화 과정은[20] 대동법의 실시 의도가 어디에 있었는지를 대체로 짐작할 수 있다. 정부재정을 보완하기 위한 상납미 비율이 점차 증가하고 있던 현실이었다. 이러한 중앙재정 위주의 재정 정책으로 지방의 재정사정은 점차 어려워지고 있었다.

　軍役은 국가가 해당 연령층에 속하는 人丁을 개별적으로 파악하여 부과하는 부세로서 농민이 국가에 대하여 짊어져야 하는 가장 무거운 부담의 하나였다. 조선 전기의 군역은 良人皆兵과 兵農一致를 원칙으로 하였으나 조선후기에는 사회경제적 변화에 따라 군역제도에도 새로운 변화가 나타나고 있었다.[21] 17세기 말 이후 상품화폐경제의 진전으로 米布의 현물납 대신에 화폐납 추세가 확산됨에 따라 기존 군역제는 점차 해체의 길을 걸어나가게 된 것이다.

　군역과 관련된 부세정책은 良役變通 논의와 18세기 중엽 균역법의 실시로 귀결되면서 변화하였다. 18세기 이후에는 양역의 폐단이 가장 큰 문제로 점차 대두하였다. 군역세 총액이 군현 단위로 배정되면서 신역에 응하는 자가 점차 감소하였고, 신분제의 변동은 이를 더욱 가속화시켰다. 양역의 폐단에 대하여 본격적으로 대변통하려는 논의로서 국가의 대책은 사족지배체제의 동요와 이에 따른 국가의 지방지배

---

20) 安達義博,「18~19세기 前半의 大同米・木・布・錢의 徵收・支出과 國家財政」,『朝鮮史硏究會論文集』13, 1976.
21) 車文燮,「壬亂以後의 良役과 均役法의 成立」,『史學硏究』10・11, 1961.
　　朴廣成,「均役法施行 以後의 良役에 대하여」,『省谷論叢』3, 1972.

력이 강화되는 18세기에 들어서야 제기되었다. 18세기의 군역 문제와 관련된 각종 변통 절목을 마련하는 과정에서 향촌통제책 등 지방지배의 실상이 잘 드러난다.22)

　18세기 중엽의 균역법 실시는 부세제도의 큰 전환점으로 役弊를 진정시키기 위한 것이었다. 균역법 시행을 전후로 하여 사목과 절목에 나타난 것은 減布로 줄어든 국가재정의 보충을 위한 결전의 징수, 은여결의 조사와 단속, 鎭堡의 혁파, 선혜청 수입의 전용, 선무군관의 신설, 모곡의 회록, 어염선세의 균역청 이속 등이 기본 내용이었다. 이러한 것은 모두 지방재정의 감축을 토대로 할 수밖에 없는 것이었다.23) 그리고 군역제의 변동 과정에서 나타난 동리 규모의 촌락을 단위로 한 里定法과 같은 공동납 방식의 정책은24) 지방지배의 방향을 짐작할 수 있게 한다. 私募屬 문제에 대한 정부의 인식과 대책 마련 과정에도 향촌사회를 통제하려는 노력을 살필 수 있다.25) 정부는 지방의 각 영문에서 이루어지고 있던 사모속 현상에 대해 어사의 공식적인 염찰 조항을 마련하고 있었다.26) 다시 말해 사모속 문제에는 지방 사회의 새로운 세력의 성장과 관련하여 이해할 수 있는 부분이 있으며, 18·19세기 정부의 지방지배의 운영과 관련한 정책 의지가 일정하게 반영되어 있었다.

　종래 지방재정 수입이 되어 왔던 魚鹽船稅의 경우 균역법 시행 이후 이를 균역청으로 이속하게 됨에 따라 중앙과 지방의 각 기관과 계층이 기득권을 박탈당하게 되면서 이들의 심한 반발을 초래하였던 문제이다. 어염선세는 종래 궁방 이외에 각 아문과 영읍 및 진, 향교, 서

---

22) 『備邊司謄錄』 63, 肅宗 37년 12월 5일, 6책 p.321, 良役變通節目.
　　『備邊司謄錄』 86, 英祖 5년 7월 15일, 8책 p.668, 五家統法申明舊制節目.
23) 『均役事目』(奎No. 1123).
24) 金俊亨, 「18세기 里定法의 전개」, 『震檀學報』 58, 1984.
25) 金友哲, 「均役法 施行 前後의 私募屬 硏究」, 『忠北史學』 4, pp.112~114, 1991.
26) 『備邊司謄錄』 97, 英祖 11년 1월 11일, 9책 p.957, 御史廉問條件.

원, 각 청 등과 토호를 비롯한 士夫까지도 징수함으로써 많은 폐단을 발생시킨 세목이었다. 그래서 이를 해결하기 위하여 18세기 숙종조에 節目까지 마련되었으나,27) 제대로 실효를 거두지 못하고 있었던 문제였다. 지방관청의 경우 어염선세의 수입이 중간수탈층의 사리를 채우는 데 이용되기도 하고, 지방재정에 이용되기도 한 것이었기 때문에 어염선세의 균역청 이속은 불만이 클 수밖에 없었던 것이다.

한편 법적 혹은 비법적인 지방경비 사용을 위해 수세되던 隱餘結에 대한 정책에서도 정부의 지방지배와 관련한 부세정책 방향을 파악할 수 있다. 정부의 은여결에 대한 단속은 전정 운영의 차원에서 이루어졌다. 은여결은 향촌사회의 새로운 성장 세력이었던 유력자들의 이해와 관련된 부분이 많았다.

還穀은 평상시 농민의 종자와 농량을 대여하였으며, 흉년시에는 진자가 되고 비상시에 군량으로 기능이 바뀌는 등28) 전통적 의미에서 조세제도에 속한 것은 아니었다. 그러나 조선 중기 명종대 이후 이자의 일부분을 중앙에 상납하게 됨에 따라 부족한 재정을 보충하는 會錄法의 실시로 중앙재정 수입의 주요 부분으로 성격 전환을 보여준다. 取耗補用의 수단으로 중앙과 지방의 주요 재정원으로 편입된 것이다.29) 이후 환곡의 본래 기능이 점차 변화하게 되고 賦稅의 근간인 삼정의 하나가 되었다. 그리고 환곡은 관청식리의 주요 매개가 되면서,30) 여기서 비롯되는 각종 폐단의 발생 및 그 운영권을 둘러싼 대립의 문제가 조선후기 지방재정운영 문제의 핵심을 이루게 되었다. 환곡은 향촌사회의 여러 세력 사이에 부세운영상의 하나의 이권으로 인식되면서 그 기능과 성격이 더욱 달라지게 된다

---

27) 『備邊司謄錄』 70, 肅宗 48년 1월 28일, 6책 p.884, 諸道魚鹽收稅定數節目.
28) 『增補文獻備考』 卷166, 市糴考.
29) 宋贊植, 「李朝時代 還上取耗補用考」, 『歷史學報』 27, 1965.
30) 吳永敎, 「朝鮮後期 地方官廳財政과 殖利活動」, 『學林』 8, 1986.

환곡 정책의 전개는 18세기 이래 부세운영 일반의 정책 변화를 집약하여 보여준다. 환곡의 부세화 과정과 이의 총량 규모가 증대하는 과정 등에서 국가의 부세운영을 통한 지방지배의 성격이 어디에 있는지를 나타내는 것이다. 환곡의 부세화와 이의 운영 실적을 둘러싼 정부의 수령에 대한 규제의 강화가 바로 그것이다.31) 환곡의 부세화는 17·18세기의 일련의 재정개혁에도 불구하고 정부의 재정수입이 줄어들었던 반면, 상대적으로 국가재정의 환곡 의존도가 급속히 높아져 간 사실에서 나타난다. 이것은 바로 환곡의 부세화 경향을 반영한다. 환곡 총량은 영조대에 급속히 증대하였다.32)

실질적으로 조세를 내야하는 實結의 감축은 결당 전세 납부액이 고정되어 있는 定額制 아래에서 곧바로 호조와 선혜청의 세입 감소로 이어졌다. 이같은 감소는 호조의 경우 재정 부족분을 다른 아문곡에서 취용하거나 임시 수입과 환곡 등의 가입으로 보충하였다. 선혜청의 경우는 수입의 감소와 함께 지출이 증대하고 있었다. 숙종대에 비하여 영조대의 경우 물가의 상승 등으로 인하여 貢價 등 재정 지출이 증가한 것과 관련하여 환곡의 재정보용의 가치는 계속 확대되어 나갈 수 있었다. 환곡은 18세기 중엽을 전후로 하면서 국가재정 운용의 가장 주요한 부문의 하나를 차지하게 되었다.33) 지방에서는 18세기 중엽 이후 대동법, 균역법 실시로 인한 지방재정 악화로 환곡 운영을 강화하지 않을 수 없었으며, 점차 지방 단위 재원 확보의 필요에 의하여

---

31) 『備邊司謄錄』 153, 英祖 45년 3월 20일, 14책 p.786, 各道還穀釐正節目.
32) 鄭允炯, 『朝鮮王朝 後期의 財政改革과 還上問題』, 서울대 박사학위논문, 1985. 그리고 『備邊司謄錄』에 소재한 北漢軍餉糶糴節目(英祖 25년 4월 10일)과 各道還穀釐正節目(英祖 45년 3월 20일)을 참조.
33) 『備邊司謄錄』 51, 肅宗 26년 5월 11일, 4책 p.905, 各道還上未捧居末之次論罪別單.
『備邊司謄錄』 156, 英祖 50년 7월 10일, 15책 p.216, 今年田租全減代還穀定數蕩減節目.

환곡이 독자적으로 운영되는 추세를 보였다.

조선후기의 연대기 자료에 수록되어 있는 많은 환곡 관련 절목의 반포 그 자체가 국가 재정운영 틀의 변화 과정을 시기별로 일정하게 보여준다. 이 시기 환곡운영과 관련된 別單과 節目은 그 운영상의 모순을 시정하기 위한 것들이며, 대체로 환곡이 재정의 보용에 이용되는 경향에서 점차 부세로 전환되어 가는 내용을 담고 있는 것이 대부분이다. 환곡 자체의 분급과 수납 원칙이 시기가 내려 갈수록 성격이 크게 변질되어 모조만을 토지나 호구에 배정하여 세액처럼 거두는 흐름으로 변화하였다.[34]

대동법 실시 이후 지방 단위의 재정으로 사용되었던 유치미 비율의 감소와 균역법 실시 이후 각종 급대안 마련과 관련한 환곡 정책에서도 중앙재정을 우선한 지방지배의 성격을 볼 수 있다. 특히 균역법 실시로 종래의 지방재정에 해당하던 부분까지 중앙으로 흡수 혹은 이관시킴에 따른 지방재정의 안정을 위한 정부의 대표적인 후속 대책의 하나가 바로 환곡의 신설과 加分이라는 부세정책이었다는 점에서 그러하다. 환곡 총량의 증대 외 이의 운영과 관련한 각종 절목의 지속적 반포도 이로 인한 것이었다. 환곡운영의 부세화 흐름은 정부의 입장에서 지방재정 사정을 생각하지 않을 수 없게 되었던 결과였고, 이후 지방 단위의 환곡 운영은 빠른 속도로 강화되어 나가게 되었다. 다시 말해 환곡은 원활한 지방지배의 필요성에 의하여 운영되는 부분도 있었던 것이다.

---

34) 宋贊植, 앞의 논문(1965)과 梁鎭錫,「18, 19세기 還穀에 관한 연구」,『韓國史論』 21, 1989 참조.

4. 19세기 전반 부세정책의 변동

1) 부세운영의 방향

　19세기 국가의 지방지배 정책의 핵심은 부세운영 부문에 더욱 집중되는 경향을 보이고 있었다. 특히 향촌사회에서 전개되고 있는 삼정의 문란을 비롯한 부세운영의 모순을 어떻게 해결할 것인가를 두고 많은 논란을 하였다. 大變通의 개혁을 할 것인가 아니면 小變通의 차원에 그칠 것인가 하는 정책 시행의 폭에 대하여 봉건 관료와 지식인들 사이에 벌어진 계속된 논의가 그것이다.[35] 또한 수령을 통한 지방 통제와 대민 지배 과정에서 잡역세 운영과 관련한 각종 정책의 변화 및 이의 채택과 시행 과정에 나타나는 감영과 군현 단위의 재정운영 원칙과 정책 논의 등에서도 이 시기 지방지배의 구체적인 모습이 드러나는 부분이었다.

　이 시기 국가의 지방지배와 관련한 부세운영의 성격은 전근대 국가권력이 지니고 있는 수탈의 최종적인 모습들을 보여주고 있다. 무엇보다 지방의 재정운영 과정에서 중층적인 중간수탈구조가 광범위하게 자리잡게 되는 현상들이 바로 그것이다.[36] 이같은 현상은 시기가 내려 갈수록 점차 심화되었다. 봉건 국가권력의 속성을 잘 드러내어 주고 있는 濫刑과 토호의 私刑 현상도 이같은 흐름과 무관하지 않았고,[37] 四政의 하나로 자리 잡게된 잡역세 운영을 둘러싼 대민 수탈도 바로 이같은 맥락에서 형성된 것이었다.

　18세기 이래 농업생산력의 발전과 상품화폐경제의 진전에 따라 사

---

35) 金容燮, 『韓國近代農業史硏究』(上), 一潮閣, 1984.
36) 본서 제1부 참조.
37) 沈載祐, 「18세기 獄訟의 성격과 刑政運營의 변화」, 『韓國史論』34, 1995.

회적인 잉여생산물이 출현하여 공식·비공식 부세운영규모가 확대됨으로써, 19세기 지방재정의 독자적 운영 범위가 확대되어 갔다.38) 그럼에도 이전과 달리 이 시기의 지방재정은 위기에 봉착하고 있었다. 물론 중앙 정부도 비슷한 사정이었으나, 중앙 각사의 부족한 재정급대는 지방재정의 희생으로 어느 정도 해결하고 있었다. 이에 따라 향촌 내에서의 납세민에 대한 부세수탈의 강도는 더욱 강화될 수밖에 없었고, 동시에 점차 수취 방식의 질적 변화를 가져 오고 있었다.

19세기의 중앙과 지방의 재정 사정은 순조 17년 도승지 李存秀가 '근래의 재정이 京外를 막론하고 극히 어렵다'고 하였지만39) 중앙이나 지방이나 막론하고 위기적 상황이었다. 지방관청의 급대 재원은 중앙에서 일부 재원을 급대해주었던 감영·병영·수영·통영 등을 제외하고는 일체 이루어지지 않았다.40) 이러한 변화는 이미 18세기 영·정조의 왕권 강화기 이래 심화되어 온 현상이었다. 따라서 지방에서는 자체의 재정을 마련하기 위하여 각종의 잡역세가 증대할 수밖에 없었다. 예를 든다면 잡역세 운영과 관련된 私募屬 문제는 19세기 지방의 군정 운영 과정에서 많은 폐단이 발생함에 따라 정부로서도 단속하지 않을 수 없었지만 해결되지 않았다. 이 시기의 지방 단위의 사모속의 전개는 사실상 정부로서 인정하지 않을 수 없었던 문제였기 때문이다.

그리고 중앙 재정의 경우는 양입위출의 원칙이 비교적 지켜질 수 있도록 지속적으로 강조하였으나, 지방의 재정운영 과정에서는 사실상 제대로 지켜지지 않았다. 오히려 지방재정운영의 구조적 특성으로 나타난 지방재정 경비지출의 무원칙적인 증대와 그 운영의 복잡한 전개 양상 및 중간수탈층의 등장 등에 따른 많은 문제가 발생하고 있었

---

38) 본서 제1부 Ⅱ장 참조.
39) 『備邊司謄錄』 206, 純祖 17년 1월 1일, 21책 p.10.
40) 鄭演植, 「均役法 施行 이후의 지방재정의 변화」, 『震檀學報』 67, 1989.

다. 양입위출의 재정운영 원칙이 무너지면서 발생한 재정난은41) 중간 수탈의 심화와 더불어 계속되고 있었다. 국가적 차원의 재정상황은 19세기 초엽의 경우 18세기 말엽에 비하여 수지가 한층 불균형한 것에 이르고 있었고, 지방재정의 사정도 마찬가지였다. 그러한 위기의 실태는 앞서 언급한 것처럼 지방재정의 주요한 기초를 이루던 저치미의 상대적인 감소 양상 등 여러 지역의 재정상황에서 나타나고 있었다.42)

지방의 재정지출은 기구별로 독자적 회계원리에 의하여 이루어지고 있으나 점차 재정의 상호 이동 관계를 형성하면서 운영되었다. 이는 수령과 이서 및 향임층을 중심으로 하는 새로운 세력의 재정운영권 장악을 둘러싼 향권의 변동과 궤를 같이 하고 있는 것이기도 하였다. 또한 조선후기 지방재정 지출의 특성은 법전상의 지출 종목을43) 넘어서고 있는 등 사실상 법전상의 원칙을 이미 벗어나고 있었으며,44) 이미 제대로 지켜지지 않던 봉건적 수취체제의 해체과정에서 나타난 불법적 재정운영 혹은 지방 수령의 자의적인 부세운영의 양상들과 구조적으로 관련되어 있었다.45)

중앙재정 위주의 재정정책과 지방재정의 악화라는 두 가지 문제는 갈수록 상호 모순이 심화되었다.46) 특히 지방관부의 재정 악화는 19

---

41) 『純祖實錄』25, 憲宗 22년 10월 丙辰, 48책 p.210 ; 『備邊司謄錄』 憲宗 12년 9월 27일, 23책 p.739 ; 哲宗 원년 7월 4일, 24책 p.40 ; 哲宗 2년 3월 4일, 24책 p.252 ; 哲宗 10년 8월 28일, 25책 p.24 ; 哲宗 13년 6월 20일, 25책 p.871 ; 哲宗 14년 2월 26일, 26책 p.834.
42) 본서 제1부 Ⅲ장 참조.
43) 그 내용은 朝鮮後期에 간행된 각종 法典에 자세히 명시되어 있다. 예를 들어 『大典會通』 戶典의 會計·支供·外官供給條 등의 경우이다. 그리고 본서 제1부 Ⅵ장을 참조할 것.
44) 『備邊司謄錄』237, 哲宗 1년 7월 5일, 24책 p.189.
45) 본서 제1부 Ⅱ장 참조.
46) 方基中, 「19세기 前半 租稅收取構造의 特質과 基盤 -貨幣收奪 문제를 중심으로-」, 『國史館論叢』17 pp.215~216, 1990.

세기 지방재정의 지출규모가 확대되는 만큼 심화되었을 뿐 아니라, 여기에 증대하는 포흠과 守令과 吏鄕 계층의 재부축적욕 등이 이를 더욱 악화시키고 있었다. 수령에 의한 재정 유용의 표현인 '挪移' 혹은 '挪用'이라는 용어가 19세기에 들어 암행어사의 서계와 별단 및 국왕의 윤음에 빈번히 등장하고 있는 현상은 바로 지방재정의 불법적인 전용이 심하게 이루어지고 있음을 말해 주는 것이었다. 결국 이같은 사정들로 인한 결손 재정의 보충을 위하여 지방관부의 재정운영에서 정상적인 삼정 운영의 틀을 넘어선 환곡의 식리, 계방과 사모속 운영, 양호와 방결, 도결의 시행, 향임직의 매매, 부민 늑탈 등 봉건 말기적 편법들이 동원되어 가게된 것이다. 이른바 '四政 체제' 등장의 구조적 원인이었다.

이상과 같은 상황에서 삼정체제의 성립이 갖는 의미는 18세기와는 달리 19세기 봉건지배세력의 통치를 위한 마지막 수단으로 전개된 것이라는 점이다. 그러나 '四政' 운영의 문란으로 오히려 중앙의 지방에 대한 지배력은 당초 지방지배의 강화라는 목적과 달리 약화로 이어졌다. 삼정운영의 직접적인 담당자인 수령권의 강화와 새로이 성장하는 지방 세력이었던 이향층의 성장에 따라 상대적으로 국가의 지방지배 영향력은 약화될 수밖에 없었던 것이었다.[47] 이하에서는 이 시기 국가의 지방지배라는 부분에 한정하여 삼정운영 체제의 성격을 중심으로 간략하게 살펴보자.

2) 부세운영의 변화

총액제적 부세운영 방식의 하나였던 전정의 비총제 운영은[48] 국가

---

47) 방기중, 앞의 논문(1990), 204쪽 참조.
48) 比摠制 연구의 일반에 대해서는 鄭善男, 앞의 논문(1990)과 金容燮, 앞의 책 (1984) 참조.

의 지방지배 성격을 잘 드러내고 있다. 조선후기 전결세의 수세원칙이 었던 비총제는 18세기 전반에 실시되기 시작하여 영조대에 법제화하였다.49) 비총제에 의한 전결세 수취방식의 완결된 모습은 18세기 말 19세기 초 단계의 『大典通編』과 『萬機要覽』 편찬 단계에 이르러서였다. 19세기 비총제 실시의 본질은 지방사회에서의 전결세 징수를 납세 관행에 맡긴 채 중앙정부에 필요한 재원을 안정적으로 확보하기 위한 것이었다. 각 군현에서는 중앙 정부로부터 할당된 부세의 총액만 충당하면 되었다. 지방에서 거둔 세액 중 중앙에 상납하고 남는 것이 있으면 지방재정을 보충하거나 일반 民이 지는 役의 부담을 줄이는 데 사용되었다.50)

비총제 실시 이후의 새로운 양상들은 이미 18세기 이래 나타난 현상이지만 수령과 이서, 부민의 상호 연관 속에서 養戶, 除役村, 契房村 등이 이전보다 성행하고, 은결과 여결이 구조적으로 존재하게 된다. 정부의 지방지배의 한계선이 어디에 이르고 있는지를 짐작할 수 있다. 다시 말해 18세기 비총제의 실시와 운영은 일차적으로는 조선왕조 정부가 전정의 운영에 직접적인 통치력을 미치지 못하고 수취의 전 과정을 향촌지배세력에게 일임할 수밖에 없었던 당시의 사회적 상황에서 기인하고 있었다.

비총제 방식에 의한 전결세 징수는 구체적으로 作夫制 운영 방식으로 이루어졌다. 작부제는 그 운영의 주체와 관련하여 향촌사회구조의 변동과 밀접한 관련을 가지고 있었으며, 점차 변질되어 19세기 중엽 단계에 이르러 都結 방식 수취로 변화하여 갔다.

작부제 운영 과정에서 가장 큰 문제점의 하나는 토호나 이서층 중심 세력들에 의한 양호나 방결 및 포흠의 형식으로 나타난 중간수탈

---

49) 『新補受敎輯錄』, 戶典, 諸田.
50) 鄭善男, 앞의 논문(1990), 201쪽 참조.

구조의 형성이었다. 물론 중간수탈의 문제는 전결세 문제에서만이 아니라 환곡, 군정, 잡역세 등 전반에 걸쳐 출현하였다. 이같은 점들은 부세운영 체제의 일정한 변화를 가져오게 하였다. 그 가운데 도결제는 제반 중간수탈의 전개와 양호 방결 등으로 인한 재정결손을 중앙과 지방관아의 재정 수입을 위해 거의 일방적으로서 실시되고 있다.

軍政의 법제적인 모습은 매 式年마다 작성되는 호적을 근거로 簽丁한 후 응역자로 하여금 군포를 납부하거나 입역하게 하는 방식으로 운영되었다.51) 그러나 조선후기 신분제의 동요로 피역자가 늘어나고 군역의 부담이 빈농층에게 이중 삼중으로 중첩되면서 첨정 방식이 점차 허구화되었다. 이같은 현상은 균역법 성립 이후 가속화되었고, 19세기에 들어서도 피역과 잦은 흉년으로 이같은 양상이 더욱 심화되어 갔다. 결국 수령들에 의하여 군사의 조련보다 군포를 징수하여 중앙에 상납하는 데만 목적을 두게 되는 군정운영 방식으로 바뀌게 되었다. 이러한 상황에 대응하여 일반 민 스스로 軍布契나 役根田을 만들어 군역을 부담하는 共同納의 시행을 가져왔다.52) 軍役의 징수 행정에서는 더 이상 신분제에 기초한 방식만으로는 이루어질 수 없게 된 것이다.

군포계에서 한 단계 발전한 것은 洞布制였다. 동포는 闕額이 모두 허구화되고 이를 채울 수 없을 때 각 마을 단위로 일정한 할당량의 군액을 미리 배정하여 이를 각 동리에서 책임지고 충당하는 방식의 총액제적 공동납의 방식이었다.53) 중앙정부의 입장에서는 처음에 이를 공식적으로 인정하지 않았으나 향촌사회에서 점차 관행으로 자리

---

51) 『續大典』 兵典 참조.
52) 『譯註 牧民心書』 兵典六條, 簽丁.
53) 고동환, 「19세기 부세운영의 변화와 그 성격」, 『1894년 농민전쟁연구1』, 1991.
   宋亮燮, 「19세기 良役收取法의 변화 —洞布制의 성립과 관련하여—」, 『韓國史研究』 89, 1995.

잡아 나가게 됨에 따라 이를 인정하지 않을 수 없게 되었다. 즉 19세기의 봉건 위기에 처하여 정부는 신분제에 입각한 군역운영의 일정 부분을 포기하는 정책을 취하지 않을 수 없었던 것이다. 그러나 洞布制 운영에서도 신분제적 원리가 일정하게 입각되어 총액 단위로 동리마다 군역이 부과됨으로 인하여 군역불균의 문제가 여전히 남아 있었다. 이같은 동포제하 군역 불균의 문제를 해결하기 위하여 대두한 것이 結布 방식의 등장이다. 결포의 방식은 전결 단위로 군포를 부과하는 것으로 조선후기 모든 부세의 전결세화 흐름과 맥락을 같이한 차원에서 시행되었다.

結布制는 신분제에 입각한 군역운영의 원칙을 부정하는 것이기 때문에 봉건 정부로서는 공인할 수 없는 것이었다. 그래서 각 군현의 수령들은 드러내어 놓고 전면적으로 실시하기 어려웠다. 그러나 수령들로서는 이 시기의 軍多民少한 현실에서 할당된 군포의 액수를 채워 넣기 위해서는 결포제를 채택하지 않을 수 없었다. 결포는 토지소유자에게 불리한 제도였기 때문에 정부로서는 공인할 수 없었던 문제였다. 그래서 이의 해결책으로 제시된 것이 호포제의 시행이었다.

戶布制는 신분의 구분없이 모든 호에 대하여 일률적으로 호포를 부과하였던 방식이다.[54] 양인신분의 장정만을 대상으로 하던 것에서, 반상의 구분없이 군포를 징수하고자 한 것이다. 그러나 이도 양반들의 반발을 초래하였고, 나아가 향촌에서 세력자들은 호포 징수에서 빠져나감으로써 결국은 소민들의 부담이 여전히 남게되는 한계를 가지고 있었다. 따라서 지방의 수령은 총액제적 군포징수의 책임을 다하기 위하여 結布의 방식을 시행하지 않을 수 없었다. 결국 결포제는 19세기 후반 봉건적 조세수취체계의 변동을 반영하는 것이었다.

---

54) 金容燮, 「Ⅱ. 政府의 賦稅制度 釐正策」, 『韓國近代農業史硏究』(上), 一潮閣, 1984 참조.

I. 18,19세기 국가의 지방지배와 부세정책의 변동 231

還穀制의 성격도 19세기 세도정권 아래 크게 변화하여 갔다. 18세기 후반 환총이 1천 만석까지 증대하는 단계를 거쳐, 19세기에 이르러 환곡의 분급률 상승과 더불어 환정은 삼정운영의 가장 중요한 부세의 하나로 자리 잡아 나갔다.[55] 중앙재정의 파탄과 함께 중앙의 아문은 물론 지방의 감영, 병영, 진영 그리고 군현에 이르기까지 독자적으로 환곡을 설치 운영하면서 각 아문의 주요한 재정원으로 삼게 되었다. 국가재정의 환곡의존도가 크게 증가한 것이다.[56]

19세기 환곡의 부세화에 따른 분급방식은 크게 戶還과 結還의 두 가지 방향에서 변화를 거듭하였다. 호환은 인구수에 따라 등급을 정하여 모든 戶에 환곡을 분급하는 것을 말한다. 호환의 전개는 환곡이 부세적 성격으로의 전환을 직접적으로 의미하였으며, 강제 분급으로 인하여 중간에 이서들에 의한 분급 불균 등 많은 농간이 발생하였다. 그래서 이의 폐단을 시정하는 방법으로 재원을 마련하기가 훨씬 쉬운 結還의 방식이 채택되어 나갔다. 이는 환곡을 토지에 부과하는 것으로 군정의 결포제 운영과 비슷하였다. 환정에서도 점차 토지에 부세하는 추세로 나아가게 된 것이다.

또한 부세의 화폐납 증대로 환곡 운영상에서 많은 폐단이 발생하였다. 특히 이무, 가작, 입본 등의 전개는 바로 상품화폐경제의 발달을 이용하여 이루어진 것이었다.[57] 이는 동시에 대농민수탈로 이어졌다. 다음으로 환곡 分留의 법이 제대로 지켜지지 않는 점 등이다.[58] 환곡의 분급과정에서 진분화, 허류화가 심화되면서 점차 환곡의 분급은 없어지게 되고, 다만 장부상으로 民에게 환곡을 분배하고 가을에 이자곡

---

55) 宋讚燮,「19세기 還穀運營의 變化와 還耗의 賦稅化」,『外大史學』4, 1992.
56) 鄭允炯, 앞의 학위논문 참조.
57) 장명희,「18세기 후반~19세기 중반 還穀 운영의 변화 -移貿立本과 耗條 金納化의 성립 배경을 중심으로-」, 부산대 석사학위논문, 1997.
58) 방기중, 앞의 논문(1990) 206쪽 참조.

만을 걷는 방식이 보편화되어 간 것이다.59) 18세기에 환곡 규모의 증대라는 양적 변화가 있었다면, 19세기에는 운영상의 폐단과 함께 이의 질적 변화가 있었던 시기라 할 수 있다. 농민항쟁에 대한 정부의 삼정 이정책의 일환으로 마련된 「三南還政捄弊節目」(1862년)과 「關東還政捄弊節目」(1863년)은 19세기 중엽 환곡제가 부세로 완전히 전환하였음을 짐작할 수 있는 절목으로, 환곡의 부세화가 본격적으로 진행된 시기의 정부의 환곡 정책의 총괄적 모습을 볼 수 있다.60)

시기가 내려갈수록 환곡 운영 부문에서도 다른 것과 마찬가지로 중앙의 지방재정 그 자체에 대한 관심과 영향력이 점차 축소되어 가는 추세를 보이고 있다. 예를 들어 환곡운영이 군영과 같은 국가 권력 유지와 직접 관련된 지역을 우선적으로 통제하고 일반 읍의 경우는 점차 느슨한 모습으로 운영되었던 데서 알 수 있다. 이 또한 정부의 부세정책을 통한 지방지배가 점차 한계에 이르고 있음을 보여준다.

民庫의 설립 배경은 대동법의 불안정한 운영과 지방재정의 위기가 주된 원인이었다. 중앙 재정의 강화를 위한 대동법 시행 후 대동미 이외의 잡역세 加徵을 금지한다는 원칙이 제대로 지켜지지 않았으며,61) 잡역세 등의 수취 액수는 오히려 증대하였다. 중앙 정부의 재정 악화는 지방 단위의 중앙에 대한 상납물과 상납비를 증대시키고, 상급 관청의 각종 경비의 증대는 지방의 잡역세 징수 규모를 폭발적으로 증대시켰다.62)

또한 조선 말기에 이를수록 수령의 잦은 교체와 사신의 파견, 영문의 巡歷, 수령과 감관 및 색리 등의 공금 유용이 특히 심하게 나타나

---

59) 고동환, 앞의 논문(1991) 참조.
60) 『備邊司謄錄』249, 哲宗 13년 12월 11일, 25책 pp.901~906; 250, 哲宗 14년 3월 1일, 26책 pp.28~29.
61) 金德珍, 『朝鮮後期 雜役稅 硏究』 1장, 전남대 박사학위논문, 1996.
62) 金德珍, 「朝鮮後期 地方官廳의 民庫 設立과 運營」, 『歷史學報』 133, 1992.

고 있었다.63) 특히 세도정권 아래 상급관청의 재정지원이 없이 막대한 경비가 소모되는 수령의 빈번한 교체와 감사의 순력은 지방재정을 고갈케 하는 주된 요인의 하나였다. 19세기 중엽의 철종조에 수령이 한 지역에서 1년에 세번이나 교체되는 경우도 있었다.64) 감사의 순력에 소모되는 막대한 경비 사용을 두고 다산 정약용은 '오늘의 감사의 巡歷은 천하의 가장 큰 폐단이다'65)라 하였으며, 순조 22년 전라좌도 암행어사 심영석은 '茶啖夫馬' 등의 경비 사용의 규모를 '極其太多'66)로 표현하였다. 결국 이같은 지방 단위의 경비 지출의 지속적 증대는 국가로 하여금 민고를 발생 초기에 비합법적 재정기구로 취급하던 것에서, 지방단위의 자금 조달을 위한 합법적 기구로 인정하지 않을 수 없게 하였던 것이다.

민고는 세원이 민호와 전결 대상의 戶斂과 結斂이 중심을 이루고 재정 규모가 갈수록 커짐에 따라 이를 통한 자의적 수탈 여지가 점차 많아졌다. 이에 대한 감시는 주로 암행어사의 염찰과정에서 지속적인 지적 사항으로 이루어졌다.67) 그러나 각 지방의 민고가 19세기 단계에 이르러 정부의 통일적인 법적 지배를 받지 못하였던 데서, 정부의 지방지배력이 어느 정도에 이르고 있는지를 짐작하게 한다.

결국 '四政'의 하나로 자리 잡은 잡역세 운영의 문제와 관련하여 정부에서는 각 지방의 민고적 성격을 갖는 재정기구의 설립을 인정하지 않을 수 없었고, 이로써 이의 운영 주체인 수령과 이향 중심의 지방지

---

63) 『江州節目摠錄』(奎No. 想白 古 951·2G155), 贍用庫節目.
　『古阜郡賦稅釐整節目』(奎No. 古大 5127-7).
64) 『備邊司謄錄』 246, 哲宗 10년 2월 11일, 25책 p.334.
65) 『譯註 牧民心書』 禮典六條, 賓客.
66) 『備邊司謄錄』 210, 純祖 22년 11월 2일, 21책 p.410.
67) 이전 시기에도 부분적으로 그러하였지만, 특히 19세기 단계에 각 지방에 파견된 모든 暗行御史의 書啓와 別單에 지적되지 않는 경우가 거의 없었다(『日省錄』에 수록된 書啓와 別單 참조).

배를 사실상 인정하게 되어 나간 것이다. 이 시기 잡역세 운영을 위한 민고적 재정기구는 전국 각 읍마다 설립되므로써 민고는 19세기에 지방의 최대 재정기구로 성장하였다. 그러나 이들에 의한 잡역세 운영기구의 남설과 과외 잡세의 징렴 등은 지방관청 조직의 팽창과 더 많은 중간포흠 발생 등의 결과를 낳게 되어 정부의 지방지배는 오히려 더욱 동요되는 결과를 가져왔다. 결국 잡역세 문제도 수령권 남용과 관련하여 국가의 지방지배와 대민지배의 주요 매개가 되고 있었다.68)

19세기에 이르러 일반화된 지방재정의 위기와 중간수탈층에 의한 포흠을 해결하는 과정에 나타난 都結의 실시를 들 수 있다.69) 도결은 결가를 환산할 때 높은 가격으로 책정하여 그 차액으로 포흠된 액수를 채우는 화폐납을 이용한 민간수탈 방식이었다. 19세기 도결은 18세기 이래 관행으로 확립되어 온 전세 비총제가 확대 전환되어 간 결과였다. 즉 비총제 실시 이후 두드러진 수세단위의 세분화와 향촌관행에 의한 수취구조의 형성은 19세기 각종 부세의 총액제적 운영 및 금납화의 현상과 짝하여 도결로 전환하였다.

도결제는 19세기에 보편화된 것으로 당시 부세운영의 특성을 잘 보여 준다. 官이 응세자에게 직접 조세를 거두었다는 점에서 기존의 응세기구인 作夫制 운영 방식과 배치되는 새로운 수취제도 였다. 도결제 운영은 봉건정부가 수령이 結價를 책정하는 권한을 인정하여 주고, 이들에 의한 향촌사회의 안정적 지배를 도모하는 데 이용되었다. 그리고 정부는 중간수탈과 포흠의 결과인 재정 결손에 대해 근원적 처방을 내리기보다는 오히려 수령들에게 자의적인 결가 책정과 집행의 권한

---

68) 『日省錄』純祖 13년 6월 17일, 嶺南暗行御史金學淳進書啓別單.
69) 安秉旭, 「19세기 賦稅의 都結化와 封建的 收取體制의 해체」, 『國史館論叢』 7, 1989.
   김선경, 「'1862년 농민항쟁'의 都結 혁파 요구에 관한 연구」, 『李載龒博士還曆紀念韓國史學論叢』, 1990.
   고동환, 앞의 논문(1991).

을 인정하므로써, 스스로 지방지배의 한계를 보여주었다. 다시 말해 정부는 역시 중간수탈층의 광범위한 형성이라는 지방사회의 변화된 현실을 인정하지 않을 수 없었다. 도결의 전개과정 속에서 조선왕조 정부와 향촌지배세력 그리고 민 사이의 갈등과 대립이 보다 심화되어 갔다.

도결가의 책정은 두 가지 방식에 의하여 이루어지고 있었다. 먼저 향촌의 공론 즉 鄕會의 결정에 의한 것과 시가에 따른 從時價에 의한 경우이다. 종시가에 의한 높은 결가의 책정도 향회의 추인을 받아 이루어졌다. 도결가는 米價의 변동과 밀접한 관련이 있었다. 동시에 향권의 변동과도 긴밀히 연결되어 있다.[70] 봉건적 조세수취의 방식이 더 이상 한계를 보여주는 것이고, 기존의 틀로서는 정상적 지방지배가 불가능하다는 것을 보여주는 것으로 국가의 지방지배 해체 과정을 의미하는 것이다.

그리고 부민층에 대한 경제적 수탈의 전개는 이 시기 봉건 국가권력의 성격을 잘 보여준다. 이러한 것의 단적인 사례는 진휼행정에서 수령에 의한 부민에 대한 勸分 정책의 전개에서 잘 볼 수 있다.[71] 관을 매개로 이루어지는 권분은 관청식리 등의 방식으로 재원을 확보하였으나, 이보다 19세기 수령들은 이 시기의 새로운 사회경제적인 성장층이던 부민을 대상으로 권분하기를 권하였는데, 이는 사실상의 수탈이었다. 19세기의 관청고리대는 사실상 이들 부민을 대상으로 이루어졌다. 수령과 이향층은 규정 이외의 공곡을 작전하여 요호·부민을 대상으로 고리대 행위를 하였던 것이다.[72] 그리고 요호층에 대한 침탈은 특히 각종의 잡세나 정규세액의 부족분을 충당하는 과정에서 집중적으로 발생하고 있었다.

---

70) 高錫珪, 앞의 학위논문(1991) 참조.
71) 具玩會, 앞의 논문(1993) 참조.
72) 尹大遠, 「李弼濟亂의 硏究」, 『韓國史論』 16, 1987.

18세기 이후 부세정책의 새로운 모색의 방향은 일차적으로 국가재정 특히 중앙재정의 안정적 확보를 도모하는 데 두었다. 양난 이후부터 이미 국가의 재정 수입은 안정적이지 못하였고, 지출도 지속적으로 늘어나면서 국가재정의 부족은 만성적인 것으로 진행되어 왔다. 지방의 재정 수입도 마찬가지였다. 부세의 전결세화 방향에서 이루어진 대동법의 실시라든지, 균역법의 실시, 환곡의 중요성에 따른 정부의 환곡제 운영의 부세화 경향 등은 이같은 재정위기를 해결하기 위한 것이었다. 이러한 것은 일부 부세정책의 법제화와 동시에 이루어졌다.[73] 그러나 법전상의 규정은 전근대 사회가 빠르게 해체되어 가는 19세기에는 거의 제대로 지켜질 수 없는 것이었다.

5. 맺음말

이상에서 18,19세기 국가의 지방지배 성격을 부세정책의 변동과 관련하여 기존의 연구성과를 바탕으로 살펴보았다. 결국 국가가 지방지배의 강화를 위해 새로운 부세정책 마련을 모색하였으나, 18세기 단계에는 일정한 효과를 나타내고 있었을 뿐 시기가 내려갈수록 한계에 부딪히고 있음을 볼 수 있었다. 지방지배를 강화해야 할 필요성은 아래로부터의 사회·경제 변동에 따른 제반 정치적 조건의 변화에 있었다. 우선 守令에 대한 정부의 통제를 강화하는 정책을 중심으로 나타났다. 제한적인 수령권 강화, 감사의 수령에 대한 견제와 함께 국가의 직접적인 통치체제 확립을 위한 어사 파견 등이 정책의 주된 흐름이었다. 이에 따라 부세운영의 주도권은 점차 국가권력의 직접적 대행

---

[73] 국가의 지방지배로서 부세정책의 변화과정은 18,19세기에 반포된 『續大典』, 『大典通編』, 『大典會通』 등에 일부 法制化되어 수록되었다. 이 과정에 대한 자세한 검토가 추후 필요할 것으로 본다.

자인 수령과 그 예하의 이향들에게 옮겨가고 있었다.

국가가 지방의 군현과 民을 지배하는 수단은 財政運營權 행사를 통해서였다. 군현별로 일방적으로 정하는 摠額制的 조세수취 방식이 재정운영권의 한 수단이었다. 정부는 부세의 원활한 수납을 위하여 수령 중심의 지방지배를 여러 형태로 마련하였다. 수령 자신의 능력에 관계 없이 법제적, 관료제적 지배의 틀을 마련해 주었다. 세도정권의 출현은 이를 더욱 가능하게 하였다. 그리고 안정적 재정수입을 위해 在地士族과 같은 향촌사회의 중간 지배층을 상대적으로 배제시키고, 새로운 형식의 지배체제를 구축하였다.

18세기 부세수취의 전개는 총액제적 수취 원칙에 기초한 共同納 방식의 확산과 金納化 및 여러 종류 부세의 田結稅化였다. 田稅의 총액제적 수취는 군현 단위의 조세납부 책임을 강조함으로써 국가의 조세수입을 분명히 한 것이고, 동시에 지방에 대한 향촌통제책의 하나가 되었다. 전세 운영은 중앙재정 위주와 지방지배라는 틀에서 이루어졌다. 大同法 실시에서 상납미 비율의 증가에서는 지방재정보다 중앙재정을 위주로 한 국가정책의 흐름을 보여주었다. 군역과 관련된 부세정책에서는 양역변통 논의를 거쳐 18세기 중엽 均役法의 실시로 귀결되었다. 사족지배체제의 동요와 이에 따른 국가의 지방지배 강화의 한 흐름이었다. 還穀 정책의 전개에서는 18세기 이래 부세정책 변화의 일반이 집약되어 있었다. 환곡의 부세화와 이의 총량 규모의 증대에 따라 지방에서는 18세기 중엽 이후 환곡운영을 강화하였으며, 동시에 지방단위 재원 확보의 필요로 환곡의 독자적 운영이 빠르게 강화되는 추세를 보였다.

19세기 국가의 지방지배 정책의 핵심은 賦稅運營 부문으로 집중되는 경향을 보이고 있었다. 동시에 이 시기 국가의 지방지배와 관련한 부세운영의 성격은 전근대 국가권력이 지니고 있는 수탈의 최종적인 모습들을 보여주고 있다. 지방의 재정운영 과정에서는 중층적인 **中間 收奪** 구조가 광범위하게 자리잡아 가고 있었다. 지방재정 지출의 특성은 상당 부분 법전상의 원칙을 이미 벗어나면서 부세운영권자들의 불법적이고 자의적인 부세운영의 양상들과 구조적으로 관련되어 있었다.

중앙재정 위주의 재정정책과 지방재정의 위기라는 두 가지 문제는 갈수록 상호 모순이 심화되었다. 결손된 재정의 보충을 위하여 지방 단위의 재정운영에서는 三政의 정상적 운영 틀을 넘어서 환곡운영의 관청식리화 등 등 봉건 말기적 편법들이 동원되었다. 그러나 삼정운영의 직접적인 담당자인 守令權의 강화와 새로이 성장하는 지방세력이었던 吏·鄕層의 성장에 따라 상대적으로 국가의 지방지배 영향력은 오히려 약화되어 갔다.

비총제 방식의 田結稅 징수는 구체적으로 작부제 방식으로 이루어졌으나, 점차 변질되어 19세기 중엽 단계에 이르러 都結 방식 수취로 변화하여 갔다. 신분제의 동요로 피역자가 늘어나고 軍役의 부담이 빈농층에게 중첩되면서 첨정 방식이 점차 허구화됨에 따라 각 마을 단위로 일정한 군액을 미리 배정하여 책임지고 충당하는 총액제적 공동납 방식이 이루어졌다. 점차 전결 단위로 군포를 부과함으로써 부세의 전결세화 흐름과 맥락을 같이 하였다. 還穀制의 성격도 중앙의 각급 관청에서부터 군현에 이르기까지 독자적인 환곡 설치와 운영으로 주요한 재정원으로 변화되면서 각급 단위 환곡의존도가 크게 증가하였다. 그러나 이러한 것도 점차 토지에 부세하는 추세로 나아갔다. 18세기에 환곡 규모의 증대라는 양적 변화가 있었다면, 19세기에 운영상의 폐단과 함께 이의 질적 변화가 있었던 시기였다.

비법적 재정기구였던 民庫는 지방단위의 재정마련을 위한 사실상의 합법적 기구가 되었다. 정부에서는 잡역세 운영과 관련하여 각 지방마다 민고적 성격을 갖는 재정기구를 설치하고, 그 운영의 주체를 수령과 이향 중심으로 구성하여 지방지배를 관철하여 나간 것이다. 都結의 실시도 민고 운영에서처럼 사실상 지방지배의 새로운 수단으로 이어졌다. 도결제는 관이 직접 응세자에게 조세를 수취함으로써 수령권의 강화와 함께 지방지배를 안정적으로 도모하는 수단이 되었다.

Ⅱ. 조선후기 지방재정운영 자료의 분류와 성격

1. 머리말

 봉건 지배계급이 갖는 고유한 권력 행사권의 하나인 지방재정의 운영과정을 향촌사회사의 전개 과정과 직접적으로 관련시켜 살피는 것은 사회사 분야 연구의 지평을 크게 넓힐 수 있을 것이다. 따라서 이 점은 앞으로 새로운 차원의 연구 방법론으로써 적극 접근되어야 한다.
 조선후기 향촌사회 지배구조의 성격에 대한 연구는 그동안 많은 축적이 있어 왔다. 그러나 문제는 이러한 연구들이 향촌사회의 여러 모순이 경제적으로 반영되어 있는 물적 토대의 구조에 대한 연구와 본격적으로 연관시키지 못한 채 진행되어 왔다는 점이다. 다시 말해 특정 지방 인간집단의 생활이 언제나 부세운영을 중심으로 하는 지방관청의 재정운영과 밀접한 관련성을 가짐에도 불구하고, 이러한 입장의 향촌사회사와 재정사 연구의 진전은 지금까지 아직 크게 이루어지지 않고 있는 실정이다.[1]

---

1) 향촌사회사 분야를 중심으로 하여 재정사운영의 문제를 부분적으로 다룬 연구

사실 부세제도와 운영을 내용으로 하는 재정사 연구가 갖는 의미는 향촌사회 사정을 보다 생생하게 파악할 수 있게 한다는 점이다. 특정 지방 재정운영의 과정에는 향촌사회를 움직여 나가는 여러 세력의 이해와 직결된 경제활동이 상당 부분 반영되어 있는 것이다. 부세와 재정운영권은 조선후기에 새롭게 등장하는 향촌지배 세력들의 가장 우선적 관심사가 되고 있었다. 그러므로 이러한 입장의 연구 성과는 전근대사회 붕괴 위기의 한 단면을 보여주는 향촌사회의 권력구조 문제나 봉건국가의 향촌사회에 대한 정책 방향의 본질을 밝히는 데 크게 도움이 되기도 한다.

여기서는 이같은 문제 인식을 바탕으로 향촌사회사의 특성이 부세수취와 재정운영의 과정 속에서 일차적으로 나타난다고 보고, 먼저 이의 기초 자료들을 사회사 연구의 방향과 관련하여 어떻게 재인식할 것인가에 대한 방법론적인 접근을 하려 한다.[2] 다시 말해 먼저 재정운영 관계 자료를 호적과 양안, 삼정 운영, 민고와 잡역세 운영, 사례(책) 등으로 분류하여 이를 사회사적 연구 방법론과 관련지어 자료의 성격과 활용 방안을 살피려는 것이다.[3]

성과로서 金仁杰, 앞의 학위논문(1991), 高錫珪, 앞의 학위논문(1991), 鄭震英, 앞의 책(1998) 등을 우선 들 수 있다.
2) 이에 관한 방법론적 논의로서 다음의 글이 참조된다.
  김인걸, 「조선시기 사회사 연구동향과 자료활용 방안」, 『조선시기 사회사 연구법』, 한국정신문화연구원, 1993.
  한상권, 「조선시기 국가의 지방통치 연구와 자료」, 『조선시기 사회사 연구법』, 한국정신문화연구원, 1993.
3) 그런데 본 장에서 어디까지나 자료에 대한 재인식과 연구 방법론에 주안점을 두고 있다. 따라서 연구사 정리를 전론으로 하지 않는 만큼 관련 논문을 굳이 전부 망라하지 않았다. 이 점 미리 밝혀둔다

2. 호적·양안 자료와 성격

1) 戶籍

 호적대장은 신분 판별의 근거가 되며 호구를 대상으로 국가권력이 요역과 부세를 과징하기 위한 기초 자료이다. 그리고 호적은 농민의 토지에의 긴박을 위한 역할, 과거 응시자와 합격자의 신분 확인, 흉년시 진휼 대상자를 파악하기 위한 자료, 하층민의 끊임없는 반항에 대처하기 위한 감찰과 고발 및 확인의 대장 등 그 역할이 매우 다양하다. 따라서 이러한 호적대장은 우선 국가사 연구의 기본자료이면서 향촌사회사 연구의 중요 자료가 되기도 한다.
 이같은 호적대장은 작성 과정과 구성을 보면 다음과 같다. 먼저 戶口式에 따라 각 호주가 작성한 호적단자에 의거하여 호적 색리가 호적대장을 작성하며, 여기에 제 몇 통, 제 몇 호의 家座가 정해진다. 호적대장에 오른 이 호적을 토대로 准戶口式에 의거하여 별급 호적인 호구가 각 개인에게 지급된다. 이 호적대장은 식년마다 작성되며 호적대장에 의거하여 지급되는 별급호적은 式年(매 3년)마다 지급된다. 이 호적대장은 지방의 경우에는 3부가 작성되어 본 읍과 본 도 및 호조에 각각 한 부씩, 서울은 한성부와 호조에 각각 한 부씩 보관된다.
 호적대장을 이용한 연구는 일찍이 일본인 학자에 의하여 주목되어 오다가,[4] 60년대에 이르러 종전의 단순한 실증적 연구 방식에 대한 비판적 분석을 통하여 자료 이용의 비약적 발전을 가져 오게 된다. 한편 70년대에 들어 오면서 연구분야와 주제 및 자료의 확대에 있어서 커다란 진전이 이루어진다. 그것은 奴婢·鄕吏·校院生·雇工·婢夫 등 연구 분야의 확대와 신분제 동요를 내용으로 하는 구조 변동 등

---
4) 四方博,「李朝人口에 關한 身分階級別的觀察」,『朝鮮經濟研究』3, 1938.

사회구조와 그 변동의 주제에 초점을 맞춘 연구의 진전이다. 大邱 지역 호적대장 분석과 蔚山 지역의 호적대장[5] 및 丹城 지역의 호적대장 발굴[6]에 의한 분석 등이 이 시기의 연구 경향을 대표하면서 조선후기 신분제 변동의 흐름을 확인하였다. 여기서 이후 연구의 진전을 위한 초석을 마련한 것으로 볼 수 있다.

호적대장을 이용한 연구는 70년대를 이어 80년대에 더욱 본격화되었다.[7] 그리고 『丹城戶籍大帳』과 『彦陽戶籍大帳』의 발굴과 간행은 이 분야 연구의 진전을 더욱 가속화하게 된다.[8] 그 연구 성과를 살펴본다면 우선 다음과 같이 몇 가지로 간단하게 요약·정리해 볼 수 있을 것 같다.

첫째, 신분층을 주제로 한 연구에서 고문서를 적극 활용하여 각 신분층의 존재 형태를 구체적으로 밝힌 연구들이 지속적으로 나오고 있다는 점을 들 수 있다. 이전 시기의 연구가 신분제 동요를 방증하는 정도의 소극적 차원에서 이루어졌던 것에서 한 걸음 나아가 기존의 '신분제 동요'의 인식에 문제제기의 형식을 취하거나 새로운 방식으로 신분층 해명에 접근하였다.

---

5) 鄭奭鐘,「朝鮮後期 社會身分制의 崩壞 -蔚山府戶籍大帳을 중심으로-」,『19世紀의 韓國社會』, 大東文化硏究院, 1972.
6) 金錫禧·朴容淑,「18·19世紀 農村의 社會構造-慶尙道 丹城縣의 경우-」,『釜大史學』3, 1979.
7) 朴容淑,「18,19세기의 雇工 -慶尙道 彦陽縣 戶籍의 分析-」,『釜大史學』7, 1983.
金錫禧,「18·19世紀 戶口의 實態와 身分變動 -新例 彦陽縣 戶籍大帳을 중심으로-」,『人文論叢』26, 釜山大學校, 1984.
李光奎,「朝鮮後期의 社會構造와 變動 -蔚山地方戶籍을 中心으로-」,『韓國文化』5, 서울대 韓國文化硏究所, 1984.
金俊亨,「조선 후기 蔚山 지역의 鄕吏層 變動」,『韓國史硏究』56, 1987.
_____,「조선 후기 鄕吏層의 變動 -彦山 지역의 예를 통한 접근-」,『慶尙史學』6, 1990.
8) 丹城과 彦陽의 호적대장을 집중적으로 이용한 연구서로는 朴容淑,『朝鮮後期社會史硏究』, 도서출판 늘함께, 1994가 주목된다.

둘째, 신분구조·구조변동론을 주제로 한 연구에서도 커다란 진전이 있었다는 점이다. 호적상의 '戶'의 내용에 대한 재해석, 신분변동론에 대한 연구, 특정 직역에 대한 연구 방식을 통하여 이루어져 왔다.

세째, 이 시기 신분사 연구의 또 하나의 특징은 기본 연구의 한계를 우회적인 방법이기는 하나 사회세력(사회계급)의 동향과 관련시켜 극복해 보려는 연구 경향의 부각을 들 수 있다. 이는 지방의 여러 사회세력 특히 변혁주체의 형성 기반과 형성 과정과 지향을 추구하는 의미를 지니는 것으로 파악할 수 있는 특징을 지닌다.

다음으로 위의 첫번째와 둘째 문제와 관련하여 직역과 계층에 대한 몇 가지 연구 과정에서의 논란들을 다음과 같이 간단하게 적시해 볼 수 있다. 먼저 계층구조론과 계층변동론을 주제로 하는 직역=신분연구는 80년대 이후에도 여전히 호적대장 연구의 중심 과제로 되고 있었다. 가족을 중심으로 한 연구, 타읍과의 비교를 염두에 둔 구조·변동론의 제시, 언양과 단성을 대비하면서 호구·고공·혼인 등 여러 측면의 변동론 대한 분석 등이 대표적이다.

그리고 이와 관련하면서 특정 계층의 신분을 집중적으로 논하여 그 성격을 해명한 경향을 들 수 있다. 양반층의 직역에 대한 연구, 언양의 고공을 농촌형 고공의 특징을 갖는다는 연구, 향리의 신분 변동문제를 추적한 연구, 노비 문제의 추세가 후기의 사회 동향에 큰 영향을 미쳤을 것이라는 문제의식을 가지고 이루어진 연구 등의 성과들이 있다. 이러한 연구는 각 신분들의 존재 양태를 밝히면서 조선후기에 이르면 어떻게 변동하고 있는가에 공통적으로 초점이 맞추어져 있다.

한편 직역의 유형화에 따른 연구성과로서는 신분·계층구분이 최다 7가지에서 3가지에 이르기까지 다양하다. 그런데 문제는 기왕의 3구분 방식의 틀은 대체로 인정하면서도 80년대 이후의 연구는 다른 중간적인 신분·계층을 설정하여 살피고 있다는 점이다. 여기서 중간 신분·계층에 대해서는 연구자 각각의 기준에 따라 중간층의 존재에 대한 해석이 상당히 다양하다.

또 한 가지 주목되는 논점은 '挾戶'론에 대한 것이다.9) 호적대장에 기재되어 있는 이들 협호에 대한 해석의 문제가 논란이 되었던 것으로 지주제 연구10)와 깊은 관련을 지니고 있다.

그런데 자료 이용상의 문제점을 한가지 지적하자면, 조선후기의 호적대장에 기재된 직역이 실제와 다르게 기재되는 경우가 점차 많아지고 있었다는 점이다. 다시 말해 향촌사회의 호구실태가 과연 정확하게 반영되고 있었는가에 대한 신빙성의 문제이다. 예를 들어 호적상의 이서층이라 볼 수 있는 직역의 액수와 읍지의 관직조에 나타난 이서의 액수를 상호 비교해 보면, 후자의 자료에서 기재된 액수가 상대적으로 많았다.11) 특히 시기가 내려올수록 이같은 양상은 심화되고 있었다. 사실 읍지에 기재된 것도 실제보다 적은 액수였다. 따라서 단순히 호적의 통계적 분석을 통한 기왕의 신분제 변동 및 향촌사회사에 대한 연구 방법은 재고되어야 할 것이다.

이상에서 호적대장이라는 자료를 통한 연구 성과와 문제점을 간단히 살펴보았지만, 향촌사회사 연구의 토대를 보다 튼튼히 하기 위해서는 호적대장에 대한 자료 이용의 폭을 더욱 넓혀가야 할 것이다. 예를 들어 호적대장보다는 신빙성이 다소 떨어지지만 족보의 충분한 이용과 같은 것이 그것이다. 그리고 호적대장이 갖는 자료로서의 한계를 극복하기 위해서는 다양한 지역의 자료발굴 노력과 함께, 이를 여타

---

9) 朴容淑,「18,19세기의 雇工 -慶尙道 彦陽縣 戶籍의 分析-」,『釜大史學』7, 1983.
韓榮國,「朝鮮後期 挾人·挾戶 -彦陽縣 戶籍大帳의 挾戶口를 中心으로-」,『千寬宇先生還曆紀念韓國史學論叢』, 1985.
10) 李榮薰,「朝鮮後期 農民經營의 存在形態」,『朝鮮後期 社會經濟史』, 한길사, 1988.
11) 본서 제1부 V장 참조.

사회사 관계자료들과 유기적으로 관련시킨 연구 방법이 필요하다.

이상의 연구와 관련한 대표적인 호적대장 자료[12]는 『大邱帳籍』(1690~1840, 奎章閣), 『尙州帳籍』(1738~1822, 尙州牧, 奎章閣), 『蔚山府戶籍大帳』(1585~1891, 蔚山郡, 奎章閣), 『慶尙道彦陽縣戶籍大帳』(釜山大學校 韓國文化硏究所 刊行), 『慶尙道丹城縣戶籍大帳』(韓國精神文化硏究院 刊行), 『戶口總數』(1789, 奎章閣.1620 ; 이하 소장처 '奎章閣'을 '奎.'로 표기) 등이다.

2) 量案

양안은 농민층의 토지대장이다. 여기에는 전답의 넓이와 그 起主가 기록되어 있으므로 농민 개개인의 경작 면적과 소유 관계를 추정하는 데 편리한 자료가 된다. 법적으로 量田은 20년마다 한번씩 실시하여 양안을 새로 작성하고 호조와 본도와 본군에 보관하기로 되어 있으나, 실제로는 수십년 내지 백여년이 지난 후에야 개량하는 것이 보통이었다.[13]

조선후기의 양안은 농민의 계층별 토지 소유 상황을 수량적으로 제시할 수 있는 자료라는 점에서 농촌사회의 실상을 파헤치고자 하는 실증연구에서 호적대장과 함께 우선적으로 검토되어야 할 대상이다. 이들 분석을 통하여 조선후기 향촌사회의 구성의 토대가 어떻게 변화하는지에 대하여 밝힐 수 있기 때문이다.

그러나 양안에 대한 연구는 전근대 사회에 대한 이론적인 접근 방법도 문제이지만, 자료 그 자체에 대한 면밀한 분석이 요구된다. 그것

---

12) 여기에 제시된 자료들은 그 동안 각 분야의 연구에 많이 활용되어온 자료 중의 일부만을 필자 나름대로 선정한 것임을 미리 밝혀둔다. 이는 이하에서도 마찬가지이다.
13) 金容燮,「量案의 硏究」,『史學硏究』7·8, 1960.
　　────,「續·量案의 硏究」,『史學硏究』16·17, 1963·1964.

은 구체적으로 양안에 기재된 사료를 어떤 식으로 해석하느냐에 따라 수량적 분석의 결론이 여러 가지로 다르게 나올 수 있기 때문이다.

예를 들면 庚子量案에서 起[耕]田의 主라는 의미로서 陳主와 대칭되는 말로 쓰이던 사료상의 '起主'에 대한 해석을 어떻게 하느냐의 문제를 들 수 있다. 또한 光武量田事業 당시에는 '時主'라는 명칭이 문제가 되고 있다.14) 양안을 대상으로 하는 실증 연구에서 양안상의 기주 혹은 시주의 성격을 제대로 파악했는가는 실증연구의 성패를 가름하는 관건이 되고 있다.

당초의 연구에서 기주의 성격을 농가세대로 이해하고 있다.15) 그런데 이는 농민의 토지소유 상황이 실상보다 그 영세성이 과장되어 나타날 수 있다는 점에서 일단 반론이 제기되기도 하였다. 즉 量案起主=農家世代說은 상당히 일반적일 정도로 타당하지 않다는 것이고, 양안이라는 자료의 구조적 특징을 옳게 이해하지 못하였다는 것이다.16) 이같은 비판론의 관점에 의하면 양안상의 기주는 代錄, 分錄, 合錄 등 일견 매우 자의적이고 무원칙한 기준에 의해 파악된 것이며, 그러므로 양안 작성을 국가 수조의 구체적인 확보를 위한 것으로 보았다.17) 다시 말해 양전은 농민의 사실상의 소유와 그에 대한 국가의 수조규정, 즉 수조권적 토지소유로 존재한 국가적 토지소유의 상호 대항 관계의 실현과정이라는 것이다. 그래서 결과적으로 양안상의 기주는 국가에

---

14) 金容燮,「光武年間의 量田·地契事業」,『亞細亞硏究』 31, 1968.
　　李榮薰,「光武量田에 있어서 '時主' 파악의 실상 -忠淸南道 燕岐郡 光武量案에 관한 사례분석-」,『대한제국기의 토지제도』, 민음사, 1990.
　　이영학,「광무양전사업 연구의 현황과 과제」,『역사와 현실』 6, 1991.
15) 金容燮, 앞의 논문 참조.
16) 李榮薰,「量案의 性格에 관한 再檢討 -慶尙道 醴泉郡 庚子量案의 事例分析-」,『經濟史學』 8, 經濟史學會, 1984.
　　─── ,「光武量田의 歷史的 性格 -忠淸南道 燕岐郡 光武量案에 관한 事例分析-」,『近代朝鮮의 經濟構造』, 比峰出版社, 1989.
17) 김홍식외,『대한제국기의 토지제도』, 민음사, 1991.

의해 파악된 수조대상으로서의 본질을 가진다고 하였다.

그러나 위의 비판의 논점도 일면 타당하지만, 그렇다고 하여 시주가 토지의 소유주이거나 적어도 소유권과 관련있는 자를 기록하였다 점도 부정되어서는 안된다. 양안에 기록된 기주명이 실제의 소유권자가 아니라 하더라도, 적어도 그 사람과 관계 있는 자가 소유권을 행사한 것은 명백하기 때문이다.18)

결국 이와 같은 논란들이 제기되는 데서 알 수 있듯이, 양안을 이용하는 방법이나 양안상에 표현된 사료의 의미를 좀 더 분명히 해야하는 과제가 남게 되는 것이고, 이는 많은 방계 자료를 폭 넓게 이용해서라도 해결되어야 할 문제이다. 이러한 문제는 양안을 이용한 연구자들 스스로 양안이 갖는 자료의 한계점을 이미 지적하고 있기 때문에, 이를 참고하여 양안이라는 사료 비판을 더욱 심화시켜야 한다.

한편 이를 해결하기 위한 연구의 방법론도 향촌사회구조의 변동을 추적하는 과정에서 모색해볼 수 있는 문제이다.19) 사료상의 제약도 물론 큰 것이지만, 양전사업의 구체적인 실시 경위를 밝히기 위한 접근 노력도 아울러 기울여야 한다. 이에 관한 기록들이 충분하지 못한 것은 사실이나, 연대기와 같은 관찬사료의 충분하고도 면밀한 분석을 통하여 양전사업의 계획과 목적 및 실시과정을 재구성해 볼 필요가 있는 것이다.

그리고 양안 분석의 결과가 조선후기 향촌사회변동의 사정을 어느 정도 정확히 반영하는 것인가에 대해서도 고려해야 한다. 나아가 조선후기 몇 차례 걸쳐 전국적으로 시행되거나 지역에 따라

---

18) 이같은 논의를 포함한 전근대 양전제에 대한 연구현황은 다음의 발표가 참조된다.
　　吳仁澤,「前近代 量田制 연구 현황」(부산・경남역사연구소 제1회 연구발표회 발표요지, 1994)
19) 高錫珪, 앞의 학위논문(1991), 제2장 참조.

부분적으로 시행된 양전 사업의 추진과정에서 향촌사회의 지배세력들은 어떻게 대응하였는가도 지주제 문제와 관련시켜 종합적으로 접근하여야 할 것이다. 특히 양안은 기본적으로 농민층의 토지대장이지만 국가와 지방재정 수입의 안정적 확보를 위한 징세장부라는 자료적 성격도 가지고 있다. 그러므로 재정운영과 관련된 자료와 긴밀한 연관 속에서 파악되어야 함은 말할 것도 없다. 이러한 모든 문제는 향촌사회사와 관련된 모든 자료와의 유기적 활용 속에서 해결의 실마리를 찾을 수도 있을 것이다.

이상의 논의와 관련한 주요 양안 자료로서는 『忠淸道懷仁郡量案』(1901, 懷仁郡, 奎.17681), 『義城縣庚子改量田案』(1726, 義城縣, 奎.14951), 『全羅道古阜郡所在龍洞宮田畓量案』(1830, 古阜郡, 奎.18308), 『慶尙道醴泉庚子改量田畓』(1722, 醴泉郡, 奎.14965), 『忠淸南道牙山郡光武量案』(1900, 牙山郡, 奎.17664), 『京畿道龍仁郡量案』(1903, 龍仁郡, 奎.17644), 『全羅道金提郡內需司折受量案無主田畓時起打量成冊』(1693, 金提郡, 奎.18459), 『慶尙道固城郡忠勳屯田畓量案』(1792, 固城縣, 奎.16419), 『量田謄錄』(1720, 編者未詳, 奎.經古333.335-Y17), 『尙州牧庚子改量田案』(1721, 尙州牧, 奎.14954) 등을 들 수 있다.

3. 삼정운영 자료와 성격

1) 田政

전세 관계 자료는 크게 田結稅와 大同稅로 나누어 살필 수 있다. 먼저 전결세에 대하여 보자.

田結稅는 중세 봉건사회의 기본 생산수단인 토지에 부과된 부세로서 중요한 의미를 지니고 있다.[20] 그것은 지주제의 문제와 근본적으로 관련되기도 하지만, 전결세는 전정 운영의 중심으로 특히 중앙의 지방에 대한 재정정책 시행과 좁게는 향촌사회 내부의 대농민 지배 정책과 직결되는 문제라는 점 등에서 여전히 많은 측면에서 주목되어야 할 여지가 남아있기 때문이다. 즉, 이 시기 전체 부세정책의 변화 기조인 모든 부세의 田結稅化에 따른 三手米·大同米·結作米 등의 전결 부과와 함께 규정 이외의 각종 잡역세 명목의 증대 등으로 인한 조세부과 규모의 확대 사실들의 성격 규명이 우선 필요한 것이다.

그리고 이와 같은 전결세의 양적 증가는 필연적으로 전결세의 성격 규정에도 변화를 가져오게 되는데, 이 점에 관해서도 향촌사회사 연구와 관련하여 아직 충분한 검토가 행해지지 않는 실정이다. 다만 최근 18세기 말 이래 19세기 단계에 이르면서부터 나타나는 삼정운영의 모순과 관련한 전정의 성격에 대하여 일부 새로운 차원의 접근이 이루어지고 있다. 예를 들어 향촌사회사의 규명과 함께 그 경제적 내용의 하나로서 동계 조직을 통한 부세의 공동납 현상을 주목하게 된 것이 그 하나이다.[21]

또 19세기에 이르러 일반화된 지방재정의 위기와 중간수탈층에 의한 포흠을 해결하는 과정에 나타난 도결의 실시를 들 수 있다.[22] 도결은 결가를 환산할 때 높은 가격으로 책정하여 그 차액으로 포흠된 액수를 채우는 화폐납을 이용한 민간수탈 방식이었다. 이도 역시 모든

---

[20] 전결세의 부세운영에 관한 연구로서는 다음이 참고된다.
李榮薰, 「조선후기 八結作夫制에 관한 연구」, 『韓國史研究』 29, 1980.
鄭善男, 「18,19세기 田結稅의 收取制度와 그 運營」, 『韓國史論』 22, 1990.
[21] 金仁杰, 앞의 학위논문(1991), 제3장 참고.
[22] 安秉旭, 「19세기 賦稅의 都結化와 封建的 收取體制의 해체」, 『國史館論叢』 7, 1989.
김선경, 「'1862년 농민항쟁'의 都結 혁파 요구에 관한 연구」, 『李載龒博士還曆紀念韓國史學論叢』, 한울, 1990.
고동환, 「19세기 부세운영의 변화와 그 성격」, 『1894년농민전쟁연구1』, 1991.

부세의 전결세화 경향과 대체로 맥락을 같이 하고 있는 것으로 파악된다.

그러나 향촌사회사 연구의 진전을 위해서는 여전히 부세정책과 지방재정에 대한 여러 가지 측면의 조명이 필요하다. 우선 총괄하여 언급한다면 地方史라는 측면에 한정한 특정 지역의 부세운영에 대한 구조적인 분석의 필요성이 그 하나이다. 특히 전결은 조세부과의 일차적 단위로 점차 변화하여 가는 추세에 있었기 때문에, 지방재정 운영의 성격을 밝히는 데 반드시 주목되어야 할 주제이다. 왜냐하면 지방재정의 운영에 있어서 몇몇 특수한 일부 잡역세를 제외하고 거의 모두 전결 문제와 관련을 가지고 있기 때문이다.

이상과 같이 전결세 운영과 관련한 자료 접근은 앞에서 지적한 몇 가지 문제점에 관한 한 전혀 새롭게 접근되어야 할 필요가 있다. 이를 간단히 지적해보면 다음과 같다.

법전상으로 집행된 삼정운영의 내용을 단순하게 주목하는 것으로는 18·19세기 사회변동의 본질을 파악하기 어렵다. 이는 특히 향촌사회사의 문제와 관련하면 더욱 그러하다. 그러므로 삼정운영을 둘러싸고 일어나는 여러 폐단을 우선 어떠한 양상으로 집어낼 수 있는가를 주목해야 한다. 예를 든다면 災結 획하 문제와 관련한 이권의 향방을 둘러싼 향촌사회세력간의 갈등 관계를 대표적으로 들 수 있다.[23] 이러한 것은 전결수 파악에서의 은여결 문제, 양안 문제, 서원들의 문제, 면리임의 문제, 중간수탈층의 포흠 문제, 방납 문제, 계방촌 문제, 작부제 문제 등 향촌사회 경제의 전반적 사항과 관련되므로, 특히 폭넓은 시야를 가지고 자료에 접근해야 한다.

이와 관련한 대표적 자료로서는 『萬機要覽』(李萬運 : 1736~?, 奎.6939),

---

[23] 金東哲, 「19세기 말 咸安지방의 鄕戰」, 『韓國文化硏究』 2, 부산대학교 한국문화연구소, 1989.

『貢稅要略』(奎.12696), 『度支田賦考』(1796, 奎.5173), 『朝鮮民政資料』(以文社 影印 : 1977년), 『各樣論報謄書』(禮安縣, 奎.古 5125-90), 『度支志』(1788, 正祖, 奎.811), 『懷德縣三政捄弊條目成冊』(1862, 懷德縣, 奎.古 5120-62), 『四政考』(國立, 한-31-507), 『牧民心書』 등을 들 수 있으며, 그 외 각종 '法典' '所志謄錄' '收稅成冊'類, 각 읍의 '文牒' · '報牒' · '隨錄'類 및 '民狀置簿冊'類, '暗行御史書啓別單'類와 '年代記'類, '邑誌'類 등이 있다.

다음으로 선초 공납법의 문제점들이 16,17세기의 사회경제적 발전 선상에서 私大同, 貢物作米, 半大同 등의 형태를 거치며 극복되는 과정에서 그 최종적 귀결로 성립된 제도[24]인 대동법에 대하여 보자.

戶를 대상으로 한 수취인 調, 즉 공물·진상과 일부 요역이 민결을 대상으로 하는 수취(전결세)로 바뀌는 대동법의 실시는 부세제도에서의 획기적인 변화였다.[25] 이는 각종 세역의 토지집중의 시원적 형태로서 租庸調 체제로 표현되는 중세적 부세운영 원리가 조정되는 초기의 현상을 담고 있다. 따라서 대동법 실시 이후 대동법과 관련된 재정운영은 기본적으로 전결세의 문제로 나타났다. 그러므로 이후 대동법과 관련된 지방재정의 중앙재정으로의 전이와 관련된 사항들이 일부 지방사례 등을 통해 살필 수 있을 뿐이다.[26]

그러므로 대동법 관련자료는 제도 성립기의 법적 규정을 담고 있는 大同事目 외에는 대동법만을 독립적으로 살필 수 있는 개별 자료는

---

24) 高錫珪, 「16·17세기 貢納制 개혁의 방향」, 『韓國史論』 12, 1985.
25) 韓榮國, 「湖西에서 실시된 大同法」 上·下, 『歷史學報』 13·14, 1960·61.
　　　──, 「湖西에 실시된 大同法」 一~四, 『歷史學報』 15·20·21·22, 1961·63·64.
　　金潤坤, 「大同法의 施行을 둘러싼 贊反兩論과 그 背景」, 『大東文化研究』 8, 1971.
　　金玉根, 『朝鮮王朝財政史研究』 (Ⅲ), 一潮閣, 1988.
26) 본장 '5. 사례(책) 자료와 성격'을 참조.

거의 없다. 이는 대동법 관련 기존 연구에서 인용하고 있는 자료들을 살펴보면 바로 확인할 수 있다. 기존 연구에서 이용하고 있는 대표적 자료들은 『西崖先生文集』(1633, 柳成龍 : 1542~1607, 奎.1607, 3107, 3093, 4729 등 文集類), 『忠淸道大同事目』(1654, 金堉 : 1580~1658, 奎.1594), 『全南道大同事目』(1603, 宣惠廳, 奎.1556), 『嶺南廳事例』(宣惠廳, 奎.15233), 『宣惠廳定例』(1751, 宣惠廳, 奎.3), 『增補文獻備考』(田賦考 12 孝宗 3년 大同節目, 田賦考 13), 『萬機要覽』(李萬運 : 1736~1797, 奎.6939), 『度支志』(1788, 正祖, 奎.811), 각종「法典」類 등이다.

社會史的 관점에서 대동법의 문제를 다룬다면 우선 100여 년이라는 장기간에 걸쳐 단계적으로 실시될 수밖에 없었던 사정을 논의에 참여하였던 여러 집단의 사회경제적 기반을 고려하면서 살펴야 할 것이다. 아울러 대동법 실시가 향촌사회의 기존세력간의 대립구도에 어떠한 영향을 미쳤는가도 주목되어야 할 것이다.

여기서 당연히 떠오르게 되는 것은 이와 관련된 자료의 발굴일 것이나, 기존에 거론된 자료 외에는 향촌사회의 실상을 다룬 종합적 사료에서 하나씩 추출해야하는 어려운 과정이 예상된다.

2) 軍役

군역은 국가가 해당 연령층에 속하는 人丁을 개별적으로 파악하여 부과하는 부세로서 농민이 국가에 대하여 짊어져야 하는 가장 무거운 부담의 하나였다. 조선 전기의 군역은 良人皆兵과 兵農一致를 원칙으로 하였으나 조선후기에는 사회경제적 변화에 따라 군역제도에도 새로운 변화가 나타나고 있었다.[27]

군역에 대한 연구는 부세제도 자체로서만 규명될 수는 없고, 군사

---

[27] 車文燮,「壬亂以後의 良役과 均役法의 成立」,『史學硏究』10·11, 1961.
朴廣成,「均役法施行 以後의 良役에 대하여」,『省谷論叢』3, 1972.

제도 및 신분제 운영원리 등과 연계되어야 제대로 해명될 수 있는 복합적인 문제이다. 물론 조선후기에 군역이 군사제도에 의해 직접적으로는 규제되지는 않았고 부세로서의 자율성이 보다 강했지만, 군사제도에 대한 기초적 이해 없이는 군역에 대한 접근 자체가 불가능하다는 점은 분명하다. 한편 군역은 양역이라고 불리듯이 양반층과 천민층이 제외되고 있었다는 점은 군역이 지니는 봉건적 성격과 동시에 신분제 해체의 계기가 거기서 마련되고 있음을 보여주는 것이다.28) 즉, 군역제가 새롭게 변통되지 않으면 안되는 상황에 이르게 된다.29)

군역관계 자료는 대동법과 마찬가지로 군역만 다룬 개별자료는 별로 없다. 향촌사회에서 구체적 운영 실상은 文集, 牧民書類, 別單, 報牒, 日記, 三政 관련 기록 등의 속에 섞여 있는 경우가 대부분이다. 따라서 군역문제만을 직접적으로 기록하고 있는 자료들은 ① 균역법 시행과 관련된 자료, ② 균역제의 동요와 해체 및 호포제 관련 자료들로 나누어 볼 수 있다. 이것도 ①의 경우는 정부에서 펴낸 규정집 및 조사자료의 성격을 지니고 있으며, ②의 경우는 개별 책자로 확인되는 것은 아주 드물다.

군역은 향촌사회의 제반조직의 기능 변동과 밀접하게 연계되며 농민층분해를 심화시키는 제도적 장치이기도 하였다. 따라서 피역처와 피역 방법 그리고 이를 이용하여 부를 축적하는 주체와 수탈이 중첩되는 층은 어떻게 나타나고 있었는가 등의 측면에서 고찰되어야 하고 아울러 이러한 변화가 향촌사회의 권력구조의 변동에는 어떻게 반영되고 있었는가에 주목해야 할 것이다. 나아가 중세 봉건사회의 운영원

---

28) 鄭萬祚,「朝鮮後期 良役變通論議에 대한 檢討」,『東大論叢』 7, 1977.
　　鄭演植,「17・18세기 良役均一化政策의 推移」,『韓國史論』 13, 1985.
　　─────,『조선후기 '役摠'의 운영과 良役變通』, 서울대 박사학위논문, 1993.
29) 金容燮,「朝鮮後期 軍役制의 動搖와 軍役田」,『東方學志』 32, 1982.
　　백승철,「17・18세기 軍役制의 變動과 運營」,『李載龒博士還曆紀念韓國史學論叢』, 1990.

리의 기조가 지주제와 신분제라는 두 축 위에서 전개되고 있었다고 볼 때, 군역은 신분제를 매개로 국가 대 민의 모순관계를 가장 직접적으로 내포하고 이었던 부분이라는 점을 인식하는 것도 하나의 유력한 시각이 될 수 있을 것이다.

군역에 관한 주요 자료로서는 『良役總數』(1748, 趙顯命 : 1690~1752, 奎.12211), 『左海經邦』(奎.5363), 『各營釐整廳謄錄』(釐整廳, 奎.15062), 『良役實摠』(1748, 趙顯命, 奎.古 5127-4), 『均役事實』(1752, 洪啓禧 : 1703~1771, 奎.1683), 『均役廳事目』(1752, 均役廳, 奎.1752), 『關西良役實摠』(1759, 平安監營, 奎.17262), 『河東府矯弊節目』(1738, 河東府, 奎.12322) 등을 들 수 있다.

3) 還穀

환곡의 본래 목적은 군량을 개색하거나 농민에게 종자와 농량을 대여하는 것이었으나, 그 운영에 '取耗補用'의 수단이 도입되면서부터 재정원으로 편입되기 시작하였다.[30]

따라서 시기가 지날수록 그 기능이 점차 변화하여 賦稅의 근간인 삼정의 하나로서 자리잡았다. 이에 따라 관청식리의 주요 매개가 되었다.[31] 여기서 비롯되는 각종 폐단의 발생 및 그 운영권을 둘러싼 대립의 문제가 조선후기 지방재정의 핵심 문제를 이루게 되었다. 환곡은 향촌사회의 여러 세력 사이에 부세운영상의 하나의 이권으로 인식되면서 사정은 더욱 달라지게 된다. 그러므로 환곡 관련 자료는 단순히 기계적인 분류의 차원을 넘어 다른 재정기구의 재정운영과 좀 더 유기적으로 관련시킨 분류 기준이 요청되며, 자료에 대한 보다 심층적 접근이 필요하다.

---

30) 宋贊植, 「李朝時代 還上取耗補用考」, 『歷史學報』 27, 1965.
31) 吳永敎, 「朝鮮後期 地方官廳財政과 殖利活動」, 『學林』 8, 1986.

환곡의 성격 변화와 자료 분류에 대하여 살펴보면, 환곡은 사창이 일변한 것으로써32), 이에 대한 자료는 민고와 마찬가지로 조선후기 향촌사회의 지역적 특수 사정이 잘 반영되어 있다.

환곡과 사창에 관련된 자료는 그 양이 비교적 많다는 측면에서 우선 주목된다. 하지만 이 보다 환곡 문제는 먼저 시기별로 향촌사회에서 다양하게 변질되어 나타나는 부세운영의 특성과 관련지어 분류되어야 한다. 그런데 환곡 운영의 전모는 그 운영기구와 지역적 차이에 따른 다양한 운영 방식 때문에 통일적인 파악이 매우 어려운 편이다. 따라서 여타의 자료보다는 상대적으로 쉽게 분류되기 힘든 사정이다.

환곡 운영33)에 관계된 자료를 쟁점에 따라 몇 가지 계열로 분류하면, 아래의 여섯 가지 정도로 대략 나누어 볼 수 있다.

① 단순히 제도적 측면에서 살필 수 있는 자료로서 중앙정부의 재정운영상의 필요에 의해서 편찬된 것으로서 地誌, 법전 등과 해당 지방의 지지 등, ② 환곡의 부세화에 따른 운영방식의 변화와 관련한 자료(기능의 변화를 나타낸 것으로 還案의 작성, 분급과정, 수납과정, 변화요인, 각종의 폐단 등) 및 여타의 전정과 군정과 관련한 삼정 문란적 측면 등에서의 자료, ③ 지주제 및 신분제와의 관련하에 환곡 운영이 향촌사회에 미치는 영향의 측면과 관련된 것, ④ 환곡의 운영 주체세력의 동향과 관련된 것, ⑤ 사창제로의 전환과 관련된 자료, ⑥ 환곡운영에 대한 농민의 대응 실태를 반영한 것 등이다.

다음으로 환곡 자료의 분포는 매우 넓게 확대된다. 그 범위에 따라 이를 몇 가지 계열화로 단순화시켜 보면 다음과 같다.

① 중앙정부·감영의 입장에서 파악된 것으로서 應旨三政疏, 還餉

---

32) 『譯註 牧民心書』戶典六條, 穀簿.
33) 환곡의 기능과 운영의 변화 및 폐단을 살핀 글로서는 다음이 크게 참조 된다.
金容燮,「還穀制의 釐整과 社倉法」,『東方學志』34, 1982.
梁晋錫,「18·19세기 還穀에 관한 研究」,『韓國史論』21, 1989.

策文, 각종의 이정책, 만기요람 등의 정부 편찬물, ② 지방관아 단위의 차원에서 파악한 것으로서 주로 數爻 성책, 마감책, 다른 지역과의 以來以去 관계 자료, 문첩류, 상납 수납 장부 등, ③ 환곡운영의 문제점에 대해서 밝힌 개인의 문집류 등, ④ 還戶의 작성 과정이 기록된 고문서류 등, ⑤ 지역간의 환곡 이동과 액수 관계가 나타나 있는 자료 등 우선 다섯 가지 정도의 계열로 분류해 볼 수 있겠다.

다음으로 환곡 자료 이용의 문제점에 대하여 보기로 하자. 이에 대해서 여러 가지 문제점을 지적 할 수 있지만, 우선 한가지만 지적한다면 환곡운영은 지방사회 고유의 재정운영 범주에만 속하지 않는다는 점을 고려해야 한다.[34] 환곡운영은 중앙과 지방의 사이에 긴밀한 관계를 전제로 이루어지고 있으므로, 자료에 대한 접근의 시야를 넓게 가질 필요가 있다. 그리고 지방간 환곡의 이동 관계 또한 복잡하게 전개되는 현상에 대해서도 자료상의 주의를 기울일 필요가 있다. 예를 들어 통영 환곡의 경우 관청식리의 성격으로서 경상도 지역의 상당수 읍에 걸쳐 환곡을 분급하여 재정 수입을 꾀하고 있다는 사실이다.[35] 따라서 이들 지역사이에서도 일정한 모순관계가 존재하고 있음을 고려해야 하는 것이다.

그리고 또 하나의 문제로서 지금까지의 자료 접근이 주로 고리대기능과 같은 수탈적 기능으로서 환곡의 성격 변화 등에 대한 고찰에 한정되어 왔던 점을 들 수 있다. 다시 말해 이것이 어떤 세력에 의하여 그 수입이 고리대적인 수입이든 어떠하든간에 어떻게 지출되었는가의 사용처에 대한 구체적인 분석이 거의 없었다는 사실이다. 사실 이러한

---

34) 오일주, 「朝鮮後期 國家財政과 還穀의 賦稅的 機能의 강화」, 연세대 석사학위논문, 1984.
35) 金鉉丘, 「朝鮮後期 統營穀의 운영실태」, 『歷史學報』 124, 1989.
―――, 「朝鮮後期 統營穀의 구조와 전개」, 『釜大史學』 13, 1989.
宋讚燮, 「19세기 慶尙右兵營의 재정구조와 진주농민항쟁」, 『韓國文化』 11, 1990.

분석은 당시 환곡의 성격이 점차 어떻게 변화하여 갔는지를 밝히는 관건이 될 수도 있다.36) 이같은 측면의 사실을 밝히는 데 주목되는 자료의 하나로서 사례(책)과 같은 자료들을 풍부하게 활용할 수 있다. 사례(책)에 정리된 각 읍 재정수입과 지출 내용 중 환곡의 수입과 함께 지출에 관련된 항목을 얼마든지 확인할 수 있기 때문이다.

환곡 문제와 관련한 대표적인 자료로서 『穀摠便攷』(正祖 末葉, 奎.1027), 『還餉策文』(奎.11411), 『統營勾管三南各穀舊還蕩減數攷成冊』(1803, 統制營, 奎.17079), 『穀簿合錄』 → 『國穀摠錄』(戶曹, 奎.4351), 『四政攷』(國立.한-31-507), 『萬機要覽』, 『度支志』, 『增補文獻備考』 등을 들 수 있다. 그 밖에 『與猶堂全書』의 「還上論」「還餉議」 등과 환곡 관계 「古文書」, 「書目」類, 「年代記」類, 「釐整策」類, 「文集」類 등이 있다.

4. 민고·잡역세 운영 자료와 성격

민고는 조선후기 특히 18세기부터 점차 전국의 각 읍에서 잡역세의 폭발적인 증가와 밀접한 관련을 가지면서 설치되기 시작한 재정기구의 하나이다.37) 민고를 설치하는 것 자체가 이 시기 지방재정의 운영이 다양하게 변질되고 있음을 말해 주고 있다. 민고는 해당 지방의 사정에 따라 다양하게 발생하는 잡역세의 운영과 직접적으로 관련하고 있었다. 민고와 잡역세 문제는 함께 언급되어야 할 사항일 수밖에 없다.38)

---

36) 宋讚燮, 『19세기 還穀制 改革의 推移』, 서울대 박사학위논문, 1992.
37) 민고운영의 일반과 지방관청의 민고설립과 운영에 대한 연구로서 다음의 논문을 참조할 수 있다.
　金容燮, 「朝鮮後期의 民庫와 民庫田」, 『東方學志』 23·24, 1980.
　金德珍, 「朝鮮後期 地方官廳의 民庫 設立과 運營」, 『歷史學報』 133, 1992.

잡역세 부과는 정부 혹은 지방의 새로운 세력들에 의한 수탈의 가장 현실적인 매개 과정이었다. 그러므로 민고와 관련된 자료에 대해서는 이와 같은 성격을 미리 전제하고 검토하여야만 다양한 형태로 존재하는 자료를 적절하게 분류할 수 있다.

민고 자료는 직접적인 자료와 간접적인 것으로 분류할 수 있다. 그리고 민고의 수탈적 기능으로 변질된 것에도 초점을 맞추어야 할 필요도 있으며, 봉건 정부의 부세정책의 시기에 따른 변화와도 일정하게 관련되면서 시기별로 나누어 분류되어야 한다.

이 시기의 민고 문제는 두 가지 측면에서 접근해야 한다.[39] 그것은 먼저 지방재정을 구성하는 三稅와 잡역세라는 두 가지 내용 가운데 단순히 후자의 운영을 위한 여러 재정기구 중의 하나인 '민고'라는 좁은 의미의 것이 있다. 다음으로는 지방재정의 운영상에서 나타난 三稅의 운영과 긴밀한 관련을 가진 제반 잡역세의 재정운영을 사실상 총괄하게 됨에 따라, 종전의 단순한 재정기구였던 민고가 잡역세를 총체적으로 뜻하는 부세의 의미로 쓰이게 되었을 때의 '민고'라는 광의의 측면 등이다.

여기서 해당 지역 지방재정사의 면모를 살피기 위해서는 바로 위의 후자 입장이 더욱 중요함을 알 수 있다. 따라서 이를 위한 자료의 접근도 넓은 의미의 '民庫的' 성격을 갖는 것까지 그 범위를 보다 확대시킬 필요가 있는 것이다.

결국 민고 관계자료는 민고 자체가 갖는 성격상 그 범위가 상당히 넓은 편이라 할 수 있다. 따라서 자료를 ① 해당 지방관아에서 직접

---

38) 잡역세의 일반에 관한 연구로서 다음이 참조된다
  金玉根, 『朝鮮王朝財政史研究』〔Ⅲ〕 제9장과 제13장, 一潮閣, 1988.
  金德珍, 「朝鮮後期 全羅道 順天府의 雜役稅 運用과 調達」, 『慶尙史學』 7·8합집호, 1992
39) 졸고, 「朝鮮後期 民庫 運營과 運營權」, 『民族史의 展開와 그 文化』(上), 碧史李佑成教授定年退職紀念論叢, 1990.

작성하거나 협의의 의미에서 민고문제 그 자체만에 관계된 직접적인 자료와, ② '민고'라는 직접적인 명칭을 갖지 않는 것에 대한 특히 중앙정부·감영 등의 상급 관청과 해당 지방사회에서 작성된 광의의 방계 자료까지를 포함하는 간접적인 자료 등으로 나눌 수 있다.

먼저 직접적인 자료에 대하여 보자. 이에 대해서는 우선 정부의 민고에 대한 사정의 파악을 위한 것과 그 대책으로 반포하는 節目類를 들 수 있다. 그 다음으로 정부와 감영 및 해당 읍에서 시행하는 민고운영에 관계된 절목 등이다. 정부의 민고 절목에 대한 것의 대표적 자료는 18세기 말엽에 간행된 『平安道內各邑民庫定例節目』을 들 수 있다. 그런데 이 자료의 경우 민고 그 자체만이 관심의 대상이 되고 있다.

그리고 감영 단위에서 작성된 것으로 황해도 감영에서 성책한 『海西總瞽』를 대표적인 자료로 들 수 있다. 여기에는 민고 운영을 위한 절목이 비교적 상세하게 수록되어 있다. 이와 같은 절목류가 포함된 자료의 형식은 매우 다양하다. 해당 읍에서 성책한 것으로서는 『(密陽郡補民契)節目』『河東府補民庫節目』『(平山府)補役庫三色節目』등이 대표적인데, 민고 관계의 자료로서는 가장 상세하다. 대체로 여기서는 운영상의 폐단과 이의 捄弊節目 및 재정의 수입과 지출내역이 상세하게 정리되어 있다. 문제는 成冊의 주체가 어떠한 존재인지가 분명하지는 않지만, 이를 옳게 인식할 필요가 있다. 왜냐하면 당해 시기 향촌사회를 주도하는 세력들의 이익이 성책의 과정에 일정하게 반영되기 때문이다.

간접적인 민고 문제에 관계된 자료들은 우선 매우 폭넓은 범위를 설정하고 찾아야 한다. 따라서 특정의 제목을 가진 자료로도 상당히 제한적일 수밖에 없다. 대체로 이러한 성격의 민고 자료로서는 크게 다음의 두 가지 정도로 나누어 정리되어야 한다.

Ⅱ. 조선후기 지방재정운영 자료의 분류와 성격 261

 첫째, 연대기 자료로서 감영 단위에서 정부에 보고한 것과 암행어사의 보고서 등이 대표적이다. 민고에 관련된 것은 이 중의 한 부분을 차지하고 있다. 즉, 민고와 관련된 언급은 지방 사정에 대한 포괄적인 보고서의 한 부분을 이루면서 반드시 빠짐없이 나타난다. 구체적으로 감영 단위에서 중앙으로 올린 보고서인 각종 各道啓錄類와 備邊司謄錄·承政院日記·日省錄 등 연대기에 자세하게 수록되어 있는 암행어사의 書啓와 別單類 등이 대표적인 것이다.
 둘째, 해당 읍에서 작성한 각종의 문첩류를 들 수 있다. 민고 자료는 역시 이 중의 한 부분을 차지하고 있는데, 대개 구폐절목의 형식으로 기록되어 있다.
 셋째, 넓은 의미에서 민고와 같은 성격의 雇馬庫, (立馬)大同庫, 贍用庫, 補民庫, 補施庫, 軍器庫, 濟民庫, 養武庫, 工房庫, 補役庫 등 다양한 이칭의 재정기구들과 관련된 운영 내규 및 구폐 절목들을 들 수 있다.40) 따라서 자료 분포의 범위는 매우 넓게 확대된다. 이러한 것에 대한 자료의 소재는 특히 19세기 전국 각읍의 읍지 事例에도 매우 다양한 형태로 기록되어 있다.
 자료 이용의 문제점으로는 먼저 앞서 언급한 것처럼 18·19세기 지방재정사에 대한 새로운 차원에서의 이해가 우선 요청된다. 즉, 향촌사회 변동 가운데 나타난 여러 모순은 재정운영의 과정속에서 잘 내포되어 있다는 의미에서이다. 한편 민고 운영은 지방재정의 특성을 잘 보여주므로 지역별의 집중적인 사례 연구가 필요하다.
 마지막으로 이 시기의 재정운영이 각 기구별로 독자적 전개과정을 가지는 것이 아니라, 모두 유기적 관계를 가진 가운데 전개된다는 점을 충분히 인식해야 할 것이다.

---

40) 金容燮, 앞의 논문(1980).
  졸고, 앞의 논문(1990).

민고와 잡역세 운영에 관한 주요 자료를 몇 가지 든다면『河東府矯弊節目』(1738, 河東府, 奎.12322),『咸興府大同庫구弊節目』(1875, 咸興府, 奎.9885),『河東府補民庫節目冊』(1824, 河東府, 奎.12342),『巨濟府補民庫節目冊』(1830, 巨濟府, 奎.18950),『平安道內各邑民庫定例節目』(1788, 平安監營, 奎.17207),『補民廳錢殖利節目』(1826, 奎.古 4256-14),『補役庫三色節目』(奎.古 4256-17),『立馬大同契』(林川郡, 奎.12358),『江界府事例』「補施庫」「民庫」(1856, 江界府, 奎.5457) 등과 기타 각종「事例冊」類・「文牒」類의 민고 항목 관련부분 등이 있다.

5. 사례(책) 자료와 성격

먼저 자료의 분류 기준과 성격을 보기로 하자. 각읍 사례는 지방관청이 관장하는 읍재정 전반에 걸쳐 각종 규정 및 구체적인 운영 내역의 범례를 기록한 책이다. 각 읍의 사례에서는 일반적 의미의 재정운영의 전반에 대한 자료와 민고를 비롯한 잡역세에 관한 자료를 다양하게 찾을 수 있다.

사례에는 해당 지방의 제반 통계자료로써 가령 전총・호총・군총・부세・관속의 액수 등이 소상하게 기록되어 있어 정책 수립에 필수적인 자료가 되었던 것이고, 이를 근거로 합리적인 재정을 합리적으로 운영하고자 했다. 비록 향권을 장악한 집단에 의하여 주로 기록되어 그 신빙성에는 의문의 여지가 없지 않으나, 지방사회에서의 부세문제 전반에 대한 일반적인 제도는 충분히 반영된 자료라 할 수 있다. 사례책은 전국적으로 읍지를 일괄적으로 간행할 경우의 '附'事例와 지방의 독자적인 입장이 일정하게 견지된 가운데 편찬된 전형적인 **事例(冊)** 등 두 가지로 나눌 수 있으며, 19세기 전시기에 걸쳐 간행되고 있다.

이에 관계된 자료는 내용보다 형태적 측면에서 대체로 두 가지로 나눌 수 있다. 하나는 위에서 언급한 본래적 의미의 것으로서 읍지와는 별개로 간행된 것이고[41], 다른 하나는 각군 邑誌·鎭誌에 부록의 형식으로 된 작성된 것[42] 등이다. 전자의 것은 후자보다 우선 그 내용이 상세하며, 『湖南營事例』·『關西營事例』·『畿甸營事例』·『嶺南監營事例』·『嶺南指掌』 등의 자료처럼 읍 단위 뿐만 아니라 감영 단위에서도 마련되고 있었다. 이에 비하여 후자는 고종 연간에 중앙정부의 지시에 의하여 일괄적으로 작성된 것이 많다. 그리고 '附'事例의 형식이 대부분을 차지하며, 그 내용의 양과 질에 있어서도 읍에 따라 다양한 차이를 보이고 있다. 따라서 부분적으로 자료의 신빙성에서 일정한 한계가 있을 것으로 생각된다. 그러나 여타 재정운영 자료와 함께 비교하여 이용한다면 위와 같은 한계는 상당 부분 극복될 수 있다고 본다.

한편 이러한 자료가 주로 간행된 19세기 후반 이전의 17, 18세기의 읍사례에 해당하는 자료도 제한적이나마 찾을 수 있다. 이는 별도의 '附'事例가 없이 구성되어 있는 邑誌나 府誌에서 재정운영 관계 항목의 하나로서 작성되어 있는 것이 보통이다. 그렇지만 19세기에 전국적 차원에서 일률적으로 간행된 읍지의 것보다는 오히려 자세한 것도 많다. 이것들은 17, 18세기의 향촌사회구조를 부세문제와 관련지어 연구하는 데 있어, 향촌사회의 재정사정을 충분히 반영하고 있는 자료이므로 앞으로 주목되어야 한다. 예를 든다면 18세기 중엽의 동래부사가 자신의 읍치에 참고하기 위하여 직접 주관하여 간행한 『東萊府誌』[43]

---

41) 이러한 자료로써 전라도와 경상도 각군의 주요 事例(冊)들이 다음의 해제와 함께 驪江出版社에서 영인·간행되었다.
   吳永敎, 「『全羅道 各郡事例』 解題」, 『韓國地方史資料叢書』 제8권, 1986.
   ──── , 「『慶尙道 各郡事例』 解題」, 『韓國地方史資料叢書』 제9권, 1987.
42) 楊普景, 「慶尙道 邑誌 編纂의 趨移」, 『邑誌』 1, 亞細亞文化社, 1981.
43) 『東萊府誌』를 이용한 대표적인 논고로서는 尹用出, 「18세기 초 東萊府의 築城 役과 賦役勞動」, 『韓國文化硏究』 2, 부산대 한국문화연구소, 1990이 있으며,

가 대표적인 자료의 하나이다. 물론 재정관계의 내용이 단순하게 기록되어 있는 것도 자료 이용의 방법에 따라서 사료적 가치는 배가된다.

事例(冊)은 대체로 다음과 같은 내용을 가지고 있는 것에서 알 수 있는 것처럼, 재정운영의 전반적 사정과 이와 관련한 향촌사회 권력구조의 물질적 사정을 폭넓게 반영하고 있다는 측면에서, 향촌사회사 연구를 위한 자료로 적극 활용되어야 한다.

첫째, 지방관청의 재정운영 실태를 파악하는데 일차적 자료가 된다. 특히 부세 운영의 전반에 관한 수취 방식과 내역이 상세히 나타나 있다. 둘째, 지방관청내의 조직과 기능 및 직임에 대한 내용은 당시 봉건적 수탈체제의 새로운 정립과정 관련하여 고찰할 수 있다. 한 가지 예를 들어 『尙州府事例』에서 부세운영의 하부조직에 위치한 **書員**이 주로 어떠한 세력들로 차정되는가에 대한 상세한 기록이 그것으로, 향촌사회 수탈체제의 하부 구조를 규명하는데 유용하다. 세째, 재정운영의 원칙이 되는 각종의 규칙들과 구폐 절목이 상세하게 기록되어 있다. 이는 중앙정부의 재정운영과 별도로 해당 관아의 사정을 잘 반영하고 있으므로 간과되어서는 안된다. 넷째, 감영 단위로 작성된 사례책도 비교적 많이 남아 있다. 이러한 자료는 상급 관청으로서 중앙과 관할 하읍인 군현 단위 사이의 상호 역학 관계를 이해하는 데 활용할 수 있다.

자료 이용상의 문제점을 몇 가지 지적하자면 ① 읍사례의 이용을 단순한 의미의 재정사연구 측면에서만 한정시켜버린 점에서 문제가 된다. 재정운영은 지방관을 중심으로 한 권력행사의 가장 일차적인 매개가 된다는 사실을 반드시 염두에 두어야 한다. ② 위와 반대로 향촌사회 지배집단의 동향에 관한 일련의 연구 결과와 관련하여 볼 때, 이

동래부지에 대한 해제로서 張東杓, 「東萊地域『邑誌』解題」, 『東萊史料』 제2권, 驪江出版社 영인, 1989를 참조할 수 있다.

러한 연구들이 갖게 되는 자료 이용상의 문제점도 지적된다. 그것은 향촌사회에 관한 여러 연구가 일차적으로는 지방사로서의 의미도 동시에 가져야 한다는 것이기도 하지만, 지방사 연구에서 무엇보다 부세 문제를 비롯한 사회경제의 실제에 대한 충분한 규명이 전제되지 않고 있다는 점에서이다. 조선후기에 간행된 각종 사례(책)은 이 점에서 가장 직접적인 자료가 되므로 실증적 연구가 집중되어야 할 것이다.

이상의 논의와 관련한 사례(책) 자료로서 『湖南營事例』 (1878, 奎.12201), 『嶺南監營事例』 (1870, 奎.12197), 『嶺南指掌』 (啓明大學校 中央圖書館 所藏), 『大邱府事例』(1885, 大邱府, 奎.12198), 『江界府事例』(1856, 江界府, 奎.5457), 『東萊府事例』(1867, 東萊府, 奎.4272), 『完營各庫事例』(1885, 奎.古 4259-76), 『比安縣新定事例』(1894, 比安縣, 奎.19467), 『商山邑例』(1854, 尙州郡, 奎.古 4790-32), 『邑事例要抄』(年紀未詳, 定州郡, 奎.27178), 『例數源』(憲宗朝, 義城郡, 奎.27597), 『光陽縣各所事例冊』(1850, 光陽縣, 國立中央圖書館), 『東萊府誌』(1740, 東萊府, 奎.11904) 등을 우선 들 수 있을 것이다.

6. 맺음말

지금까지 조선후기 지방재정운영에 관련된 자료들의 성격을 사회사적 연구 방법론과 관련지어 살펴 보았다. 무엇보다 이 시기 부세운영과 관련한 향촌사회사에 대한 새로운 차원의 연구는 부세와 재정운영 관계 자료를 좀 더 폭넓게 활용하는 데서 비로소 가능하다는 점이다. 재정운영 관계 자료는 향촌사회 여러 변화와 밀접하게 연관되어 있는 것이다.

지방재정운영의 내용 범주를 중앙정부에 상납해야 하는 조세수취와 관련된 것과 지방사회에서의 독자적 사정을 반영하는 재정운영의 두 가지로 우선 크게 나누어 살펴 볼 수 있었다. 호적제도 및 양안 문제와 함께 위의 전자에 관련되는 三政 운영 자료와 후자에 관련되는 民庫·雜役稅와 지방 재정운영의 전반적 사정이 반영된 邑事例冊 관계 자료들을 중심으로 분류하여 그 내용과 성격에 대하여 접근해야 하는 것이다. 그런데 여기서 戶籍大帳과 量案은 종전에는 크게 주목하지 않은 것이 사실이었다. 그러나 재정사 연구와 향촌사회의 구조를 규명하는 데 있어 중요한 자료로 활용되어야 한다. 호적대장은 정부의 양역 부과를 위한 기초자료이며, 양안도 그 성격상 국가의 수취대장이라는 한 측면도 가지고 있기 때문이다.

호적대장과 양안은 우선 국가사 연구의 기본자료이면서, 鄕村社會史 연구의 중요 자료가 되기도 한다. 특정 계층의 신분에 대한 연구 자료로서 호적대장은 양반층의 직역, 고공의 성격, 향리의 신분 변동 문제, 노비 문제 등과 관련하여 후기 향촌사회 동향과 직접적으로 연결되어 있는 자료인 것이다. 한편 양안 분석의 결과도 조선후기 향촌사회 변동의 사정을 일정하게 반영하고 있다. 양안은 국가와 지방재정 수입의 안정적 확보를 위한 징세장부라는 자료적 성격을 가지고 있으므로, 재정운영과 관련된 자료와 긴밀한 연관 속에서 파악되어야 할 것이다. 또한 양안은 향촌사회사 관계 자료와 유기적 활용 속에서도 파악되어야 한다.

법전상으로 집행된 삼정 운영의 내용을 단순하게 자료 그 자체에만 주목하는 것으로는 18·19세기 사회변동의 본질을 파악하기 어렵다. 이는 특히 향촌사회사의 문제와 관련하면 더욱 그러하다. 삼정운영을 둘러싸고 일어나는 여러 폐단을 우선 어떠한 양상으로 집어낼 수 있을 것인가를 주목해야 한다. 우선 모든 부세의 전결세화 추세는 향촌 사회의 기존 세력간의 대립구도에 어떠한 영향을 미쳤는가도 주목되어야 한다. 군역의 경우 향촌사회의 제반 조직의 기능 변동과 밀접하

Ⅱ. 조선후기 지방재정운영 자료의 분류와 성격　267

게 연계되며 농민층분화를 심화시키는 제도적 장치이기도 하였다. 한편 환곡과 사창에 관련된 자료는 그 양이 비교적 많다는 측면도 유의해야 하고, 환곡의 관청고리대적 운영을 통한 이권 발생과 그 운영권을 둘러싸고 벌어지는 향촌사회 권력 구조의 변동과 연관이 있음을 생각해야 한다. 특히 환곡관계 자료에 대한 접근의 시야를 넓게 가질 필요가 있다. 결국 조선후기 삼정운영 자료는 향촌사회의 권력구조의 변동과 관련하여 자료가 분류되어야 하는 것이다.

　민고 운영과 잡역세 부과는 정부 혹은 지방의 새로운 세력들에 의한 부세수탈의 가장 현실적인 매개 과정이었다. 그러므로 민고와 관련된 자료에 대해서는 이와 같은 성격을 미리 전제하고 검토하여야만 다양한 형태로 존재하는 자료를 적절하게 분류할 수 있다. 민고 자료는 직접적인 자료와 간접적인 것으로 분류할 수 있다. 그리고 민고의 수탈적 기능으로 변질된 것에도 초점을 맞추어야 할 필요도 있으며, 봉건 정부의 부세정책의 시기에 따른 변화와도 일정하게 관련지어 시기별로 나누어 분류되어야 한다. 자료 활용의 문제점으로는 먼저 앞서 언급한 것처럼 18·19세기 지방재정사에 대한 새로운 차원에서의 이해가 우선 요청된다. 즉, 향촌사회 변동 가운데 나타난 여러 모순은 재정운영의 과정 속에서 잘 내포되어 있다는 의미에서이다. 한편 민고운영은 지방재정의 특성을 잘 보여주므로 지역별의 집중적인 자료수집과 사례 연구가 필요하다.

　事例(冊)은 대체로 지방 재정운영의 전반적 사정과 이와 관련한 향촌사회 권력구조의 물질적 사정을 폭넓게 반영하고 있다는 측면에서, 향촌사회사 연구를 위한 자료로 적극 활용되어야 한다. 이는 첫째 지방관청의 재정운영 실태를 파악하는데 일차적 자료가 된다는 점, 둘째 지방관청내의 조직과 기능 및 직임에 대한 내용은 당시 봉건적 수탈체제의 새로운 정립과정 관련하여 고찰할 수 있다는 점, 세째 재정운영의 원칙이 되는 각종의 규칙들과 구폐 절목이 상세하게 기록되어 있다는 점, 네째 감영 단위로 작성된 사례책도 비교적 많이 남아 있다는 점 등의 이유 때문이다.

　이상에서처럼 부세와 재정운영에 관련된 자료의 범위는 매우 넓을 뿐 아니라, 상대적으로 매우 많이 작성되어 남아 있다. 그것은 중앙정부나 지방관청의 행정업무가 사실상 부세정책의 시행을 위한 재정운영이 중심이고, 재정운영 행위야말로 봉건지배계급이 갖는 권력 행사의 가장 주요한 표현이기 때문이다. 따라서 자료의 분포 범위가 매우 광범위하여 이들 자료의 계열화는 쉽지 않다. 그리고 개인적인 입장에서 작성된 자료는 거의 없는 실정이다. 한편 재정운영 관련 자료는 자칫하면 그 자체의 피상적인 관찰에 머물 가능성을 항상 안고 있으므로, 이를 사회사적 관점에서 향촌사회 전체구조와 유기적으로 관련시켜 파악함으로써 그 한계를 극복해야 한다.

Ⅲ. 19세기 말 咸安地方의 재정운영과 逋欠 전개

1. 머리말

1894년 갑오개혁의 가장 주요한 내용은 봉건적인 조세수취구조의 개혁이었다. 갑오농민전쟁기 농민군이 근본적으로 지향한 것은 농민적 소토지소유의 실현이었겠지만, 이들에게 당장 중요한 것은 봉건적인 조세수취제도의 철폐로써 이 시기 요구 조건의 중심을 이루고 있었다. 그리고 이는 농민군들의 개혁 요구 가운데 비교적 실현 가능성이 높은 것이었다. 중앙정부는 각종 公納의 愆滯 현상 즉, 稅穀 상납의 만성적인 부진 등으로 인하여 정부 재정수입이 지속적으로 감소하고 있었으며, 지방단위에서는 부세운영 구조의 혼란과 중간수탈층에 의한 逋欠의 전개로 재정운영이 매우 문란하여 이로 인한 民의 피폐가 매우 심하였다. 그러므로 1894년 농민전쟁과 갑오개혁에서 봉건적 재정운영구조 개혁이라는 과제는 정부와 농민군 양쪽 모두에게 그 필요성이 공감되었고, 현실적으로 타협될 수 있었던 부분이었다.

본고에서는 이러한 인식을 바탕으로 이 시기 지방 단위의 재정운영의 실상과 그 성격이 어느 단계에 이르고 있었는지를 농민전쟁 직전의 경상도 咸安 지방 財政運營의 실제와 逋欠의 처리 문제에 대한 고찰을 통하여 살펴보기로 한다.[1] 이는 지방단위의 재정운영체제가 1894년 이후 일련의 개혁과정에서 확립되어 나가는 結戶錢制度, 地稅制度 등의 성립[2] 문제와 어떻게 연결되는가를 살피는 것과 관련되는 문제이다. 또한 이같은 고찰은 농민전쟁에 앞선 향촌사회 내의 대립관계를[3] 구체적으로 이해하는 것과, 나아가 농민군이 조세문제를 집중적으로 제기할 수밖에 없었던 이유를 밝히는 것과도 일정하게 관련되어 있다는 점에서도 의미가 있다.

19세기 말 전국 각 지방의 財政運營의 성격은 19세기 중엽 이래 都結과 같이 結斂化 실시의 전국적 확산에 따라 전근대성이 어느 정도 탈피되는 과정에 있었다. 하지만 동시에 봉건적 성격도 여전히 강하게 남아 있었다. 특히 咸安 지방은 이를 잘 보여주고 있었다. 함안의 부세제도 운영에서는 전근대적 특성의 잔존과 함께, 이에 따른 중간수탈의 한 현상으로 逋欠의 전개가 여전하였다. 그리고 1894년에는 民亂이 발생하였던 곳이다.

---

[1] 본고의 주제와 관련한 19세기 말 함안지역에 대한 대표적인 연구성과로서는 金東哲,「19세기 말 咸安지방의 鄕戰」,『韓國文化硏究』2, 釜山大學校 韓國文化硏究所, 1989가 거의 유일하다.
[2] 裵英淳,『韓末 日帝初期의 土地調査와 地稅改正에 關한 硏究』, 서울대 박사학위논문, 1988.
金泰熊,『開港前後~大韓帝國期의 地方財政改革 硏究』, 서울대 박사학위논문, 1997.
왕현종,「韓末(1894~1904) 地稅制度의 개혁에 관한 硏究」, 연세대 석사학위논문, 1989.
유정현,「1894~1904年 地方財政制度의 改革과 吏胥層 動向」,『震檀學報』73, 1992.
[3] 정진영,『조선시대 향촌사회사』,「19세기 향촌사회 지배구조와 대립관계」, 한길사, 1998.
고석규, 앞의 학위논문(1991).

함안은 吳宖默(1833~?)이 당시 수령으로서 비교적 오랜 기간 (1889.3.~1893.2.) 재임하면서 통치에 관련된 제반 실상을 매우 자세하게 기록한『咸安叢瑣錄』4)이라는 日錄을 남겨 놓고 있어, 이를 통하여 이 지방의 재정운영 사정을 잘 볼 수 있는 곳이다. 또한 그는 旌善郡, 慈仁縣, 固城府 등지의 수령으로 재임하면서도 함안총쇄록과 같은 자세한 기록을 남겨 놓아 당시의 지방사정을 파악하는 데 큰 도움이 된다. 그리고 함안지역은 1893년의 사정을 반영한 자세한 邑事例도 함께 남아 있어,5) 재정운영 사정의 실태를 비교적 쉽게 파악할 수 있는 곳이기도 하다.

본고에서는 먼저 지방사회의 가장 중요한 경제적 문제로서 함안 지방의 재정운영의 성격을 三政 운영과 雜稅 운영 등의 실상을 통하여 중점적으로 살펴보았다. 이 중 특히 전정의 作夫制 시행 과정과 운영의 주체 문제는 향촌사회 구조의 변동 및 잡세의 증대와도 밀접한 관계를 갖는 점에 대하여 주목하였다. 조세수취방식의 전체적인 변화는 都結과 같은 田結稅化 방향으로, 軍政에서 罷軍歸戶 방향의 戶布制로의 변화, 還政에서의 罷還歸結 방향으로 전개되고 있음을 밝히고자 한다.

다음으로 吳宖默이 함안군수로 부임하기 이전에 이미 발생하였던 포흠의 직접적인 배경과 전개 주체의 성격을 중심으로 밝히면서, 포흠의 해결 과정을 통하여 함안 지방 재정운영의 특성을 규명하고자 한

---

4) 吳宖默이 남긴 총쇄록은 1987년 驪江出版社에서 刊行된『韓國地方史資料叢書』17~19 (日錄篇 1~3)에 전부 수록되어 있다(이하에서는 '『○○총쇄록』 년 월 일, 17,18,19-p.'로 표기함). 그리고 吳宖默은『輿載撮要』(『고성총쇄록』1893년 6월 23일, 18-pp.679~681 참조) 및 진휼행정 경험 등을 기록한『賑恤日錄』(국립중앙도서관 소장) 등 자신의 통치와 관련하여 많은 기록을 남기고 있다(신안군향토문화진흥원 편,『지도군수오횡묵정무일기』, 1992 참조).

5)『咸安郡事例冊』(『邑誌』三 慶尙道編 ③에 所收, 亞細亞文化社 影印 刊行). 이하에서는 '『咸安郡事例冊』'으로 줄여 표기함.

다. 본고에서 주로 다루는 것은 '公錢' 중심의 正供을 대상으로 한 逋欠의 해결 과정에 대해서이다. 수령의 逋欠 인식은 철저히 봉건국가의 재정수입이라는 입장에서 해결한다는 원칙에서, 결국은 관주도 방향의 향회를 동원한 방식으로 都結의 실시라는 방향에서 充完의 대책을 마련하고 있음을 확인할 수 있다.

2. 재정운영의 실태와 성격

1) 삼정운영

조선후기 중앙과 지방의 재정운영 구조는 三政 운영의 원칙 속에서 이루어지고 있었다. 그러나 시기가 내려올수록 지방관청의 재정운용과 관련한 잡역세 운영 비중의 급속한 증대로 사실상 '四政' 운영 체제로 바뀌어 나가게 된다. 19세기 지방의 재정운영은 四政 체제 속에서 파악되어야 하고, 재정위기도 여기서 발생한 것이었다. 중간수탈의 전개가 여기서 이루어지고 있었기 때문이었다.

19세기 재정위기는 농민항쟁의 주요 원인의 하나가 되었으며, 따라서 甲午改革 당시 경제적 측면의 가장 중요한 개혁의 하나는 조세수취제도의 개혁일 수밖에 없었고, 이는 結稅·戶稅 제도로 마련되었다. 삼정의 모순에 대한 개혁은 結戶錢 제도의 확립으로 일단 귀결된 것이다. 그렇다고 하여 결호전제도의 성격이 봉건성을 완전히 탈피하였다고는 할 수 없다. 총액제적 수취방식이 여전하였고, 중간 逋欠은 여전히 계속되었다. 여기서는 개혁 이전의 함안 지방의 三政과 雜稅 운영의 실태를 살펴보기로 한다

결호전 제도의 시행에 앞선 과도적 수취방식으로 都結과 호포제의

시행 및 환곡의 결렴화 등 田結稅化 양상이 18세기 이래 꾸준한 양상으로 이어져 왔다.6)

① 田政

전정은 量田과 收稅의 두 과정을 말한다. 이 때 수세는 比摠制의 원리에 의하여 이루어졌다. 19세기 말 함안 지방 재정운영의 대강은 여전히 三政 운영 체제를 중심으로 한 수취체제였고, 그러면서 結斂化의 방향으로 나아가는 추세였던 점에서는 기존의 체제와는 다르게 변화하고 있었다. 총쇄록에서 주로 주목되는 田政 문제는 수세 과정의 結弊에 관한 내용이 대부분으로, 대개 포흠 문제와 연결되어 있었다. 함안의 結弊는 作夫 과정의 부정, 結價의 부당한 책정, 養戶 防結 등이 주요 양상이었다. 이는 도결 시행의 흐름과 착종되어 파악되는 문제이기도 하다. 結弊의 일차적 주체는 書員들이었다. 먼저 함안의 작부제 실태를 보자.

이 시기 함안의 作夫는 본래적 의미에서 전용되어 결세 책정 과정인 行審과 俵災의 과정까지 포함하게 된다.7) 행심과 표재는 원래 給災의 과정이었다. 하지만 작부의 한 과정으로 그 의미가 변용하게 된 것이다. 따라서 이같은 의미의 작부는 그 과정에서 향촌내의 여러 세력과 계층간의 이해 관계가 상충할 수밖에 없게 된다.8) 함안의 재정운영에서 가장 많은 문제가 발생되었던 곳은 바로 이 과정이었다.

執災와 報災의 두 과정으로 나누어져 있는 行審의 과정에서 발생하는 대표적인 폐단은 僞災의 문제였다.9) 전임지에서 데려온 자인현 아전 黃貞懿의 조사에서 나타난 함안의 僞災 문제는 작부시 災結을 執

---

6) 金容燮, 앞의 책(上), 1984, p. 311 참조.
7) 李榮薰, 앞의 논문(1980), p.90 참조
8) 鄭善男, 앞의 논문(1990), p.212 참조.
9) 이에 대해서는 金東哲, 앞의 논문(1989), pp.170~172에 자세히 밝혀져 있다.

災의 시기에 각 면 書員들이 각 면의 집강 및 각 洞의 洞首와 결탁하여 실제보다 많이 災結의 결수를 잡아놓고 民에게 倍加하는 폐단이었다.10)

1760년 비총제에 의한 조세 수취 방식이 법제화 된 이후로 給災의 전과정이 감사에게 위임되어 있었다. 감사는 군현으로, 군현은 면리임에게, 면리임은 개인에게 俵災를 한다. 1891년에는 감영에서는 이러한 문제로 인하여 함안의 재결의 보고 액수에서 대폭 삭감하여 표재하기도 하였다. 俵災는 상급 관청에서 아래로 급재하는 것으로 보통 監司의 給災를 말하는데, 사실 감영에서는 표재를 해 놓고서도 다시 조사하여 보고하라는 지시를 내리는 것을 보면 僞災가 다른 邑에도 만연되고 있음이 분명하다.

1889년의 경우 원래 감영에서 면세 대상으로 인정한 함안의 俵災 액수는 약 695여 결이었다. 그런데 민간에 실제로 표재한 것은 541결 88부 8속이며, 나머지 약 23%에 해당하는 153여 결은 면세 대상의 토지에서 수세 대상으로 둔갑시켜 서원들이 그 수입을 중간에 가로채고 있는 현실이었다.11)

1891년에는 마찬가지로 감영에서는 866결 52부 6속으로 보고한 함안의 재결 보고에 대하여 그 액수를 대폭 삭감하여 201결 27부 4속을 표재하였는데, 감영의 함안에 대한 俵災率은 약 23%에 불과하였다. 이러한 현상은 <표 1>에서와 같이 1892년 인근 고을의 경우 俵災率이 더욱 낮았다.12) 災報와 俵災의 액수 차이는 크게 나타나고 있었던 것이다. 이는 作夫 과정에서 실무자의 농간이 그만큼 많이 개입되고 있음을 말해주는 것이기도 하다.

---

10) 『함안총쇄록』 1889년 5월 7일, 17-p.574.
11) 『함안총쇄록』 1889년 6월 29일, 17-p.656.
12) 『함안총쇄록』 1892년 12월 14일, 18-p.537.

<표 1> 1892년 咸安 인근 고을의 俵災率

地域名	災報 結數	俵災 結數	俵災率(%)
密 陽	744-00-0	132-14-5	17.8
漆 原	109-00-0	40-30-9	37.0
宜 寧	893-00-0	181-21-4	20.3

作夫 과정에서의 결폐는 서원들이 특히 각 面 사이에 以來以去한 것 이외에 추가 징수하는 행위, 私債와 酒債雜技等錢을 작부할 때 田結에 부과시켜 징수하는 것, 혹은 引卜 養戶하는 등의 폐단이었다.[13] 私債를 作結하는 것은 관속들이 公納을 빙자하여 長利의 사채 행위로 民産을 늑탈하다가 私債를 거둘 수 없을 경우에 이르렀을 때 이를 토지에 부과하는 것과[14] 같은 것이었다.

養戶와 防結의 폐단은 다른 읍에서도 마찬가지였지만, 함안에서도 심각한 양상을 보이고 있다. 함안의 養戶 防結은 그 전개 주체에서 饒戶가 포함되어 있다.[15] 이는 고성에서 饒民과 勢吏들이 養戶 防結하는 것과 같은 양상이었다.[16] 饒戶는 경제력을 바탕으로 民의 토지를 끌여당겨 이들의 전세를 대신 납부하고, 그 과정에서 차익을 노리는 養戶를 하고 있었는데,[17] 함안의 경우도 마찬가지였다. 물론 防結도

---

13) 『함안총쇄록』 1889년 11월 15일, 17-p.728.
14) 『함안총쇄록』 1889년 6월 29일, 17-p.663.
15) 『함안총쇄록』 1889년 10월 22일, 17-pp.719~720.
   그리고 鄭善男, 앞의 논문(1990), pp.225~226과 김선경, 앞의 논문(1990)을 참조할 것.
16) 『고성총쇄록』 1893년 10월 5일, 18-pp.734~735.
17) 金甲周, 「朝鮮後期의 養戶」(上·下), 『歷史學報』 85·86, 1980과 鄭善男, 앞의 논문 참조. 그런데 오횡묵이 饒戶를 '勤農饒戶'와 '元饒戶'로(『고성총쇄록』 1893년 11월 8일, 18-754) 혹은 '大少饒戶' 즉 '大饒戶'와 '少饒戶'로(『함안총쇄록』 1889년 3월 22일, 17-p.518) 구별하고 있듯이, 이 시기 饒戶의 성격도 분화되고 있었던 것으로 보아야 할 것이다. 한편 張泳敏은 이를 경제적·사회적 규모의 차이에 따라 나눈 것으로 보았다(張泳敏, 「1894년 固城民擾硏究Ⅰ」,

요호에 의하여 이루어지고 있었다. 防結은 함안에 僞災 보고와 같은 것이 주요 매개가 되었다. 僞災 보고는 함안에서의 각면의 서원과 執綱 및 洞首가 결탁하여 이루어지고 있었다.18) 위재는 災結 액수가 감영의 허락에 의하여 정해지는 만큼, 그 가운데 이루어지는 작간의 주체는 吏屬들이 중심일 수밖에 없었다.19) 재정 운영에서 이속의 범주에 속하는 서원은 중요한 역할을 차지하였고, 이러한 의미에서 洞首와 戶首까지도 吏屬에 포함되는 것으로 보아야 한다. 함안의 서원은 養戶 행위의 주체가 되기도 하면서, 이들 가운데 일부는 후술하듯이 鄕人士 혹은 訓長의 신분을 지닌 존재이기도 하였다.20) 물론 吏胥層도 養戶의 주요 주체이기도 하였다.21)

다음으로 結價의 책정과 관련된 폐단의 실태에 대해서이다. 결가의 문제는 결가의 과다한 책정과 濫捧에 있었다.22) 이의 결과는 '吏强民弱'으로 이어졌다. 결가 남봉의 폐단을 일으키는 주체는 서원뿐 아니라 각 洞의 井軍도 주체의 하나였다. 경제적으로 饒戶로 보이는 奸細輩들도 구조적으로 참여하고 있다.

이 시기 함안의 結價는 매우 높게 책정되고 있으면서 동시에 전근대적 성격을 갖고 있었다. 이는 吏胥에 의한 放債錢·雜技錢·邊利錢·收斂錢 등을 토지에 부과하고 있는데서23) 잘 드러난다. 즉 함안의 전정에서 結價 책정의 과정이 都結的 시행의 모습을 보인다하여 재정운영의 성격을 근대적인 것이라 하기에는 어렵고,

---

『尹炳奭敎授華甲紀念 韓國近代史論叢』, 1990).
18) 『함안총쇄록』 1889년 5월 6일, 17-p.574.
19) 『함안총쇄록』 1889년 11월 15일, 17-p.728.
20) 『함안총쇄록』 1890년 10월 18일, 18-p.212. 그리고 본서 제2부 Ⅳ장을 참고할 것.
21) 『자인총쇄록』 1888년 11월 8일, 17-p.339; 1888년 11월 23일, 17-p.379.
22) 『함안총쇄록』 1889년 6월 29일, 17-p.658.
23) 『함안총쇄록』 1889년 6월 29일, 17-p.659.

여전히 전근대적 성격의 구조적인 모순을 지니고 있다. 吏胥들에 의한 각종 명목의 잡세가 民結에 부과되므로써 民을 중간수탈하고 있었다. 물론 結價의 액수를 책정하는 것은 해당 지역 사정의 차이와 米價의 변동 등 여러 가지 사회경제적 요인에 따라 차이가 나는 것이지만, 특히 중간수탈층의 형성과 관련한 향촌사회의 모순 구조가 어떻게 형성되어 있는가에 따라서도 많은 차이가 있다.24)

收稅 과정에서의 폐단은 수세 원칙을 무시한 실무자의 자의성과 많은 관련이 있다. 예를 들어 오횡묵의 경우에는 자신이 수령으로서 書員들에게 잡역세를 결가에 포함시켜 거두는 것을 금지시키고 있으나,25) 다른 읍의 경우 보통 여러 가지 명목을 빙자하여 결가에 포함시키는 추세였다.26) 1889년 함안의 결가는 43냥으로 오횡묵은 감영과 상의하여 30냥으로 낮추고 있다.27) 함안에서의 결가 문제를 둘러싼 이해 대립 양상은 수령과 서원·관속들 사이에 이루어지고 있다.

都結은 함안에서는 아직 전면적으로 시행되고 있지는 않고 八結作夫制와 착종되어 시행된 것으로 보인다. 왜냐하면 함안의 조세수취 방식 가운데 앞에서 보았듯이 아직 作夫制가 그대로 시행되고 있었고, 結弊의 내용도 많은 부분 전근대적이었기 때문이다. 또한 도결 실시가 전면화될 때 戶首가 팔결작부 과정에서 배제되어야 함에도, 함안에서는 여전히 나타나고 있다. 즉, 도결 실시로 인하여 戶首와 같은 존재가 사라지거나 官에서 배제되는 것이 아니라, 여전히 현실적으로 官과 연결되어 힘이 있는 존재로 남아 있었던 것이다. 오횡묵은 때문에 이러한 폐단을 조사하면서 작부 과정에 직접 개입하겠다는 의지를 보이고 있다. 그는 호수와 면임 및 동수 등의 '민간' 조세수취 제기구에

---

24) 고동환, 앞의 논문(1991)과 김선경, 앞의 논문(1990) 참조.
25) 『함안총쇄록』 1889년 4월 24일, 17-p.552; 1989년 6월 29일, 17-p.658.
26) 『備邊司謄錄』 256, 고종 12년 10월 25일, 26책 p.810.
27) 『함안총쇄록』 1889년 7월 4일, 17-pp.671~673.

기초한 기존 作夫制에 의존하지 않고, 정상적인 행정 체계인 官에서 징세 과정을 직접 장악하겠다는 의지를[28] 보인 것이다.

함안에서의 田政은 봉건조세 수취의 최종 형태인 都結 시행의 단계에 이르고 있었으나, 그 성격은 結價의 남봉과 같은 結弊의 성격에서나 작부 과정상에 남아 있는 호수의 존재 등으로 본다면 봉건적 특성이 여전히 강하게 남아 있는 것으로 보아야 하는 것이다. 함안 지방의 농민항쟁의 성격은 이같은 점들이 고려되어야 할 것이다. 1862년의 농민항쟁에서 주로 요구한 것은 結價의 정액화 혹은 이의 인하가 주된 요구였다.[29]

② 軍政

18, 19세기에 들어서면서 사회경제 변동의 진전과 함께 身分制의 급속한 동요를 보이고 있는 가운데, 摠額制的 방식에 의하여 수취되던 군현 단위의 軍政 운영도 많은 어려움을 가져오게 된다. 따라서 지방의 수령은 중앙 상납을 위한 軍布의 징수 자체에 우선적 목적을 둘 수밖에 없었고, 이에 따라 군포의 원활한 징수를 위한 대안으로 面里 단위에서는 점차 共同納의 방법을 강구하지 않을 수 없게 된다. 그 대안이 軍布契나 役根田의 방법,[30] 洞布制, 戶布制, 結布制 등으로 나타나고 있었다. 19세기 말 함안의 군정은 洞布制와 戶布制로 운영되었다.

먼저 洞布制의 시행 모습에 대하여 보자. 洞布制는 할당된 군액을 미리 배정받아 각 洞里에서 책임을 지고 軍布를 충당하는 방법이었다. 그러나 이의 운영도 한계를 안고 있었다. 함안 동포제 운영의 문제점

---

[28] 오횡묵이 각면 書員의 作夫處에 吏鄕을 이끌고 친히 살피고 있는 데서 짐작할 수 있다(『함안총쇄록』 1889년 11월 15일, 17-p.728).
[29] 망원한국사연구실, 『1862년 농민항쟁』 제1부, 동녘, 1988 참조.
[30] 金容燮, 앞의 책(1984), 제2부 참조.

으로 오횡묵은 '矯革節目'에서 우선 각 面洞의 크고 작음이 변한다는 것, 각 面洞 사이의 應役 不均을 교정해야 한다는 것 등을 지적하고 있다.31) 다시 말해 각 洞에서 내는 例穀의 액수가 班常의 차이로 인하여 洞마다 不均하므로 이를 시정하고, 원래의 戶摠에 따라 均等하게 징수해야 한다는 것이다. 관속과 결탁한 양반 투탁자들이 많은 지역에서는 洞錢이 적고, 그렇지 않은 지역에서는 많아지게 되면서, 각 洞마다 납부하는 군포의 不均이 문제가 된다는 것이었다. 洞布制의 시행에는 아직 身分制의 원리에 입각한 군역 부과의 모습이 여전히 남아 있었다.

다음으로 戶布制 실시에 대해서이다. 호포제는 洞布制의 실시에 앞서 오래 전부터 실시의 논의가 계속되어 왔다.32) 그러다가 大院君 시기에 호포제가 실시되기에 이른다. 대원군은 군포 징수의 폐해를 제거한다는 이유로 이를 철폐하는 대신에 매호 2냥씩 과징하는 戶布를 신설하였으나, 제대로 시행되지는 못하였다. 즉 身分制를 그대로 유지하고 명분을 강조하는 가운데 시행되었기 때문이다. 그러나 호포법의 시행은 특히 常民들의 환영을 받았다.

黃貞懿에 의하여 조사된 함안의 호포제 실상을 보자. 먼저 함안에서 戶布를 부과하는 元戶의 수는 4천 3백 호인데, 매호마다 2냥 9전 6푼 씩 1년에 4번 나누어 거두어들이는 액수는 1만 3천여 냥으로, 京各司上納布錢과 營下納軍錢 등 허다한 잡비를 호포의 代錢 수납으로 마련하였다. 그런데 거두어들인 것은 불과 7천 냥에서 8천 냥 정도 규모로 호포제가 제대로 운영되지 못하였던 것으로 보인다.33)

---

31) 『함안총쇄록』 1889년 6월 29일, 17-p.661.
　　19세기 중엽까지의 洞布制 성립과 운영의 구체적 양상에 대해서는 宋亮燮, 「19세기 良役收取法의 변화 -洞布制의 성립과 관련하여-」, 『韓國史硏究』 89, 1995를 참조.
32) 金容燮, 앞의 책(1984) 참조.
33) 『함안총쇄록』 1889년 5월 6일, 17-p.573.

함안 지방의 戶布制는 吏胥에 의한 濫入과 加排, 民에 대한 이중의 戶役 부담 등과 같이 그 시행에 많은 폐단이 발생하였다. 오횡묵은 교혁절목 가운데서 호포제의 폐단에 대하여 '罷軍歸戶는 다만 民을 支保하기 위한 일에서 나온 것이다. 근래에 이서의 간활함이 점차 심해지고 規例가 문란하여 매년 戶布를 마련할 때 濫入加排와 幻弄疊出함이 해를 거듭할수록 불어나 지금에 374兩 4錢 3分이나 되니 마땅히 矯革하여야 한다. 그 査出錢은 戶摠 비추어 每戶 당 9分式 減給하고, 나머지 5兩 3錢 5分은 특별히 民庫 재원에 넣어 公用에 쓰게하라'고34) 하였다. 함안에서는 '罷軍歸戶' 방향으로 호포제가 실시되고 있었음은 분명하다.

그러나 함안의 호포제는 戶役을 감해주는 대상으로서 忠孝烈功·別砲軍·店人 및 驛人·才人·白丁 이외에는 일체 호역을 면제하지 말라는 오횡묵의 지시가35) 별도로 있었던 것으로 보아, 규례대로 실시되지 않았던 것으로 보인다. 즉 호포제의 실시 과정에서 전근대적 신분제에 기초한 운영 방식이 아직 제대로 청산되지 못하고 있음을 알 수 있다. 함안의 군정은 布의 부과가 불균한 문제로 남아 있었을뿐 아니라 戶役도 무거웠다. 호포제의 실시는 과도적 한계를 가진 것이었다.

호포제가 규례대로 실시되지 못하였던 이같은 한계는 1893년 단계에도 身役이 상당부분 남아 있는데서 잘 드러난다. 身役은 신분제에 기초한 군역제의 봉건적 수취방식의 전형으로써,36) 함안에서는 여러 종류가 남아 있었다.37) 물론 신분제에 기초한 군역제 자체가 변동함에 따라 원칙적으로는 호포제의 실시가 기본 흐름이었다.

---

34) 『함안총쇄록』 1889년 6월 29일, 17-p.656.
35) 『함안총쇄록』 1889년 6월 29일, 17-p.660.
36) 金玉根, 『朝鮮王朝財政史硏究』 제1장, 一潮閣, 1984 참조.
37) 『咸安郡事例冊』

Ⅲ. 19세기 말 咸安地方의 재정운영과 逋欠 전개 281

예를 들어 上納元軍 1,556명은 군전을 내는데 모두 戶布를 대전하여 매 1호 당 2냥 씩 내는 것이 원칙이었다. 그러나 상납원군 가운데 御營正軍 43명은 '以身應役'이고, 다른 경우는 錢으로 대신하는 경우도 있다. 별포수 경우 34명 중에서 標下卒 6명은 신역에 의한 것이었으나 지금은 1명당 1냥 6전으로 代錢 輸納하고 있다고 하였다. 자인현의 군정의 경우는 '軍多於戶'로 '罷軍歸戶'의 戶斂의 형태로 바뀌고 있다.[38] 함안도 마찬가지였을 것으로 보인다.

그리고 戶布制가 시행되는 가운데서도, 洞布制가 여전히 유지되고 있었던 것도 함안 軍政의 특색이었다. 군포 수취가 結斂化되는 結布制는 군역 운영에서 가장 발전된 것으로 평가되지만, 함안에서의 結布制는 이 시기까지 아직 실현되지 못하고 있다.

③ 還政

갑오개혁 이후 賑貸的 기능의 社還制로 전환되었던 還穀은[39] 1862년 농민항쟁 이후 罷還歸結의 방안으로 耗條의 부세화(結錢)를 시도하게 된다. 그렇지만 부세구조가 바뀌지 않는 상황에서 結錢 운영은 유보하지 않을 수 없었다. 그러면서도 慶尙道를 비롯한 일부 지역에서는 환곡의 기능이 정지되면서 耗條의 부세화가 진행되어 나간다. 전체적으로는 罷還歸結의 방향으로 나아가고 있었다.[40] 1890년대 함안의 還政도 역시 이와 비슷한 방향으로 운영되고 있었던 것으로 보인다.

우선 오횡묵의 부임 초기인 1889년과도 다소 차이가 있겠지만, 1890년대 초반의 邑誌에 나타나는 함안의 還餉各穀 운영의 내용을 정리하면 <표 2>와 같다.[41]

---

38) 『자인총쇄록』 1888년 11월 23일, 17-p.378.
39) 유정현, 앞의 논문(1992), p.68 참조.
40) 宋讚燮, 『19세기 還穀制 改革의 推移』 제4장, 서울대 박사학위논문, 1992 참조.
41) 『咸安郡事例冊』

<표 2> 함안의 還餉各穀 運營

句菅處	종류	액수	句菅處	종류	액수
巡營	米	265-11-8-5-4	右兵營	米	1-08-6-5-1
	租	24-14-3-3-1		租	0-02-6-6-6
	太	4-11-0-4-3		太	1-07-3-3-7
	皮牟	31-04-3-3-6	합		3-03-6-5-4
합		326-11-5-5-4	左水營	米	5-06-9-5-6
統營	米	2,585-05-9-8-0	합		5-06-9-5-6
	租	181-11-4-1-6			
	太	19-13-4-1-2			
	皮牟	1,092-08-8-0-1			
	眞麥	17-01-8-5-6			
합		3,896-11-4-6-5	총계		4,232-03-6-4-0

  함안에서는 <표 2>에서처럼 巡營, 統營, 左兵營, 左水營 등의 還餉穀 등을 주로 관리·운영하고 있는데, 전체 규모는 약 4,200여석 규모였다. 이 가운데 통영 구관곡의 액수는 약 3,900석 규모로 전체 액수의 약 90% 이상으로 거의 대부분을 차지한다.[42] 함안 환곡 운영의 주요 기능의 하나는 이들 각 還餉穀의 모조를 만들어주는 것임을 알 수 있다. 이의 운영을 위하여 몇 창고와 부서를 두고 있는데 補餉色, 別餉色, 軍米色, 閑山倉色, 山城別餉色 등의 부서이다.[43]
  환곡 운영의 실태는 그 폐단을 지적하는 내용 가운데서 잘 드러난다. 오횡묵은 각 면의 任掌에게 내린 교혁절목에서 자신이 부임하기 이전에 발생한 還弊를 두고, '환곡의 폐단은 어찌 이 邑보다 심하겠는가. 환곡 2,000여 석은 거의 吏逋가 되었는데 그 가운데 1,000여 석을 구획하여 戶還으로 하므로써 民徵이 되어 民의 痼瘼이 되니 놀라운

---

42) 統營의 還穀 운영에 대한 전반적인 문제에 대해서는 金鉉丘,『朝鮮後期 統制營의 財政運營에 관한 硏究』, 부산대 박사학위논문, 1994를 참조.
43) 『咸安郡事例冊』 p.560.

Ⅲ. 19세기 말 咸安地方의 재정운영과 逋欠 전개 283

일이다. 그래서 환곡 장부를 조사해보니 丙戌(1886)年에 戶還을 排斂할 때 濫入加斂한 것이(1,000石價 이외) 607兩 4전 2分, 移轉米立本米가 87石 4斗 7刀 6合이며, 丁亥(1887)年의 移轉米立本米 62石 6斗 9刀 4合이다. 모두 嚴治하여 徵捧할 일이다.…'44)고 하였다. 즉, 이서에 의한 환곡 逋欠을 民에게서 징수하여 해결한다는 것으로서 吏逋 2,000석 가운데 1,000석을 戶還의 방식으로 해결하려 한 점과 戶還 시의 濫入加斂 등의 폐단을 지적한 내용이다.

여기서 戶還은 환곡의 기능이 부세화 된 이후 환곡 분급 불균의 폐단을 강구하는 과정에서 里還을 거쳐 시행된 것인데, 각 호의 인구수에 따라 등급을 정하여 모든 戶에 환곡을 분급하는 것을 말한다.45) 그런데 戶還의 실시에는 分等의 不均과 같은 이서층의 농간이 발생함으로써,46) 戶還은 환곡 본래의 기능인 社倉制的 운영과는 성격상 거리가 있을 수밖에 없었다. 따라서 이같은 점에서 함안의 환곡 운영은 전근대적 재정운영의 성격을 여전히 가지고 있었던 것으로 보이며, 耗條만 받는 罷還歸結의 結還의 방식에 아직 제대로 이르지 못하였던 것이다.47) 다만 호구에 대하여 賦稅化하는 '罷還戶斂'의 단계가 아닌가 한다. 한편 이같은 현상은 이 시기의 固城府에서나 慈仁縣에서도 마찬가지였던 것으로 보인다.

그리고 호포 마련시 濫入加排의 폐단과 환곡의 戶還排斂시의 濫入

---

44) 『함안총쇄록』 1889년 6월 29일, 17-p.656.
45) 고동환, 앞의 논문(1991), pp.86~92 참조.
46) 예를 들어 統還의 폐단에서 당초 창고 운영의 실무자를 위하여 還戶를 대상으로 매 호 당 4升 씩 수봉하던 것을 폐지시켰음에도 불구하고 該色이 여전히 거두고 있었다. 이에 대하여 民은 '吏强'의 현실에서 제대로 항의조차 하지 못하고 있다(『함안총쇄록』 1889년 5월 6일, 17-p.575 참조).
47) 吳宖默은 罷還歸結을 '是爲民權宜之政'이라 하였다(『자인총쇄록』 1888년 11월 8일, 17-p.340). 그러나 환곡의 結稅化를 위한 罷還歸結의 제도화 시도는 1891년 경상감사 李鑢永이 逋欠을 탕감하고 토지에 부과할 것을 강력히 주장하면서 還耗의 부세화가 이루어진다(宋讚燮, 앞의 학위논문, 제4장 참조).

加斂의 폐단은 공통적인 특징이었다. 아직 전근대적 수취체제가 제대로 청산되고 있지 않음을 나타내는 것이라 할 수 있는 부분이다.

2) 잡세운영과 민고

雜稅는 부세수취 과정에서 발생하는 잡다한 경비, 감영에 상납하는 경비 중의 일부, 그리고 해당 지방에서 운용하는 재정의 대부분을 말한다.48) 이같은 잡세의 부세 수취에서 차지하는 비중은 시기가 내려올수록 증대하였다. 甲午改革에서 부세제도 개혁의 주요 내용의 하나가 바로 각종 잡세의 혁파였다. 잡세의 성격은 전근대적 신분제 등과 밀접하게 관련되어 있으면서도 사회경제 변동의 단면을 반영하기도 한다. 함안의 잡세 수취방식 및 운영 등의 실상들은 19세기 말 잡세 성격의 한 단면을 잘 보여 준다. 특히 민고운영에서 함안 잡세 운영의 특성이 잘 드러난다.

함안의 잡비 지출의 규모는 매우 컸던 것으로 보인다. 상급 관청에로의 과다한 지출로 약 10만 냥이 거의 모두 지출되고 있었다.49) 그리고 公錢의 징수와 관련하여 많은 잡비가 營隷에 의하여 生徵되었는데 그 규모가 수천 냥 규모였다.50) 함안의 재정운영에서 잡비의 지출규모가 매우 큰 것이었다. 이에 따라 잡세의 징수 규모와 세목이 늘어갈 수밖에 없었다.

함안의 雜稅는 각 면동 단위의 共同納 방식에 의하여 수취되고 있다. 예를 들어 1893년에 官衙의 修理備 85냥 5푼을 修理色의 책임 아래 각 면 단위로 부과하면서 자체 재원을 마련하고 있음을 볼 수 있다.51) 물론 여기에도 관아의 수리 비용으로 항정된 것 이외에 보통 濫

---
48) 金玉根, 앞의 책(1984), pp.59~62. 개항 이후의 경우는 같은 책, pp.380~392를 참조.
49) 『함안총쇄록』 1890년 4월 26일, 18-p.130.
50) 『함안총쇄록』 1890년 4월 26일, 18-pp.129~130.

捧되고 있었다.52) 또한 刑笞杖價 41석 11두 5승을 마련하는 데도 매년 두 차례 각 면 단위로 분배하여 거두고 있다. 各面主人의 路貰의 경우도 비슷한 방식으로 거두고 있는데, 이 경우 일반 상민과 양반의 신분을 구분하여 거두는 액수에서 각각 차이를 두었다.53) 지방의 재정단위에서 독자적으로 운영되던 잡세 수취에서 전근대적 신분의 차별이 아직 엄연히 존재하고 있음을 확인할 수 있다.

함안의 잡세 마련은 관청식리 방식을 활용하기도 하였다. 예를 들어 柴米所 재정의 경우 作夫制 방식에 의하여 每夫마다 8냥씩 거둔 3,105냥 5전 중 4백 냥을 民庫에, 192냥을 紙所에 기금으로 각각 맡겨 이자를 취하는 방식으로 운영하였다.54) 柴米所 재정은 주로 매월 油淸魚果價, 柴炭價, 戶長 등의 官用 경비로 지출되고 있다. 그리고 잡비 항목인 훈련도감 砲保 25명의 路資와 駄價는 읍민 金甲錄이 自備錢 150냥을 기금으로 낸 것을 이를 각 里에 나누어 맡긴 후 이의 이자 수입으로 마련되고 있음을 볼 수 있다.55)

주지하듯이 19세기 초엽의 1결 당 세목은 40여 가지에 불과 하였지만, 19세기 후반에는 무한정 증가하다시피 하고 있었다. 이 때문에 삼정과 함께 잡역세 운영을 포함하여 '四政의 紊亂'이라 하였던 것이다. 함안의 雜費도 마찬가지로 계속 증대해 왔던 것으로 보인다. 잡세의 증대는 예를 들어 각종 結役과 戶斂의 '年增歲加'와 함께 이를 빙자한 잡비의 과다 창출에서 비롯되었다.56) 그 방식의 하나는 '無前之例 輒成恒式'하는 식을 들 수 있다. 지방관이 일시적인 지출을 위하여 임시로 편성하여 징수하던 각종의 잡세가 '便成例規' 혹은 '便成邑例'하

---

51) 『咸安郡事例冊』, p.569.
52) 『함안총쇄록』 1889년 6월 29일, 17-p.661.
53) 『咸安郡事例冊』, p.569.
54) 『咸安郡事例冊』, p.568.
55) 『咸安郡事例冊』, p.558.
56) 『함안총쇄록』 1892년 4월 15일, 18-p.447.

여57) 사실상의 正規稅化 현상58)으로까지 이어지게 되는 것이었다.

농민전쟁에서 雜稅의 혁파는 농민군의 가장 큰 요구의 하나였다.59) 이같은 사정은 농민전쟁의 발생에 앞서 1892년에 정부로서도 이미 크게 우려하고 있었던 것으로 당시 기준에 곱절이나 창출된 각종 무명 잡세를 혁파해야 한다고 한 것이다.60) 정부에서는 監官과 각 營邑의 관속들이 官을 빙자하여 침학하고 있었던 것으로 인식하였다. 지방세로서 성격을 갖는 잡세는 중앙의 통제를 받지 않음으로 인하여 지방관의 자의적 운영이 가능할 수 있었으며, 이에 따라 잡세 운영의 문란은 逋欠의 발생으로 쉽게 이어지고 있었다.

잡세 징수의 실질적 사정의 단면을 사회경제변동의 문제와 관련하여 함안 지역의 牛皮稅, 牛塵稅, 牛稅, 牛塵着抹稅의 수취 사정을 보자. 牛皮稅, 牛塵稅, 牛稅, 牛塵着抹稅는 監營에 납부하기 위한 세목들로,61) 場稅의 하나로 상품화폐경제의 발전에 따라 발생한 대표적인 잡세의 하나였다.62) 오횡묵은 교혁절목에서 감영에 납부하는 牛皮稅錢 500냥을 민간에 징렴하는 것은 법에 크게 어긋나므로 牛에서 마련해야 한다 하였다. 그리고 牛塵稅는 舊官이 恒定한대로 큰 소 1마리 당 5전, 작은 소는 3전을 거두어야 한다고 하였다. 牛稅도 舊官이 항정한 것이므로 교혁할 필요는 없다고 하면서 이전의 항정례에 따라 납부해야 한다고 하였다. 牛塵着抹稅의 경우 언제 창설된지 알 수 없으나, 監考輩의 남봉 폐단을 지적하고 있다. 결국 牛와 관련한 세목들이 정규세가 아닌 잡세로 중간에 창설된 것과 舊官이 항

---

57) 본서 제1부 Ⅵ장 참조.
58) 『光陽邑誌附事例』(奎No. 12181) 大同色.
59) 吳知泳, 『東學史』, 1926과 韓㳓劤, 「東學軍의 弊政改革案 檢討」, 『歷史學報』 23, 1964 참조.
60) 『함안총쇄록』 1892년 8월 4일, 18-p.494.
61) 『함안총쇄록』 1889년 6월 29일, 17-p.660, 662.
62) 金大吉, 『朝鮮後期 場市에 대한 硏究』 제4장, 중앙대 박사학위논문, 1993 참조.

정한 사례로 '便成例規' 혹은 '便成邑例'의 방식에 의하여 잡세화 된 것으로 볼 수 있는 것이다.

한편 세곡 상납 과정과 관련한 雜稅 문제도 볼 수 있다. 이는 개항 이후의 사회경제의 변동과 함께 輪船이 사용된 이후 세곡 운송의 책임을 가진 轉運使에 의한 사례가 그것이다. 이 시기 전운사에 의한 재정운영상의 폐단은 매우 심하였다. 전운사의 권한은 수령에게 세미 뿐만 아니라 각종 명목의 雜稅米를 독징하는 임무도 가지고 있었다.[63] 전운사는 1885년에는 稅代錢의 督捧과 수송을 촉구하는 공문을 함안군에 보내고 기한을 어길 경우 이에 따르는 벌칙을 제시하기도 하였다.[64] 이같은 전운사의 조세 독촉은 결국 농민들의 부담을 가중시키게 된다. 갑오농민전쟁 단계의 농민군들이 轉運所와 관련한 제반 잡세 폐단의 변통 요구는 당연한 것이었다.[65]

함안의 大同米는 4천 석으로 이의 운반과 관련된 각종의 食債와 浮費를 量餘米로 나누어 사용하였으나, 輪船이 사용된 이후 量餘米가 轉運所에 속하여 식채와 부비의 비용으로 매년 2천냥을 민간에게 生徵하였다.[66] 그런데 오횡묵은 이를 현실로 인정하지 않을 수 없다 하고 民人 중 解事者 4인을 택하여 徵民의 불가피함을 설명하였다. 그런데 '量餘米'로 불리던 大同米의 輸費는 사실상 모두 전운사의 몫으로 돌아가게 되는 것이다. 전운사를 위한 輸費 역시 '便成例規化'로 사실상의 정규 잡세로 굳어지는 과정을 볼 수 있다. 그리고 이러한 과정은 鄕會의 결정에 의하여 이루어지고 있다.[67]

---

63) 『함안총쇄록』1889년 10월 22일, 17-pp.721~722.
그리고 韓㳓劤, 『韓國開港期의 商業研究』, 「제2부船運과 轉運使」, 一潮閣, 1970 참조.
64) 『함안총쇄록』1890년 3월 21일, 18-pp.87~88.
65) 『關草存案』1894년 8월 3일 (全羅道); 1894년 9월 15일 (慶尙道); 韓㳓劤, 『東學亂 起因에 관한 研究』, 서울대 韓國文化研究所, 1971 pp.83~84에서 재인용.
66) 『함안총쇄록』1890년 11월 1일, 18-p.215.

함안의 잡세 운영의 특성은 民庫를 설치하여 운영한 것에서도 잘 드러난다. 민고는 잡역세 운영의 편의를 도모하기 위하여 18세기 이래 일부 지역에서 설치되기 시작하여 19세기에 이르러 전국의 각 읍에서 설치하여 운영하면서 지방 단위의 대표적 재정기구로 자리 잡았다. 그러면서 민고는 재정운영의 주요 사안에 대하여 긴밀하게 관련하던 향회의 운영과도 밀접한 관계를 가지고 있다. 따라서 민고는 지방재정운영의 특성을 잘 보여준다. 함안의 민고 운영을 수입과 지출의 몇 가지 특성을 <표 3>에서 살펴보자.68)

<표 3> 함안 민고재정의 수입

단위	수입 내역	액 수	비고
錢	柴米所例	400-0-0	춘·추 각 200냥
	鎭海海倉基稅	0-5-0	
	便分利條	500-0-0	補民錢 1천 냥 이자
	深源寺基地稅	3-0-0	
	比谷平巖洞水鐵店稅錢立本	20-0-0	
租	羊屯稅米	2-07-0-0-0	
	1호 당 3斗 가을에 거둠	713-09-0-0-0	
牟	1호 당 3斗 봄에 거둠	713-09-0-0-0	
合(錢)		923냥 5전	
合(租)		716석 1두	
合(牟)		713석 9두	

함안의 민고재정 수입은 錢과 현물로 이루어져 있다. 錢의 경우 다른 柴米所 재정의 식리를 위해 이관되어 있는 경우, 補民廳錢을 본곡으로 한 便分錢 수입 등이 대부분이다. 아직 현물의 수입이 과반수 이상을 차지 한다.

다음으로 민고의 지출과 관련한 1893년 단계의 함안의 잡세 운영의

---

67) 『함안총쇄록』 1890년 7월 12일, 18-pp.177~178.
68) 『咸安郡事例冊』, pp.567~568.

성격을 <표 4>를 통하여 보자.

<표 4> 함안 민고재정의 지출

단위	수입 액수	지출 내역	지출 액수	잔액
租	716석 1두	京主人役價	130석	在 356石 → = 代錢 427냥 2전 (1석 = 1兩 2전, 詳作例에 의함)
		巡主人役價	105석	
		統主人役價	15석	
		兵營主人役價	15석	
		東萊主人役價	15석	
		紙所役糧例下	60석	
		靑大竹使吏	17석 9두	
牟	713석 9두	紙所役糧例下	60석	在 653석 9두 → = 代錢 784냥 3전 2푼 (1석 = 1兩 2전, 詳作例 에 의함)
錢	923냥 5전			923냥 5전
合				2,135냥 2푼

함안의 민고를 통한 재정 지출은 <표 4>에서처럼 잡역세 부분에 한 정되어 있다. 각종 역가의 지출을 제외한 나머지 잔액 2,135냥 2푼은 1년 應下와 비정규 지출에 주로 쓰인다. 오횡묵은 자신을 찾아온 晥山 에게 고별비 50냥을 민고전에서 대급하여 보낸 것도 이같은 지출 계 정에서 나간 것이다.69) 수령에 의한 자의적 지출의 한 단면을 보여준 다.

그런데 이 시기 함안의 민고를 통한 잡세 운영상의 문제점의 하나 는 代錢價의 불합리함이었다. 租 1석의 실제 가격은 米 1석이 20냥을 상회하고 있음을 전제한다면 1석 당 1냥 2전의 詳定例는 매우 비현실 적 가격이다. 逋欠은 바로 이 부분에서 발생하게 된다. 1892년 중앙 정부에서 경상도 암행어사 金思徹의 별단에 의거하여 各邑의 官이 상

---

69)『함안총쇄록』1889년 11월 9일, 17-p.726.

정한 명색이 크게 시의에 맞지 않다 하고, 吏奴의 포흠이 오로지 이같은 폐단에서 비롯되므로 官用物은 모두 시가로 시행하고 詳定一款은 영원히 혁파하라고 지시한 것도70) 이 때문이다.

요컨대, 함안의 잡세 운영의 실태는 그 항목에서 지속적으로 증가되어 왔으며, 그 수취 액수도 지출이 많았던 만큼 큰 것이었다. 雜稅는 면 단위의 共同納으로 징수되었으며, 관청식리 구조와 밀접한 관계를 가지고 운영되었다. 그리고 민고재정의 지출을 통하여 이미 비현실적인 것으로 되어버린 詳定價와 관련한 불합리한 지출 등은 포흠 발생의 주요 근거가 되는 것이었다.

3. '吏民逋'의 전개 주체와 해결 과정

'吏民逋'로 표현된 함안의 포흠은 재정운영의 불합리한 운영과 혹은 그 자체의 구조적 한계를 이용함으로써 발생하였다. 중앙정부의 입장에서는 재정수입이 줄어드는 가장 큰 원인을 이서 중심의 중간수탈층에 의한 포흠의 전개에 있었다고 보았다. 또한 정부는 吏逋徵民을 민란 발생의 원인이 되는 것으로 파악하고 있었다.71) 포흠의 전개는 1894년 농민전쟁 이후 이의 방지를 위한 지방재정제도의 개혁에도 불구하고 여전하였다.72) 이는 당시 개혁의 근본적 한계를 드러내어 준다. 본 장에서는 함안 지역에서 나타난 이민포의 직접적인 배경과 吏民逋의 개념과 관련한 전개 주체의 성격, 그리고 포흠의 해결 과정과 의미에 대하여 간략히 검토하기로 한다.

---

70) 『함안총쇄록』 1892년 6월 19일, 18-p.466.
71) 『고성총쇄록』 1893년 9월 1일, 18-p.709.
72) 유정현, 앞의 논문(1992), pp.95~101 참조.

1) 배경과 전개 주체

① 逋欠 발생의 직접적 배경

먼저 이 시기 포흠 발생의 직접적인 배경에 대하여 살펴보자. 포흠의 발생 배경은 매우 포괄적 차원에서 접근되어야 할 문제이지만, 일차적 배경은 수취방식의 변화와 이에 따른 지방재정운영 구조의 문란에 있다고 할 수 있다.[73] 그러나 여기서는 총쇄록에 직접적으로 나타나는 몇 가지 요인을 사회경제 변화의 측면에서 다음과 같이 지적해 보고자 한다.

첫째, 중간수탈층이 18·19세기 이래 사회경제적 변동에 따라 각읍 사이에 이루어지고 있던 移貿를 명목으로 곡물을 빼돌려 潛商들의 무천과 연결되던 구조적 배경을 먼저 들 수 있다. 상품화폐경제의 발달과 함께 이 시기 逋欠의 주체들은 詳定例를 지키지 않고 지역마다 다른 結價나 代錢價의 차이를 이용하여 高價執錢하여 貿遷을 전개할 수 있었던 구조였다.[74] 이같은 移貿는 守令과 吏·鄕 등에 의해 지방재정의 부족한 부분을 보용한다는 명분으로 포흠의 주요 수단이 되어 왔는데, 이는 봉건모순이 심화될수록 더욱 성행하였다. 특히 19세기 후반에 이르러 潛商의 활발한 활동은[75] 이들의 포흠을 더욱 촉발시키는 주요 배경이 되었다.

오횡묵은 防穀令과 관련하여 내린 傳令의 주요 내용 가운데 곡물의 시가 변동을 이용한 모리배들의 潛貿를 특히 경계하였다. 이같은 潛貿에는 각 面任들의 농간이 개입되고 있었다.[76] 또한 移貿는 방곡령과도 밀접하게 관련되어 있다.[77] 즉, 미곡상들은 각지에 錢財를 풀어 곡

---

73) 逋欠의 배경에 대한 자세한 내용은 본서 제1부 Ⅲ, Ⅳ장 참조.
74) 『日省錄』哲宗 1년 3월 28일, 慶尙右道暗行御史曺錫興進書啓別單.
75) 『함안총쇄록』 1890년 윤2월 19일, 18-p.61.
76) 『함안총쇄록』 1889년 4월 19일, 18-p.116.

물을 網貿하여 곡가를 마음대로 조정하였으며, 결국 이러한 상업활동의 전개는 포흠을 유발하는 직접적 요인이 되는 것이다.[78]

둘째, 조세의 代錢納 구조가 안고 있는 모순도 포흠 발생의 배경이 되고 있었다. 이는 곡물로써 조세를 상납하던 과정에서보다 더욱 구조적인 防納을 할 수 있게 하였다. 예를 들어 미곡의 1석 당 時價와 관청의 詳定價와의 큰 차이가 이를 가능하게 하였다. 정부가 순영을 통하여 경상도 각 읍에 내린 공문에서 '…慶尙道暗行御史 金思徹의 別單을 보니 各邑官이 상정한 名色이 크게 시의에 맞지 않으며, 各項應用은 今昔을 살핀즉 몇 갑절까지는 이르지 않았으나, 官用에서 會減을 詳定하면, 該掌은 시가에 貿物하여 민고에서 加下한다. 吏奴欠逋는 오로지 이같은 폐단에서 비롯된다. 官用物은 모두 時價로 시행하고, 詳定一款은 영원히 革罷할 일'[79]이라 한 바와 같이 時價와 詳定價의 크다란 차이가 포흠의 원인이 되었다. 이 시기 함안의 砲糧米의 경우 1891년의 상납 대전납가는 1석 당 22냥이었다.[80]

더구나 함안의 稅穀의 代錢納率이 점차 높아지고 있었던 것과 관련하여,[81] 한편으로는 1890년대를 전후하여 葉錢, 當五錢, 白銅貨 등이 유통되는 지역이 구분되어[82] 있는 등 화폐제도의 문란도 포흠을 보다 용이하게 전개할 수 있게 하였던 배경이었다. 이 시기의 함안은 근대적 화폐가 아닌 葉錢이 여전히 유통되고 있던 지역이었다.

---

77) 『함안총쇄록』 1890년 윤 2월 11일, 18-p.44.
『함안총쇄록』 1890년 4월 19일, 18-pp.116~117.
78) 宋讚燮, 앞의 논문(1992), 제1장 참조.
79) 『함안총쇄록』 1892년 6월 19일, 18-p.466.
80) 『함안총쇄록』 1892년 6월 20일, 18-p.466.
81) 일반적으로 19세기 초기의 경우 代錢納率은 35.4%였으며(金玉根, 『朝鮮王朝財政史硏究』[IV] 제2장, 一潮閣, 1992), 19세기 말의 경우 58.5%였다(都冕會, 「갑오개혁 이후 화폐제도의 문란과 그 영향(1894~1905)」, 『韓國史論』 21, 1989).
82) 『함안총쇄록』 1890년 2월 15일, 18-p.33.
『함안총쇄록』 1892년 6월 19일, 18-p.466.

세째, 度量衡의 문란도 포흠 발생의 한 배경이었다. 특히 지역마다 다른 크기의 斛斗 사용에 따른 도량형의 문란은[83] 逋欠의 원인이 되고 있었다. 예를 들어 賑資로 사용되는 社還米와 漕米 등을 거둘 때, 分賑의 실무자인 색리가 각기 다른 斛斗의 크기를 이용한 것에 따른 포흠이었다. 轉運使가 머물고 있는 馬山倉에서도 斛量의 크기가 문제가 되었다.[84] 慈仁縣 수령 시절 오횡묵은 官에서 직접 만든 斛을 사용하게 한 바가 있었다.[85]

네째, 守令과 吏任의 빈번한 교체와 관련한 것도 배경의 하나로 들 수 있다. 이는 結斂의 방식으로 포흠을 해결한 액수가 3년간 약 5만여냥이나 되었던 이웃 고성부의 포흠 원인이 바로 수령의 빈번한 교체에 따른 이서배들의 공납 연기에 있었다는 지적에서[86] 잘 알 수 있다. 그리고 함안의 경우 吏任의 빈번한 교체도 逋欠 발생의 원인이 되었다. 오횡묵은 함안군의 吏任이 자주 교체된 탓으로 逋欠의 폐단이 심화되었다고 한 바가 있었다.[87] 그는 이를 막기 위한 방안으로 完文과 節目을 만들어 감영에 보고하면서 이방의 부정과 뇌물의 상납 구조에 대하여 자세히 지적하였다.

다섯째, 이 시기 作夫制 운영의 폐단으로 인한 것을 들 수 있다. 作夫 과정의 행심과 결가의 책정 및 양호 방결의 성행은 포흠을 유발시키는 요인이 되었다. 면임 등에 의한 이른바 '民逋'는 작부 과정에서 주로 발생하였다. 作夫 과정에서 발생하는 포흠은 주로 吏胥와 饒戶에 의하여 이루어지고 있다. 戶首는 作夫과정에서 引卜하여 포흠을 전개

---

83) 『함안총쇄록』 1889년 5월 6일, 17-p.575.
    度量衡이 문란하게된 원인에 대해서는 河元鎬, 「朝鮮後期 度量衡 '문란'의 원인 연구」, 『韓國史硏究』 59, 1987을 참조.
84) 『함안총쇄록』 1889년 12월 3일, 17-p.733.
85) 『자인총쇄록』 1888년 10월 7일, 17-p.336.
86) 『고성총쇄록』 1894년 2월 27일, 19-p.31.
87) 『함안총쇄록』 1893년 1월 16일, 17-pp.556~558.

하였다.88) 구체적 예를 든다면 慈仁縣 경우 八結作夫로서 이루어지는 1夫當 800負에서 4, 5負씩 추가로 出秩하는 과정에서 포흠이 발생하고 있었다.89) 자인현에서의 戶首는 結價의 책정 과정과 結斂, 戶布의 수납 등 여전히 재정운영의 중심에 위치하고 있었다.90)

요컨대, 함안에서의 포흠 발생은 상품화폐경제의 발전과 함께 전개된 지방재정운영 구조의 모순에서 그 구조적 배경을 찾을 수 있다. 보다 구체적으로는 移貿의 성행이라든지, 화폐제도의 문란과 함께 代錢納 구조의 모순, 수령과 이임의 잦은 교체, 作夫制 운영과 같은 재정운영의 혼란 등이 바로 포흠 발생의 직접적인 계제가 되고 있음을 볼 수 있다.

② '吏民逋'의 의미와 전개 주체의 성격

다음으로 함안 鄕戰과 民亂 발생의 원인91)이기도 하였던 함안 '吏民逋'의 의미와 그 전개 주체의 성격에 대하여 보자. 먼저 함안총쇄록에 나오는 '吏民逋'라는 용어가 정확히 무엇을 의미하는 것인가에 대한 이해가 필요하다. 물론 표면적으로는 '吏逋'와 '民逋'의 두 가지 의미를 합친 용어이다. 여기서 문제는 '吏逋'보다는 面任·洞任·井軍 등에 의한 逋欠으로서 '民逋'가 이포와 과연 다른 성격의 포흠인가에 대해서 이다.92) 이에 대한 논의는 吏逋보다 특히 '民逋'의 성격이 어떤 것인가에 대한 검토를 통하여, 이 시기 포흠을 전개한 주체의 일반

---

88) 『함안총쇄록』 1889년 5월 6일, 17-p.574.
　　그런데 김선경, 앞의 논문(1990)에서는 戶首가 都結 등의 실현과 함께 作夫 과정에서 배제되어 가는 추세라 하였으나, 함안의 경우는 작부과정에 참여하는 戶首層은 吏胥와 饒戶層이 중심이 되어 구성되고 있음도 주목되어야 한다.
89) 『자인총쇄록』 1888년 11월 8일, 17-p.348.
90) 『자인총쇄록』 1888년 11월 8일, 17-p.339, 346.
91) 金東哲, 앞의 논문(1989) 참조.
92) 함안의 吏民逋를 金東哲, 앞의 논문(1989), p.174에서와 이 논문의 각주 150)에서 특히 民逋를 吏逋와 다른 성격의 것으로 보고 있다.

적인 성격을 좀 더 분명히 밝힐 수 있는 것과 관련된다.

그런데 오횡묵이 파악한 '民遣'가 과연 吏遣와 질적으로 다른 성격의 것인가. 우선 함안총쇄록에서 나오는 '民遣'를 조세 저항의 맥락에서 발생하는 항세운동이라는 일반적 의미의 民遣와는 다른 것이라 본다.93) 결론적으로 말해 이 시기 부세운영의 특성과 관련하여 함안의 '民遣'는 '吏遣'와 같은 성격의 것으로 보아야 할 것이다. 대체로 다음의 두 가지 논리에 근거한다.

첫째, 함안의 '民遣' 발생의 주체들인 면임과 리임들의 부세운영상에서 차지하는 위치는 吏胥들과 크게 다르지 않았다. 일반적으로 조세의 수취과정은 정상적인 행정 체계의 官에서 이루어지는 것과 民間에서 이루어지는 것 등의 이중 구조로 이루어져 있다. 面里任과 洞任에 의한 수취과정은 '민간자치적'인 기구에 의한 것으로 후자에 해당하였다. 面里任과 洞任 등의 계급적 속성은 이들이 收稅 업무를 담당하는 官의 말단 행정보조기구로 성격이 변화하여 가게 되면서 일반 납세民에 대하여 사회경제적 의미에서 점차 대립적 위치에 이르고 있었다.

面里任은 조선후기 이래 面里制와 五家作統制가 확립되면서 면리임의 기능이 크게 강화되어 왔다. 面里任은 17·18세기 이래 勸農 업무, 행정 기능으로써 각종의 賦稅 수취 업무와 官令 전달·戶籍 업무·治安 유지·기타 업무, 鄕風敎化 및 기초적 裁決權의 행사 등 향촌사회 운영에서 매우 폭넓은 기능을 맡아 오고 있었다.94) 특히 面里가 부세와 요역 등을 담당하여 수취하는 기초 단위가 되면서 面里任의 계급적 성격과 향촌사회에서의 이들의 위치도 변화하게 된다. 그러므로 이들은 사회경제적 의미의 계급적 처지가 이미 對농민수탈을 기본 내용

---

93) 본서 제1부 Ⅳ장 참조.
94) 이에 대해서는 김선경, 「조선후기 조세수취와 面·里운영」, 연세대 석사학위논문, 1984와 吳永敎, 『朝鮮後期 鄕村支配政策의 轉換 -17世紀 國家再造와 관련하여-』 제3장, 연세대 박사학위논문, 1992가 참조된다.

으로 하는 중간수탈층의 범주에 들어가는 것이었고,[95] 따라서 면리임 등에 의한 포흠의 성격은 실제로는 이포의 성격과 같은 것으로 보아야 한다. 19세기 말 함안의 吏民逋는 이같은 흐름의 조세 수취와 납부 과정에서 일어났던 현상이고, 그 전개 주체에 대한 성격도 당연히 이 과정의 특성과 관련하여 파악되어야 한다.

둘째, 民逋의 주체로 파악된 함안의 面任・洞任・井軍・任掌 등의 존재를 반봉건 운동의 주체인 '民'의 범주에 포함시킬 수 없다는 점이다. 그럼에도 수령 오횡묵이 이들에 의해 전개된 포흠을 왜 '民逋'라 하였던 것인가. 그것은 무엇보다 우선 이들의 사회 身分的 존재가 본래 의미의 吏胥層과 달리 오횡묵과 같은 官長者의 입장에서는 어디까지나 民의 범주로 인식될 수밖에 없는 존재라는 사실을 생각해야 한다. 따라서 '民逋'라 한 사실 자체는 잘못된 표현은 아니나, 실제는 吏逋와 같은 성격의 포흠을 '民逋'라 하게 된 것이다.

그리고 作夫 과정의 폐단을 매개로 한 포흠 전개에서도 吏胥의 주도 아래 각 洞의 井軍이 직접 참여하고 있음을 볼 수 있다.[96] 收稅의 핵심인 전결의 작부 과정은 吏胥와 분리되어 전개될 수 없는 것이기 때문에 이서층과 결탁한 '民'으로 불리는 향촌 유력자들에 의한 養戶 防結 등의 포흠이 비록 '民逋'의 형식을 갖지만 실제는 吏逋와 본질적으로 같은 것이었다. 특히 田結의 作夫는 吏屬만에 의하여 이루어질 수 없는 것이었다. 오횡묵의 입장에서 보아 분명히 民의 범주에 속하는 일부 요호・부민 등을 택하여 면임과 동임을 임명하였던 사례가 많았던 만큼, 면리임에 의한 포흠을 당연히 '民逋'라 할 수밖에 없었던 것이다. 후술하듯이 포흠의 해결 과정에서 특히 민포 해결 방법에

---

95) 『함안총쇄록』 1890년 4월 19일, 18-p.116.
96) 『함안총쇄록』 1889년 5월 6일, 17-p.574.
　　그리고 1893년 固城府의 경우 井軍이 바로 養戶 防結의 주체가 되고 있음을 확인할 수 있다(『고성총쇄록』 1893년 10월 5일, 18-pp.734~735 참조).

Ⅲ. 19세기 말 咸安地方의 재정운영과 逋欠 전개 297

논란이 많았던 이유는 민포의 전개 주체가 다양한 것에 있었던 것으로 보인다.97)

이상과 같이 보았지만, 오횡묵 자신이 面任을 행정 체계상 단순 실무자 이상으로 권한이 늘어난 존재로 인식하고 있었던 것도 이 때문임이 분명하다. 이는 그가 慈仁縣 수령으로 있을 때, 面洞 단위의 행정 운영을 조직화하는 데 많은 관심을 기울였던 사실에서98) 잘 알 수 있다.

한편 이 시점의 함안 面任 등의 존재는 사회경제적 의미에서 이들 중 대부분은 이미 신분제에 의한 규정이 빠르게 무너져 가는 19세기 단계 이후에는 피지배층의 民으로 보기는 어렵다. 실제는 이서층 중심의 중간수탈층의 일부에 편입되어 가는 존재로 보는 것이 타당하다. 중간수탈의 입장을 상징하는 포흠을 '吏逋'로 설정한다면, '民逋'는 그 전개 주체인 面任 등이 官의 하부 행정기구의 중심적 존재인 만큼 삼정운영의 문란이 극심한 19세기 사회경제구조 아래에서는 이들에 의한 逋欠을 吏逋와 같은 차원의 것으로 보아야 하는 것이다. 함안의 '吏民逋' 문제는 궁극적으로 수탈과 수탈당하는 부세운영상의 모순 구조와 관련된 차원에서 접근되어야 한다.

요컨대, 함안에서의 吏民逋는 부세운영에서 중간수탈 과정의 결과였고, 民逋의 성격은 吏逋와 같았다. 民逋의 전개 주체는 이미 수탈적 부세운영의 중심을 담당하는 존재였고, 이서층과 결탁하여 포흠을 전개하였다. '民逋'의 성격은 포흠의 해결과정에서도 잘 드러난다.

---

97) 뒤의 주 123) 참조.
98) 吳宖默은 面里의 원활한 운영을 위하여 面任・洞任과 별도로 面準과 洞準을 두고 행정을 펴고 있었다(『자인총쇄록』 1888년 10월 3일, 17-p.334; 1888년 11월 8일, 17-p.338 '矯革節目' 참조). 이는 조선후기 이래 洞徵과 面徵과 같은 共同納이 보편화 되면서, 面里 단위가 행정과 수세의 기본이 되고 있음을 반영하는 것이다.

2) 해결 과정과 의미

함안의 이민포는 구체적으로 각종 조세납부 방식의 추세가 貨幣納으로 바뀌어 가면서 시행된 稅代錢과 各公錢 등 10만 냥 가량이 미납된 실태를 조사하는 과정에서 드러난 포흠을 일컫는 것이었다. 이같은 각종 公錢의 미상납 실태를 비롯한 재정상황에 대하여 오횡묵은 부임 초기에 이미 대동색리에게 보고를 받은 바 있었다.99) 그러나 이 문제에 대한 논의가 구체화 된 것은 新舊稅米과 各公錢 및 稅代錢 등 公納의 신속한 납부를 轉運使로부터 독촉받으면서 였다.100) 물론 환정과 군정과 관련한 포흠도 있으나, 총쇄록에 구체적으로 언급되어 있지 않다. 다만 오횡묵의 부임 이전에 있었던 환곡 포흠의 경우를 본다면 그 규모가 적지 않았으며, 戶斂의 방식으로 還逋를 해결하고 있음을 확인할 수 있다.101)

여기서 포흠의 해결 방식을 둘러싸고 수령과 鄕民·鄕員들 사이에 향회를 매개로 여러 차례에 걸쳐 많은 논의가 진행되었다. 그 과정에서 오횡묵은 結斂 즉 '都結'에 의한 방식으로 결말을 내려하였다. 都結은 지방의 포흠 해결의 수단이 되면서 농민항쟁의 원인이기도 하였다.102) 이하에서 오횡묵에 의한 吏民逋 해결 과정을 검토해 보면서, 이 시기 함안 재정운영의 실태와 관련한 鄕會의 성격도 살펴본다.

이민포 해결의 대책 마련을 둘러싼 향민과 오횡묵 사이의 논란은 1889년 12월부터 이듬해 1월 말까지 약 2개 월 여간의 기간 동안 크게 두 단계로 나누어 전개되었다. 전단계로서는 12월 말까지로서 吏民逋를 排結 방식으로 해결한다는 일반적 원칙에 대하여 鄕會로부터 동의를 얻어 내는 과정이고, 다음 단계에서는 吏民逋 중 '民逋'의 전액

---

99) 『함안총쇄록』 1889년 4월 24일, 17-p.546.
100) 『함안총쇄록』 1889년 12월 3일, 17-p.733. 그리고 앞의 주 64) 참조.
101) 본장 제 2절과 고동환, 앞의 논문(1991) 참조.
102) 김선경, 앞의 논문(1990)과 宋讚燮, 앞의 학위논문(1992) 참조.

을 무조건 結斂하는 것에 대한 부당함을 지적하면서, 민포도 이포의 해결 방식처럼 '蕩庄徵族'해야 할 부분은 그렇게 한다는 논의 과정이었다.

① 1단계 논의

오횡묵은 초기에 미납된 公錢 가운데 指徵無處가 되어버린 포흠의 해결 방안을 結斂의 방식으로 할 것을 미리 결론내고, 鄕人들에게 대책 마련을 요구하였다. 그러나 당초부터 향인들의 논의에서 부사의 의도대로 대책이 마련되지 않게 되자, 때마침 열리고 있던 鄕會에 이를 상정하여 해결 방안을 모색하려 하였다. 즉, 오횡묵은 鄕員 50여 명을 소집하여 감영에 오간 공문 등을 소개하면서 포흠의 해결 방안으로 우선 結斂 방식을 유도하였다.103) 오횡묵에 의하여 파악된 포흠의 내용과 해결 대책은 대체로 다음과 같다.

오횡묵은 자신이 부임하기 전의 1886년에서 1888년까지 미수된 稅代錢과 各公錢이 약 10만 냥으로 이 가운데 民逋가 3만 냥, 吏逋는 2만 3천 냥을 차지한 것으로 파악하였다. 여기서 民에게서 미수한 것은 앞으로 督刷할 것이고 吏逋는 '赤蕩庄産 排徵族戚'하여 일체 督刷한다 하고, 4만 여냥 가량은 指徵無處로 無對策이므로 防還이나 防結104)로 대책을 세울 예정이라 하였다. 그리고 이같은 조처의 근거로서 '指徵無處된 2만 냥은 대안이 없어 結斂할 것이나, 백성의 말이 있을 것인만큼 이를 신중히 시행하는데, 함안의 大民과 상의하여 대책을 강구하라'는 監營의 공문을 鄕人들에게 제시하였다.

그렇지만 府民들은 巡營의 지시와 오횡묵의 이같은 제시에 대하여 탐탁하게 여기지 않고 있었다. 그들이 일차적으로 보인 반응은 포흠의

---

103) 『함안총쇄록』 1889년 12월 1일, 17-p.730~731.
104) 防結은 百姓의 賦稅를 사사이 徵收하는 것을 말한다(『譯註 牧民心書』 奉公 六條, 貢納, p.267 참조).

일방적 排徵 방식에 대한 사실상 반대의 뜻을 완곡하게 표현하고 있었다.105) 즉, 府民들은 발생의 원인이 뚜렷하고 해결 방안이 분명한 吏逋를 제외하고는 일방적으로 民逋를 結斂으로 처리하는 일은 그 사례가 없었음에도 불구하고 무조건 '大同混排'106) 이외에 대책이 없다고 하는 오횡묵의 견해에 동의할 수 없다는 것이었다. 이에 대하여 府使는 大同混排가 어려운 일이기는 하나 '正供'이라는 이유로 강행하겠다는 의사를 밝히고 있다. 여기서 官과 鄕民 사이에 포흠의 해결방식을 둘러싼 대립 관계가 일차적으로 형성되면서, 이후 '反民的'인 民逋를 무조건 結斂 방식으로 해결하려는 것의 부당성과 이의 집행 과정에서의 불신 등을 둘러싸고 지루한 논란이 계속되었다. 그러면서도 馬山倉에 머물고 있던 轉運使가 조세의 수납이 함안 지방만이 지체되고 있음을 지적하자, 오횡묵은 '鄕民들에게 단속한 바가 있으니 곧 해결될 것이다'107)라 하였다. 그는 결렴 즉 都結의 시행을 통하여 곧 바로 해결될 것이라는 확신을 보이고 있었던 것이다.

府使와 鄕民의 입장이 본격적으로 대립하게 된 것은 鄕人들이 公錢 문제 해결에 대한 의견의 불일치에 따른 爭端의 발생에서부터 였다. 이에 대항하여 오횡묵은 칭병으로 政事를 거부한다.108) 오횡묵의 친구인 石醒은 이를 두고 '不政의 美政'109)이라 하였지만, 오횡묵 자신은 정사를 거부한 것은 鄕論의 통일을 위한 고육책으로 '官民相孚' 즉, '官과 民이 서로 믿음을 가져야 한다'110)는 뜻에서 정사를 거부한 것

---

105) 『함안총쇄록』 1889년 12월 1일, 17-p.732.
106) 이같은 '大同混排'論은 19세기 중엽 이래 賦稅收取에서 戶布制나 都結의 실시를 위해 鄕會를 중심으로 새로이 대두되어 관행화된 이념인 '大同分排之役' 즉 '大同'論의 맥락에 따른 것으로 보인다. 大同論에 대해서는 安秉旭, 「朝鮮後期 自治와 抵抗組織으로서의 鄕會」, 『聖心女子大學論文集』 18, 1986, pp.110~114를 참조할 수 있다.
107) 『함안총쇄록』 1889년 12월 3일, 17-p.733.
108) 『함안총쇄록』 1889년 12월 18일, 17-p.743.
109) 『함안총쇄록』 1889년 12월 26일, 17-p.749.

Ⅲ. 19세기 말 咸安地方의 재정운영과 逋欠 전개   301

이라 하였다. 그러면서 그는 鄕會에 대하여 방편을 강구할 것을 강력히 요청하였다.111) 이에 따라 그 이틀 후 향인들은 '排結 이외에는 다른 도리가 없으니 吏民逋를 부득이 從結分排할 것'이라는 논의 결과를112) 향회의 稟目 형식으로 보고하고, 오횡묵은 題辭로 일단 結斂 즉, '都結' 방식으로 해결책의 방향이 모아지는 데에 환영의 뜻을 표하면서 일차 논의는 일단락 된다.

결국 향회에서의 鄕論은 다소 논란의 과정이 있었지만, 오횡묵이 당초 설정한 吏民逋의 結斂이라는 방침의 큰 원칙을 수용하는 입장에서 찬동하였다. 그러면서 여전히 다음과 같은 이의를 제기하였다. 기존 방침을 수용하기 위해서는 엄격한 조사를 거쳐야 한다는 것,113) 民逋를 일방적으로 혼배한 문제를 둘러싼 논란 등 대체로 두 가지였다. 그런데 鄕民들은 아직 이 과정까지는 吏逋보다 '民逋'가 안고 있는 문제의 복잡성을 제대로 인식하지 못한 단계였다.

그러나 향민들의 이같은 동의에도 오횡묵은 같은 날 두 차례에 걸친 題辭로 향론의 불일치에 대하여 衆論을 하나로 통일시킬 것을 향회에 다짐받고서, 비로소 吏民逋 해결을 위해 마련된 대책을 시행하기 위한 정식 명령인 傳令을 내리게 된다.114) 그 내용은 첫째, 향중의 의논에서 混排 형식으로 결렴을 하기로 하였다. 둘째, 이민포를 혼배하는 과정에서 面里任과 任掌輩들의 公錢의 愆沒을 철저히 감시한다. 세째, 査出할 때 각 면의 사정을 잘 아는 幹事로서 鄕員을 별도로 정하

---

110) 『함안총쇄록』 1889년 12월 21일, 17-p.744.
111) 『함안총쇄록』 1889년 12월 21일, 17-p.744.
112) 『함안총쇄록』 1889년 12월 23일, 17-p.745.
113) 『함안총쇄록』 1889년 12월 23일, 17-p.745.
114) 『함안총쇄록』 1889년 12월 23일, 17-p.746~747.
　　逋欠의 해결 방안으로서는 최초의 시행 명령이라 볼 수 있다. 이는 오횡묵이 慈仁縣에서 矯革節目을 통하여 貢納 문제를 반드시 傳令의 형식을 통해서만 집행되도록 한 사실에서(『자인총쇄록』 1888년 11월 8일, 17-p.346) 짐작할 수 있다.

여 장부에 대한 조사를 철저히 할 것이라는 등의 내용이다. 부사는 향민들의 엄격한 조사 요청에 대하여 동의하지 않을 수 없었다.

鄕人들이 엄격한 조사를 요구한 것 중 주목되는 것은 養戶 防結에 대한 철저한 조사요구였다.115) 양호 방결은 官都結과 같은 것으로, 面任과 戶首와 饒戶 등이 주요 참여자였다116). 양호 방결의 조사는 우선 작부의 결과인 文簿의 정확한 조사를 통하여 防還·防結을 모두 적발하게 하되, 각 면의 鄕員 1인씩 함께 검찰하게 하여 폐단이 없도록 조치를 취하고, 吏民逋의 文簿를 조사할 色吏를 선정하였다. 우선 조사를 담당할 色吏로서는 趙啓邦·具敏邵·李昌均 등을, 監官으로서는 趙翼奎·朴龍夏·趙亨奎·安龍柱·李鉉參·李容敏 등을 차정하였다.117) 오횡묵은 각 면의 鄕員을 監官으로 임명하였는데, 이 때 향원은 鄕人士로 분류되었고, 일부는 訓長의 신분이었다.

이민포의 結排의 1차 논의 과정과 조치는 부사가 향회에 모였던 18면의 鄕人들과 監官 34인에 대한 대접을 하면서 일단 마무리 되었다. 향인들은 '稱謝萬萬'118)이었다.

그러나 이틀 후 곧바로 趙益奎, 朴龍夏 등과 같은 향인들에 의하여 混排 방식에 의한 포흠 해결의 문제점이 제기되었다.119) 즉, 民逋가 혼란하여 몇 일 조사하였지만 아직 단서를 잡을 수 없어 이듬해 1월 2일에 다시 모여 상세하게 조사함이 좋겠다는 건의를 받게 된 것이다. 이에 대하여 公納인 新舊稅代錢의 混排는 이치에 벗어난다는 점을 인정하면서 재조사를 허락하였다. 사실 混排는 지방에서 재정 결손 문제를 해결하기 위한 방식으로 특히 逋欠을 해결하기 위한 재정운영의

---

115) 『함안총쇄록』 1889년 12월 24일, 17-p.748.
116) 본 장 제2절과 김선경, 앞의 논문(1990), pp.613~614 참조.
117) 『함안총쇄록』 1889년 12월 24일, 17-p.748.
118) 『함안총쇄록』 1889년 12월 27일, 17-p.749~750.
119) 『함안총쇄록』 1889년 12월 29일, 17-p.751.

한 수단이었는데,120) 이에 대하여 鄕人들이 문제를 제기한 것이다. 즉 민포의 내용이 문제가 된 것이다.

② 2단계 논의

다음으로 이민포 해결 방안을 둘러싼 논란의 두 번째 단계를 보자. 이 과정의 주요 내용은 民訴의 내용을 무시한 일방적 混排 방식에 대한 문제 제기와 이포와 민포의 엄격한 구분 및 조사의 필요성을 둘러싼 논란이다. 이는 內代山面民이 面會를 열어 문제를 제기함으로써 시작되었다.121) 내대산면은 作夫 과정상에 발생하는 結弊의 하나였던 僞災率이 다른 面보다 다소 높은 지역이었다.

面會를 통하여 제기된 문제는 첫째, 趙胤秀의 逋欠이 1천 냥이나 되는 것으로 분명히 드러난 부분도 있는데 왜 이를 무조건 民結에 混排하는가. 둘째, 그리고 다른 面에서 넘어온 포흠의 액수도 많은데 왜 본 面이 책임져야 하는가. 세째, 無亡難辦한 것이라면 해당 면에서 面徵한 연후에 말썽이 그칠 것이나, 그렇다 하더라도 指徵無處 성격의 민포라 하여 무조건 結斂 즉 都結로 처리하는 방식은 잘못이다. 사실 任掌輩 등에 의한 포흠이 조사하기가 어렵다고는 하나 자세한 조사를 하면 溯考할 수 있는 근거는 있는 것이지 않겠는가 하는 것 등이었다.

이에 대하여 오횡묵은 민포가 처음부터 혼배하지 않을 수 없었던 이유로서 溯考할 수 있는 근거가 없기 때문이라 하고, '이제 일일이 조사하여 冒錄 濫數한 것은 깎고, 家庄이 있는 자는 蕩庄할 것이니,

---

120) 宋讚燮, 앞의 학위논문(1992), 제1장 참조.
121) 『함안총쇄록』 1890년 1월 2일, 18-pp.3~4.
    그런데 1889년말에 公錢의 납부와 관련하여 民訴가 약 40여 장에 이르고 있었던 것으로 보아(『함안총쇄록』 1889년 12월 29일, 17-p.752), 이미 많은 물의를 빚고 있었음을 알 수 있다. 그리고 面會는 鄕會가 大民 중심으로 움직였던 것과 다소 다른 성격의 것으로 보인다(김용민, 「1860년대 농민항쟁의 조직기반과 민회」, 『史叢』 43, 1994 참조).

그렇게 되면 간상한 것이 저절로 밝혀질 것이다. 이것이 官의 뜻이다'라 하면서, 무조건 混排하지는 않겠다는 뜻을 비추게 된다. 이로써 內代山面民의 뜻이 일단 수령에게 전달된 셈이다.

그러나 內代山面民의 面會에서 문제가 제기된 후에도 포흠의 해결 원칙이 여전히 확정되지 못한 채, 이를 둘러싼 논의가 계속되었다. 논의 초점은 포흠의 조사 과정에서 뇌물 수수가 개입되어 있다는 것 등에 대한 향민들의 거듭된 문제 제기에 있었다. 이에 대하여 부사는 下帖을 통하여 官民相孚의 도리를 강조하는 가운데, '…愆滯된 公納의 時日이 급하니 吏逋는 조사하여 歸屬하게 하고 民逋는 힘써 民間에게 徵收할 수 있도록 하되 民邑이 生梗함에 이르지 않도록 할 것이다'122) 라 하여 가능한 민간 징수를 고집하면서 포흠 해결의 원칙을 다시 제시하고 있다.

여기서 民逋의 개념과 인식에 대한 혼란이123) 양측에 있음을 보여 주고 있다. 守令의 입장에서는 말 그대로 民逋이므로 民結에 排斂하는 것이 당연한 것으로 보고 있는 반면에, 鄕人들은 面洞任과 임장배들을 더 이상 '民'的인 존재로 볼 수 없으므로 吏逋의 경우와 같은 차원에서 해결하여야 한다는 주장이었다. 面民들의 반대의 핵심은 민포의 혼배와 타면에서 移來된 포흠의 混在 등에 대한 반대였다. 이후 계속된 항의와 下帖은 이를 둘러싸고 벌어지고 있었다.

---

122) 『함안총쇄록』 1890년 1월 8일, 18-pp.6~7.
123) 그 이유는 '民逋'의 내용이 매우 복잡하기 때문일 것이다. 咸安의 '民逋' 문제가 쉽게 풀리지 않은 이유도 여기에 있다. 사실 民逋는 아무래도 任掌과 面任 등을 비롯한 지역의 실권을 가진 자들, 예를 들어 趙胤秀와 같은 자에 의해서도 이루어졌던만큼 실상의 파악도 쉽지 않았을 것이거니와 그 해결 과정도 복잡하였다. 民逋의 개념에 대한 올바른 이해는 여기에서 출발하여 파악해야 한다. 함안의 民逋는 작부 과정의 養戶 防結을 통하여서도 많이 발생하였던 것으로, 그 주체가 面里任, 吏胥 등 매우 다양하다. 이 때문에 오횡묵이 吏逋는 蕩庄徵族과 結斂할 수 있는 근거가 있지만, 面任 등에 의한 포흠은 근거를 찾기가 힘들다 한 것이다(『함안총쇄록』 1891년 3월 15일, 18-p.264).

오횡묵은 이 과정에서 민포 해결 방식에 태도의 변화를 보이기 시작하였다. 그는 '民逋는 먼저 都所에서 蕩庄을 하고 다음으로 族徵·戚徵을 한다'는[124] 帖諭를 내리면서 민포의 일정 부분을 이포와 같은 방식으로 해결하려 하였다. 이같은 원칙은 1월 15일과 16일 양일간[125]에 계속하여 大小民人이 항의함으로써 좀 더 분명해진다. 대소민인의 일차적 항의는 민포의 결렴 과정에서의 부정에 대한 것으로 이의 불신에 관한 것이었다. 이 때 수령은 향회에 대한 下帖과 공전 수납과 관련한 傳令의 형식으로 다음 단계의 조치를 취하지 않을 수 없게 되는데 이를 구체적으로 보자.

먼저 15일의 下帖은 '指徵無處한 민포는 공동납의 형식인 면 단위로 분명히 排徵케 할 터이니, 다시는 排結 문제를 거론하지 말라'는 엄중한 조치였다. 그리고 16일 鄕會에 하첩한 후 내린 전령에서는, 포흠을 한 '民'이 자신의 포흠을 殘民에게 白徵하려하므로 이를 해결하기 위한 전령을 大小民人에게 내리니 各公錢의 포흠을 자세히 조사하여 분명하게 하면서 먼저 '蕩其庄 徵其族'하여 빨리 해결하여 큰 生梗함이 없도록 하라[126]는 것이었다. 즉, 이민포를 殘民에게 白徵하는 것을 경계하고 민포는 혼배에 앞서 蕩庄徵族을 우선하라는 의지를 비교적 분명히 밝힌 것이다.

그러나 오횡묵의 이와 같은 의지의 표현에도 불구하고 향민들은 계속해서 等狀과 禀目 형식을 통하여 이민포 해결 방식을 보다 분명히 할 것을 요구하고, 수령은 이에 대하여 계속하여 題辭와 傳令으로 해명하고 향민들을 설득하고 있다. 포흠문제 해결의 마지막 단계에 온 것이다. 그 내용을 보자.

우선 1월 16일의 等狀에서 吏民逋의 歸正을 보다 분명히 하라는 것

---

124) 『함안총쇄록』 1890년 1월 14일, 18-p.10.
125) 『함안총쇄록』 1890년 1월 15·16일, 18-p.11~12.
126) 『함안총쇄록』 1890년 1월 16일, 18-p.11~12.

과 다음날 17일에 이포를 민간에 배징하지 말고 족징하라는 주장에 대하여, 부사는 이미 내린 전령이 있음을 상기시키고 각각 제사를 내리면서 민포 문제에 대한 공방을 계속하였다.

16일의 等狀에 대하여 부사는 '당초 吏民逋 混排의 근거가 어찌된 것인지를 알지 못하나, 이른바 民逋는 任掌과 井軍 및 浮浪輩들이 발생시킨 것이다. 이러한 부랑배들의 포흠과 이포를 민간에 병징한다는 것은 어찌 士民들이 참을 일인가. 만일 일시적으로 배징한다면 더 큰 폐단이 되어 나중에 任掌127)에게 不入하게 되고 그렇게 되면 해마다 계속되어 결국 4천 7백 호 전체가 반드시 犯逋하게 될 것이다'128)라는 내용의 題辭를 내리고 있다.

그리고 17일에는 '民逋를 (무조건) 結排하지 않겠다는 것이 어제의 題辭이다. 민포는 各洞의 任掌들이 民에게서 거두면 마땅히 당일 官에 즉시 납부하여 欠縮이 나지 않는다. 다만 浮浪輩들이 族戚의 勢를 믿고129)…, 항차 한번 排結하면 비단 민정이 시끄러울 뿐만 아니라 末流의 폐단이 되어 어느 지경이 될지 모른다. 一身兩役이 되어…, 一徵再徵의 문제가 된다'130)는 요지의 題辭를 내렸다. 여기서 17일의 題辭에서 오횡묵은 排結이 가져오는 폐단으로서 당초의 징수 이외에 부랑배로 인한 再徵 등의 폐단이 올 것으로 인식하고 있음을 볼 수 있다.

다음으로 鄕會의 稟目・稟報와 수령의 題辭를 통한 공방이다. 먼저 1월 18일의 吏逋의 加結에 대한 稟目에 대하여,131) 같은 날 수령은 비

---

127) 그런데 여기서 주목 되는 것은 任掌에 의한 '민포'를 '民'에게 吏逋의 無亡難辦으로 인한 배려와 같이 동일하게 무조건 배려한다는 문제가 있다는 점을 인정한 것이다. 이 경우 민포는 사실상 이포와 같은 성격의 것으로 볼 수 있는 것이고, 任掌과 같은 '民'은 趙胤秀와 같은 함안 향권을 이미 장악하고 있던 세력의 연장으로 볼 수 있는 존재였을 것이다.
128) 『함안총쇄록』 1890년 1월 16일, 18-p.12.
129) '浮浪輩(任掌 등)이 族戚의 勢를 믿는다'는 것에서 任掌들은 함안의 鄕權을 이미 장악하고 있던 세력들과 성격상 같은 存在라는 것을 의미한다.
130) 『함안총쇄록』 1890년 1월 17일, 18-p.13.

Ⅲ. 19세기 말 咸安地方의 재정운영과 逋欠 전개 307

록 논의를 거쳤으나 많은 액수의 吏逋를 民間에 徵給하는 것은 곤란한 것이라 인정하고 鄕會로 하여금 장부 조사를 분명히 할 것을 지시한다. 그리고도 계속하여 민포 문제가 해결되지 않고 있는데 대하여, 다음 날에도 題辭의 형태로 逋民의 사정을 절대로 보아줄 수 없다는 것과 蕩庄徵族이 안되는 부분은 洞徵 형태의 共同納으로 해결하려는 의지를 계속 피력하고 있다.

　吏民逋 문제는 이상의 논란으로 보아 핵심은 '民逋'에 대한 문제였다. 民逋의 처리 방법에 대하여 여러번 傳令을 내렸음에도 제대로 시행되지 않고 있음에 대하여 오횡묵 자신도 답답함을 느끼고 있었다.[132] 그의 입장에서는 무엇보다 官民 사이의 신뢰성 확보가 필요하다고 보고, '官民相孚'의 뜻을 이루기 위한 매개 역할의 담당자로서 '頭民'을 擇定하여 收稅와 조사에 임하게 하였다.[133] 그리고 公兄과 鄕人이 함께 모인 자리에서 다음과 같이 최종 결론을 내리면서,[134] 나름대로 포흠의 예방책을 제시하고 있다.

　먼저 그는 民逋로 인한 公錢의 부족분을 面 단위로 힘써 제출하는 일은 어차피 부득이 한 것이라 하였다. 그리고 자신이 조사하여 집계한 액수가 1만 3백여 냥이니 이로써 憑準한 것과 향회에서 조사한 件記와 몇 천냥이 차이가 난다 하면서, 여러 鄕人에게 다시 한번 보기를 바란다고 하였다. 이에 대하여 여러 향인들이 오횡묵의 조사를 인정하자, 다시 公兄을 불러 두 개의 件記를 출급하면서 자세히 조사하여 歸正케 하고, 포흠자가 분명한 趙有廉・趙志胤 등에게 9백 냥을 加錄한

---

131) 『함안총쇄록』 1890년 1월 18일, 18-p.13.
132) 『함안총쇄록』 1890년 1월 20일, 18-p.15.
133) 『함안총쇄록』 1890년 1월 20일, 18-p.16.
　　이들 '頭民'은 주로 面洞內의 饒戶가 아닌가 한다. 따라서 大民의 이해와 일치하는 존재로 보인다. 정약용은 조세분배에 관한 일을 頭民에게 맡겨야 한다고 하였다(『譯註牧民心書』戶典六條, 簽丁).
134) 『함안총쇄록』 1890년 1월 20일, 18-p.17~19.

후 시행에 동의를 얻으면서 민포 문제를 해결하였다.

다음으로 吏逋는135) 이포 문제에만 주로 한정된 조사 결과를 감영에 보고하였다.136) 즉, 吏逋 2만 5천여 냥 중 1만 4천 2백 냥은 蕩庄徵族하고, 1만 1천 3백 냥은 鄕論에 따라 排結收捧하겠다는 내용이었다. 그리고 이에 대한 監營의 題辭에 따라 2월 5일에 排結을 위한 전령을137) 최종적으로 내린다. 시행 내용은 앞서 감영에 보고한 것과는 다소 차이는 있지만 대체로 비슷하다.

또한 오횡묵은 이같은 이민포 해결 과정을 통하여 포흠 방지책도 나름대로 마련하고자 하였다. 먼저 그는 각 面洞의 任掌의 公錢 逋欠에 대한 禁飭 전령을 내리면서,138) 민포의 방지책으로 아전에게 排結문제를 일임하지 않겠다는 것과 收稅 형식을 直納하는 체제로 하고,139) 새로이 임명된 洞首에 대하여 頭民으로 하여금 연대책임을 지게 하겠다는 의지를 피력하였다. 그리고 이민포 문제가 완전히 해결된 몇 개월이 지난 후에도 앞으로의 폐단을 막기 위해 執綱・頭民・洞首・大小民人 등에게 전령을 내리고 민포와 이포를 막는 법을 보다 구체적으로 제시하고 있다.140)

---

135) 吏逋를 범한 자의 명단과 직임은 金東哲, 앞의 논문(1989), <표 13>을 참조할 수 있다.
136) 『함안총쇄록』 1890년 1월 21일, 18-pp.18~19.
　정부의 財政運營에 포흠 문제에 대해서는 일반적 의미의 吏逋만을 대상으로 하여 해결 방안을 마련하고 있었다. 그러나 任掌 등에 의한 逋欠은 정부의 입장에서는 지역에 따라 다양한 내용을 갖는 '民逋'이므로 공식적 해결 방안이 없었던 것으로 보인다. 따라서 監營의 관심도 주로 吏逋에 초점이 맞추어질 수밖에 없었다.
137) 『함안총쇄록』 1890년 2월 5일, 18-p.28.
138) 『함안총쇄록』 1890년 1월 26일, 18-p.25.
139) 이는 慈仁縣에서 八結作夫制의 폐단을 바로 잡는 방법으로 가능한 直納 체제로 바꾸려 한 것과 상통한다(『자인총쇄록』 1888년 11월 21일, 18-pp.367~368).
140) 『함안총쇄록』 1890년 7월 11일, 18-p.176.

즉, 오횡묵은 매번 작부시에 원래의 전답 거래 이외에 養戶 명색으로 公納을 面任과 洞任 및 井軍들이 중간에서 건몰한 데서 발생한 것으로 보는 民逋는 作夫할 때 養戶 명색은 일체 막아야 한다고 하였다. 그리고 앞서 보았듯이 面任과 洞任을 면회와 동회를 열어 稍實한 사람을 별도로 차정하고, 해당 面洞의 饒戶를 대상으로 선정된 頭民들로 하여금 이들을 견제하게 하였다. 吏逋는 所納되어야 할 公錢을 반드시 관청에서 거둔다는 등의 방안을 제시하였다.

요컨대, 함안의 吏民逋의 해결 과정에서 문제가 된 것은 吏逋보다 '民逋'의 문제였다. 함안의 '民逋'는 그 성격이 복잡하여 해결 방안 마련이 쉽게 도출되지 않았을 뿐 아니라, 이의 充完에서도 어려움을 겪는다. 결국 官과 民의 신뢰관계를 전제로 해결책을 모색하지 않으면 안되었고, 이에 따라 官의 입장에서 官民相孚의 매개자로서 面洞 단위로 頭民을 두어 鄕內의 영향력을 가진 세력을 설득하면서 한편으로 향회를 매개로 포흠문제를 해결하였던 것이다.

그리고 이 과정에서 鄕會와 守令과의 협의 아래 吏民逋 문제가 최종적으로 처리된 결과를 보면, 첫째 吏逋로 분명히 판명난 것은 族徵해서라도 收刷하고 또한 結斂하며, 둘째 성격상 吏逋로 볼 수밖에 없는 任掌·井軍 등에 의한 民逋도 指徵無處 부분은 民結에 排結하는데 포흠의 근거가 분명한 것은 이포와 마찬가지로 蕩庄·徵族하는 것 등이다. 말하자면 吏民逋의 充完 대책으로 吏逋와 民逋 모두 蕩庄·徵族과 民結에 부과하는 結斂의 두 가지 방식으로 결말을 내고 있다. 따라서 이러한 의미에서 吏逋와 民逋는 같은 성격의 것이었다.

마지막으로 포흠의 해결 과정에서 나타난 함안 재정운영상의 향회와 봉건정부의 지방에 대한 재정운영의 원칙을 보면 다음과 같다.

첫째, 오횡묵의 입장에서 포흠이 결과적으로 都結的 방식으로 해결된 것에서처럼, 함안의 향회는 수령에 의한 官主導 방향으로 운영되었다. 그렇지만 함안의 향회는 民逋 문제에 대한 향인과의 논란에서 보듯이, 일방적인 관주도 향회운영 원칙에서 타협하여 大民의 의향이 크게 반영되는 향회 운영으로 다소 후퇴한 것으로 보인다. 이는 內代山面民이 面會를 열어 수세 원칙에 대한 항의를 하기 시작하면서부터 무조건 民結에만 배려하여 해결하려 하였던 民逋의 充完 대책을 이포와 마찬가지로 蕩庄徵族할 것은 먼저 하면서 排結한다는 원칙의 확정으로 이어졌다.

둘째, 감영의 지방재정 운영이 갖는 성격은 관할 각 지역 사정보다 정부 재정의 징수에 우선적 목적을 두고 吏逋든 民逋이든 구별없이 일체를 혼배하여 징수한다는 결럼의 방침을 정하였던 것처럼, '反民的' 방향의 것이었다. 물론 결럼화 방향의 都結 그 자체는 일반적으로 기존의 재정운영 방식에서 한 단계 진전된 조세수취 방식이기는 하다. 하지만 함안의 지방재정운영 과정에서 이서층에 의한 포흠 해결의 수단으로 전개된 都結 방식의 結斂化로 이민포 문제가 해결되었던 과정을 본다면, 당시 봉건정부의 재정운영의 방향은 농민적 입장의 재정운영이 아니었던 것이다.

4. 맺음말

지금까지 1894년 농민전쟁 직전의 경상도 咸安 지방의 財政運營 실태와 성격을 逋欠의 전개와 이의 처리 과정과 함께 살펴보았다. 함안의 재정운영은 19세기 중엽 이래 都結의 시행과 같이 結斂化의 전국적 확산에 따라 전근대성이 어느 정도 탈피되는 과정에 있었지만, 동시에 전근대적 특성의 잔존과 이에 따른 중간수탈의 한 현상으로 逋欠의 전개가 계속되는 등 봉건적 성격도 상당하게 남아 있었다. 향회의 성격은 일반 民과는 대립된 측면을 주로 가지고 있었다.

Ⅲ. 19세기 말 咸安地方의 재정운영과 逋欠 전개

　함안 재정운영의 성격은 먼저 田政의 수세 과정에서 찾아 볼 수 있었다. 이는 작부 과정의 폐단에서 잘 나타나고 있는데, 結價의 부당한 책정을 둘러싼 문제, 양호 방결 등의 結弊가 그것이다. 結弊의 일차적 주체는 書員들이었다. 養戶와 防結의 폐단은 심각한 양상이었는데 전개 주체로서 이서층은 물론이지만 饒戶도 포함되어 있다. 결가 남봉의 폐단을 일으키는 주체로서는 각 洞의 井軍도 주체의 하나였다. 그리고 함안에서의 都結은 전면적으로 시행되었다기보다 八結作夫制와 착종되어 시행된 것으로 보인다. 예를 들어 도결 실시의 한 목적인 戶首와 같은 중간층이 八結作夫 과정에서 배제되어야 함에도 여전히 나타나고 있다. 이 때문에 오횡묵은 수령권의 확립을 위하여 작부 과정에 직접 개입하겠다는 의지를 보이고 있다.

　19세기 말 함안의 군정은 洞布制와 戶布制로 운영되었으나 시대적 한계가 있었다. 洞布制는 각 洞 단위로 납부되는 軍布의 不均과 身分制의 원리에 입각한 군역 부과의 성격이 여전히 남아 있었다. 그리고 '罷軍歸戶' 방향으로 戶布制가 실시되고 있었음은 분명하나 제대로 운영되지 못하였던 것으로 보인다. 함안 지방의 戶布制는 吏胥에 의한 濫入과 民에 대한 이중의 戶役 부담과 같이 그 시행에 많은 폐단이 발생하였다. 함안의 호포제는 아직 전근대적 신분제에 기초한 운영 방식이 아직 제대로 청산되지 못하고 있음으로써 과도적 한계를 가진 것이었다. 結布制는 이 시기까지 아직 실현되지 못하고 있다.

　1890년대 함안의 환정은 慶尙道를 비롯한 일부 지역에서는 환곡의 기능이 정지되면서 耗條의 부세화가 진행되어 나가고 있었던 것처럼, 전체적으로는 罷還歸結의 방향으로 나아가고 있었다. 이 시기 邑誌에 나타난 還餉各穀 운영의 내용은 통영이나 병영 등의 還餉穀의 耗條를 만들어주는 것이 주요 기능이었다. 이 과정에서 吏逋徵民 등 많은 폐단이 있었다. 함안의 환곡 운영에서도 전근대적 재정운영의 성격을 여전히 가지고 있었던 것으로 보이며, 耗條만 받는 罷還歸結의 結還의 방식에 아직 제대로 이르지 못하면서 다만 호구에 대하여 賦稅化하는 '罷還戶斂'의 단계 정도로 보인다.

甲午改革에서와 농민군의 폐정개혁안 중 주요 내용의 하나가 바로 각종 무명 잡세의 혁파였다. 잡세 문제는 함안의 향회 운영과 포흠의 전개와 관련되어 있었다. 우선 함안의 잡비 지출의 규모는 매우 컸던 것으로 보인다. 이에 따라 잡세의 징수 규모와 세목이 당연히 늘어갈 수밖에 없었다. 함안의 雜稅는 각 면동 단위의 共同納 방식에 의하여 수취되고 있었으며, 그 운영에서는 상민과 양반의 신분에 따라 각각 다소 차이를 두고 징렴되었다. 전근대적 신분의 차별이 아직 엄연히 존재하고 있었던 것이다. 한편 잡세 마련은 관청식리 방식을 활용하기도 하였으며, 19세기 후반 함안의 잡비는 무한정 증가하여 왔다. 예를 들어 각종 結役과 戶斂의 年增歲加와 함께 이를 빙자한 잡비의 창출이 많았다. 잡세는 지방관의 자의적 운영이 가능할 수 있었기 때문에 逋欠의 발생이 쉽게 일어나고 있었다. 이같은 함안의 잡세 운영의 특성은 民庫 운영에서도 잘 드러난다. 민고는 주로 식리 행위를 통하여 재정을 확보하고 있었다.

함안의 재정운영이 갖는 성격은 중간수탈층에 의한 포흠의 문제와 관련하여 더욱 분명하게 파악할 수 있었다. 함안의 포흠 발생은 상품화폐경제의 발전과 함께 전개된 지방 재정운영 구조의 모순에서 그 근본적 배경을 찾을 수 있다. 보다 구체적인 것으로서는 移貿의 성행이라든지, 화폐제도의 문란에 따른 代錢納 구조의 모순, 수령과 이임의 잦은 교체, 作夫制 운영과 같은 재정운영의 혼란 등이 포흠 발생의 직접적인 계제가 되고 있음을 볼 수 있다.

총쇄록에 표현된 吏民逋 가운데 '吏逋'보다는 面任·洞任·井軍 등에 의한 '民逋'가 이포와 과연 다른 성격의 포흠인가에 대해서 살펴볼 필요가 있었다. 결론적으로 말해 함안의 '民逋'는 '吏逋'와 같은 성격의 것으로 보아야 할 것이다. 그 이유는 먼저 함안의 民逋 발생의 주체들인 면리임과 동임 등의 계급적 속성이 賦稅運營上에 차지하는 위치가 吏胥들과 크게 다르지 않았다. 이들은 일반 납세민과 대립적 성격을 갖게 되는 것이었다. 面里任은 조선후기 이래 面里制와 五家作統制가 확립되면서 향촌사회 운영에서 매우 폭넓은 기능을 맡아 오고 있었다.

결국 民逋의 주체인 함안의 面任·洞任·井軍·任掌 등은 반봉건운동의 주체인 '民'의 범주에 포함시킬 수 없는 존재인 것이다. 신분제가 아직 해체되지 않는 상황에서는 官長者에게 이들은 어디까지나 일반 '民'으로 인식될 수밖에 없는 존재였다. 그리고 오횡묵 자신이 이미 面任을 부세운영의 중심을 담당하는 행정 체계상의 단순 실무자 이상의 존재로 인식하고 있었다. 따라서 '民逋'는 吏逋와 같은 성격의 것으로 보아야 한다.

포흠의 해결 방식을 둘러싸고 수령과 鄕民 및 鄕員들 사이에 鄕會를 매개로 여러 차례에 걸쳐 많은 논의가 진행되었다. 논란은 1889년 12월부터 이듬해 1월 말까지 약 2개 월 사이의 기간 동안 크게 두 단계로 나누어 전개되었다. 전단계는 12월 말까지로서 吏民逋의 排結 방식으로 해결한다는 일반적 원칙에 대하여 鄕會로부터 동의를 얻어내는 과정이고, 다음 단계에서는 吏民逋 중 '民逋'의 전부를 무조건 結斂하는 것에 대한 부당함을 지적하면서, 민포도 이포의 해결 방식처럼 '蕩庄徵族'해야 할 부분은 그렇게 해야 한다는 논의 과정이었다. 이는 內代山面民이 面會를 열어 문제를 제기하고 반발함으로써 시작되었다. 문제 제기의 핵심은 吏逋的 성격의 民逋의 충완을 무조건적으로 民結에 混排하여 해결하려는 것에 대한 것이었다.

함안 吏民逋의 해결 과정에서 문제가 된 것은 吏逋보다 '民逋'의 문제였다. 이포적 성격의 '民逋'는 그 성격이 복잡하여 해결 방안 마련이 쉽게 도출되지 않았다. 결국 官과 民 사이의 신뢰를 위해 官의 입장에서 그 매개자로서 面洞 단위에 頭民을 두어 鄕內의 영향력을 가진 세력을 설득하면서 한편으로 향회를 매개로 포흠문제를 해결하였다.

이 과정에서 최종적으로 처리된 결과를 보면, 첫째 吏逋로 분명히 판명난 것은 族徵해서라도 收刷하고 또한 結斂하며, 둘째 성격상 吏逋로 볼 수밖에 없는 任掌・井軍 등에 의한 民逋도 指徵無處 부분은 民結에 排結하는데 포흠의 근거가 분명한 것은 이포와 마찬가지로 蕩庄・徵族하는 것 등이다. 吏民逋의 充完 대책으로 吏逋와 民逋 모두 蕩庄・徵族과 民結에 부과하는 結斂의 두 가지 방식으로 결말을 내고 있다.

오횡묵은 당초 饒戶에 대하여 都結을 실시하는 것으로 포흠을 해결하는 출발점으로 삼았으나, 향회가 이미 다양한 계층의 요호에 의하여 장악되어 있는 만큼 향회의 의결은 오횡묵이 의도한 바에 쉽게 이르지 않았음은 당연한 일이다. 결국은 民逋의 해결 과정에서 보듯이 오횡묵 즉 수령은 관주도형 향회 운영을 시도하였지만 의도한 만큼 쉽게 이루지 못하였다. 鄕民들 즉 大民들은 官에서 이민포를 구분없이 大同混排論 방식의 結斂에 따라 充完하려 할 때, 자신들에게 부담지워지는 民逋의 充完 부분을 최대한 피하기 위해 향회를 통하여 面任들에 의한 '民逋'는 蕩庄徵族할 부분을 관철시켜냄으로써, 오횡묵의 鄕會 운영은 일방적으로 이루어지기 어려웠다. 결국 당초 북당 중심으로 장악되어 있던 향회는 오횡묵의 부임 이후 향인들과 타협하면서 절충되어 운영된 것으로 보인다.

봉건정부의 지방재정운영의 성격은 지방의 재정사정을 생각하기 보다 정부 재정의 징수에 우선적 목적을 두고 吏逋든 民逋이든 구별없이 일체를 혼배하여 징수한다는 結斂의 방침을 정함으로써, '反民的' 방향으로 재정이 운영되고 있음을 알 수 있었다. 수령의 逋欠 인식은 철저히 국가의 재정수입을 확보한다는 원칙에 바탕하였고, 포흠으로 인한 재정 결손의 해결은 관주도 방향의 향회를 동원한 방식으로 都結의 실시라는 방향에서 充完의 대책을 마련하고 있음을 확인할 수 있다.

Ⅳ. 19세기 말 咸安 鄕會의 성격과 재정운영

1. 머리말

 향회는 16·17세기 이래 재지사족들의 향촌지배를 위한 기구의 하나였다. 이같은 향회는 점차 그 기능과 성격이 변화하게 되는데, 18·19세기 이르러서는 주로 향촌의 부세 수취를 위한 기구의 하나로 수령권에 종속된 부세자문기구 역할을 하게 된다. 그러나 19세기 중엽 이후의 향회는 관치보조적 기능의 것과 지배층에 의한 수탈이 심화되어 감에 따라 지배기구에 저항하는 피지배층 중심의 향회 조직 등 그 성격이 분화되는 모습을 보여주고 있다. 19세기 후반의 경우 특히 鄕會가 갖는 일반적 기능은 民의 자치 저항조직으로서 측면이 많이 강조되어 왔지만,1) 일반 민과 대립하는 측면도 분명히 존재하고 있었다.2) 향회는 1894년 이전까지는 법제화된 공식 기구는 아니었다.

---

1) 安秉旭,「朝鮮後期 自治와 抵抗組織으로서의 鄕會」,『聖心女子大學論文集』18, 1986.
  고석규,「19세기 농민항쟁의 전개와 변혁주체의 성장」,『1894년 농민전쟁연구』1, 역사비평사, 1991.

甲午改革 이후 향회는 처음으로 법제화가 시도되면서 개정된 조세제도의 원활한 운영을 위해 지방지배의 중요한 역할을 하도록 구상된다.3) 그 방향은 지방의 재정운영에서 가능한 기존의 수령과 이서층을 배제하여 새로운 부세운영층을 마련하는 것이었고, 이를 위해 향회를 설치하여 부세행정의 주요 기능을 맡도록 한다는 것이었다.4) 이는 갑오개혁 이전까지 진행된 관주도 방식의 향회 운영 관행을 법제화 한 결과로 보인다.

19세기 말 갑오개혁 직전 단계의 함안 향회의 경우도 원활한 향촌사회 운영을 위한 수령권 행사와 관련한 주요한 기능을 담당하고 있으며, 특히 포흠의 해결과 관련하여 부세운영에서 중요한 역할을 하고 있었다. 이 시기 함안 향회는 수령으로서 비교적 오랜 기간(1889.3.~1893.2.) 함안군수로 재임한 吳宖默(1833~?)에 의하여 官主導 아래의 鄕會로 그 성격이 점차 변화하였다.

본 연구에서는 1894년 갑오개혁 이후 향회가 법제화되는 단계에 앞서, 오횡묵의 함안군수 재임 기간을 중심으로 19세기 말 함안 향회의 기능과 성격을 당시 함안의 부세운영 실제와5) 관련하여 살펴보기로 한다. 이같은 고찰은 농민항쟁기 경상도지역 향촌사회 지배구조와 갑오개혁 이후 전국 각 지방마다 향회의 설치를 합법화 하게된 배경의 일단을 이해하는 데 일정한 도움이 될 것으로 본다.

---

2) 金仁杰,「朝鮮後期 村落組織의 變貌와 1862년 農民抗爭의 組織基盤」,『震檀學報』67, 1989.
  그리고 김용민,「1860년대 농민항쟁의 조직기반과 민회」,『史叢』43, 1994에서는 鄕會의 성격이 1862년 농민항쟁을 거치는 동안 大小民 공동의 이해보다 大民의 이해에 우선하는 기구로 점차 변질하고 있음을 밝히고 있다.
3) 李相燦,「1894~5년 地方制度 개혁의 방향 -鄕會의 법제화 시도를 중심으로-」,『震檀學報』67, 1989.
4) 鄭銀京,「1894년 江陵府에서의 鄕會 운영과 참여세력의 동향」,『同大史學』1, 1995.
5) 본서 제2부 Ⅲ장 참조.

그리고 본고의 주요 자료로 이용한『咸安叢瑣錄』은 오횡묵이 함안 군수로 재임하는 동안 통치와 관련한 각종의 업무를 비롯한 이 지역 인사들과의 인간관계 등 부임지의 전반적 상황을 거의 하루도 빠지지 않고 매우 자세하게 기록한 日記 형식의 자료이다. 그는 함안군 이외에도 강원도 旌善郡, 경상도 慈仁縣과 固城郡 등지의 수령으로 재임하는 동안 부임지마다 모두 총쇄록 형식의 일기를 남겼으며,6) 갑오개혁 이후에는 智島郡와 麗水郡 등지의 군수로도 임명되어 지방관의 직임을 수행한 바가 있다.

2. 향회의 기능과 부세운영

향회는 본래 지방의 재지사족들이 향촌민 교화를 명분으로 향촌사회에서의 영향력을 행사하기 위한 기능이 주된 것이었다. 그러나 조선 후기에 들어 향촌사회에서 기존 재지사족 세력의 영향력이 감소하고,7) 동시에 당시의 사회경제 변동을 배경으로 등장한 새로운 세력들이 점차 향회의 구성원으로 등장함에 따라, 鄕會의 주요 기능은 守令權 행사의 핵심적 사항이던 부세운영을 뒷받침하는 역할을 한 것으로 변화하였다.

19세기 말 함안 鄕會의 기능에서도 무엇보다 중요한 것은 기존의 향회가 그러하였듯이 賦稅 운영과 관련한 역할이 중심이었다. 함안의 향회는 재정운영과 관련하면서 부세 수취의 부당한 징렴을 정당화시키고 있었다.8) 이는 향회의 구성원으로 볼 수 있는 '奸鄕'들이 逋吏와

---

6) 吳宖默이 남긴 총쇄록은『韓國地方史資料叢書』17~19책, 日錄篇 1~3(尹貞愛 解題, 驪江出版社 刊行, 1987)에 전부 수록되어 있다(이하에서는 '『○○총쇄록』 년 월 일, 17,18,19-p. '로 표기함).
7) 정진영,『조선시대 향촌사회사』제3부, 한길사, 1998 참조.
8)『함안총쇄록』1889년 5월 6일, 17-p.577.

결탁하여 鄕會를 통해 징렴하는 등의 방법에 의한 것이었다. 특히 오횡묵의 부임 이전부터 고질화된 문제였던 逋欠을 해결하는 과정에서 함안 향회의 기능이 무엇이었는지를 잘 알 수 있다.

함안의 향회는 먼저 포흠으로 인하여 결손된 재정의 充完을 結斂에 의한 방식, 다시 말해 당시까지만 하여도 군현의 독자적 차원에서 전개되고 있던 都結에 의한 해결 방식을 인정하는 역할을 하였다.9) 이 같은 방식은 密陽의 향회운영에서도 마찬가지였는데, 여기서도 逋欠을 도결제에 의한 징수 방식으로 해결하고 있었다.10)

함안 향회의 기능은 '吏民逋'의 발생과 그 해결 과정에서 잘 드러난다. 함안에서는 포흠의 해결 방식을 둘러싸고 수령과 鄕民 및 鄕員들 사이에 향회를 매개로 여러 차례에 걸쳐 많은 논의가 진행되었다. 논란은 오횡묵이 부임하던 해의 1889년 12월부터 이듬해 1월 말까지 약 2개월 사이의 기간 동안 크게 두 단계로 나누어 전개되었다. 전단계는 12월 말까지로서 이민포의 排結이라는 일반적 원칙에 대하여 鄕會로부터 동의를 얻어내는 과정이고, 다음 단계에서는 이민포 중 '民逋'의 일방적 結斂의 부당함을 지적하면서 민포도 蕩庄徵族해야 할 부분은 그렇게 해야 한다는 논의 과정이었다. 이는 내대산면민이 面會를 열어 문제를 제기함으로써 시작되었다. 문제 제기의 핵심은 吏逋的 성격의 '民逋'의 충완을 무조건적으로 民結에 混排하여 해결하려는 것에 대한 이해 관계의 충돌이었다.

함안 이민포의 해결 과정에서 문제가 된 것은 吏逋보다 '民逋'의 문제였다. 이포적 성격의 '民逋'는 그 성격이 복잡하여 해결 방안이 쉽

---

9) 함안의 재정운영과 관련한 포흠 문제는 본서 앞 장의 글 참조하기 바란다. 都結 방식에 의한 부세 수취는 향촌사회에서 전개된 逋欠 해결의 수단이 되면서 농민항쟁의 원인이 되기도 하였다. 이 시기 도결 문제에 관한 주요 논문으로 김선경, 앞의 논문(1990)과 宋讚燮, 앞의 학위논문(1992) 등을 참고 할 수 있다.
10) 『함안총쇄록』 1890년 9월 24일, 18-p.203.

게 도출되지 않았다. 결국 官과 民 사이의 신뢰를 위해 관의 입장에서 그 매개자로서 面洞 단위에 頭民을 두어 향내의 영향력을 가진 세력을 설득하면서 한편으로 향회를 매개로 포흠문제를 해결하였다.

이 과정에서 최종적으로 처리된 결과를 보면, 첫째 吏逋로 분명히 판명난 것은 族徵해서라도 收刷하고 또한 結斂하며, 둘째 성격상 吏逋로 볼 수밖에 없는 任掌·井軍 등에 의한 民逋도 指徵無處 부분은 民結에 排結하는데 포흠의 근거가 분명한 것은 이포와 마찬가지로 탕장·징족하는 것 등이다. 이민포의 充完 대책으로 이포와 민포 모두 탕장·징족하는 것과 民結에 부과하는 結斂의 두 가지 방식으로 결말을 내고 있다.

오횡묵은 당초 饒戶에 대하여 都結을 실시하는 것으로 포흠을 해결하는 출발점으로 삼았으나, 향회가 이미 다양한 계층의 요호[11]에 의하여 장악되어 있는 만큼 향회의 의결은 오횡묵이 의도한 바에 쉽게 이르지 않았음은 당연한 일이었다. 결국은 '民逋'의 해결 과정에서 보듯이 오횡묵 즉 수령은 관주도형 향회 운영을 시도하였지만, 의도한 만큼은 쉽게 이루지 못하였다. 鄕民들 즉 大民들은 수령이 이민포를 구분없이 大同混排論的 결렴[12]의 방식에 따라 充完하려 하자, 자신들에게 부담지워지는 민포의 충완 부분을 최대한 피하기 위하여 향회를 통하여 면임 등에 의한 '민포'의 탕장징족할 부분을 관철시켜냄으로써 오횡묵의 鄕會 운영은 일방적으로 이루어지기 어려웠던 것이다. 결국

---

11) 오횡묵이 饒戶를 '勤農饒戶'와 '元饒戶'로(『고성총쇄록』 1893년 11월 8일, 18-754) 혹은 '大少饒戶' 즉 '大饒戶'와 '少饒戶'로(『함안총쇄록』 1889년 3월 22일, 17-p.518) 구별하고 있듯이, 이 시기 饒戶의 성격도 분화되고 있었던 것으로 보아야 할 것이다.

12) 이같은 '大同混排'論은 19세기 중엽 이래 賦稅收取에서 戶布制나 都結의 실시를 위해 鄕會를 중심으로 새로이 대두되어 관행화된 이념인 '大同分排之役', 즉 大小民人이 함께 役을 부담한다는 '大同'論의 맥락에 따른 것으로 보인다(安秉旭, 앞의 논문, 1986, pp.110~114 참조).

IV. 19세기 말 咸安 鄕會의 성격과 재정운영 321

 당초 북당 중심으로 장악되어 있던 향회는 오횡묵의 부임 이후 주로 남당 쪽의 향인들과 타협하면서 절충되어 운영된 것으로 보인다.
 그리고 守令과 吏鄕 중심의 자의적 재정운영을 민고 운영의 형식을 통하여 정당화시키는 역할도 당시 향회의 중요한 기능이었다.13) 19세기 전국 각 지방재정에서의 민고는 수탈적 성격의 잡세 수취를 위한 지방재정운영 기구로서 성격을 지니고 있었다. 마산창에 파견되어 부세 상납을 독촉하던 轉運使 문제와 관련된 大同米의 輸費 마련을 위한 사항도 향회와 관련되어 있음을 볼 수 있다. 갑오농민전쟁기 농민군의 타도 대상으로 지목되었던14) 전운사의 전횡으로 인하여 발생한 비용 조달을 위하여 함안 鄕會는 다른 인근 고을의 예에 따라 그 비용을 민간에 배징하여 해결하기로 결정하였던 것이다.15) 후술하는 바와 같이 지방재정 가운데 잡세의 하나였던 色落米를 폐지할 것인지의 여부도 향회의 결정을 통하여 이루어지고 있다.
 다음으로 함안의 향회에서는 지방관에 의한 각종 재정의 자의적 지출을 승인하고 처리하는 역할을16) 하기도 하였다. 예를 들어 軍木의 수납 방식에서 立本 원칙을 의논하여 결정하였던 것처럼, 지방 단위의 재정운영 방침을 결의하는 역할이다.17) 입본은 조선후기 이래 수령을 비롯한 이서층 중심의 포흠 전개에 활용된 지방재정운영 과정에서 나타난 주요 폐단의 하나였다.18)
 이처럼 향회는 부세운영과 밀접한 관계를 가지고 있었던 것으로, 바로 이웃한 固城의 경우도 비슷한 것이었다. 이는 향회에서 오횡묵에게 올린 稟目에 대하여 救弊해야 할 사항을 정리하여 전령으로 각 면

---

13) 본서 제1부 Ⅵ장 참조.
14) 고석규, 앞의 논문(1991) 참조.
15) 『함안총쇄록』 1890년 7월 12일, 18-p.177~178.
16) 『함안총쇄록』 1889년 5월 4일, 17-p.571.
17) 『함안총쇄록』 1889년 6월 29일, 17-p.657.
18) 『譯註 牧民心書』 戶典六條, 穀簿 참조.

에 내려보낸 내용을19) 통하여 짐작할 수 있다. 몇 가지 주요 내용을 보면 面任과 洞任이 下記를 빙자하여 民을 사사로이 괴롭히지 말 것, 面洞人과 주인배들이 公錢을 거둘때 濫利하지 말 것, 作夫를 제대로 하라는 것, 長利穀은 本穀으로서 推給할 것, 각 면에 出牌時 소위 주인배를 替送하여 足債를 勒付하는데 이미 路賁는 朝夕의 饋給이니 일체 分錢 거론하지 말 것, 垈卜·垈稅를 절반으로 할 것, 雇工의 私耕은 절반으로 할 것 등 대부분 재정운영의 폐단에 대한 것이었다. 또한 여러 가지 差下錢의 마련과 같은 재정지출 문제 등을 鄕會의 결의를 거쳐 해결하기도 하였다.20)

함안 향회의 기능은 鄕校의 기능과 관련하여서도 파악할 수 있다. 우선 함안 향교 구성원의 상당수가 향회의 구성원이 되고 있기 때문이다. 오횡묵은 '校中의 多士가 鄕民이니,… 校任이라는 이유로 (民戶문제를 矯正하는 鄕事의 일을) 회피해서는 안된다'21)고 언급한 바가 있다. 이런 의미에서 이 시기의 향교는 이미 향촌의 교육적 기능이 대부분 상실된 현실이기도 하거니와, 오히려 재정운영과 관련된 측면에서 향교는 향회와 비슷한 역할을 가지고 있었던 것으로 보인다. 함안의 향교는 면역 수단의 한 계제로 활용되기도 하였고,22) 나아가 墨牌를 사사로이 발행하여 평민들을 침학하는 입장으로 변하고 있었다.23) 이러한 부세운영상의 이권문제와 관련하여 함안 향교의 교임 선출을 둘러싼 南北黨 대립은 당연한 현상이었다.24) 그런데 후술하는 것처럼 校任은 대체로 오횡묵과 가까운 南黨 중심으로 이루어지는 추세였다. 향교는 '鄕校에 참여하는 자는 各洞의 幹事之人이라서 新稅米·舊稅

---

19) 『고성총쇄록』 1893년 10월 4일, 18-pp.733~734.
20) 『고성총쇄록』 1893년 10월 7일, 18-p.735.
21) 『함안총쇄록』 1890년 5월 11일, 18-p.137.
22) 『함안총쇄록』 1889년 6월 29일, 17-p.660.
23) 『함안총쇄록』 1889년 4월 24일, 17-p.551.
24) 金東哲, 앞의 논문(1989), pp.146~148 참조.

錢・各公錢 등의 부세 수납의 중심을 담당케 하라'25)는 오횡묵의 帖諭에서와 같이 각종 공납을 독촉하는 부세운영상의 영향력을 가지고 있었다. 따라서 公錢의 원활한 수납 여부와 교임의 교체는 일정하게 상호 영향을 미치고 있었다.26)

그리고 향교는 향회와 함께 수세 특히 給災와 賑恤과 관련한 각 면의 縮戶의 폐단을 이정하는 기능을 갖고 있기도 하였다. 오횡묵은 安道面과 舊大谷面 등 각 면의 縮戶 문제를 호적도감과 색리들에게 해결하라고 하였음에도 充補하지 않자, 그 대책을 향교에서 논의하여 보고하라는 지시를 하고 있다.27) 결국은 각 面洞의 頭民들이 鄕會에서 숙의하여 일읍 가운데 다소 형편이 좋은 동에서 縮戶된 面洞으로 戶를 옮겨 충당하게 하여 조세 부담의 偏苦의 탄식이 없게하라는 오횡묵의 지시대로 해결하고 있다. 호구의 정확한 산정은 군포전, 호포전 등의 조세의 징수 문제와 직결된 사항이었다.28)

요컨대, 함안 향회의 기능은 부세운영과 관련한 역할이 중심을 이루고 있다. 특히 고질적인 포흠으로 인한 재정 결손의 문제를 都結에 의한 수취방식으로 해결한다는 원칙을 향회의 의논을 거쳐 결정하고 있다. 물론 이러한 기능은 守令과 吏鄕 중심의 자의적 재정운영을 정당화시키는 역할의 방향에서 이루어지고 있었다. 민고운영의 방향과 각종 잡비의 민간 배징 및 재정지출의 승인과 처리에 있어서도 일정한 기능을 가지고 있었다. 또한 향회는 각종 公納의 독촉과 수납 문제 등에도 관여하였다.

---

25) 『함안총쇄록』 1889년 12월 1일, 17-p.730.
26) 『함안총쇄록』 1889년 12월 16일, 17-p.742~734.
27) 『함안총쇄록』 1890년 5월 9일~5월 14일, 18-p.135~139.
28) 李鍾範, 『19世紀末 20世紀初 鄕村社會構造와 租稅制度의 改編』 제2장, 연세대 박사학위논문, 1994 참조.

3. 향회운영의 구성원

 이상과 같은 기능을 지닌 19세기 말 함안 향회는 우선 그 구성원의 면면을 통하여 대략 그 성격을 짐작하여 볼 수 있다. 오횡묵 재임 초반 단계의 향회에는 남북당에 해당하는 사람 모두 포함되어 있었고, 그 숫자는 대개 50여 인 정도였다.29) 오횡묵은 이향들의 偏黨 형성이 부세수취 등 많은 폐단을 발생시키게 됨에 따라 함안 일반 민은 이의 破黨을 원하고 있다는 보고를 받고 있다.30)
 북당은 趙胤秀를 중심으로 한 세력들이 향회에 참석하여 吏鄕의 추천에 관여하고 있었다. 그러나 오횡묵이 재임하는 동안 향회는 주로 남당 중심으로 구성되어 운영되고 있었던 것으로 보인다. 물론 향회에는 북당도 참여하고 있었다.31) 남당의 영수는 향교의 都有司라든지 釋奠祭와 社稷祭의 獻官 및 養老社의 영수 등을 맡는 경우가 많았다. 당초 오횡묵이 부임하기 전까지의 남당은 북당에 비하여 '南雖人衆理直 而其手勢智術 不及北黨 往往反受其害 如斯之間 鄕風漸淆 民弊益滋'32)라 한 바와 같이, 鄕權 장악에서 여러 가지로 열세였다. 19세기 말에 이르러 남북당 사이에는 부세운영권의 장악을 둘러싼 鄕戰이 전개되고 있었다.33)

---

29) 『함안총쇄록』 1889년 12월 1일, 17-p.730.
30) 『함안총쇄록』 1889년 5월 6일, 17-p.576.
31) 北黨의 경우 원래 의미의 守令權과 본질적으로 대립한 것은 아니라고 본다. 다만 吳宖默이라는 특정 守令이 상대적으로 원칙적인 업무를 수행하는 과정에서 대립된 것으로 보였을 뿐이었다. 오횡묵은 부임 이후 함안의 남당과 다소 가까운 관계를 유지하고 있었다(金東哲, 앞의 논문, 1989, 참조).
32) 『함안총쇄록』 1890년 7월 12일, 18-p.178.
33) 金東哲, 앞의 논문(1989)에 咸安의 鄕戰에 대하여 자세히 밝혀져 있다. 그런데 함안의 舊鄕과 新鄕의 대립이라는 鄕戰은 이 시기에 와서 처음 발생한 것이 아니라, 이미 이전부터 鄕戰을 통하여 鄕權의 구조가 이미 바뀌어진 상태라고

Ⅳ. 19세기 말 咸安 鄕會의 성격과 재정운영

향회의 구성원으로 우선 주목되는 존재는 각 면의 訓長을 들 수 있다. 훈장은 보통 이전에도 향회의 구성원이 되고 있었다.[34] 이들은 대개 '文識과 行業이 一鄕의 사표가 되는 자'[35]라 한 것과 같이, 대체로 儒鄕層으로 함안의 기존 재지사족이거나 鄕班이었을 가능성이 크다. 함안 훈장의 성격에 대해서는 오횡묵의 부임 초기에 勸學을 위해 내린 전령 가운데 잘 나타나 있다. 그는 훈장의 자격을 함안의 유력한 문중 가운데서 재주와 성품이 준수한 자로 제한하여 선발해야 한다고 하면서, 이들에게 小學 등의 강습과 수령과 이향 주도의 지방지배 기구의 하나인 鄕約 실시를 담당하는 역할을 부여하였던 것이다. 그리고 훈장은 鄕校와도 긴밀한 관계에 있었다.

오횡묵은 향회 참여세력의 하나였던 함안의 儒林들과 가까운 관계를 유지하려 하였다. 예를 들면 그 중 '林下讀書士'로 분류된[36] 李鍾和와 가까운 관계였다. 李鍾和(1825~1905)는 병곡면 一心齋의 훈장으로서, 經史를 깊이 연구하였으며,[37] 오횡묵과 서신 교환이 잦았다.[38] 그리고 남당의 영수 朴永脩와 교유 관계를 유지하였다.[39] 오횡묵은

본다. 함안의 南·北黨 사이에 벌어진 향전은 부세운영권의 주도권 장악 문제가 주된 내용으로 보인다.
34) 宋讚燮, 앞의 학위논문(1992), p.109 참조.
1862년 단계 晉州의 抗爭 초기에 향회의 구성원이었던 各面의 訓長은 농민들의 공격을 받는 입장에 있었다.
35) 『함안총쇄록』 1889년 6월 17일, 17-p.643.
36) 『함안총쇄록』 1889년 5월 6일, 17-p.577.
그리고 儒林巨儒로서는 黃而厚를 京鄕간의 유명인사로, 一鄕內에서 성망이 있는 儒林으로는 李國憲·朴奎煥·李璋祿·趙相奎·安鼎宅을 들고 있고, 林下讀書士로서는 李鐘和 이외에 趙性源·趙性珣을 들고 있다. 이들은 모두 文集을 남기고 있다(『嶠南誌』 권65, 咸安郡, 人物).
37) 『嶠南誌』 권65, 咸安郡, 人物.
38) 『함안총쇄록』 1890년 5월 16일, 18-p.143.
李鍾和는 『晩松堂集』이라는 文集을 남겼는데, 여기에 吳宖默과의 사이에 오간 書信을 비롯하여 당시 함안 鄕人士들과의 書信 및 祭文 등을 많이 남기고 있어 그의 교유 관계를 잘 알 수 있게 한다.

이들 훈장들과 가까운 관계를 유지하고 있었다. 상리면 李中祿도 <표 1>에서와 같이 훈장이었다.

<표 1> 咸安郡 各面 訓長 名單[40]

면명	성명	비고	면명	성명	비고
竝谷面	李鍾和	鄕人士	馬輪面	安武見	
上里面	李中祿	鄕人士	大山面	安孝克	
山內面	李載鎬		南山面	安驥遠	鄕人士
山外面	李會燾		安道面	趙鏞振	鄕人士
山翼面	李壽瀅	鄕人士	竹山面	趙 寅	
安仁面	安 浩		山足面	趙司植	鄕人士
內代山面	趙性翼		舊大谷面	李泰魯	
外代山面	趙鏞濠		新大谷面	鄭燮敎	
牛谷面	安相翊		比谷面	朴圭煥	鄕人士
白沙面	安道憲				

李中祿은 解事人 즉 面準[41]과 같은 존재로 오횡묵에 의하여 발탁되었다. 그는 性齋 許傳(1797~1886)의 門人으로 문집을 남겼다.[42] 비곡면 훈장 朴奎煥은 오횡묵의 興學冊과 관련된 帖諭에 대하여 稟報를 하면서 그의 정책을 환영하였으며,[43] <표 2>에서처럼 鄕人士로 분류되었다. 안도면 훈장 趙鏞振도 해사인을 겸임하고 있으며, 역시 향인사로 분류되어 있다. 조용진 역시 허전의 문인이었고 文行이 뛰어났

---

39) 李鍾和,『晩松堂集』 권1.
40)『함안총쇄록』 1889년 5월 21일, 17-pp.589~590.
41) 吳宖默은 面里의 원활한 운영을 위하여 面任·洞任과 별도로 面準과 洞準을 두고 행정을 펴고 있었다(『자인총쇄록』 1888년 10월 3일, 17-p.334; 1888년 11월 8일, 17-p.338 '矯革節目' 참조). 이는 조선후기 이래 洞徵과 面徵과 같은 共同納이 보편화 되면서, 面里 단위가 행정과 수세의 기본이 되고 있음을 반영하는 것이다.
42)『嶠南誌』 권65, 咸安郡, 人物.
   許傳은 實學派의 후예이며 19세기 후반 量田論이 제기되었을 때 土地再分配論을 주장하였다(金容燮,『韓國近代農業史研究』下, 一潮閣, 1984, p.195 참조).
43)『함안총쇄록』 1890년 5월 19일, 18-p.148.

다.44) 이들은 함안의 儒林 세력이었다.

'解事人'이란 오횡묵이 임시로 각 면의 일을 맡기기 위해 지목한 사람들이었는데, 특히 부세운영과 깊이 관련된 것으로 보인다.45) 오횡묵은 특히 포흠을 조사하기 위해 解事人을 동원하고 있다.46) 頭民으로도 불린 이들은 주로 鄕班의 존재로 보이며, 일부는 향회의 구성원이었다.47) 우곡면 安龍柱의 경우는 향인사로 분류된 산내면 李翼南, 내대산면 安大烈, 남산면 趙文植과 함께 鄕所의 구성원이었다. 향촌 내에서 해사인은 다양한 계층으로 구성되어 있었던 것으로 보인다.

---

44) 『嶠南誌』 권65, 咸安郡, 人物.
45) 『함안총쇄록』 1890년 11월 1일, 18-p.215.
46) 『함안총쇄록』 1889년 12월 23일, 17-pp.746~747.
47) 安秉旭, 앞의 논문(1986), p.109 참조.

〈함안 各面의 解事人 명단〉*

면 명	성 명	비고	면 명	성 명	비고
上里面	李中祿	鄕人士, 訓長	代山面	趙順京	鄕人士
外山面	李應見		南山面	安哲里	
山內面	安德一		竹山面	安成白	鄕人士
山翼面	趙性忠	鄕人士	山足面	趙性鳳	鄕人士
安仁面	趙慶道		安道面	趙龍辰	鄕人士
內代山面	趙道俊		新舊大谷面	黃河龍	鄕人士, 前齋任
外代山面	安鼎禹		牛谷面	安龍柱	鄕人士
馬輪面	李同八		比谷面	趙仁壽	
白沙面	趙武用	鄕人士	竝谷面	李善若	

* 『함안총쇄록』 1889년 5월 6일, 17-p.576.
** 趙順京, 安成白, 趙鏞辰은 <표 2>의 鄕人士 명단과 동일 인물로 보임.

<표 2> 함안 鄕人士의 名單[48]

면명	성 명	면명	성 명
竝谷面	李容和, 洪秉魯	馬輪面	洪在贊
上里面	李中祿, 李秀榮, 李璋祿	大山面	朴永脩, 趙順敬
山內面	李載斗, 趙翼奎, 李翼南, 安大兼	南山面	安驥遠, 趙文植
山外面	李龍淳	安道面	趙性昊, 趙鏞振
山翼面	李壽澄, 李壽輔, 趙性忠, 李允欽, 趙昺奎, 吳致勳	竹山面	安成伯
安仁面	趙性夏, 趙龍海	山足面	趙司植, 趙性鳳, 黃周永, 趙鏞和
內代山面	趙胤秀, 安大烈, 金斗柄	新大谷面	黃河龍, 李東臣
外代山面	安重煥	舊大谷面	朴龍夏, 李泰臣
牛谷面	趙汶奎, 安龍柱	比谷面	朴圭煥,
白沙面	趙武用	南外齋	李國憲, 裵文杓, 沈能奎

<표 2>의 '鄕人士'를 오횡묵은 '文學行義見稱者'라 하여, 이들에게 부채 등의 선물을 주는 등 가까운 관계를 유지하였다. 그런데 각 면의 향인사들은 상당수 訓長 혹은 解事人을 겸하고 있으며, 유림의 일부를 이루었다. 남당으로 분류된 구대곡면 朴龍夏는 양로사의 영수와 향교의 도유사를 맡기도 하였다.[49]

구대곡면 향인사 朴龍夏는 상리면의 李中祿과 산내면 趙翼奎 등과 함께 萬人傘 즉 '繡傘事'로 감영에 직접 가서 오횡묵의 善政을 칭찬하는 글을 올리는 등[50] 가까운 사이였고, 대산면 朴永脩와 함께 鄕會의 주요 구성원이었다. 그런데 남당의 영수 박용하와 박영수는 1894년 1월의 함안민란에서 피습되고 있다.[51] 향인사로 분류된 내대산면 安大烈은 1889년 12월 28일에 임명된 安相大에 이어 이듬해 6월 座首로

---

48) 『함안총쇄록』 1890년 5월 13일, 18-p.138.
49) 金東哲, 앞의 논문(1989), p.146 참조.
50) 『함안총쇄록』 1890년 6월 12일, 18-p.162.
51) 金東哲, 앞의 논문(1989), p.178 참조.

차정되고 있으며, 안도면 趙性昊의 경우는 詩를 지어 오횡묵과 상호 교환하였고,52) 성재 허전의 제자인 산익면 趙性忠과도 글을 주고 받았다.53)

그리고 산익면 훈장이자 역시 향인사로 분류된 李壽瀅(1837~1907)은 興宣大院君과 편지 교류를 하는 등 경향간에 알려진 士族이기도 하였다.54) 산익면 진사 趙昺奎는 『四禮要儀』를 남겼다.55) 외대산면 향인사 安重煥은 前鄕校長으로서 회갑연에 많은 향회 구성원이 참석하였을 때 오횡묵은 이를 축하하는 詩를 지어 보내기도 하였으며,56) 신대곡면 향인사이자 해사인을 맡고 있는 黃河龍은 양사재 齋任을 역임하였다.57) 오횡묵이 유림 출신의 향인사들을 직접 챙기고 있음을 볼 수 있다. 향교 교장과 掌議의 선출 자격은 유림 중에서만 가능하였다.58)

이상과 같이 이 시기 함안 향회는 각 면의 문중 인사 가운데 文行을 일정하게 갖춘 자를 중심으로 구성되어 있으며, 이 가운데 進士도 포함되어 있었다. 그리고 수령 오횡묵은 함안의 남북당 대립구도 속에서도 남당 세력과 가까운 관계를 유지하였다. 訓長과 解事人 및 鄕人

---

52) 『함안총쇄록』 1890년 6월 14일, 18-p.164.
53) 『함안총쇄록』 1890년 4월 23일, 18-p.123.
54) 李壽瀅, 『曉山集』 권3.
 그러나 李壽瀅의 鄕村에서의 행적은 엇갈리는 평가를 듣는다. 즉 오횡묵이 전임지 慈仁縣에서 데려온 戶房 黃貞懿는 진사의 신분인 李壽瀅에 대하여 부정적으로 평가하고 있다. 그는 官府를 출입하면서 예를 들어 山訟을 일으킨 일이라든지, 그의 田畓을 사사로이 執災하여 官納하는 등 官과 결탁하여 위세를 부린자로 평가하였다(『함안총쇄록』 1889년 5월 6일, 18-p.575 참조). 그는 오횡묵의 부임 이후에도 관부를 출입하고 있음을 확인할 수 있다(『함안총쇄록』 1890년 윤2월 11일, 18-p.44).
55) 『嶠南誌』 권65, 咸安郡, 人物.
56) 『함안총쇄록』 1890년 7월 11일, 18-p.177.
57) 『함안총쇄록』 1889년 4월 23일, 17-p.543.
58) 『함안총쇄록』 1889년 4월 22일, 17-p.517.

士의 성격은 모두 일치하지는 않으나, 향촌 내의 유력자로서 대체로 비슷한 존재들이었다. 특히 경제적 입장에서 중소규모의 지주로서 동일한 이해 관계를 가진 것으로 보인다. 향인사로 지목된 상당수가 각 면의 훈장 혹은 해사인으로 지목되고 있음이 이를 잘 말해 준다. 이들의 계급적 성향은 다음 장에서 보듯이 '反民的' 성격을 지니고 있었다.

4. 향회운영의 성격

이상과 같이 오횡묵은 이들 訓長 혹은 解事人들과도 가까운 관계를 유지함으로써 이들이 주요 구성원으로 되어 있는 향회를 자신의 의도대로 쉽게 끌고 가려 하였다. 함안 鄕會 구성원들은 향회를 통하여 民의 이해를 대변하는 재정운영의 감시 기능을 제대로 하지 못하였던 것으로 보인다. 이들은 守令의 입장에 주로 서 있었기 때문이다.[59] 1890년 1월의 포흠 해결 방안은 향회의 의논을 거치기는 하였지만, 대체로 오횡묵이 의도하던 방향으로 해결하고 있다.

한편 오횡묵의 향회 인식은 향회가 守令權 행사의 매개 역할을 하는 기구로 생각하고 있었던 것으로 보인다. 오횡묵은 부임 초기에 조윤수 중심의 북당이 寒岡 鄭逑의 遺規를 들먹이며 북당의 영향력 아래에 있던 향회의 吏鄕 추천과정이 억지가 아니라는 주장에 대하여, 그는 함안의 이향을 향회에서 추천하는 것을 반대하면서, 이향은 官에 의하여 차출되는 것이 당연하다고 하였다.[60] 물론 오횡묵의 부임 이

---

59) 오횡묵이 上京하려 할 때, 咸安의 民으로서 대개 訓長 신분이었던 趙司植, 李中祿, 趙性忠, 李龍淳 등이 더 留任하기를 간절히 청하는 글을 올린 것으로 보아도 알 수 있다(『함안총쇄록』 1891년 8월 3일, 18-p.317). 이들은 南黨에 가까운 인물들이었다.
60) 『함안총쇄록』 1889년 4월 23일~24일, 17-p.544~551.

전에 일읍의 公論이 완전히 무시될 정도로 이미 재지사족의 향촌지배라는 기존의 사족지배체제는 붕괴되고 있었다. 결국 함안의 향회는 民의 자치 저항기구로서의 성격을 가진 것이라기보다 官主導 방향으로 운영된 것으로 보이며, 일반 民과는 일정하게 대립적 방향에 서 있었다.

여기서 오횡묵의 부임 이전에 이미 鄕權을 장악하고 있던 북당과 오횡묵의 守令權과는 대립 관계에 있었다. 이와 관련하여 함안 鄕戰의 성격에 대한 약간의 고찰이 필요하다.61) 사실 19세기 말에 있었던 함안의 향전은 기왕의 향권을 새로이 재편하는 과정의 것은 아니라고 보아야 할 것이다. 전통적 의미의 구향이었던 在地士族을 누르고 성장해온 신향 가운데서도, 앞서 보았듯이 향권은 북당 중심의 구조로 이미 정착되어 있었으며, 오횡묵 부임 이전에 수령권과 이미 타협하고 있었던 구조였던 것이다. 이러한 함안 鄕會의 힘은 수령의 권한을 무력하게 할 정도로 큰 것이었다. 이는 북당의 영수이자 내대산면 향인 사였던 趙胤秀가 鄕薦 문제에 개입하는 과정이 잘 말해 준다.

함안 향권의 틀이 이미 확립되어 있던 구조였음은, 오횡묵이 서울에 다녀오기 위하여 몇 개월 자리를 비우는 동안 함안의 수령직을 인근 靈山縣 수령이 일시 겸관하게 되었을 때,62) 기존의 북당이 곧 바로 영산 수령과 결탁하였던 사실에서도 짐작할 수 있다. 즉, 영산현과 같은 小邑의 수령이 오횡묵의 부재중에 포흠 문제를 둘러싸고 남북당 사이에 발생한 趙胤秀惹鬧事63)의 조사에 아무런 영향력을 미치지 못할 정도로 북당 주도의 기존 吏鄕의 힘이 향권을 장악하고 있던 상황

---

61) 남북당 사이에 벌어진 향전의 전모에 대해서는 金東哲, 앞의 논문(1989)을 참조할 것.
62) 咸安의 守令職은 오횡묵이 상경한 이후부터~8/26까지는 靈山守令, 8/27~8/30에는 召村察訪, 8/30~9/29에는 宜寧縣監, 9/30 이후에는 自如察訪이 각각 兼官하였다(『함안총쇄록』 1891년 11월 2일, 18-p.331).
63) 『함안총쇄록』 1891년 11월 1일~2일, 18-pp.330~331.

이었다. 그래서 오횡묵은 자신의 이임 이후의 일을 크게 걱정하면서, 함안의 고질적인 鄕戰 경과를 기록에 남겨 후임자의 경계에 삼도록 하였던 것이다.64)

여기서 결국 수령권 확립을 위하여 오횡묵은 官이 주도하는 型의 향회 구성을 시도하지 않을 수 없었다. 鄕會를 우선 수령권과 대립 관계에 있는 北黨보다는 상대적으로 南黨 중심으로 구성하려한 것은 자연스러운 일이었다. 이와 같이 함으로써 그는 이후 자신의 치적으로 내세우고자 하였던 賑恤 행정도 원활하게 수행하려 하였던 것이다.65) 그래서 함안의 大小民人(특히 남당 포함)들을 대상으로 한 원만한 부세와 징수를 위해서는 자신의 입장에서 움직여 주는 鄕會의 장악은 반드시 필요한 일이었다. 함안 '吏民逋' 문제는 이같은 과정을 살피지 않고서는 그 성격을 옳게 이해할 수 없는 것이었다.

함안 향회가 民과 대립적 입장에 있었던 또 하나의 사례로써, 잡세의 하나인 색락미의 폐지와 관련한 향회와 官奴 사이의 대립 과정도 주목된다.66) 논란은 稅米 가운데 大同米를 거둘 때 관노들의 수입으로 되고 있던 色落米를 폐지할 것인가에 대하여, 향회 鄕人들의 결정은 色落을 폐지하자는 것이었고, 이에 대하여 관노들이 크게 반발하였던 문제였다. 그런데 당시 관노는 일반 民과 같은 존재였다. 이는 색락미와 관노의 명색을 혁파하자는 논의 중에 함안의 公兄들이 '당초 官奴들은 설치 당시부터 노비 1명 씩 교대로 邑內에 들어와 일을 보게 하였는데 폐단이 계속 발생하자 良人을 별도로 정하여 官奴로 칭

---

64) 『함안총쇄록』 1890년 7월 12일, 18-pp.178~179.
65) 吳宖默은 慈仁縣 수령 시절 원활한 賑恤 행정을 위한 財源의 확보와 관련하여 특히 饒戶의 존재를 주목하였다(『자인총쇄록』 1888년 12월 9일~29일, 17-pp.392 ~415 참조). 그렇지만 饒戶에 대한 인식은 일률적이지 않았다(본서 제2부 Ⅱ장 참조). 그리고 그는 『賑恤日錄』을 남겨 둘 정도로 賑恤 문제에 많은 관심을 가지고 있었다.
66) 『함안총쇄록』 1889년 6월 10일, 17-p.634.

Ⅳ. 19세기 말 咸安 鄕會의 성격과 재정운영 333

하면서 거행하였다'67)고 보고한 사실에서 알 수 있다.

관노들은 먼저 향회에 색락를 폐지하지 말 것을 호소하였으나, 해결되지 않자, 일제히 향회 중에 몰려와 집단 행동을 일으키고 있었다. 관노들의 성토와 저항에 대하여 향회의 결정 사항은 오히려 이를 폐지하자는 것이었고,68) 나아가 관노들에게 벌을 주어야 할 것까지 결정하였던 것이다.69) 물론 전근대 부세운영의 폐단이 되고 있던 색락미를 폐지하는 것은 크게 보아 이 시기 재정운영 제도의 근대화 흐름에 따른 필연적 결과의 하나라고 볼 수 있으나, 이를 둘러싼 논란은 당시 함안의 재정운영이 지닌 성격의 한 단면을 보여주는 문제인 것이다.

또한 이러한 문제와 관련하여 향회가 '閑散之民'으로 향회의 구성원이 되고 있던 시기(1888.10.~1889.4.)의 鄕儒들에 의한 1천 6백 냥의 경비 남용 부분을 각 면의 殘民에게서 벌충하도록 향회에서 결정한 데 대하여, 함안 民이 等狀을 올리는 呈訴運動을 하고 있는 것에서도70) 함안 향회의 성격을 짐작할 수 있다. 오횡묵은 자신의 부임 이전에 발생한 이같은 문제에 대해 적절한 해결책을 모색하였지만, 여기서도 함안의 鄕會가 일반 民과의 모순 관계에 있음을 알 수 있게 한다.

요컨대, 함안 향회의 성격은 특히 부세운영의 과정에서 잘 드러나고 있었다. 향회의 구성원들이 이 시기 民과 일정한 모순 관계에 놓여 있던 鄕班을 중심으로 한 세력이었던 만큼, 함안 향회의 성격은 색락미 폐지를 둘러싼 논란 등의 과정에서 나타난 바와 같이 일반 民과 대립적 방향의 것이었다.

---

67) 『함안총쇄록』 1889년 6월 10일, 17-pp.634~635.
　　오횡묵은 차제에 官奴의 명색까지 혁파하자는 제안에 대해 公兄들이 어려운 일이라고 하자, 그는 戶長을 관노로 降定하라는 지시를 내리고 있다.
68) 『함안총쇄록』 1889년 6월 19일, 17-pp.646~647.
69) 『함안총쇄록』 1889년 6월 25일, 17-p.635.
70) 『함안총쇄록』 1889년 5월 4~6일, 17-pp.571~573.

5. 맺음말

 19세기 말 갑오개혁 직전의 함안 향회는 재정운영의 과정에서 주요 기능을 담당하였다. 특히 逋欠의 해결과 관련하여 중요한 역할을 하고 있다. 이 시기 함안 향회는 일반 民과 대립된 입장에서 官主導 아래의 鄕會로 그 성격이 변화하는 추세에 있었다. 이는 갑오개혁 이후 국가의 지방지배를 위한 수단의 하나로 합법화된 향회의 성격과 일정한 연속성을 갖는 것이었다. 함안 향회의 주요 기능은 기존의 향회가 그러하였듯이 부세 운영과 관련한 역할이 중심이었던 것이다. 지금까지 논의된 내용을 요약하면 다음과 같다.

 먼저 함안 향회는 재정운영과 관련하여 먼저 포흠의 充完을 結斂 즉 都結에 의한 방식의 해결 방안을 인정하는 역할을 하였다. 이는 밀양의 향회에서도 마찬가지였다. 이러한 기능은 守令과 吏鄕 중심의 자의적 재정운영을 정당화시키는 역할의 방향에서 이루어지고 있었다. 또한 轉運使 문제와 관련된 大同米의 輸費와 같은 잡비 마련 방식이라든지 色落米의 폐지 여부 등도 향회의 결정을 거쳐 이루어지고 있었다. 그리고 각종 재정 지출을 승인 처리하는 역할을 하기도 하였으며, 각종 公納의 독촉과 수납 문제 등에도 관여하였다. 향회의 기능과 관련하여 함안 향교의 기능도 재정운영과 관련된 측면에서 향회와 비슷한 역할을 하고 있었던 것으로 보인다. 함안 향교 구성원의 상당수가 鄕會의 구성원이 되고 있다.

 이 시기 함안 향회는 각 면의 문중 인사 가운데 '文行'을 일정하게 갖춘 자를 중심으로 구성되어 있으며, 이 가운데 進士라든지 前鄕校長 같은 향임층도 포함되어 있었다. 그리고 수령 오횡묵은 함안의 남북당 대립구도 속에서도 남당 세력과 가까운 관계를 유지하였다. 훈장·해사인·향인사의 성격은 모두 일치하지는 않으나 향촌내의 유력자로서 혹은 경제적 이해 관계가 대체로 비슷한 존재들이었다. 향인사로 지목된 상당수가 각 면의 훈장 혹은 해사인으로 지목되고 있음이 이를 잘 말해 준다. 이들의 계급적 성향은 반민적 성격을 지니고 있었다. 오횡묵은 바로 이들 訓長 혹은 解事人들을 향회의 주요 구성원으로 하여 향회를 자신의 의도대로 쉽게 끌고 가려 하였다. 따라서 함안 鄕會 구성원들은 향회를 통하여 民의 이해를 대변하는 재정운영의 감시 기능을 제대로 하지 못하였다. 이들은 수령의 입장에 주로 서 있었기 때문이다. 1890년 1월의 포흠 해결 방안은 향회의 의논을 거치기는 하였지만, 대체로 오횡묵이 의도하던 방향으로 해결하고 있다.

한편 吳宖默의 향회 인식은 향회가 守令權 행사의 매개 역할을 하는 기구로 생각하고 있었다. 오횡묵은 기존의 鄕權을 장악하고 있던 조윤수 중심의 북당이 향회에서 吏鄕을 추천하려는 주장을 반대하면서, 이향을 官에서 차출하고자 하였다. 함안의 향회는 民의 자치 저항 기구로서의 성격을 가진 것이라기보다, 官主導 방향으로 운영될 수밖에 없었다. 그리고 색락미 폐지를 둘러싼 향회와 일반 民의 존재였던 관노와의 대립, 鄕儒들이 남용한 경비를 향회의 자의적 결정을 통하여 일반 민에게 부과하려한 사례 등 향회는 일반 民과는 일정하게 대립적 방향에 서 있었다. 결국 오횡묵은 수령권 확립을 위한 방향으로 官이 주도하는 型의 향회 운영을 꾀하였고, 鄕會를 우선 수령권과 대립 관계에 있는 北黨보다는 상대적으로 南黨 중심으로 구성하려 하였다. 함안의 大小民人(특히 남당 포함)들을 대상으로 한 원만한 부세와 징수를 위해서는 자신의 입장에서 움직여 주는 향회의 장악은 반드시 필요한 일이었다.

요컨대, 오횡묵의 향회 인식은 향회가 守令權 행사의 매개 역할을 하는 기구로 생각하고 있었다. 이를 위해 鄕會를 우선 기존의 수령권과 대립 관계에 있는 북당보다는 상대적으로 자신과 가까운 남당 세력을 중심으로 구성하려 한 것이다. 함안의 향회는 일반 민의 자치 저항기구로서 향회의 역할 보다 관주도 방향의 향회로 운영되었으며, 일반 民과는 일정하게 대립적 관계였다. 그러면서 대민들과는 타협된 형태였다.

참고문헌

1. 참고 자료

1) 年代記類
『朝鮮王朝實錄』『備邊司謄錄』『承政院日記』『日省錄』

2) 法典類
『經國大典』『新補受敎輯錄』『續大典』『秋官志』『大典會通』『大典通編』『度支志』『萬機要覽』

3) 文牒·謄錄類
『嘉林報草』(奎No. 12352) 『各條報辭』(奎No. 古 5125-9) 『江原監營啓錄』(奎No. 15106) 『江州漫錄』(奎No. 상백 古 951.9-G155) 『江州文蹟』(『韓國地方史資料叢書』報牒篇 所收) 『江州節目摠錄』(奎No. 상백 古 951.2-G152) 『公私隨錄』(奎No. 古 5120-154) 『公私隨錄』(奎No. 古 5129-1) 『公移占錄』(奎No. 7662) 『公移占錄』(奎No. 7662) 『箕牒』(奎No. 古 5120-76) 『碧營隨錄』(奎No. 5936) 『象山隨錄』(奎No. 古 5120-159) 『繡啓』(奎No. 4546) 『受敎謄錄』(奎No. 15142) 『隨錄』(奎No. 古 5120-163) 『繡衣錄』(奎No. 古 4250-102) 『承發隨錄』(奎No. 古 5120-152) 『亦用』(奎No. 古 5125-33) 『嶺南牒報』(奎No. 古 4255.5-8) 『禮房謄錄』(奎No. 21462) 『玉山文牒抄』(奎No. 古 5129-58) 『作廳謄錄』(奎No. 12528) 『正祖丙午所懷謄錄』『左捕廳謄錄』(奎No. 15145) 『賑恤謄錄』(國立中央圖書館) 『秋城三政考錄』(『韓國地方史資料叢書』事例篇 所收) 『版籍司謄錄』(奎No. 18182) 『海西文牒錄』(奎No. 7641) 『海西總謄』(奎No.

40)『黃海監營啓錄』(奎No. 古 15106)『黃海監營關牒謄錄』(奎No. 15131)

4) 事目·節目·完文類
『巨濟府補民庫節目冊』(奎No. 18950)『啓書定額節目』(奎No. 古 4256-19)『啓下司憲府釐弊節目』(奎No. 17293)『古阜郡賦稅釐政節目』(奎No. 古,大 5127-7)『均稅節目』(國, 古 683-7)『均役廳事目』(奎No. 1123)『大同事目』『密陽補民契節目』(奎No. 古 5129-7)『賦稅釐正節目』(奎No. 古 4256-16)『賦役實摠』(奎No. 252)『備局節目』(奎No. 古 17291)『長房完議』(奎No. 古 5120-85)『長津府詳定節目』(奎No. 古 4256-22)『將廳料資錢播給民間節目』(奎No. 古 355.8-U1j)『節目』(奎No. 古 5129-6)『漕弊釐整事目』(奎No. 17206)『八道御使齎去事目』(奎No. 1127)『平安道內各邑民庫定例節目』(奎No. 17207)『河東府補民庫節目』(奎No. 12342)

5) 文集·日記類
『經世遺表』『顧問備略』(崔星煥)『固城叢瑣錄』(『韓國地方史資料叢書』 日錄篇 所收)『公文日錄』(奎No. 18149)『大東地志』(金正浩)『萊府日記』(國. 古 3653-28)『晚松堂集』(李鍾和)『與猶堂全書』『譯註 牧民心書』『迂書』(柳壽垣)『智島郡叢瑣錄』(木浦大學 島嶼文化研究所)『千一錄』『咸安叢瑣錄』(『韓國地方史資料叢書』 日錄篇 所收)『曉山集』(李壽瀅)

6) 地誌·事例(冊)類
『江界府事例釐整記』(奎No. 5457)『穀摠便攷』(奎No. 1027)『貢稅要略』(奎No. 12696)『公忠道各邑民瘼成冊』(奎No. 古 17266)『光陽邑誌附事例』(奎No. 12181)『光陽縣各所事例冊』(『韓國地方史資料叢書』 事例篇 所收)『大邱府事例』(『韓國地方史資料叢書』 事例篇 所收)『東萊府事例』(奎No. 4272)『尙山邑例』(『韓國地方史資料叢書』 事例篇 所收)『省峴驛吏額存減成冊』(奎No. 17110)『輿地圖書』(國史編纂委員會)『靈光郡事例』(『韓國地方史資料叢書』 事例篇 所收)『完營各庫事例』(『韓國地方史資料叢書』 事例篇 所收)『邑誌』1〜3(慶尙道編, 亞細亞文化社 刊行)『立馬大同稧』(奎No. 12358)『忠淸道各邑吏額減定成冊』(奎No. 17091)

『平安道內各邑吏定成冊』(奎No. 17126) 『河東府事例』 『密陽郡事例』 『靈山縣事例』 『嶠南誌』 『咸鏡道內各邑吏額減定成冊』(奎No. 17127) 『湖南營事例』(『韓國地方史資料叢書』 事例篇 所收) 『湖南廳事例』(奎No. 15232) 『黃海道內列邑各項上納時京司人情雜費』(奎No. 16465) 『懷德縣三政捄弊條目成冊』(奎No. 古 5120-62)

7) 古文書・牧民書類 및 其他
『古文書』(서울大圖書館) 『古文書』(全北大博物館) 『古文書集成』(韓國精神文化研究院) 『牧民可攷』(奎No. (經)古 354-M725) 『朝鮮民政資料』 『古法典用語集』(法制處) 『京衙員役錄』(奎No. 12409)

2. 참고 논저

1. 著書 및 學位論文
吳知泳, 『東學史』, 1926.
田鳳德, 『韓國法制史硏究』, 서울大學校出版部, 1968.
韓㳓劤, 『韓國開港期의 商業硏究』, 一潮閣, 1970.
韓㳓劤, 『東學亂 起因에 관한 硏究』, 서울대 韓國文化硏究所, 1971.
安秉珆, 『朝鮮近代經濟史硏究』, 日本評論社, 1975.
金容燮, 『朝鮮後期 農業史硏究』(Ⅰ,Ⅱ), 一潮閣, 1975.
─────, 『韓國近代農業史硏究』(上,下), 一潮閣, 1984.
金鴻植, 『朝鮮時代 封建社會의 基本法則』, 博英社, 1981.
姜萬吉, 『朝鮮後期 商業資本의 發達』, 高麗大學校出版部, 1981.
金龍德, 『韓國制度史硏究』, 一潮閣, 1983.
金玉根, 『朝鮮王朝財政史硏究』 Ⅰ~Ⅳ, 一潮閣, 1984~1992.
李泰鎭, 『韓國社會史硏究』, 지식산업사, 1986.
崔完基, 『朝鮮後期 船運業史硏究』, 一潮閣, 1989.
李榮薰, 『朝鮮後期 社會經濟史』, 한길사, 1988.

李勛相, 『朝鮮後期의 鄕吏』, 一潮閣, 1990.
망원한국사연구실(19세기농민항쟁분과), 『1862년 농민항쟁』, 동녘, 1990.
한국역사연구회, 『조선정치사 1800~1863』(상,하), 청년사, 1990.
─────────, 『1894년 동학농민전쟁연구1』, 역사비평사, 1991.
─────────, 『1894년 농민전쟁연구2』, 역사비평사, 1992.
─────────, 『한국역사입문②-중세편』, 풀빛, 1995.
이해준·김인걸 외, 『조선시기 사회사 연구법』, 한국정신문화연구원, 1993.
金東哲, 『朝鮮後期 貢人硏究』, 韓國硏究院, 1993.
朴容淑, 『朝鮮後期 社會史硏究』, 도서출판 늘함께, 1994.
河元鎬, 『韓國近代經濟史硏究』, 신서원, 1997.
정진영, 『조선시대 향촌사회사』, 한길사, 1998.
윤용출, 『조선후기의 요역제와 고용노동』, 서울대학교출판부, 1998.
麻生武龜, 『朝鮮地方財政史』, 朝鮮總督府中樞院, 1926.
小林 晃, 『マルクス主義 財政論 -階級と國家と財政』, 新評論, 1980.
吳世昌·鄭震英·權大雄·趙康熙 編著, 『嶺南鄕約資料集成』, 嶺南大學校出版部, 1986.
金戊祚·鄭景柱·孫貞姬 編譯, 『東萊鄕廳鄕校考往錄』, 慶星大學校 附設 鄕土文化硏究所, 1989.
鄭允炯, 『朝鮮王朝 後期의 財政改革과 還上問題』, 서울대학교 박사학위논문, 1985.
裵英淳, 『韓末 日帝初期의 土地調査와 地稅改正에 關한 硏究』, 서울대학교 박사학위논문, 1988.
金仁杰, 『朝鮮後期 鄕村社會 變動에 관한 硏究』, 서울대학교 박사학위논문, 1991.
高錫珪, 『19세기 鄕村支配勢力의 변동과 農民抗爭의 양상』, 서울대학교 박사학위논문, 1991.
宋讚燮, 『19세기 還穀制 改革의 推移』, 서울대학교 박사학위논문, 1992.
吳永敎, 『朝鮮後期 鄕村支配政策의 轉換 -17世紀 國家再造와 관련하여-』, 연세대학교 박사학위논문, 1992
金大吉, 『朝鮮後期 場市에 대한 硏究』, 중앙대학교 박사학위논문, 1993.

鄭演植, 『조선후기 '役摠'의 운영과 良役 變通』, 서울대학교 박사학위논문, 1993.
金鉉丘, 『朝鮮後期 統制營의 財政運營에 관한 硏究』, 부산대학교 박사학위논문, 1994
李鍾範, 『19世紀末 20世紀初 鄕村社會構造와 租稅制度의 改編』, 연세대학교 박사학위논문, 1994.
金德珍, 『朝鮮後期 雜役稅 硏究』, 전남대학교 박사학위논문, 1996.
卞光錫, 『朝鮮後期 市廛 硏究』, 부산대학교 박사학위논문, 1997.
金泰熊, 『開港前後~大韓帝國期의 地方財政改革 硏究』, 서울대학교 박사학위논문, 1997.

2. 論文
高東煥, 「19세기 부세운영의 변화와 그 성격」, 『1894년 농민전쟁연구1』, 역사비평사, 1991.
――――, 「19세기 賦稅運營의 변화와 呈訴運動」, 『國史館論叢』 43, 1993.
高錫珪, 「16·17세기 貢納制 개혁의 방향」, 『韓國史論』 12, 1985.
――――, 「1862년 농민항쟁연구의 논쟁점」, 『역사와 현실』 1, 1989.
――――, 「19세기 前半 鄕村社會 支配構造의 성격 -「守令-吏·鄕수탈구조」를 중심으로-」, 『外大史學』 2, 1989.
――――, 「19세기 전반 鄕村社會勢力間 對立의 推移 -慶尙道 英陽縣을 중심으로-」, 『國史館論叢』 8, 1989.
具玩會, 「朝鮮後期의 賑恤行政과 郡縣支配 -守令의 역할을 중심으로-」, 『震檀學報』 76, 1993.
金甲周, 「朝鮮後期의 養戶」(上·下), 『歷史學報』 85·86, 1980.
金德珍, 「朝鮮後期 全羅道 順天府의 雜役稅 運用과 調達」, 『慶尙史學』 7·8합집호, 1992.
――――, 「朝鮮後期 地方官廳의 民庫 設立과 運營」, 『歷史學報』 133, 1992.
金東洙, 「茶山의 鄕吏論」, 『龍鳳論叢』 13, 전남대학교 인문과학연구소, 1983.

金東哲, 「18·19세기 京主人權의 집중화 경향과 도고활동」, 『釜大史學』 13, 1989.
———, 「19세기 말 咸安지방의 鄕戰」, 『韓國文化研究』 2, 釜山大學校 韓國文化研究所, 1989
———, 「18·19세기 營主人의 상업활동과 邸債 문제」, 『歷史學報』 130, 1991.
金錫禧, 「朝鮮中·後期 地方官僚의 任期에 關한 研究」, 『論文集(人文科學)』 31 釜山大學校, 1981.
———, 「慶尙道丹城戶籍大帳에 關한 研究 -18世紀 逃亡·移去戶를 中心으로-」, 『人文論叢』 24, 釜山大學校, 1983.
———, 「18·19世紀 戶口의 實態와 身分變動 -新例 彦陽縣 戶籍大帳을 중심으로-」, 『人文論叢』 26, 釜山大學校, 1984.
金錫禧·朴容淑, 「18·19世紀 農村의 社會構造 -慶尙道 丹城縣의 경우-」, 『釜大史學』 3, 1979.
김선경, 「'1862년 농민항쟁'의 都結 혁파 요구에 관한 연구」, 『李載龒博士還曆紀念韓國史學論叢』, 1990.
———, 「조선후기 조세수취와 面·里운영」, 연세대 석사학위논문, 1984.
金玉根, 「朝鮮時代 漕運制 研究」, 『論文集』 2, 釜山產業大學, 1981.
김용민, 「1860년대 농민항쟁의 조직기반과 민회」, 『史叢』 43, 1994.
金容燮, 「朝鮮後期 民庫와 民庫田」, 『東方學志』 23·24, 1980.
———, 「還穀制의 釐整과 社倉法」, 『東方學志』 34, 1982.
———, 「純祖朝의 量田計劃과 田政釐整문제」, 『金哲俊博士華甲紀念史學論叢』, 1983.
———, 「政府의 賦稅制度 釐整策」, 『韓國近代農業史研究』(上), 1984
金友哲, 「均役法 施行 前後의 私募屬 研究」, 『忠北史學』 4, 1991.
金潤坤, 「大同法의 施行를 둘러싼 贊反兩論과 그 背景」, 『大東文化研究』 8, 1971.
金仁杰, 「朝鮮後期 鄕權의 추이와 지배층의 동향 -忠淸道 木川縣 事例-」, 『韓國文化』 2, 1981.

──, 「조선후기 鄕村社會統制策의 위기 -洞契의 성격변화를 중심으로-」, 『震檀學報』 58, 1981.
──, 「朝鮮後期 鄕村社會構造의 변동」, 『邊太燮博士華甲紀念史學論叢』, 1985.
──, 「조선후기 향촌사회 권력구조 변동에 대한 시론」, 『韓國史論』 19, 1988.
──, 「朝鮮後期 村落組織의 變貌와 1862년 農民抗爭의 組織基盤」, 『震檀學報』 67, 1989.
──, 「19세기 전반 官主導 鄕村統制策의 위기」, 『國史館論叢』 6, 1989.
──, 「조선시기 사회사 연구동향과 자료활용 방안」, 『조선시기 사회사 연구법』, 한국정신문화연구원, 1993.
金俊亨, 「朝鮮後期 面里制의 性格」, 서울대 석사학위논문, 1982.
──, 「18세기 里定法의 전개」, 『震檀學報』 58, 1984.
──, 「조선 후기 蔚山 지역의 鄕吏層 變動」, 『韓國史研究』 56, 1987.
──, 「조선 후기 鄕吏層의 變動 -彦山 지역의 例를 통한 접근-」, 『慶尙史學』 6, 1990.
김태영, 「조선시대 사회경제사를 보는 시각」, 『한국의 사회경제사』, 한길역사강좌 5, 1987.
金泰雄, 「1894～1910년 地方稅制의 시행과 日帝의 租稅收奪」, 『韓國史論』 26, 1991.
金弼東, 「朝鮮後期 地方吏胥集團의 組織構造」, 『韓國學報』 28·29, 1982.
金鉉丘, 「朝鮮後期 統營穀의 운영실태」, 『歷史學報』 124, 1989.
──, 「朝鮮後期 統營穀의 구조와 전개」, 『釜大史學』 13, 1989.
金炯基, 「朝鮮後期 契房의 運營과 賦稅收取」, 『韓國史研究』 82, 1993.
都冕會, 「갑오개혁 이후 화폐제도의 문란과 그 영향(1894～1905)」, 『韓國史論』 21, 1989.
朴 焞, 「朝鮮後期 作廳의 一形態 -同福縣『掾房謄錄』의 事例研究-」, 『又人金龍德博士停年紀念史學論叢』, 1989.
朴廣成, 「均役法施行 以後의 良役에 대하여」, 『省谷論叢』 3, 1972.

──── , 「朝鮮後期 還穀制度에 對하여」, 『論文集』 7, 仁川教育大學, 1973.
박석윤·박석인, 「朝鮮後期 財政의 變化時點에 관한 考察 -1779년(정조 3년)에서 1881년(고종 18년)까지-」, 『東方學志』 60, 1988.
朴容淑, 「18,19세기의 雇工 -慶尙道 彦陽縣 戶籍의 分析-」, 『釜大史學』 7, 1983.
方基中, 「17·18세기 前半 金納租稅의 성립과 전개」, 『東方學志』 45, 1984.
──── , 「19세기 前半 租稅收取構造의 特質과 基盤 -貨幣收奪 문제를 중심으로-」, 『國史館論叢』 17, 1990.
백승철, 「17·18세기 軍役制의 變動과 運營」, 『李載龒博士還曆紀念韓國史學論叢』, 1990.
宋亮燮, 「19세기 良役收取法의 변화 -洞布制의 성립과 관련하여-」, 『韓國史研究』 89, 1995.
宋讚燮, 「19세기 還穀運營의 變化와 還耗의 賦稅化」, 『外大史學』 4, 1992.
宋贊植, 「李朝時代의 還上取耗補用考」, 『歷史學報』 27, 1965.
沈載祐, 「18세기 獄訟의 성격과 刑政運營의 변화」, 『韓國史論』 34, 1995.
安秉旭, 「19세기 賦稅의 都結化와 封建的 收取制度의 해체」, 『國史館論叢』 7, 1989.
──── , 「朝鮮後期 自治와 抵抗組織으로서의 鄕會」, 『聖心女子大學論文集』 18, 1986.
楊普景, 「慶尙道 邑誌 編纂의 趨移」, 『邑誌』 1, 亞細亞文化社, 1981.
梁晉錫, 「18·19세기 還穀에 관한 연구」, 『韓國史論』 21, 1989.
吳永敎, 「朝鮮後期 地方官廳 財政과 殖利活動」, 『學林』 8, 1986.
오일주, 「朝鮮後期 國家財政과 還穀의 賦稅的 機能의 強化」, 연세대 석사학위논문, 1984.
왕현종, 「韓末(1894~1904) 地稅制度의 개혁에 관한 研究」, 연세대 석사학위논문, 1989.
유정현, 「1894~1904년 地方財政制度의 改革과 吏胥層의 動向」, 『震檀學報』 73, 1992.
尹大遠, 「李弼濟亂의 硏究」, 『韓國史論』 16, 1987.

尹用出,「17,18세기 募軍의 노동조건」,『釜大史學』8, 1984.
――――,「17,8세기 役夫募立制의 성립과 전개」,『韓國史論』8, 1982.
――――,「18세기 초 東萊府의 築城役과 賦役勞動」,『韓國文化研究』2, 부산 대한국문화연구소, 1990
――――,「부세제도」,『한국역사입문②-중세편』, 풀빛, 1995.
尹貞愛,「韓末 地方制度改革의 硏究」,『歷史學報』105, 1985.
李景植,「朝鮮後期 火田農業과 收稅問題」,『韓國文化』10, 1989.
李光奎,「朝鮮後期의 社會構造와 變動 -蔚山地方戶籍을 中心으로-」,『韓國文化』5, 서울대 韓國文化硏究所, 1984.
李光麟,「京主人硏究」,『人文科學』7, 延世大學校, 1962.
李相燦,「1894~5년 地方制度 개혁의 방향 -鄕會의 법제화 시도를 중심으로-」,『震檀學報』67, 1989.
李世永,「18·9세기 米穀市場의 형성과 流通構造의 변동」,『韓國史論』9, 1982.
이영학,「광무양전사업 연구의 현황과 과제」,『역사와 현실』6, 1991.
李榮昊,「1862년 진주농민항쟁의 연구」,『韓國史論』19, 1988.
李榮薰,「朝鮮後期 八結作夫制에 관한 연구」,『韓國史研究』29, 1980.
――――,「量案의 性格에 관한 再檢討 -慶尙道 醴泉郡 庚子量案의 사례분석-」,『經濟史學』8, 經濟史學會, 1984.
――――,「光武量田의 歷史的 性格 -忠淸南道 燕岐郡 光武量案에 관한 事例分析-」,『近代朝鮮의 經濟構造』, 比峰出版社, 1989.
――――,「光武量田에 있어서 '時主' 파악의 실상 -忠淸南道 燕岐郡 光武量案에 관한 사례분석-」,『대한제국기의 토지제도』(김홍식외 지음), 민음사, 1990.
李源均,「朝鮮時代의 守令職 交遞實態」,『釜大史學』3, 1979.
李哲成,「18세기 田稅 比摠制의 實施와 그 성격」,『韓國史研究』81, 1993.
李勛相,「掾曹龜鑑의 編纂과 刊行」,『震檀學報』53·54, 1982.
――――,「彰忠祠의 건립과 居昌 愼氏 吏族」,『東亞研究』4, 西江大學校 東亞研究所, 1984.

李義權,「조선후기 지방통치제도 연구 -향청의 기능을 중심으로-」,『國史館論叢』22, 1991.
―――,「朝鮮後期 邑吏의 地方統治 行政機能」,『全北史學』15, 1992.
張東杓,「18·19세기 吏額增加의 현상에 관한 硏究」,『釜大史學』9, 1985.
―――,「19세기 前半期 吏胥層의 中間逋欠과 地方財政」,『釜大史學』10, 1986.
―――,「조선후기 '民間逋欠'의 전개와 그 성격」,『釜大史學』13, 1989.
―――,「東萊地域『邑誌』解題」,『東萊史料』제2권, 驪江出版社, 1989.
―――,「조선후기 民庫 운영의 성격과 運營權」,『民族史의 展開와 그 文化』(上), 碧史李佑成教授定年紀念論叢, 1990.
―――,「조선후기 지방 재정운영 자료의 분류와 성격」,『論文集』2, 密陽産業大學校, 1994.
―――,「19세기 地方財政運營의 構造에 관한 一 硏究」,『釜大史學』19, 1995.
―――,「19세기 말 咸安地方 財政運營에서의 鄕會와 逋欠」,『國史館論叢』68, 1996.
―――,「19세기 말 咸安 鄕會의 기능과 성격」,『지역과 역사』2, 부산경남역사연구소, 1997.
장명희,「18세기 후반~19세기 중반 還穀 운영의 변화 -移貿立本과 耗條金納化의 성립 배경을 중심으로-」, 부산대 석사학위논문, 1997.
張泳敏,「1894年 固城民擾 연구」Ⅰ,『尹炳奭教授華甲紀念韓國近代史論叢』, 1990.
鄭萬祚,「朝鮮後期 良役變通論議에 대한 檢討」,『東大論叢』7, 1977.
鄭奭鐘,「朝鮮後期 社會身分制의 崩壞 -蔚山府戶籍大帳을 중심으로-」,『19世紀의 韓國社會』, 大東文化研究院, 1972.
鄭善男,「18,19세기 田結稅의 收取制度와 그 運營」,『韓國史論』22, 1990.
鄭演植,「17·18세기 良役均一化政策의 推移」,『韓國史論』13, 1985.
―――,「均役法 施行 이후의 지방재정의 변화」,『震檀學報』67, 1989.
鄭銀京,「1894년 江陵府에서의 鄕會 운영과 참여세력의 동향」,『同大史學』

1, 1995.

鄭震英,「19세기 향촌사회 지배구조와 대립관계」,『1894년 농민전쟁연구 1』, 역사비평사, 1990.

鄭昌烈,「조선후기 농민봉기의 정치의식」,『韓國人의 生活意識과 民衆藝術』, 成均館大學校 大東文化研究所, 1984.

車文燮,「壬亂以後의 良役과 均役法의 成立」,『史學研究』10, 1961.

崔承熙,「朝鮮後期鄕吏身分移動與否考 -鄕吏家門古文書에 의한 事例分析-」,『金哲俊博士華甲紀念史學論叢』, 1983.

河元鎬,「開港後 防穀令實施의 原因에 관한 硏究」(上,下)『韓國史硏究』49, 50·51, 1985.

────,「朝鮮後期 度量衡 '문란'의 원인 연구」,『韓國史硏究』59, 1987.

────,「開港後의 穀價變動에 대하여(1876~1894)」,『民族史의 展開와 그 文化』(下),『碧史李佑成教授定年退職紀念論叢』, 1990.

韓相權,「16·17세기 鄕約의 機構와 性格」,『震檀學報』58, 1984.

────,「18,19세기 還政紊亂과 茶山의 改革論」,『國史館論叢』9, 1989.

────,「1811년 황해도 곡산지방의 농민항쟁」,『역사와 현실』5, 1991.

────,「역사연구의 심화와 사료 이용의 확대 -암행어사 관련자료의 종류와 사료적 가치-」,『역사와 현실』6, 1991.

────,「조선시기 국가의 지방통치 연구와 자료」,『조선시기 사회사 연구법』, 한국정신문화연구원, 1993.

韓榮國,「湖西에서 실시된 大同法」上·下,『歷史學報』13·14, 1960·61.

────,「湖西에 실시된 大同法」一~四,『歷史學報』15·20·21·22, 1961·63·64.

────,「朝鮮後期 挾人·挾戶 -彦陽縣 戶籍大帳의 挾戶口를 中心으로-」,『千寬宇先生還曆紀念韓國史學論叢』, 1985.

韓㳓劤,「東學軍의 弊政改革案 檢討」,『歷史學報』23, 1964.

四方博,「李朝人口에 關する身分階級別的觀察」,『朝鮮經濟研究』3, 1938.

安達義博,「18,19世紀前半の大同米·布·錢の徵收·支出と國家財政」,『朝鮮史研究會論文集』13, 1975.

岩 見宏,「雍正年間の民欠に對する」,『東洋史研究』18-3, 1959.
西村元照,「清初の包攬」,『東洋史研究』35-3, 1976.
武田幸男,「朝鮮戶籍大帳の基礎的 研究 -19世紀 慶尙道鎭海縣の戶籍大帳を通にて-」,『學習院大學東洋文化研究所調査研究報告』13, 1983.
吉田光男,「李朝末期の漕倉構造と漕運作業の一例 -「漕行日錄」にみる1875年の聖堂倉-」,『朝鮮學報』113, 1984.

색인

(ㄱ)

加斂　171, 174
加分　223
加徵　232
加下　48, 172, 292
各司吏額別單　139
甲山府　69
갑오개혁　269, 272, 284
갑오농민전쟁　269, 287, 321
강계부　24, 31, 156, 161, 162
강계부 민고　189
강계 향전　182
姜蘭馨　72
姜始顯　117
客商　64
巨濟府의 補民庫　171
乾沒成逋　46
結價　234, 276
結斂　168, 233, 293, 299, 319
結斂化　168, 273, 310
結利錢　168
結民　166
結稅　33, 217
結役　27
結役所　111
結弊　277

結布制　230, 281
結戶錢 제도　272
結還　231, 283
京江船　59, 60
經國大典　116, 128, 141
慶山縣　84, 89
경상도 각 읍의 이액실태　143
京船　81
經世遺表　121, 141
京衙員役錄　137
京衙前　120
庚子量案　247
京邸吏　58
경제적 利權　124, 128
京主人　64, 73, 75
계방촌　98, 133, 167
契房村의 성행　133
計士　65
계층구조론　244
계층변동론　244
計版　181
高價執錢　291
考課　77
고리대　86
雇馬廳　157, 159, 161
古阜郡　71, 170

高山縣　170
固城　321
穀價　57
곡가 변동　57
穀貴　58
斛斗　293
斛量　84
穀簿　71
곡산읍　49
斛子　84
貢價　222
共同納　154, 167, 229, 250, 278, 284, 307
公役　34
公用　172
公錢　298
空倉虛簿　46
公逋　52
科外雜稅　28, 29
官庫　186
官奴　332
官都結　302
官屯田　27
官屯田畓　165
官貿米　168
官民相孚　300, 304, 309
官船　60
官案　129, 132, 142
官長者　296
관주도　156, 210, 309, 317, 331
관주도형 향회　320
관청고리대　36, 127, 160, 235
관청식리　32, 155, 161, 166, 221, 255, 285
官逋　54, 78
光陽縣　156, 157
光陽縣의 '戶籍色'　36
交征　72, 73
矯革節目　278
捄弊節目　260
구향　331
국가(감사)-수령-이향-면리임　213
국가권력　215
국가의 지방지배　211, 216
국가재정　236
국가재정의 환곡 의존도　222
國家再造論　211
국가적 상품화폐경제　63, 124
國稅　180
軍多民少　230
軍多於戶　281
軍門　61
軍保　30
軍役　219, 253
군역관계 자료　254
軍政　229, 278
軍政 운영　99
軍布契　229
權敦仁　61, 84
權馥　48
勸分　235
勸學　325
균역법　220, 254
金納化　59
給保　30
給災　273, 323

給添米　59
紀綱解弛　62
起主　247
金箕晩　70
金大坤　94
金履載　50
金思徹　289
金尙喆　132
金有喜　96
金履喬　132
金履載　79
金麟燮　108
金載瓚　45, 115, 126
金鼎均　47
金正喜　90
金左根　45
金學淳　114

(ㄴ)

挪移　54, 227
亂廛　125
南公轍　63
남당　324, 325, 328, 332
濫捧　84
南北黨　322, 324, 329, 331
濫用　62
南原縣　166
濫刑　224
內代山面民　303
농민층분해　254
농민층분화　124, 135, 149
농민항쟁　272
농업생산력　124, 148

(ㄷ)

丹城　85
丹城 민란　107
丹城戶籍大帳　243
潭陽府　157
大更張　50
大同庫　29, 158, 159, 161
大同米　31, 287
大同米의 상납과 유치　46
大同法　47, 218, 232, 252
대동법 관련자료　252
大同事目　252
大同色　186
大同混排　300
大同混排論　320
大民　299
大變通　219, 224
大小民人　305, 332
大院君　279, 329
代錢　279
代錢價　289
代錢納　292
代錢納率　292
代錢上納　59
大典通編　228
大典會通　85, 117, 120, 141, 142
貸下　170
都監　183
都結　53, 89, 91, 217, 228, 229, 234,
　　　250, 276, 277, 298, 300, 303, 310,
　　　319
度量衡　293
刀筆弄奸　71

都戶 90, 91
독자적 회계원리 34
洞契 155, 167
동계의 운영 155
東萊府 24, 34
동래부의 防役廳 162
東萊府 吏房 38
東萊府誌 263
同福縣 166
洞首 186, 276, 308
洞任 295, 296
洞徵 307
洞布制 229, 278
斗斛 84
頭民 307, 308, 309, 320, 323, 327
等狀 305

(ㅁ)

萬機要覽 32, 212, 228
賣鄕 216
面里任 24, 25, 295, 301
面里制 21, 211, 295
面任 54, 185, 186, 291, 296, 297
面主人 32, 285
面準 326
面遞 54
面會 303, 310, 319
耗穀 32
謀利輩 81
募立 30
冒屬과 投託 131
牧民心書 72, 121, 127
貿穀 80, 83, 125

무뢰배 95, 131, 139
무뢰배의 書吏化 132
무명 잡세 286
貿米 58, 126
無民無邑 51
貿遷 58, 85, 291
無恒産者 131
墨牌 322
文川縣 101
文牒類 19, 261
米價 166, 235
미곡상 66, 125, 291
民間逋欠 88
民結 218, 277
民庫 36, 38, 156, 158, 180, 232, 259, 285, 288
민고·잡역세 운영 자료 258
민고 운영 288
民庫運營權 187
민고운영의 폐단 169, 179
민고의 재정수입 169
민고 자료 259
민고재정 172
民庫財政 운영권의 동향 175
민고재정의 고리대적 운영 178
民庫財政의 성립 153
민고재정의 지출구조 172
민고적 재정기구 162, 186, 234
民庫的 재정운영 154, 158, 187
민고 절목 260
民力 51
民徵 282
民逋 50, 54, 295, 307, 319

民遏 발생의 배경　88
民遏의 성격　104
閔亨默　59
민호의 流亡　93, 95

(ㅂ)

朴珪壽　73, 130
朴奎煥　326
朴來謙　66
朴命燮　113, 133
朴永脩　325
朴龍夏　302, 328
朴燐夏　85, 177
朴濟奎　59
朴志耕　69
反民的　300, 310, 330
反封建　103
반봉건 농민항쟁　164, 214
反作　178
防結　275
防穀令　291
防納　47, 53, 74, 126
方福恒　69
防役庫　38, 186
白徵　71, 107
凡吏胥層　137
法司　62, 82, 132, 138, 142
別監　23, 182
別單　223, 227
別遣御使　118
別下　170
兵農一致　219, 253
補民契　156

補民庫　158
寶城縣　69, 104
補施庫　184
保의 吏胥化　133
保人　30, 31, 133
卜定　171
봉건국가　241
봉건 권력　165, 211
봉건적 身役　163
봉건적 조세수취　235
봉건제 해체기　62
富民　174, 235
府司　160
賦稅　44
부세운영권　182, 324
부세운영의 방향　224
부세운영의 변화　227
富漢　60
北黨　332, 324
分年代徵　106, 109
不恒上下　170, 177
備邊司　211
備邊司謄錄　19
備邊司謄錄의 절목　210
比摠法　217
比摠制　228, 273
貧戶　98, 99

(ㅅ)

司諫院　116
使令　143
四禮要儀　329
事例冊　20, 262

私募屬 220, 225
事目 212
私商 125
私船 60
私運 81
四政 154, 215, 224, 227, 233, 272
四政의 紊亂 285
四政 체제 227
士族 102, 213
사족지배체제 212, 219
사창 256, 283
私債 81, 85, 275
司憲府 141
私刑 224
社還制 281
三公兄 22
三班通 100, 109
三稅 154, 259
三政 33, 93
삼정운영 272
삼정운영 자료 249
上納米 28, 47, 219
商山邑例 24
詳定價 56
詳定例 289, 291
詳定式例 164
尙州府 25
尙州府事例 264
常賑穀 48, 49
常平倉 83
商通 54
상품유통 63
상품화폐경제 46, 58, 63, 68, 75, 126, 231

色落米 321, 332
서계 227
書吏 117, 120, 125, 137
書員 135, 264, 273, 277
徐左輔 134
徐義壽 79
船價 59, 81
선운가 82
船主人 63, 74, 80
船逋 54
宣惠廳 60, 164, 222
贍用庫 162
贍學庫 39, 166
세곡상납 126
세도정권 215
세도정치기 56, 69, 75
稅目 91
세목의 혼람함 92
小契 185
小變通 224
所志 216
所逋還穀 70
續大典 117, 120, 128
刷馬價 29
수령 53, 64, 69, 77, 78, 79, 177, 179, 213, 214, 217, 232, 235, 293, 309, 321, 323 325
守令權 62, 212, 216, 217, 318, 330, 331
守令權의 강화 214, 227
수령의 재임기간 65
수령제 운영 211

守令七事 21
수탈적 체제 162
首鄕 74
巡歷 172, 232
時存遞 100
時主 247
殖利 50
申龜朝 150
新寧邑 50
신분 244
신분제 163, 230, 255, 278
신분제 동요 243
身役 30, 100, 280
身役價 30, 34, 39
신향 183, 331
申獻朝 150
實結 222
沈東臣 174
心理御史 213
沈象奎 45
沈英錫 75, 76, 149, 165, 180, 233
十室九空 96
18세기 부세정책 216

(ㅇ)

安大烈 327, 328
安相大 328
安岳縣 70
安龍柱 302, 327
安重煥 329
암행어사 117, 149, 172
암행어사 賫去事目 212
約正 110

量案 246
良役變通 219
良人皆兵 219, 253
量入爲出 33, 44, 169, 226
量田 246
양전사업 248
養戶 275, 276
養戶 防結 273, 296, 302
魚鹽船稅 220
彦陽戶籍大帳 243
旅閣主人 64
與猶堂全書 121
驪州郡 50
役價 76
驛奴의 陞吏化 135
驛吏 135, 151
驛의 이액증가 현황 152
役丁 30
年久有例 171
연대기 자료 261
엽관운동 77
葉錢 292
營吏 72
靈山縣 331
營邸吏 58
永定法 217
營主人 64, 73, 75
營主人權 76
五家作統 25, 211, 295
吳尙年 64
吳宖默 271, 317
오횡묵의 향회 인식 330
옥산현 102

完文　91, 293
外職　210
饒戶　99, 161, 275, 276, 293, 320
饒戶層　98, 235
禹夏永　128
原情　104
院村　98
僞災　273
僞災率　303
儒林　325, 327, 329
流亡　53, 88, 93, 124, 131
遊手　131
柳壽垣　119, 134
柳壽垣의 이액에 대한 인식　119
流手之輩　124
流絶逋　100, 106
留置米　28
儒逋　102
儒鄕層　325
六房　22
尹光普　131
尹在陽　148
尹濟弘　96
隱餘結　169, 221
陰竹縣　69
邑吏　72
邑事例　33, 157, 170, 263
邑勢　51, 147
읍세의 변화　149
邑訴　103
邑屬　78
읍재정　122
邑誌　33, 138, 157, 245, 263

읍지 事例　261
邑倉　82
應下秩　170
議訟　103
義興縣　51
이권　175
李起淵　86
李基天　69
吏奴輩　49
李魯益　127
李勉昇　121
移貿　64, 74, 87, 291
移貿米　48
吏民逋　55, 290
吏房　38
吏胥亡國論　116
吏胥的 성격　134
吏胥層　53, 67, 78, 80, 112, 276
吏胥逋欠의 전개　43
吏屬　95
李壽瀅　329
吏額　118, 176
이액의 범주　136
이액의 증가　114
吏額 증가의 실태　136
吏額 증가의 원인　124
이액 증가의 현상　138
李頤命　113
李翼南　327
吏任　293
吏任의 매매　129
里定法　220
李存秀　70, 86, 225

李鐘淳　72
李鍾和　325
李中祿　326
李止淵　68, 93, 96
吏廳　22
吏逋　52, 282, 295, 308
吏逋民徵　53, 55
吏逋 발생의 배경　56
吏逋의 실제　67
吏逋徵民　290
李漢豊　121
吏鄕　68, 72, 115, 213, 321, 323, 324, 325
이향층　235
이향층의 성장　227
李憲球　114, 125
里還　283
人吏　143, 187
隣徵　110
日省錄　19
任掌　282, 296
林川　185
林下讀書士　325
立馬大同楔　185
立本　321
立本錢　33
立本取殖　33

(ㅈ)

慈仁縣　297
作夫　181, 273, 293
作夫制　228, 234, 277, 285, 293
作錢　57, 168

作廳　22, 127
殘民　305
殘班層　102
殘邑　120
殘戶　98
潛商　291
잡비　61
雜稅　30, 186, 284
잡세 징수　286
雜役稅　154, 259
잡역세 운영　225
雜頉戶　94
匠稅　31
場稅　31
將廳　23, 166
賞去節目　118
災結　251
齋任　329
재정기구　24, 35, 154, 156, 160, 177, 233, 288
재정기구의 분화　21
財政史　10, 240
재정 수입　26, 36, 164
財政運營　9, 34, 212, 214, 215, 226, 241, 249
재정운영권의 강화　213
재정운영권의 동향　182
재정 지출　169
재지사족　182, 187, 213, 331
邸權　75, 76
邸吏　64, 186
邸債　78, 86
儲置米　47

田結稅　217, 249
田結稅化　27, 230, 250
傳令　185, 291, 301, 305
田稅　28, 218
전세 관계 자료　249
轉運使　287, 321
田政　249, 273
節目　91, 139, 165, 212, 221, 223, 260, 293
店稅　31
正供　300
鄭述　330
井軍　296
正規稅化　173, 286
鄭大直　83
鄭東百　135, 147
情費　60, 76, 81, 91, 179
旌善郡　94
鄭善基　63
呈訴運動　103, 333
定額制　222
丁若鏞　119, 176
정약용의 吏額規定案　148
정약용의 이액에 대한 논의　121
鄭元容　78, 91
丁錢　31
正朝戶長　160
停退令　110, 111
趙斗淳　46
趙萬永　73
趙文植　327
趙昺奎　329
漕船　81
趙性忠　329
趙性昊　329
曺植　116
租庸調　27, 35, 218, 252
趙鏞振　326
漕運　59
趙雲卿　114
曺允大　99
趙胤秀　303, 324, 331
趙胤秀惹鬧事　331
漕轉所　85
趙存中　109
漕卒　81
漕倉　59, 82
趙憲燮　174
趙弘鎭　135
족보　245
族徵　110, 306, 320
存本取殖　167
座首　23, 182, 183, 184, 187, 188, 328
舟橋船　81
誅求　61
主人權　64, 75
主人層　63, 65, 183
중간수탈　229
중간수탈구조　65, 224
중간수탈층　46, 75, 88, 119, 122, 163, 234, 235
중간포흠　77, 234
중앙각사의 이액실태　140
중앙재정　226, 231
지방 관아　143
지방관아의 이액규정　147

地方史　10, 251
지방사 연구　265
지방재정　225
地方財政史　10
지방재정운영　11, 15, 187
지방재정운영 자료　240
지방재정의 위기　44
지방지배　211, 228, 232
知印　143
지주제　217, 255
指徵無處　54, 89, 95, 109, 299, 303, 305, 309, 320
地土船　60, 81
砥平縣　70
直納과 漕轉　59
직역　244
직임의 가격　183
盡分　72
賑資穀　168
진휼행정　235

(ㅊ)

倉監　83, 183, 184
창고운영권　182
倉吏　71, 84, 86
倉主人　63, 80, 83, 183
千一錄　128
1894년의 농민군　176
1862년의 농민항쟁　79
1862년 익산 농민항쟁　89
摠額制　154
摠額制的　94, 214, 278
총액제적 부세운영　227

崔致鳳　127
縮戶　323
取耗補用　48, 221, 255
取殖　161, 166
漆谷郡　184

(ㅌ)

度支志　212
蕩減　106, 110
蕩庄徵族　305
土式　63
토호　102, 179
通文　103
통영 환곡　257

(ㅍ)

罷軍歸戶　280
坡州　48
罷還歸結　281
罷還戶斂　283
八結作夫制　277
八道句管堂上制　211
便民的 기능 수행　163
便民的 기능의 민고　175
捕盜廳　62
抱川縣　51
逋欠의 의미　52
標米　168
俵災　273, 275
俵災率　275
稟目　305
風憲　110
避役　134

(ㅎ)

河東府 158
下吏層 143
韓用龜 115
咸安 270
咸安郡 30, 177
함안민란 328
함안의 민고재정 288
함안의 이향 330
함안의 향회 331
咸安叢瑣錄 271, 318
함안 鄕人士 328
함안 鄕戰 331
抗稅 운동 103, 104, 108
抗租 운동 103, 104
解事人 326, 327, 329
海西總蔘 260
解由 규식 215
行審 273
鄕貢 29
향교 322, 324, 329
鄕權 9, 182, 324, 331
鄕論 301, 308
鄕吏 100
鄕民 320
鄕班 325, 327, 333
鄕所 327
鄕約 325
鄕儒 170, 333
鄕人 299
鄕人士 276, 302, 326, 328, 329
鄕任層 53, 115, 183, 184, 185
鄕長 49

鄕戰 182, 294, 324
鄕廳 23
鄕村社會 10, 154
향촌사회사 240, 245
향촌사회 지배구조 174, 180
향촌지배세력 187
향촌통제책 218
鄕會 23, 103, 235, 298, 301, 306, 309, 316
향회운영의 성격 330
향회의 구성원 325
향회의 기능 318
향회의 稟目 301
虛錄 106
虛留 106
虛留穀 98
許傳 326, 328
許參禮錢 128
挾戶 245
刑政 210
戶 90, 244
戶契 167
戶斂 168, 233, 281
戶首 166, 188, 276, 277, 293, 294
戶式 63
戶役 29, 280
戶籍 36, 242
호적·양안 자료 242
호적대장 242
戶曹 44, 45, 128, 164
戶布制 230, 279
戶還 231, 282
洪遇燮 76

洪遠謨　57, 60, 114
洪在喆　82
貨幣納　231, 234, 298
還穀　32, 70, 221, 255
환곡 관련 자료　255
환곡 규모　232
還穀 운영　32, 98, 127
환곡의 부세화　222, 231, 232
환곡의 분급과정　231
환곡의 재정보용　222
환곡 移貿　27
환곡 정책의 전개　222
還穀制의 성격　231
환곡 지출의 특색　39
환곡 총량　222
환곡 총량의 증대　223
환곡 포흠　70, 101
還多民少　99
還政　281
還逋　298
還餉穀　282
黃遇燮　96
黃貞懿　273, 279
黃河龍　329
會減　178
懷德縣　90, 169
會錄　178, 221
會所　38
會外　178
訓長　276, 302, 325, 329

조선후기 지방재정연구

인쇄일 초판 1쇄   1999년 01월 05일
　　　　 2쇄   2015년 04월 15일
발행일 초판 1쇄   1999년 01월 10일
　　　　 2쇄   2015년 04월 30일

지은이 장 동 표
발행인 정 찬 용
발행처 **국학자료원**
등록일 1987.12.21. 제17-270호
서울시 강동구 성내동 447-11 현영빌딩 2층
Tel : 442-4623~4 Fax : 6499-3082
www.kookhak.co.kr
E-mail : kookhak2001@hanmail.net

ISBN 978-89-8206-319-0
가 격 18,000원

*저자와의 협의 하에 인지는 생략합니다.
*잘못된 책은 구입하신 곳에서 교환하여 드립니다.